Knaus

K

Andrew Klavan
Ein wahres Verbrechen

Roman

Aus dem Amerikanischen
von Kristian Lutze

Albrecht Knaus

Die Originalausgabe erschien 1995 unter dem Titel
«True Crime»
bei Crown Publishers, New York

Umwelthinweis:
Dieses Buch und sein Schutzumschlag wurden auf chlorfrei gebleichtem Papier gedruckt.
Die vor Verschmutzung schützende Einschrumpffolie ist aus umweltschonender
und recyclingfähiger PE-Folie.

Der Albrecht Knaus Verlag
ist ein Unternehmen der Verlagsgruppe Bertelsmann

1. Auflage

Gesetzt aus Korpus Times
Satz: Filmsatz Schröter GmbH, München
Wiener Verlag · Printed in Austria
ISBN 3-8135-2713-1

«Die guten Menschen sind sich immer so sicher, im Recht zu sein.»

Barbara Graham beim Betreten der Gaskammer in Kalifornien, wo sie am 3. Juni 1955 hingerichtet wurde, zu Unrecht, wie manche behaupten.

(Zitiert nach *Until You Are Dead: The Book of Executions* von Frederick Drimmer)

«Ich will Ihnen kurz sagen, was ich von Journalisten halte: die Hand Gottes, die in den Sumpf hinabgreift, könnte keinen von ihnen auch nur in den untersten Rang der Niedrigkeit erheben.«

(*Nothing Sacred*, Drehbuch von Ben Hecht)

Vorwort

Dies ist keines dieser modernen Bücher, die Fakten und Fiktion vermischen. Alle beschriebenen Ereignisse und Gespräche habe ich entweder selbst miterlebt, oder sie wurden mir von einem oder mehreren Beteiligten berichtet. Trotzdem wird der Leser schnell feststellen, daß ich mich nicht nur auf die Beschreibung von Ereignissen und Gesprächen beschränke. Diese Geschichte wäre unvollständig, wenn sie nicht zumindest ein wenig – oder manchmal auch sehr viel – von unausgesprochenen Gedanken, Gefühlen und Motiven handeln würde. Und wo ich versucht habe, diese zu beschreiben, war ich zwangsläufig auf Vermutungen und Schlußfolgerungen angewiesen. Das heißt, manchmal mußte ich raten, was in den Köpfen der handelnden Personen vor sich ging.

Der Grund dafür liegt auf der Hand. Keiner weiß letztlich genau – Gott vielleicht ausgenommen –, was einen anderen im Innersten bewegt. Und wenn sich Menschen ihrer Emotionen nicht bewußt sind, wenn sie unehrlich oder schon tot sind, wird es sehr schwierig, an die Wahrheit heranzukommen. Also habe ich bei den mit Blindheit Geschlagenen, den Unehrlichen und den Toten – und im Verlauf meiner Recherchen bin ich allen dreien begegnet – meine eigenen Eindrücke wiedergegeben. Manchmal habe ich meine Hypothesen ausdrücklich als solche gekennzeichnet, häufiger jedoch habe ich gehofft, daß ihr hypothetischer Charakter aus dem Zusammenhang deutlich wird. Am Ende muß jeder Leser für sich selbst entscheiden, inwieweit mein Verständnis der menschlichen Natur jeweils vorurteilsbeladen oder fehlerhaft ist.

Ich sollte vielleicht hinzufügen, daß ich das Ganze eigentlich für eine ernsthafte Verletzung der journalistischen Regeln halte. Ich bin ein Zeitungsmann, ein Reporter fürs Aktuelle. Ich verstehe meinen Job so, daß ich aufzeichne, was ich sehe und was

Menschen mir erzählen. Für gewöhnlich versuche ich mir meine brillanten Einsichten und Beobachtungen für abendliche Kneipenbesuche aufzuheben, wo ich Vertreterinnen des anderen Geschlechts mit meiner Tiefe und Sensibilität beeindrucken kann. Aber ein Buch zu schreiben, ist etwas anderes, als einen Zeitungsartikel zu schreiben. Ein Buch sollte ein Thema haben. Und wo immer ich von der mir vertrauten Form der Reportage abgewichen bin – wo immer ich mit der tatsächlichen Wahrheit ein wenig freizügig umgegangen bin –, hatte es etwas damit zu tun, wovon dieses Buch meiner Meinung nach handelt und wovon nicht.

Zunächst einmal geht es nicht um die Todesstrafe an sich. Meine Meinung darüber – und über das Konzept von «Themen» überhaupt – wird recht früh im Text deutlich, so daß ich hier nicht weiter darauf eingehen möchte. Ich will mich mit der Bemerkung begnügen, daß ich diese Frage jenen Kollegen überlasse, die beim anderen Geschlecht schon hinreichend brilliert haben und immer noch nicht mundtot sind.

Zweitens handelt dieses Buch nicht vom Rechtswesen. Die juristischen Aspekte des Falles Frank Beachum sind in zwei Büchern der beteiligten Anwälte in aller Ausführlichkeit dargelegt worden. *Die Fänge des Todes*, das Buch von Tom Weiss und Hubert Tryons, legt ein beredtes Zeugnis davon ab, wie sehr sich die beiden Autoren für die Verteidigung des Angeklagten eingesetzt haben. Walter Cartwrights *Der dreizehnte Geschworene* verfolgt einen anderen Ansatz. Als Ankläger in dem Fall attakkiert er die amerikanischen Medien im allgemeinen und mich im besonderen, weil wir billige Gefühle mobilisiert und damit der Öffentlichkeit den Blick auf die Fakten verstellt hätten, wodurch die Gerichte bei der Ausübung ihrer gerechten Pflicht behindert worden wären. Ungeachtet meiner persönlichen Empfindungen für Cartwright muß ich zugeben, daß er seine Position exzellent begründet. In jedem Fall wissen alle drei Autoren sehr viel mehr über das Rechtswesen als ich, und alle drei waren sehr viel enger mit diesem Aspekt der Geschichte beschäftigt, als ich das je gewesen bin.

Drittens – und am wichtigsten – ist dieses Buch keine detaillierte Untersuchung des Mordes an Amy Wilson. Die Artikelserie, die ich für die *St. Louis News* geschrieben habe, sowie die Story, die ich auf der Grundlage der *News*-Artikel für den *New Yorker* verfaßt habe, haben mich, was dieses Thema angeht, ziemlich ausgebrannt. Ich werde auch nicht versuchen, mich gegen die jüngsten Angriffe selbsternannter Minderheitenführer und Kolumnisten sowohl der religiösen Rechten als auch der feministischen Linken zu verteidigen, die meinen «Charakter» in Frage stellen. Ich habe bestimmt nicht versucht, meinen «Charakter» zu verbergen – lesen Sie die folgenden Seiten, und er wird Sie regelrecht anspringen –, doch meine zahlreichen Unzulänglichkeiten verändern die Fakten in diesem Fall um keinen Deut.

So weit also dazu, wovon dieses Buch nicht handelt. Wovon aber handelt es? Es handelt von einem Montag, von dem 17. Juli des vergangenen Jahres, einem brutal heißen Tag, und davon, was an jenem Tag geschah, als Frank Beachum in die Todeskammer der Osage State Correctional Facility gerollt wurde.

Der Leser mag sich fragen, warum ich mich – wo es doch um die Erörterung so wichtiger Fragen wie die Todesstrafe, das Rechtswesen und Mord gehen könnte – auf die Erzählung einer so einfachen Geschichte beschränkt habe. Zumal einer Geschichte (die der letzten Stunden eines zum Tode Verurteilten vor seiner Hinrichtung), die sowohl im Journalismus als auch in der Literatur schon hinreichend oft erzählt worden ist. Nun, zum Teil, weil sie wahr ist und weil ich dabei war und dafür bezahlt wurde, sie zu schreiben. Aber auch, weil ich an jenem Tag Augenzeuge der bemerkenswerten Konfrontation einer Reihe von Menschen mit einer unbestreitbaren äußeren Realität geworden bin: der Realität des Todes, Zerstörer von Welten, fröhlicher Verschlinger von Philosophien. In einer Branche – in einer Gesellschaft –, die von Bildern und Worten, von Experten, Wahrheitsverdrehern, Spezialisten und arrivierten Kulturdeutern jedweder Provenienz derart überschwemmt wird, fand ich es wichtig, sich daran zu erinnern, daß diese äußere Realität existiert, daß es zu solchen Konfrontationen kommen kann und daß selbst unsere vornehmsten Ideen, Theorien, Wahrnehmungen und Gefühle im großen Weltenplan vielleicht rein gar nichts zu bedeuten haben.

Wie gesagt, ich habe versucht, die Gedanken und Gefühle so vieler an diesem Drama Beteiligter wie möglich nachzuvollziehen, um aufzuzeigen, auf welcher Weise sie einer Prüfung unterzogen wurden. Unter ihnen ist Frank Beachum naturgemäß der wichtigste, seine Verankerung im traditionellen Christentum und seine altmodischen Vorstellungen von Männlichkeit wurden direkt in den großen Schmelztiegel der Wirklichkeit geworfen. Doch da sind auch noch seine Frau Bonnie, sein Gefängnisaufseher Luther Plunkitt, sein Pastor Harlan Flowers, diverse Politiker, Anwälte und Journalisten, und last – und soviel ich weiß auch least – natürlich ich selbst.

Wiederum überlasse ich es dem Leser zu urteilen, ob und wie wir Beteiligten unsere mitternächtliche Konfrontation mit dem Unleugbaren überstanden haben.

Ich möchte mich bei allen Menschen bedanken, die sich für dieses Buch zu Interviews bereit erklärt haben, sowohl die im Text Erwähnten als auch die anderen, die zu zahlreich sind, um sie hier namentlich aufzuführen, die mir mit Hintergrundinformationen behilflich waren.

Mein besonderer Dank gilt meinem Agenten Barney Karpfinger für seine unerschütterliche Unterstützung.

Außerdem möchte ich mich bei der Ford Motor Company bedanken.

Steven Everett

Erster Teil

Die Todeskurve

1

Am Unabhängigkeitstag erwachte Frank Beachum aus einem Traum. Seinem letzten Traum, bevor seine Stunde gekommen war. Einem grausamen Traum in einem eigenartig tiefen Schlaf, wenn man die Umstände bedenkt. Er war wieder hinter dem Haus gewesen, vor seiner Fahrt zu dem Laden, vor dem Picknick, bevor die Polizei gekommen war, um ihn abzuholen. Er hatte wieder das Geräusch des Rasenmähers gehört, hatte den Griff in den Handflächen gespürt und sogar das frisch gemähte Gras gerochen. Er hatte auch ihre Stimme gehört, Bonnies Stimme, die ihm von der Verandatür etwas zugerufen hatte. Er hatte ihr Gesicht gesehen, ihr Gesicht, wie es gewesen war, keck und kompakt unter kurzem hellbraunem Haar – nicht hübsch, hübsch war sie nie gewesen –, aber durch ihre großen, zärtlichen und aufmunternden blauen Augen von einem schimmernden Glanz überzogen. Er sah sie die Flasche hochhalten, die Flasche mit der Steaksauce. Sie hatte sie hin und her geschwenkt, um anzuzeigen, daß sie leer war. Er hatte in dem Hof in der heißen Sonne gestanden, und seine kleine Gail war wieder ein Baby gewesen. Hatte wieder in ihrer Sandkiste gesessen, die aus Plastik war und die Form einer Schildkröte hatte, hatte mit ihrem Schaufelchen auf den Sand gepatscht und vor sich hingelacht, die ganze Welt angelacht.

Für Frank war es, als ob er wirklich dort gewesen wäre. Es hatte sich gar nicht wie ein Traum angefühlt.

Nach dem Aufwachen blieb er noch etliche Minuten so liegen, zur Wand gedreht, die Augen geschlossen. Sein Kopf wollte den Traum festhalten, klammerte sich mit schrecklicher Sehnsucht daran. Doch der Traum löste sich gnadenlos auf, und Stück für Stück kam die Beobachtungszelle zurück. Er spürte die Pritsche unter seiner Schulter, sah die weiße Betonwand vor seinem Gesicht. Noch immer halb hoffend drehte er sich um . . . Doch da waren sie: die Gitterstäbe seiner Käfigtür, der Wärter auf der anderen Seite. Er saß an seinem länglichen Schreibtisch und tippte den jüngsten Eintrag in sein Tagesprotokoll: *6.21 Uhr – Gefangener wacht auf.* Die Uhr hing hoch über dem gebeugten Kopf des Wärters an der Wand. Noch siebzehn Stunden und vierzig Minuten, bis sie Frank auf die Liege schnallen und ihn für die Spritze in den Exekutionsraum rollen würden.

Frank ließ sich wieder auf die Pritsche sinken und blinzelte zur Decke. Ein altes chinesisches Sprichwort sagt, wenn ein Mensch träumt, er sei ein Schmetterling, könne er in Wahrheit auch ein Schmetterling sein, der träumt, ein Mensch zu sein. Aber das alte chinesische Sprichwort irrt. Frank kannte den Unterschied natürlich; er hatte ihn immer gekannt. Das Bleigewicht, das ihn einzwängte wie eine zweite Haut, der tonnenschwere Klumpen aus Trauer und Angst. Das war die Realität; er wußte, das war das wirkliche Leben. Er schloß die Augen und konnte noch ein oder zwei schmerzhafte Sekunden lang das frisch gemähte Gras riechen. Doch nicht so, wie er die Bewegung der Uhrzeiger spüren konnte, nicht so, wie seine Nervenenden das Verstreichen der Zeit registrierten.

Er ballte seine Fäuste. Wenn nur Bonnie nicht kommen würde, dachte er. Es wäre okay, wenn Bonnie nicht kommen würde, um sich zu verabschieden. Und Gail. Sie war kein Baby mehr, sie war jetzt sieben. Sie malte ihm mit ihren Wachsmalstiften Bilder von Bäumen und Häusern. «Hey», sagte er dann immer, «das ist echt toll, meine Süße.»

Das würde das Schlimmste werden, dachte er. Mit ihr, mit ihnen zusammenzusitzen, während die Zeit verstrich. Das, so fürchtete er, würde mehr sein, als er ertragen konnte.

Langsam setzte er sich auf die Kante seiner Pritsche. Er bedeckte sein Gesicht mit den Händen, als wolle er sich die Augen reiben, und blieb lange so sitzen. Dieser verdammte Traum hatte ihn mit einer schmerzlichen Sehnsucht nach früher erfüllt. Er mußte seine Gefühle wieder in den Griff kriegen, sonst würde diese Sehnsucht ihn schwach machen. Das war seine größte Angst. Daß er jetzt noch schwach werden würde. Wenn

Bonnie ihn am Ende zusammenbrechen sehen würde – oder, Gott bewahre, Gail... Es würde sie ihr ganzes Leben lang begleiten. Sie würden sich auf ewig so an ihn erinnern.

Er richtete sich auf und atmete tief ein. Er war ein ein Meter achtzig großer, schlanker Mann, muskulös gebaut unter den weiten Gefängnishosen und dem Baseballhemd mit dem Aufdruck CP-133. Er hatte zottiges braunes Haar, das ihm in Fransen in die Stirn fiel, und ein hageres, zerfurchtes Gesicht. Seine eng zusammenstehenden Augen waren braun, tief und traurig. Er fuhr sich mit dem Daumen über die Lippen und wischte sie trocken.

Er spürte die Augen des Wärters auf sich und sah zu ihm hinüber. Der Wärter hatte seinen Blick von der Schreibmaschine gelöst und sah in Franks Richtung. Er hieß Reedy. Ein drahtiger Junge mit einem harten weißen Gesicht. Frank erinnerte sich, gehört zu haben, daß er in dem örtlichen Drugstore gearbeitet hatte, bevor er in Osage anfing. Heute wirkte er nervös und verlegen.

«Morgen Frank», sagte er.

Frank nickte ihm zu.

«Kann ich Ihnen irgendwas holen? Was zum Frühstück?»

Frank hatte ein flaues Gefühl im Magen, war jedoch trotzdem hungrig. Er räusperte sich, um nicht heiser zu klingen. «Wenn Sie mir Brötchen und Kaffee besorgen könnten», sagte er. Seine Stimme zitterte nur am Ende ein wenig.

Der Wärter tippte Franks Bitte in sein Protokoll. Dann stand er auf und sprach mit dem anderen Wärter, der vor der Zellentür postiert war. Der andere Wärter steckte den Kopf durch die Tür. Auch er sah nervös aus und blaß. Es war, als würde er Franks Bestellung mit großem Respekt und Ernst entgegennehmen. Die ganze Prozedur hatte etwas so Zeremonielles, daß Frank übel davon wurde: Ein Schritt folgte auf den anderen in einem unvermeidlichen Ritual, so wie eine Minute auf die andere folgte.

«Kommt sofort», erklärte Reedy ihm feierlich. Er kehrte an seinen Schreibtisch zurück und setzte sich, um die Transaktion zu protokollieren: *6.24 Uhr – Frühstücksbestellung an Aufsichtsbeamten Drummer weitergeleitet.*

Auf der Kante seiner Pritsche hockend betrachtete Frank jetzt seine Füße. Er versuchte, den armen nervösen Reedy aus seinen Gedanken zu verdrängen. Er versuchte sich zu sammeln, alles auszublenden, bis er das Gefühl hatte, allein zu sein. Er klemmte die Hände zwischen die Knie und faltete sie. Er schloß die Augen und konzentrierte sich. Er begann zu beten: sein Morgengebet.

Es beruhigte ihn. Er war sich stets und in jedem Moment bewußt, daß das Auge Gottes über ihn wachte, aber wenn er betete, konnte er dieses Auge auch wirklich dort oben über ihm spüren. Das Auge war dunkel und bewegungslos und blinzelte nie. Es war wie diese Kameras in den Decken von Fahrstühlen, die einen beobachten, auch wenn man sich völlig abgeschieden und alleine fühlt. Beim Beten fiel Frank wieder ein, daß er nicht allein war, und er spürte, wie das Auge über ihn wachte. Hinter diesem Auge, so sagte er sich, war eine ganz andere Welt, ein ganz anderes Rechtssystem, besser als das des Staates Missouri. An dieses System und seinen Richter wandte er sich, wenn er betete.

Er betete um Stärke. Er bat darum nicht für sich selbst, wie er sagte, sondern für seine Frau, für Bonnie und ihr kleines Mädchen. Er bat Jesus, sie in seine Erwägungen einzubeziehen, heute an diesem letzten Tag. Er betete, daß ihm die Kraft gegeben werden möge, sich von ihnen zu verabschieden.

Nach einer Weile fühlte er sich stärker. Der Traum war schon halb vergessen. Er hob den Blick zu der Uhr an der Wand. Und er spürte das Auge Gottes, das allzeit über ihn wachte.

2

Das Auge Gottes und das Auge der Medien werden häufig miteinander verwechselt, vor allem von den Medien selbst. Doch ob ersteres nun über Frank Beachum wachte oder nicht, eine Vertreterin letztgenannter Zunft hatte ihn jedenfalls fest in ihrem Visier.

Michelle Ziegler von den *St. Louis News* war eine eindrucksvolle Person. Jung, eigentlich fast noch ein Mädchen, erst dreiundzwanzig. Doch man merkte ihr die Unsicherheit nicht an, im Gegensatz zu ihrem guten Aussehen, das offensichtlich war, und einer verführerischen, intelligenten und erbarmungslosen Arroganz, die die Herzen der Männer in Angst und Schrecken versetzte und Frauen zu neidischer Verachtung provozierte. Was mich betrifft, ich mochte sie irgendwie. Sie hatte ein weiches ovales Gesicht mit einer römischen Nase und großen braunen Augen, die genug sahen, um einen ins Schwitzen zu bringen. Sie kleidete sich, wie sie war: eine Überfliegerin vom College, die man auf die Welt losgelassen hatte. Eine Bluse mit Knöpfkragen, die ihre Figur betonte – einen Körper, den man wohl anmutig genannt hätte, als das noch ein Begriff war. Und so kurze Röcke, daß die unreiferen männlichen Mitarbeiter der *News* regelmäßig Wetten auf die Farbe ihrer Slips abschlossen. Ich hatte einmal den Jackpot geknackt und vierzig Dollar gewonnen, als ich dreimal hintereinander auf Pink getippt hatte.

Sie war eine gute Reporterin oder würde es eines Tages werden. Sie hatte Autorität, und die Leute redeten mit ihr; ich glaube, sie hatten Angst, es nicht zu tun. Außerdem war sie von einer großen, kompromißlosen sozialen Vision beseelt, die alle möglichen Skrupel bezüglich ihrer Methoden auslöschte. Sie war bereit zu flirten, zu lügen, zu erpressen, Terror auszuüben oder zu stehlen, um an Informationen zu kommen. Jede Information: Wenn sie an einer Geschichte dran war, sammelte sie jedes Detail, jedes Dokument, jedes Zitat von jeder irgendwie beteiligten Person, das sie auftreiben konnte – das meiste davon verwendete sie nie wieder, sondern lagerte es in Pappkartons, die sich überall in dem verrückten Loft, das sie bewohnte, stapelten. Sie war keine besonders gute Schreiberin, ihre College-Ideologien waren meistens so dick und glühend aufgetragen, daß die Redakteure, die ihre Geschichten umschreiben mußten, ihnen den Spitznamen «Depeschen der Flammenden Michelle» gegeben hatten. Aber wenn man den ganzen Kram wegstrich – und das taten die Redakteure zum Glück meistens –, hatte sie immer alle Fakten zusammen, unsere Michelle, jedesmal.

Sie war vor etwa einem halben Jahr auf den Fall Beachum angesetzt worden: ein Zeichen, daß auch Bob Findley ihr Talent zu würdigen wußte. Sie hatte einen Presseausweis für die Hinrichtung, und es war ihr sogar irgendwie gelungen, ein allerletztes persönliches Interview mit dem Verurteilten zu verabreden. Dieser Interviewtermin – ich muß schon sagen, er nötigte mir Respekt ab. Es war ein Verstoß gegen die Strafvollzugsvorschriften, die am Tag der Hinrichtung ab sechzehn Uhr jeden Kontakt des Gefangenen mit der Presse, selbst per Telefon, ausdrücklich verboten. Ich hatte schon persönlich mit Luther Plunkitt, dem Direktor von Osage, zu tun gehabt, und bei diesen Anlässen hatte er sich bezüglich derartiger Vorschriften in etwa so flexibel verhalten wie Granit. Michelle muß sich bis aufs Hemd ausgezogen haben, um die Genehmigung für dieses Interview zu bekommen – was sie im Notfall auch getan hätte; sie war absolut skrupellos. Ich mag das bei einem Menschen.

Am Abend vor ihrem Termin im Gefängnis – an jenem Sonntagabend – kam Michelle durch die Lokalredaktion auf meinen Schreibtisch zumarschiert, um mit mir eine kollegiale Konferenz über einige Aspekte des Falls abzuhalten. Sie pflanzte ihre anmutige Faust auf meine Schreibtischplatte und schenkte mir eines jener Lächeln voll trockenem Zorn, das selbst hartgesottene Redakteure vor Angst erzittern ließ.

«Die können mich mal am Arsch lecken», fauchte sie.

Ich seufzte. Es war ein langes Wochenende gewesen – ständig erschossen sich die Leute gegenseitig –, und ich freute mich auf meinen freien Tag. Ich hatte mich gerade in meinem Stuhl zurückgelehnt, um ein letztes Mal gegen das Rauchverbot in den Redaktionsräumen zu verstoßen, bevor ich mich auf den Heimweg zu meiner kleinen Frau machte. Ich schob meine Brille hoch und rieb mir die Nase. Mir fehlte die Kraft für eine ernsthafte journalistische Diskussion.

«Aber damit bin ich durch», fuhr Michelle fort. «Es ist mein Ernst.» Sie stolzierte den Gang hinter mir auf und ab. «Ich gehe zurück auf die Uni. Ich mache meinen Doktor. Ich hab die Schnauze voll von diesem Mist. Ich werde Sachen schreiben, die etwas bedeuten.»

«Michelle», erwiderte ich, «ich sag dir das nur ungern, aber du bist erst dreiundzwanzig: Du weißt nichts von Sachen, die etwas bedeuten.»

Wieder dieses trockene Lächeln, trotzdem lachte sie. «Du kannst mich ebenfalls mal am Arsch lecken, Ev», sagte sie.

Ich lachte auch, trotzdem. Ich mochte sie wirklich. «Also gut», sagte ich, «was haben sie gemacht?»

«Er. Alan. Mann.» Drei Sätze für einen einzigen Typen. Sie war reichlich geladen. «Der Große Weiße Männliche Herrscher des Universums. Er hat meinen Kommentar über den Fall Beachum gekippt. Ich habe zwei Wochen daran gearbeitet. Er hat Bob einfach überstimmt. Hat ihn – einfach überstimmt. Es war das Beste an der ganzen Story.»

Ich versuchte, mitleidsvoll auszusehen, was mir nicht leichtfiel. Ich hatte ihren Kommentar im Computer überflogen. Absolut klassische Flammende-Michelle-Schreibe. Ihr Aufhänger war, daß wir nur deswegen so ausführlich über Beachums Hinrichtung berichteten, weil er weiß war, während wir die zahlreichen Schwarzen, die im Todestrakt saßen, vernachlässigten und gleichzeitig Beachums schwangeres Opfer idealisierten, um die patriarchalischen Strukturen zu überdecken, die eben jene Gewalt, der die Frau zum Opfer gefallen war, erst hervorgebracht hatten. Ich persönlich fand, daß Alan ungewöhnliche Zurückhaltung bewiesen hatte, indem er den Kommentar einfach gekillt hatte. Ich hätte ihn vorher gefoltert.

Michelle stand da, sah mich wütend an und wartete, die Faust wieder auf meinen Schreibtisch gestemmt, auf eine Antwort. Um sie aufzuheitern, sagte ich schließlich: «Na ja, wenigstens darfst du dir die Hinrichtung morgen ansehen. Das ist immer ein echter Kick.»

Sie wurde rot, schloß die Augen und klappte den Mund auf, ihr Zeichen dafür, daß ich mich jenseits jeden menschlichen Verständnisses begeben hatte.

«Nein, es ist mein Ernst», sagte ich. «Ich hab mal eine in Jersey mitgemacht. Es ist aufregend. Und, verdammt noch mal, wenn man die Typen bedenkt, mit denen sie es machen, ist es doch ein echt sauberer Spaß, meinst du nicht?»

Den Mund noch immer offen, trommelte sie mit den Fingerknöcheln auf meine Schreibtischplatte. «Ich weiß nicht. Ich weiß nicht, warum ich noch mit dir rede», sagte sie schließlich, als hätte sie den guten Vorsatz gebrochen, sich dieses Vergnügens in Zukunft zu enthalten. «Ich weiß nicht, warum ich überhaupt noch mit dir rede.»

Woraufhin sie tief einatmete, um ihren Zorn zu zügeln, mich wortlos sitzenließ und im Zickzack zwischen den Schreibtischen davonstapfte.

Ich legte die Füße auf meinen Schreibtisch und rauchte weiter. Ehrlich gesagt hatte auch ich keine Ahnung, warum sie noch mit mir redete. Aber sie tat es. Vermutlich war es einfach ein weiteres der vielen Rätsel des Lebens.

An jenem Abend muß Michelle in einer ihrer schwärzeren Stimmungen nach Hause gefahren sein. Etwa drei Stunden lang lag sie in ihrem Loft auf dem Bett und brütete vor sich hin, während draußen das letzte Licht des Sommertages erstarb. Nach einer Weile rauchte sie einen Joint, um ihre angespannten Nerven zu lockern.

Ihr Loft war, wie gesagt, eine verrückte Behausung, riesig, düster und wie ihre Studentenzimmer möbliert mit Kartons, Staubflocken, Stapeln von alten Zeitungen, halb gelesenen Büchern und Traktaten. Es befand sich im zweiten Stock eines alten Lagerhauses aus Backstein, in dem bis zu seiner Einstellung der

Globe-Democrat seine Redaktionsräume gehabt hatte. Das Schild der Zeitung mit dem Weltkugel-Logo hing noch draußen über der Tür. Nur ein weiteres Loft in dem Gebäude war bewohnt; die von Tankstellen, Parkplätzen und Fast-food-Restaurants gesäumte Straße, an der das Haus lag, schlug eine Schneise durch ein nichtssagendes Gewerbegebiet, das sich bis zu den Slums im Norden erstreckte. Doch Michelle liebte dieses Loft inniglich, liebte es, diese Wände um sich zu spüren: wegen des Weltkugel-Logos und weil es nur einen Block vom *Post-Dispatch* und eineinhalb Blocks von der *News* entfernt lag. Weil es für sie erfüllt war mit dem Duft und der schimmernden Aura von *Zeitungen*. *Zeitungen*, das große romantische Ideal ihrer Studentenzeit. Agenten gesellschaftlicher Veränderung, Orte erlebter Geschichte, Schlachtfelder der politischen Meinung. Sie hatte den ganzen Unsinn geglaubt. Sie liebte Zeitungen. Selbst jetzt noch. Sie liebte sie noch immer.

Aber heute deprimierte sie ihre Wohnung nur noch mehr. Während sich die gelben Streifen der untergehenden Sonne durch die Schlitze der Jalousien zurückzogen und langsam verblaßten, zog sie an ihrem Joint und betrachtete durch den Qualm die im ganzen Zimmer verstreuten Kartons. Kartons gefüllt mit losen Zetteln, Notizblöcken und zerknitterten Unterlagen. Kartons, die von Fakten geradezu überquollen, von den vergessenen Details der Geschichten, an denen sie arbeitete. Fetzen, die sie mit dem hilflosen Instinkt eines Eichhörnchens im Herbst gesammelt hatte. Sie wollten sie darin begraben, sagte sie sich. Alan Mann. Bob Findley. Sie wollten sie in Details, Belanglosigkeiten und Nichtigkeiten begraben. Wenn sie an die Sachen dachte, die sie im College geschrieben hatte ... Große Sachen, bedeutende Sachen. Theorien, die sie zum Star des Women's Studies Department in Wellesley gemacht hatten. Harridan and Eunuch University, wie ich es immer nannte, wenn ich sie auf die Palme bringen wollte. Dort war sie sich brillant vorgekommen. Hatte Rassismus und das Patriarchat seziert, hatte die Last des europäischen Kulturerbes offengelegt, hatte Foucault – den lieben Foucault! – und die innere Tyrannei freier Gesellschaften erläutert. In jenen längst vergangenen Tagen hatte sie den intellektuellen Rausch der Erkenntnis erlebt, den nur Heranwachsende, Psychopathen und Professoren kennen. Und jetzt steckte sie tief im Sumpf dieser Kartons mit ihren Fetzen, ihren sinnlosen, nüchternen Kleinigkeiten und versank darin.

Was sie jedoch am meisten deprimierte, was sie absolut krank machte, während sie kiffend auf dem Bett lag, war die Tatsache, daß sie zu verstehen – oder doch zu ahnen – begann, daß dies genau der Grund war, warum sie den Job bei der *Post* angenommen hatte. Sie hatte begonnen, sich zumindest ansatzweise einzugestehen, daß sie diese Kartons, die zerknitterten Zettel, die unbedeutenden und nicht zueinander passenden Fakten – die *Geschichten* – mehr liebte als das Women's Studies Department an der guten alten Harridan and Eunuch University.

Also saß sie etwa drei Stunden brütend und rauchend in ihrem Loft, bis ihr Kopf sich unendlich weit anfühlte und ihre Gedanken darin zu schwimmen schienen. Dann sprang sie auf, genauso unruhig wie zuvor, und strebte aus der Tür in die menschenleere Stadt dieses Sonntagabends.

Sie steuerte ihren kleinen roten Datsun zu Laclede's Landing am Fluß, wo sie hoffte, irgendeine Aktivität, irgendein Zeichen von Leben anzutreffen. Die nächste halbe Stunde geisterte sie durch die gepflasterten Gassen zwischen den roten Backsteingebäuden, wanderte von einer altmodischen Straßenlaterne zur nächsten, rümpfte herablassend die Nase über die vorbeiziehenden Schatten der Touristen und ihrer Kinder, die archetypischen amerikanischen Ignoranten, die nicht wußten, was sie wußte. Schließlich landete sie in einem Jazzclub, der seinen Laden für eben jenes unwürdige Publikum offenhielt. Sie setzte sich an einen kleinen runden Tisch und begann Bourbon zu trinken, den sie mit bittersüßer Melancholie hinunterspülte. Ein Trio ältlicher weißer Herren im vorderen Teil des Raumes schien immer wieder den *St. Louis Blues* zu spielen. Sie schüttelte abwesend, aber überlegen den Kopf und trank weiter.

Sie blieb nicht lange allein. Ein junger Mann entdeckte sie, ein Assistenzarzt, der schon den ganzen Abend auf der Lauer gelegen hatte. Er stand an der Bar, einen Scotch in der Hand, und musterte sie. Michelle hatte mittlerweile den obersten Knopf ihrer Bluse geöffnet, und ihr marineblauer Rock ließ den größten Teil ihrer Schenkel frei. Der Assistenzarzt kannte sein Metier und spürte ihre Stimmung. Er löste sich von dem Messinggeländer der Bar und hielt durch den fast leeren Raum auf sie zu.

Sein Name war Clarence Hagen. Er war auf niedliche Art gutaussehend, mit dichtem, adrett frisiertem Haar und einem kecken Lächeln, das zu sagen schien: Klar, bin ich ein Haufen Scheiße, aber bin ich nicht süß? Er setzte sich an Michelles Tisch, spendierte ihr Drinks und lästerte über die flachgesichtige Kundschaft, bis Michelle losließ und loslegte. Dann runzelte er, ganz Experte, entweder interessiert die Brauen oder sank von der Klarheit ihrer Ideen überwältigt in seinen Stuhl zurück. Solcherart ermutigt ließ das betrunkene Mädchen die ganze Flut ihrer Weisheit über ihn herniedergehen, erklärte ihm im vertrauten, eifernden Maschinengewehr-Stakkato ihrer verlorenen Collegetage die Kultur eines ganzen Kontinents. Oh, Michelle wußte, daß er ein Mistkerl war. So schlau war sie. Doch sie glaubte, daß dieses Wissen ihr die Oberhand geben würde. Sie kam sich zynisch und raffiniert vor und was-kümmert's-mich, frei und stark genug, mit einem Mann zu spielen. Sie fühlte sich viel besser als in der ganzen Zeit vorher, seit Allan ihren Kommentar gestrichen hatte, so viel war sicher.

Sie verließ den Club mit Hagen gemeinsam. Er hatte seinen Arm um ihre Schultern gelegt, während ihre Hüfte angenehm gegen seinen Schenkel rieb. Sie stiegen in ihre Wagen und fuhren Richtung University City, wo Hagen wohnte. Michelle folgte seinem Trans Am mit ihrem Datsun. Sie hatte Mühe, beim Fahren das Steuer fest und die Augen offen zu halten. Nach etwa zwanzig Minuten parkten sie vor einem zweistöckigen Haus im nachgemachten Tudorstil, das sich der Assistenzarzt mit zwei anderen Jungmedizinern teilte. Jung-Clarence führte Michelle hinein.

Und dort fickte er sie, schnell und maschinell wie ein Kolbenmotor, in einem Schlafzimmer im Erdgeschoß. Michelle war mittlerweile so betrunken, daß sie schon wegdämmerte, während er noch vor sich hinpumpte. Sie trieb davon auf einem Ozean eigener Gedanken und lag dort mit einem anderen Mann an einem anderen Tag irgendwann in der Zukunft, wenn das Leben einfach sein und sie geliebt werden würde. Nach einer Weile bemerkte sie, daß Clarence fertig war und schnarchte, während er noch immer auf ihr lag. Sie wand sich unter ihm weg und rollte sich so weit wie möglich von ihm entfernt am Bettrand zusammen. Sie sagte sich, daß sie sich noch immer zynisch und raffiniert und was-kümmert's-mich fühlte und daß Alan Mann sich zum Teufel scheren konnte, jawohl. Sie sagte sich, so ist das Leben, und schlief ein.

Und so verbrachte die Reporterin der *St. Louis News* die Nacht vor ihrem Interview in der Todeszelle mit Frank Beachum.

Am nächsten Morgen gegen halb sieben – etwa zur selben Zeit, als Beachum gerade aus seinem Traum erwachte – öffnete Michelle mühsam ihre verklebten Lider und wünschte sich wie Beachum weit fort von hier. Sie schreckte vor dem schlafenden Hagen zurück wie vor einer ekligen Spinne und stolperte nackt ins Badezimmer, um zu pinkeln und sich das Gesicht zu waschen. Eine Weile kniete sie über der Toilette, weil sie glaubte, sich übergeben zu müssen. Als das nicht der Fall war, stand sie heftig zitternd auf. Sie war an sich nicht nahe am Wasser gebaut, aber jetzt mußte sie sich beherrschen, um nicht einfach loszuheulen.

Hagen wachte auf, als sie sich anzog. Er setzte sich im Bett auf, den Kopf auf die Hände gestützt. Schnell knöpfte Michelle ihre Bluse zu. Ihr fiel nichts ein, was er hätte sagen können, ohne in ihr den Wunsch zu wecken, ihn umzubringen.

«Möchtest du Kaffee?» murmelte er.

«Halt einfach dein Maul», sagte sie.

«Hey!» sagte er. «Was habe ich denn getan?» Als sie hinausging, murmelte er ihr einen Fluch hinterher und machte eine wegwerfende Handbewegung, bevor er mit ausgebreiteten Armen und heraushängender Zunge wieder aufs Laken sank.

Michelle verließ das Haus durch die Küche, wo Clarences Mitbewohner sie mit einem verschlafenen, anzüglichen Grinsen begrüßten, was ihre Laune vollends ruinierte. Sie knallte die Haustür zu und wankte den Weg zu ihrem Wagen hinunter.

Sie fuhr, bis sie in der Nähe ein McDonald's entdeckte. Dort holte sie sich einen Kaffee, den sie, während sie neben ihrem Datsun auf und ab tigerte, auf dem Parkplatz trank. Sie verfluchte zunächst Hagen und die Männer als solche, aber das war's natürlich nicht. *Dumm!* sagte sie sich schließlich. *Wie kannst du so schlau und trotzdem so dumm sein?* Ein Trucker, der auf dem Boulevard vorbeidonnerte, rief ihr eine obszöne Bemerkung zu – irgendwas von seinem Kopf unter ihrem kurzen Rock. Michelle fühlte sich schmutzig und elend und stieg wieder hinter das Steuer ihres Wagens.

Dort fing sie dann schließlich an zu weinen. Ihr Gesicht zerfiel wie das eines Kindes, und sie war auch so verzweifelt wie ein Kind. Sie weinte und stöhnte laut auf, und ihr Hals schnürte sich zu, bis sie glaubte, sie müsse an ihren eigenen Tränen ersticken. Sie vergrub ihr Gesicht in den Händen und ließ den Kopf sinken, schüttelte ihn hin und her, so daß ihr Strähnen ihres schwarzen Haars ins Gesicht schlugen. Verzweifelt, so verzweifelt. Allein, so schrecklich allein. Keinen Freund seit der High-School. Keine Freunde seit dem College. Und auch keine richtigen Freundinnen; sie war immer zu überlegen gewesen. Ihr soziales Leben war eine einzige Serie von Fehlurteilen. Ihre Karriere – aus der sie ihre Selbstachtung zog – war in eine Sackgasse geraten. Sie wußte alles über alles und nichts über nichts. Sie hatte keine Ahnung, wie sie ihr Leben leben sollte. Das zumindest glaubte sie in ihrer Weisheit.

«Mein Leben ist beschissen», knurrte sie wütend, voller Selbsthaß, und weinte. «Mein Leben ist so beschissen.»

Gegen sieben Uhr fünf hatte sie sich ausgeheult und fühlte sich besser. Schniefend warf sie den leeren Kaffeebecher auf den

Rücksitz auf die Mülldeponie zu den anderen leeren Kaffeebechern und Fast-food-Kartons, vergilbten Zeitungen, Notizbüchern und Pressemitteilungen. Mit einem zittrigen Seufzer ließ sie den Wagen an. Sie hatte einen Entschluß gefaßt. Sie wußte, was sie tun würde. Der Wagen schoß quietschend und heftig schlingernd auf die Fahrbahn.

Wahrscheinlich hätte sie jemand aufhalten sollen. Aber die Bullen haben auf den Straßen weiß Gott alle Hände voll zu tun und können nicht überall sein. Trotzdem hätte sie am Abend zuvor wahrscheinlich irgend jemand anhalten sollen, so betrunken, wie sie gefahren war. Und an diesem Morgen ging es ihr kaum besser. Sie fühlte sich fiebrig und aufgequollen. Ihre Nebenhöhlen waren verstopft, ihr Magen fühlte sich an wie ein auf dem Kopf stehender Vulkan. Ihre Sicht war von dem ganzen Alkohol, dem Dope und den Tränen verschwommen. Sogar sie wußte, daß die Zahnrädchen in ihrem Gehirn nur rostig quietschend in Bewegung kamen, sie dachte langsam, reagierte langsam. Aber verdammt, das war schließlich nicht das erste Mal, daß sie so nach Hause fuhr. Sie hatte es schon oft gemacht und noch nie einen Unfall gehabt. Sie dachte, es würde auch diesmal klappen.

Das tat es auch – zunächst jedenfalls, auf dem breiten Boulevard, der zurück in die Stadt führte. Der Montagmorgenverkehr war schnell, aber um diese Zeit noch nicht allzu dicht. Michelle heftete ihren Blick an die roten Rücklichter eines Wagens vor ihr und ließ sich von ihnen ziehen wie vom Blick eines Vampirs, raste ihnen in dösender Trance hinterher. Sie dachte an ihren Entschluß und nickte sich mit fest aufeinandergepreßten Lippen aufmunternd zu. Sie würde bei der Zeitung bleiben, dachte sie. Dafür war sie geboren, sie wußte es, und sie würde sich von niemandem zum Aufgeben drängen lassen. Sie war schlauer als die anderen – als Alan, Bob und ich –, sie war schlauer als wir alle, und sie würde besser sein als wir alle. Sie mußten sie ja nicht mögen, sie mußten sie nur drucken . . .

Sie verzog ihr Gesicht, als es in ihrem Darm rumorte. Sie mußte dringend auf die Toilette, doch sie wollte nicht anhalten.

Sie wollte nach Hause, um sich ihre eigene Blödheit abzuduschen, und dann wollte sie von vorne anfangen, bis Alan Mann ihre Artikel Wort für Wort fraß. Sie würde weiter mit Everett reden. Everett würde es ihr beibringen. Er war zwar ein Mistkerl, aber er war der beste von allen, und sie würde ihn dazu bringen, ihr alles beizubringen, was er wußte. Dann konnte er seine blöden Witze reißen. Dann konnte er zusehen, wie sie an ihm vorbeizog. Sie trat aufs Gaspedal. Wolkenkratzer glitten an ihr vorbei, Parks, Tankstellen und seltsame kleine Enklaven mit Cafés in Backsteinhäuschen. Alles schwebte in einem vagen Taumel am Rande ihres Gesichtsfelds dahin. Michelles große Augen glänzten vor Entschlossenheit. Ihre Mundwinkel verzogen sich zu einem entschlossenen Lächeln. *Ja*, dachte sie.

Und dann kam sie in die Dead Man's Curve.

So nannten die Einheimischen sie: die Todeskurve. Auch die Zeitungen nannten sie manchmal so. Vermutlich kein besonders origineller Name, aber zutreffend. Hier, direkt an der Stadtgrenze, verlief die Straße auf einmal in einer langgezogenen weiten Kurve mit nichts außer dem Parkplatz einer Tankstelle an ihrem äußersten Punkt. In einem scheinbar endlosen Bogen wurden die herandonnernden Fahrzeuge auf den Parkway geleitet. Hier waren schon etliche Fahrzeuge außer Kontrolle geraten. An genau derselben Stelle hatte es in den letzten eineinhalb Jahren zwei tödliche Unfälle gegeben. Michelle fuhr mit Höchstgeschwindigkeit in die Kurve hinein, die Gedanken weit weg. Sie blinzelte und hatte nur eine Hand am Steuer, während sie sich mit der anderen den Bauch massierte.

An der steilsten Stelle verloren die Hinterreifen des Datsuns ihre Haftung auf der Fahrbahn. Michelle spürte, wie der hintere Teil des Wagens weggerissen wurde. Sie schreckte hoch und riß das Steuer gewaltsam in die andere Richtung – was genau das Falsche war. Der Wagen schlingerte in heftigem Zickzack geradeaus, während die Straße der Kurve weiter folgte. Er schoß über den Bordstein und den Bürgersteig auf den Parkplatz, wo der Asphalt von Öl- und Benzinresten so glitschig war, daß sich der Datsun scheinbar immer schneller zu drehen begann. Michelle kurbelte verzweifelt am Steuer. Es blieb ohne Wirkung. Der Wagen drehte sich einmal um sich selbst. Die weiße Wand der Tankstellengarage vor der Windschutzscheibe wurde größer und größer.

Michelle stieß einen schrillen Schrei aus: «Bitte!»

Der Wagen krachte frontal gegen die Wand.

Michelle wurde wie ein Geschoß aus ihrem Sitz gerissen und gegen die Windschutzscheibe geschleudert. Das Glas explodierte, Scherben schnitten in ihr Fleisch, ihre Knochen knackten wie Äste. Als sich Darm und Blase entleerten, verlor sie das Bewußtsein. Ihr Körper schlug auf der zusammengedrückten Motorhaube auf wie ein Wäschesack. Schnell war ihre blaue Bluse durchweicht und rot.

So blieb sie regungslos liegen, während um sie herum zischend Qualm und Dampf aufstiegen.

3

Es war fast zehn Uhr, als der Anruf Bob Findley in der Lokalredaktion erreichte. Er legte den Hörer auf, blieb einen Moment lang sitzen und starrte in die Stille, auf das unübersichtliche Labyrinth aus braunen Schreibtischen, auf denen sich dunkle Computerterminals erhoben. Die Neonröhren unter den weißen Plastikverkleidungen an der Decke tauchten den Raum in ein nüchternes, leicht dunstiges Licht.

Bob atmete tief ein und ordnete seine Gefühle. Er war sich nicht sicher, wie er reagieren sollte. Findley hatte den Ruf, ein äußerst kontrollierter Mensch zu sein, und dieser Ruf war ihm wichtig. Er war jung und in leitender Funktion tätig, und er wollte, daß ihn die Mitarbeiter für einen Ausbund an Gelassenheit hielten. Nie hob er die Stimme oder sprach schneller, als er denken konnte, vor allem nicht in Notfällen oder unter dem Druck einer Deadline. Inmitten des größten Chaos machte er gern leise ironische Bemerkungen, so daß jeder, der selbst in

Panik war, darauf vertraute, daß er die Situation absolut im Griff hatte. Meistens hatte er das auch. Er war ein guter Lokalchef. Intelligent, informiert, ein wenig unerfahren, aber bereit, auf den Rat anderer zu hören. Wenn überhaupt, dann fragten sich einige von uns höchstens manchmal, ob er nicht vielleicht ein bißchen *zu* beherrscht war. Er hatte ein rundes, rosafarbenes, jungenhaftes Gesicht, das knallrot anlief, wenn er wütend war, selbst wenn er mit leiser Stimme weitersprach. Einige von uns fragten sich manchmal, ob ihm nicht eines Tages der Kragen platzen und sein Kopf explodieren würde wie ein Luftballon.

Doch Bob wollte nicht nur ruhig und beherrscht wirken, er wollte auch nett sein: mitfühlend, wie er es nannte. Er war sehr mitfühlend. Er arbeitete hart daran. Irgendwie hatte er es sogar geschafft, so auszusehen: großgewachsen mit einem leicht schwabbeligen Körper und weichen Gesichtszügen unter einem dichten braunen Haarschopf. Immer im gebügelten Hemd – ein blaues Arbeitshemd oder die schickere Version in Pink – mit einer munteren Krawatte, Hosen, kein Jackett. Leger, aber ernsthaft, aufmerksam, nett. Mitfühlend. Als leitender Redakteur wie auch als Privatmensch bezog er zu jedem Thema stets die humane, die liberale Position. Er dachte, daß jedermann human und liberal sein müßte, wenn er sich nur die Zeit nehmen würde, die Dinge in Ruhe zu durchdenken. So war er, unser Bob.

Deswegen fand er es jetzt, nachdem er den Hörer aufgelegt hatte, ein wenig schwierig, die angemessene Reaktion zu finden. Wenn er zu ruhig war, war er nicht mitfühlend. Und wenn er zu mitfühlend war, konnte er nicht ruhig bleiben. Schließlich strich er sich nachdenklich über das Kinn, zog die Brauen hoch und murmelte: «Mannomann.»

Die stellvertretende Lokalchefin Jane March blickte rasch von ihrem Terminal auf. Sie kannte Bob und schloß deshalb aus seiner Bemerkung, daß mindestens ein Flugzeug über dem Busch-Stadion abgestürzt sein mußte.

«Ist Alan schon da?» fragte er sie leise.

Ernsthaft neugierig geworden, wies sie mit dem Kopf in Richtung Flur. «Er holt sich gerade einen Kaffee.»

Bob nickte langsam und überlegte. Dann stand er behutsam auf, verließ gemessenen Schrittes die Lokalredaktion und strebte den Flur hinunter Richtung Kantine.

Im Flur traf er Alan Mann, der auf dem Rückweg zu seinem Büro war. In der Hand hielt er einen Styroporbecher mit schwarzem Kaffee, während er in seiner Jackentasche eine Papiertüte mit einem Riesenstück Streuselkuchen verbarg. Als Bob sich ihm in den Weg stellte, legte er die freie Hand schützend auf seine Jackentasche.

Alan war unser Chefredakteur, ein Mann Mitte Fünfzig, der Bob Findley mit seinen ein Meter fünfundachtzig deutlich überragte. Er hatte breite Schultern, und sein Körper war schlank und muskulös bis auf den Bauch, der wie ein Volleyball tumorartig über seinen Gürtel quoll. Er hatte ein schmales Gesicht mit Hakennase, breiter Stirn und buschigen Augenbrauen. Die lauernde Miene eines Habichts: das war Alan.

Bob blieb direkt vor ihm stehen und wandte sich mit leiser Stimme an Alans gesenkte Stirn. «Ich habe gerade einen Anruf von Michelle Zieglers Bruder erhalten.» Er machte eine ausholende Geste mit seiner geöffneten Hand, was er oft tat, als wolle er alle Anwesenden ermahnen, ruhig zu bleiben. «Michelle hatte einen Autounfall.»

Alan knurrte. «Wie schlimm?»

«Schlimm», sagte Bob und wedelte noch ein wenig mit seiner Hand. «Sie befindet sich in einem kritischen Zustand. Die Ärzte glauben nicht, daß sie es schaffen wird.»

Eine ganze Weile sah Alan weiter wütend auf ihn herab, als ob er nichts gesagt hätte. Dann ging er wortlos, nur mit einem angewiderten Kopfschütteln, geradewegs an ihm vorbei den Flur hinunter. Bob folgte ihm langsam zurück in die Redaktionsräume.

Jane March beobachtete die beiden Männer genau, während sie Alans Büro betraten. Als Bob die Tür hinter sich schloß, flüsterte sie: «Verdammt!» Alan hatte die Jalousien vor den Glaswänden heruntergelassen, weil er vorgehabt hatte, unbeobachtet und in aller Ruhe seinen Streuselkuchen zu verzehren. Von ihrem Schreibtisch aus konnte Jane nur die Schatten der beiden Männer hinter den weißen Jalousien erkennen.

In seinem Büro ging Alan Mann zunächst um den Schreibtisch. Er hatte noch immer nichts gesagt. Er stellte den Kaffee auf die Tischplatte, bevor er seinen Streuselkuchen aus der Tasche zog und mit demonstrativer Wucht auf den Tisch knallte: Es war jetzt nicht die Zeit für kleinliche Täuschungsversuche. Er ließ sich in seinen Drehstuhl fallen und runzelte düster die Stirn.

Schließlich sagte er: «Die blöde Gans. Was war denn, war sie betrunken, oder was?»

Bob lächelte gequält. Alan hatte ihn engagiert, Alan war sein Mentor, und weil er im Fernsehen genug knurrige Chefredakteure gesehen hatte, ging Bob normalerweise davon aus, daß Alan wie sie trotz allem ein Herz aus Gold hatte. Deswegen glaubte Bob, die Größe aufbringen zu können, Alan nicht zu verachten. Trotzdem hatte er bisweilen das heimliche Gefühl, daß die Welt zivilisierter sein würde, wenn Dinosaurier wie Alan Mann ausgestorben und alle mehr oder weniger genauso mitfühlend sein würden wie er selbst.

«Ich weiß nicht», antwortete Bob jetzt freundlich. «Es ist an der Auffahrt auf den Parkway passiert, die üble weite Kurve. Die sollten da wirklich bald mal was unternehmen.»

Alan wußte natürlich genau, was Bob von ihm dachte, und spielte seinen Part bis ins letzte aus.

«Die blöde Gans», sagte er noch einmal. «Was hatte sie heute?»

Bob verstand die Frage nicht.

«Muß jemand für sie einspringen?» sagte Alan. «Hatte sie heute irgendeinen wichtigen Termin?»

«Oh ...» Bob war überrascht. Nicht, daß er nicht daran gedacht hätte, er hatte nur angenommen, daß sie zunächst ihrer gemeinsamen Betroffenheit Ausdruck verleihen würden, bevor sie dieses Problem erörterten. «Sie hatte das Interview mit Frank Beachum in Osage.»

«Ach ja. Richtig. Heute wird der gute alte Frank abgespritzt, was?» Alan gluckste. Er nahm den Deckel von seinem Kaffeebecher und lehnte sich in seinen ledernen Chefsessel zurück. «Hatte die Ziegler ein Ticket für die Show?»

«Ja. Sie sollte hinfahren, das Interview machen, wieder zurückkommen und dann nachts noch einmal rüberfahren, um bei der Hinrichtung dabeizusein.»

«Mein Gott. Warum muß das ausgerechnet mir passieren?»

Bob lachte. «Ich glaube, für Michelle ist es ein bißchen schlimmer, Alan.»

Alan knurrte in seinen Kaffee hinein.

«Ich weiß nicht, ob der Direktor sich auf einen Ersatzmann für das Interview einlassen wird. Oder, was das angeht, auch Beachum. Aber der Presseausweis für die Hinrichtung ist auf die Zeitung ausgestellt; da können wir schicken, wen wir wollen. Ich dachte, wir ziehen Harvey von dem Untersuchungsausschuß ab und setzen ihn ...

«Setz Everett drauf an», unterbrach ihn Alan. «Auf beides, das Interview und die Hinrichtung.»

Alan nippte an seinem Kaffee und wartete die Wirkung des Schlages ab, dehnte den Augenblick in die Länge. Er wußte, was Bob von mir hielt.

«Steve ist nicht da», sagte Bob rasch, aber ohne viel Hoffnung. «Er hatte das ganze Wochenende Polizeidienst. Er hat seinen freien Tag.»

«Jetzt nicht mehr. Wir brauchen ihn. Wie – heißt – er – noch – unten in Osage – der Direktor – Plunkitt – Steve hatte früher schon mit ihm zu tun. Ich bring ihn da rein. Und Beachum wird es egal sein, mit wem er redet.» Er nippte wieder an seinem Kaffee. Er liebte derartige Diskussionen.

Doch Bob war auf der Hut, er hatte das Gefühl, vorsichtig sein zu müssen, hatte den Eindruck, daß es politisch nicht besonders klug wäre, mich runterzumachen. Alan Mann und ich waren Freunde, gute Freunde, seit Urzeiten. Alan war Dozent gewesen, als ich an die Columbia University kam. Später hatte er dann einen Posten als Lokalchef angenommen und mir nach meinem

Examen einen Job bei seiner Zeitung verschafft. Dort arbeiteten wir fünf Jahre zusammen, bis er in seine Heimat nach Missouri zurückkehrte. Und als er hörte, daß man mich gefeuert hatte und ich in New York keinen Job mehr bekommen würde, drängte er mich, zu ihm zur *News* zu kommen. Wir hatten uns immer gut verstanden, wir beide, trotz des Altersunterschiedes. Manchmal gingen wir nach der Arbeit zusammen einen trinken. Unsere Familien trafen sich sonntags zum Essen. Trotzdem war Bob die Sache wichtig – außerdem ging er nie einer Konfrontation mit jemandem aus dem Weg, der ihm so viel Angst einjagte wie Alan Mann. Es war für ihn eine Frage der Ehre.

«Ich bin sicher, daß ich auch Harvey an Plunkitt vorbeischleusen kann», sagte er mit seiner leisen, vernünftigen Stimme. «Plunkitt liebt es, sich seiner guten Beziehungen zur Presse zu rühmen.»

«Und du glaubst, Everett ist ein Arschloch», sagte Alan.

«Ich glaube nicht, daß er ein Arschloch ist . . .»

«Du irrst. Er ist ein Arschloch. Glaub mir. Ich kenne ihn. Eine Menge Leute, die gut in ihrem Job sind, sind Arschlöcher, Bob.»

Bob hob seine Hand zu jener besänftigenden Geste. «Das weiß ich, Alan.»

«Wenn ich diese Zeitung ohne Arschlöcher machen müßte, könnte ich sie als Rundbrief verschicken.»

Bob lächelte beschwichtigend. Doch er gab noch nicht auf. «Es ist nur, daß Everetts Stärke meiner Meinung nach eher die Fakten-orientierten Geschichten sind. Ich habe nichts dagegen, daß er über die Hinrichtung berichtet. Aber das Interview sollte im Grunde mehr eine Human-Interest-Kiste werden. Michelle wollte noch ein paar emotionale Aspekte bringen, zur Abrundung ihrer Story.»

«*Ihre* Story?» sagte Alan laut. «Depeschen der flammenden Michelle?» Er stellte seinen Styroporbecher auf den Tisch. Er kam jetzt richtig in Fahrt. «Nun hör mir mal gut zu. Ich finde es beschissen, daß Michelle sterben wird. Ein Mädchen von Anfang Zwanzig! Wenn ich den Lauf der Welt bestimmen würde, wäre das nie geschehen, das kannst du mir glauben. Trotzdem kennst du Michelles Kommentare genausogut wie ich. Sie würde einen guten Aufhänger selbst dann nicht erkennen, wenn er ihr in ihren süßen College-Girl-Hintern beißt. Everett schon.»

«Einen *nachrichtlichen* Aufhänger schon, aber dies ist mehr eine Hintergrundstory.»

Alan richtete sich mit weit aufgerissenen Augen auf. «Eine Hintergrundstory? Wow! Donnerschlag! Eine Hintergrundstory.»

«Komm schon, Alan . . .»

«Was ist das Hintergrundthema?»

«Die Todesstrafe. Ich meine, der Staat bringt heute abend einen Menschen um, Alan.»

«Eine Hintergrundstory.» Alan lehnte sich in seinem Stuhl zurück und konnte sein Entzücken kaum verbergen.

Bob wurde langsam ein wenig verzweifelt und auch ein bißchen wütend. Er hatte seine eigenen Gründe, mich nicht hinzuziehen zu wollen, und die meisten davon waren privater Natur. Aber wie das in Diskussionen so läuft: Er hatte ein paar logische Vorwände gefunden, mit denen er seine Gefühle erklären konnte, und jetzt glaubte er sie. Er fand, daß sie offensichtlich waren. Er fand, daß jeder, der anderer Meinung war, am eigentlichen Problem vorbeiredete. Und daß er einem diese Dinge erklärte, als wäre man ein kleines Kind, war eine von Bobs persönlichen Schwächen.

Also sagte er, während er sehr bewußt seine Hand wieder öffnete: «Dieser Typ, dieser Beachum, wird uns keine Neuigkeiten mitteilen, verstehst du. Er wird uns keine einzige Information geben, die wir nicht schon haben. Darum geht es auch gar nicht. Es geht – bei einer Story wie dieser – darum, daß die Leute *nachempfinden* können, wie es ist, darauf zu warten, daß einem der Staat Gift in den Arm spritzt. Ich meine, in diesem Staat wird alle paar Monate ein Mensch hingerichtet, und es landet normalerweise auf Seite drei des Lokalteils, bestenfalls auf Seite eins der Stadtausgabe. Aber das hier ist eine St.-Louis-Story, deshalb ist es für uns ein Aufmacher. Aber wir können sie nur *so* groß bringen, wenn wir diesen Typen vermenschlichen, wenn wir den humanen Aspekt der ganzen schmutzigen Angelegenheit in den Vordergrund stellen. Wir wollen, daß der Leser begreift, daß es bei der Todesstrafe genau darum geht: Ein menschliches Wesen wird getötet. Und ja, ich finde, das ist ein wichtiges Thema.»

«Findest du, ja?» sagte Alan und zog eine Braue hoch. «Und was ist mit dieser Amy Dingsda, der schwangeren Kleinen, der unser Frankie Boy in den Hals geschossen hat? Was ist mit ihrer Menschlichkeit? Gehört das auch zu dem Thema?»

«Nun, ja.»

«Ich meine, Everett war das ganze Wochenende hier, weil in zwei Tagen sechzehn Menschen durch Schußwaffen verletzt wurden – *sechzehn* –, vier davon tödlich. Was ist mit diesem Thema?»

«Also gut, ja, das ist auch ein Thema.»

«Michelle dachte, das Thema wäre pi-pi und tü-tü, ich weiß nicht, was zum Teufel sie gedacht hat. Wer entscheidet denn, was das Thema bei dieser ‹*Hintergrund*story› ist?»

Mit einem fast anzüglichen Grinsen beugte Alan sich in seinem Stuhl vor. Er liebte das hier, er liebte es. Er griff nach der fettigen Papiertüte auf seinem Schreibtisch, unfähig, noch länger zu widerstehen. «Willst du ein Stück Streuselkuchen?»

«Nein», sagte Bob. «Nein.»

Alan zog den Kuchen heraus und biß hinein. «Ich will dir mal was sagen», murmelte er mit vollem Mund. «Themen – Hintergrundthemen – sind das, was wir uns ausdenken, um einen Vorwand zu haben, eine gute Story zu bringen. Wenn ein Richter einer Anwältin an die Titten grabscht, geht es um das Thema sexuelle Diskriminierung. Wenn ein Neunjähriger seinen Bruder mit einer Uzi abknallt, lautet das Thema Gewalt bei Kindern. Die Leute wollen über Geschlechtsteile und Blut lesen, und wir machen Themen daraus, um ihnen einen Vorwand zu liefern. Das ist der Unterschied zwischen einer renommierten Zeitung und einem billigen Revolverblatt: die Verlogenheit.»

Bob warf die Hände in die Luft und suchte Zuflucht in seiner sanften Ironie. «Nun, dann sollte ich Steve vermutlich doch anrufen», sagte er leise. «Das ist eine absolut präzise Beschreibung seiner Einstellung.»

Alan lehnte sich wieder zurück, entspannt diesmal, und kaute, den Kuchen in der Hand. Sein brütendes Habichtgesicht war leicht nach oben gewandt. Ein zweites Frühstück, eine journalistische Debatte, eine Chance, Bob abzukanzeln: Einmal abgesehen von der Tatsache, daß sich eine seiner Reporterinnen totgefahren hatte, ließ sich der Vormittag richtig nett an. «Laß mich dir etwas über Steve Everett erzählen», sagte er, während er mit der freien Hand die Krümel von seiner Krawatte wischte. «Weißt du, warum sie ihn in New York gefeuert haben? Kennst du die Geschichte?»

Bob mußte zugeben, daß er sie nicht kannte.

«Er hat den Bürgermeister auffliegen lassen», sagte Alan. «Den Bürgermeister von ganz Scheiß New York. Steve bekam ein geheimes Memo in die Hände über einen Schmiergeldvertrag zwischen Euer Ehren und einem ehemaligen Bezirksbürgermeister, der auch bereit war, die Sache zu bestätigen. Ihm konnte es egal sein: Er war schon verurteilt worden. Steve brachte die Story in seiner Kolumne. Und am nächsten Morgen: keine Kolumne. Die Zeitung hatte sie gestrichen. Steve kommt in die Redaktion und macht ein Höllenspektakel, bis er plötzlich vor die Jungs im obersten Stockwerk zitiert wird. Große Überraschung – und was glaubst du? Der Besitzer der Zeitung liegt mit dem Bürgermeister in einem Bett. Irgendeine Immobiliengeschichte, Gemauschel um einen Flächennutzungsplan, was weiß ich. Steve ist jedenfalls ausgerastet. Er sagt, entweder die Kolumne kommt, oder ich gehe. Und so kam es, daß der Bürgermeister von New York ehrenvoll aus dem Amt geschieden ist, während die Stadt St. Louis sich bis zum heutigen Tag mit Everetts illustrer Anwesenheit schmükken kann.»

Alan stopfte den letzten Bissen Streuselkuchen in den Mund und leckte sich die Finger wie ein fetter zufriedener Kater. Neben dem Tanzen mit seiner Frau war das Spielen mit den Köpfen seiner Untergebenen eines seiner Hauptvergnügen im

Leben. Und mit Bob ganz besonders; vermutlich weil er so ernst und aufrichtig war. Die Geschichte über mich zum Beispiel – den ehrlichen Reporter, der von korrupten Politikern aus der Stadt gejagt wurde, so etwas könnte im Film passieren. Es wäre das, was man den «Background» des Helden nennen würde, das, was passiert ist, bevor der Film angefangen hat. Der Chefredakteur würde es dem Lokalchef etwa fünfzehn Minuten nach Beginn erzählen, damit man weiß, daß der Held ein Guter ist, trotz seiner Macken, ein Kerl, dem man vertrauen kann.

Leider war es in meinem Fall erstunken und erlogen. Es ist nie passiert. Alan hatte es sich nur ausgedacht, weil er wußte, daß es Bob maßlos ärgern würde, mich wie einen Filmhelden zu sehen. Er wußte, daß er sich winden würde.

Und Bob wand sich, während er, sein rosiges Gesicht ausdruckslos, vor dem Schreibtisch stand. So intelligent und redegewandt er auch war, er liebte das Kino, und jenes heroische Bild von mir traf ihn hart, nagte an ihm und machte ihn sprachlos. Er schob seine Hände in die Taschen seiner Khakihosen. Manchmal konnte Alan wirklich ein Schwein sein.

«Also gut», sagte Bob nach einer Weile – und Alan hätte fast laut losgelacht, als er sah, wie Bob die Worte herauswürgte. «Also gut. Wie du willst. Ich werde versuchen, Everett zu Hause zu erreichen.»

4

Der Zufall aber wollte es, daß ich nicht zu Hause war. Ich war bei Bob zu Hause, genauer gesagt in Bobs Bett. Ich rauchte eine Zigarette und betrachtete den nackten Hintern seiner Frau.

Sie hieß Patricia, und sie hatte einen hübschen Hintern. Rund und rosig, genau wie Bobs Gesicht, wenn man es bedachte. Im Moment jedoch fiel mir vor allem der längliche ovale blaue Fleck direkt unterhalb der rechten Rundung ins Auge. Vermutlich hatte ich ihn dort hinterlassen, als ich ihr einen Klaps gegeben hatte.

Jetzt hatte ich ein schlechtes Gewissen. Schließlich war es kein wütender Klaps gewesen. Sie wollte es so. Sie mochte es, wenn ich sie beim Sex an den Haaren zog und sie schlug. Mein Ding war es, ehrlich gesagt, nicht, aber es war doch ziemlich aufregend und mal was anderes als mit meiner Frau zu Hause. Aber dieser blaue Fleck. Ich hatte einfach die Beherrschung verloren, und jetzt hatte ich ein schlechtes Gewissen.

Sie drehte sich um, und mir stockte der Atem. Nach sechs gemeinsamen Wochen blieb mir beim Anblick ihres Körpers noch immer die Luft weg. Groß, kräftig und von einem dunklen Rosa, mit vollen Hüften und großen Brüsten, die zu beiden Seiten herabquollen, wenn sie auf dem Rücken lag. Kühl wie eine Statue mit einem marmorkalten, von rotbraunem Haar gerahmten Gesicht, fein geschnitten, distanziert, neugierig und ein wenig spöttisch. Alles in allem eine coole Braut, die gute Patricia.

Sie blinzelte mich verschlafen an. «Gefällt er dir wirklich?» fragte sie.

«Dein Körper?» fragte ich. «Ja, ich würde ihm neun Komma sieben von zehn möglichen Punkten geben.»

Sie lächelte und strich sich das Haar aus dem Gesicht. «Tut mir leid. Ich muß wohl für eine Minute eingeschlafen sein. Ist es schon spät?»

«Nein. Es war wirklich bloß eine Minute. Wir sind noch in der Zeit.»

Sie räkelte sich und legte ihre Hand sanft auf meine Brust. Sie ließ ihre Finger über das schwarze Haar gleiten, bis sie auf den Pik-förmigen Flecken rohen Gewebes direkt unterhalb des Brustbeins stieß.

«Was ist das eigentlich?» murmelte sie.

«Ich weiß nicht. Hatte ich schon immer.»

«Es ist irgendeine Narbe. Irgendwas muß dir zugestoßen sein.»

«Vermutlich.»

«Haben dir deine Eltern nie davon erzählt?»

«Nein. Meine Adoptiveltern – sie wußten es nicht. Es war

schon da, als ich zu ihnen kam.» Ich beobachtete ihre Finger, den weinroten Nagellack. «Es war schon immer da.»

Sie zog ihre Hand zurück und räkelte sich erneut, dehnte beide Arme anmutig nach hinten, bis ihre gefalteten Hände das Kopfteil des Bettes berührten. Sie gähnte. «Ich meinte die Zeitung.»

«Was?»

«Als ich dich gefragt habe, ob er dir wirklich gefällt. Wir haben über deinen Job bei der Zeitung geredet, bevor ich eingeschlafen bin. Oder nicht?»

«Oh. Ja. Haben wir wohl.»

Sie ließ ihre Arme sinken. «Ich meine, arbeitest du wirklich gerne dort?» Sie wandte sich mir zu, den Kopf in eine Hand gestützt. «Das Ganze kommt mir einfach irgendwie so – monoton vor. Nach einer Weile, meine ich. Es sind doch immer wieder dieselben Geschichten, oder nicht? Wie oft kann man ein Zugunglück oder einen Mord oder eine Wahl interessant finden?»

Es ging eigentlich um Bob, muß man wissen. Wenn sie mit mir zusammen war, ging es eigentlich immer um Bob.

Ich lag eine Weile da, ohne zu antworten. Ich sah dem Qualm meiner Zigarette nach, der sich zur Decke kräuselte. Der laute Rhythmus der Zikaden in den blütenschweren Bäumen vor dem Haus trieb durch das offene Fenster, genau wie die Wärme des Julis und der Geruch der Ahornbäume und Platanen. Die nackte Patricia neben mir, das schattige Schlafzimmer mit unserer verstreuten Kleidung, die ganze Szene weichgezeichnet und verschwommen, weil ich meine Brille nicht aufhatte: das alles erfüllte mich mit einem tiefen Verlangen nach irgendwas, ich weiß nicht was. Es war eine süße nostalgische Sehnsucht, wehmütig und gut. Ich wollte nicht über Bob reden.

«Ich habe einen Magisterabschluß in englischer Literatur», sagte ich schließlich. «Ich bin für nichts anderes qualifiziert.»

Sie lachte – es war kein richtiges Lachen, mehr eine Art «Hmmm», immer kühl. «Bob nimmt das Ganze so ernst», sagte sie.

«Na ja, Bob ist eben ein ziemlich ernsthafter Typ.»

Ich sah, wie sie verschmitzt die Lippen wölbte. «Weißt du, was er über dich sagt?»

«Ja, mehr oder weniger.»

«Er sagt, du machst es nur wegen einer Art krankem Thrill. Er sagt, es gibt dir eine Art häßlichen ... Kick, andere Menschen leiden zu sehen: Mordprozesse, Skandale und all das. Er sagt, selbst wenn du eine schreiende Frau siehst, deren Kinder gerade verbrennen, macht es dich bloß an. Für dich ist es bloß eine Story.»

«Für mich und die Leser», sagte ich. «Damit verkaufen sich Zeitungen.»

«Er sagt, daß dir das menschliche Leid, das du siehst, egal ist. Daß dir die wirklich wichtigen Themen egal sind.»

Ich lächelte in den Schatten. «Die wirklich wichtigen Themen», sagte ich.

«Er klagt viel über dich, weißt du. Er mag dich nicht. Er sagt, Alan Mann hätte dich nur engagiert, weil ihr Freunde seid.»

Mein Lächeln verblaßte. Genau wie meine nostalgische Sehnsucht. Ich hatte so ziemlich genug von Bob gehört. Ich drehte mich um, streckte langsam den Arm aus und legte meine Hand auf die Brust seiner Frau. Ich spürte wieder die beruhigende Bewegung des weichen Fleisches. «Vielleicht sollten wir den Aschenbecher auswaschen», erklärte ich ihr leise. «Und auch das Zimmer lüften, sonst riecht er den Qualm, wenn er nach Hause kommt.»

Sie reckte hochmütig das Kinn. «Oho. Was soll denn das heißen?»

«Nichts. Du mußt zur Arbeit. Und ich muß nach Hause. Zu meiner Frau und meinem Kind.»

«Du willst mir doch nicht etwa erzählen, wie schrecklich das ist, was wir hier treiben, oder?»

«Ich weiß nicht. Vielleicht doch. Bob ist ein anständiger Kerl, Patricia.»

«Bitte, Ev! Nicht. Ich weiß, daß er ein anständiger Kerl ist. Warum, glaubst du, habe ich ihn geheiratet?»

Ich zog meine Hand von ihrer Brust und ließ sie über ihrem Bauch kreisen. «Und er ist auch ein guter Journalist», sagte ich. «Eines Tages wird er eine ganz große Nummer sein. Wir sehen die Dinge nur anders, wir beide, das ist alles.»

Sie runzelte die Stirn. Ihre Lippen zitterten, als würde sie jeden Moment in Tränen ausbrechen. Aber das tat sie nicht. Wahrscheinlich dachte sie nur, daß es von ihr erwartet wurde.

«Also gut», sagte sie. «Du findest also, das alles stinkt, richtig? Was wir hier machen.»

Ich lächelte verträumt, von der kreisenden Bewegung meiner sich nach unten vortastenden Hand hypnotisiert. «Ach, ich weiß nicht», sagte ich. «Wir sind nur zwei einfache Menschenkinder, die von einem Wirbelwind der Leidenschaft hinweggefegt wurden.»

Patricia machte wieder hmmm.

«Irgendwas in der Richtung», sagte ich.

Sie nahm meine Hand, stoppte sie, als sie die ersten rötlichen Locken erreicht hatte, und sah mich an. «Es ist okay. Es ist nicht so, als ob ich dich lieben würde oder irgendwas in der Art.»

Ich lächelte. «Danke. Ich liebe dich auch nicht.»

Sie hielt meine Hand mit beiden Händen fest und spielte nachdenklich mit den Fingern. Ich sah, wie sich all ihre Bemühungen, schuldbewußt zu wirken, verflüchtigten. Dieser spöttische, mutwillige Ausdruck legte sich wieder auf ihr Gesicht, und sie hatte die Mundwinkel leicht hochgezogen. «Warum *bist* du eigentlich aus New York weggegangen?»

«Mein Gott», sagte ich und lachte. Wieder Bob. Ich ließ mich seufzend aufs Bett zurückfallen und ergab mich dem Spiel.

«Nein, ehrlich», sagte Patricia. «Warum? Bob fragt sich das ständig.»

«Oh, also, wenn *Bob* sich fragt . . .»

«Er hat gehört, daß du bei deiner Zeitung rausgeflogen bist. Er sagt, niemand sonst in der ganzen Stadt wollte dich einstellen.»

«Ich bin rausgeflogen. Und niemand wollte mich einstellen.»

«Aber wieso?»

«Also gut. Aber du wirst es ihm doch nicht erzählen?»

Sie kicherte und nuckelte an meinen Fingerspitzen. «Nein. Wie könnte ich auch?» Dann rollte sie sich auf mich. Und ich spürte ihre Wange an meiner Brust und ihre Brüste an meinem Körper. Ich konnte ihre Haare riechen, und ich wünschte ... ich weiß nicht, was ich wünschte. Ich wünschte irgendwas. «Los, erzähl es mir», hauchte sie.

«Ich wurde dabei erwischt, wie ich in der Materialkammer eine siebzehnjährige Praktikantin gebumst hab.»

Sie riß sich von mir los. «Nein!»

«Wie sich herausstellte, war es die Tochter des Herausgebers.»

Sie öffnete den Mund zu einem Ausdruck ironischen Entsetzens. «Du böser Mann!»

«Er hat mich auf die schwarze Liste gesetzt.»

«Das kann ich ihm nicht verübeln. Was hat deine Frau gesagt?»

Ich zuckte zusammen und verzog das Gesicht, als ich daran dachte. Nichts auf der Welt ist so wie der Moment, in dem die eigene Frau zum erstenmal entdeckt, daß man sie betrogen hat. Irgendwie denkt man immer, daß sie es weiß oder ahnt oder irgendwas in der Art. Man hat gar nicht gewußt, wie sehr sie einem vertraut hat, bis man die besinnungslose Leere des Betrogenseins in ihren Augen sieht.

«Na ja», sagte ich. «Wir hatten gerade das Kind bekommen, verstehst du. Es war schlimm für sie, aber sie wollte unsere Ehe retten. Und als Alan sagte, er würde mir einen Job geben, hat sie vermutlich gedacht, eine neue Stadt, eine neue Chance, du weißt schon.» Mein «Background».

«Du böser Mann», sagte Patricia erneut. Kopfschüttelnd legte sie ihre Wange wieder auf meine Brust. Ich umarmte sie und atmete die Sommerluft. «Also ich weiß wirklich nicht, was ich von dir halten soll», sagte sie nach einer Weile. »Erst die Tochter des Herausgebers, jetzt die Frau des leitenden Redakteurs.»

«Du hast noch ein paar ausgelassen.»

«Jede Wette. Vielleicht die Schwester des Bürgermeisters? Die Sekretärin des Polizeipräsidenten?»

«Des Staatsanwaltes.»

«Ich meine Anflüge einer gewissen Feindseligkeit gegen Autoritätspersonen zu erkennen.»

«Ja. Plus einem Steifen, der einfach keine Ruhe gibt. Ist eine gefährliche Kombination.»

Sie lachte – hmmm – und murmelte. Ließ ihre Hand an meinem Körper hinabgleiten und richtete sich so weit auf, daß sie mir in die Augen sehen konnte.

«Und was wirst du dann in der nächsten Stadt über mich erzählen?» fragte sie. «In der nächsten Stadt bei einer anderen. Oh», fuhr sie mit verstellter Stimme, ihrer Imitation eines Machos, fort, «man hat mich dabei erwischt, wie ich die Frau meines Lokalchefs *gebumst* habe. Du weißt ja, wie das ist. Ho ho ho.»

Ich drehte mich auf die Seite, so daß ich meinen Arm um sie schlingen und ihr Gesicht fest an meines drücken konnte. «Nein», sagte ich, «wenn ich beim Bumsen mit dir erwischt werde, weiß ich nicht, welche Stadt mich überhaupt noch nehmen würde.»

«Ooh», sagte sie heiser, und rieb ihre Nase an meiner, «das klingt ja richtig gefähr –»

Das Telefon klingelte, eine völlig überraschende Lärmexplosion auf dem Nachttisch, der auf ihrer Seite neben dem Bett stand.

Sie seufzte. «Mist», sagte sie und griff nach dem Hörer hinter sich. Ich ließ sie los. Sie legte sich auf den Rücken und nahm den Hörer ans Ohr. «Hallo?»

Sonst gab sie keinen Laut von sich – weder stockte ihr der Atem noch sonst irgendwas, dafür war sie viel zu cool. Doch ich begriff die Katastrophe trotzdem. In ihrem Zögern lag ein verborgener Rhythmus, in ihrer Stimme eine verzweifelte Ungeduld, die sie verrieten.

«In Ordnung», sagte sie. «Ja, ja – ja. In Ordnung.»

Sie legte den Hörer auf, ohne sich zu verabschieden. Sie rutschte wieder neben mich und schloß die Augen. Die entstehende Pause war dramatisch genug, was vielleicht genau das war, worauf sie es angelegt hatte. In diesen emotionalen Situationen weiß ich nie, was echt ist und was um des Effekts willen gespielt.

«Du wirst es mir nicht glauben», sagte sie. Und dann lieferte sie die Pointe, mit einer vor Überraschung überkippenden Stimme. «Das war mein Mann.»

«Bob?» fragte ich dümmlich.

Sie drehte ihren Kopf auf dem Kissen und sah mich an. «Er hat nach dir gesucht.»

Zweiter Teil

Kartoffelchips

1

Gegen halb elf betrat Luther Plunkitt, der Direktor der Osage Correctional Facility, die Beobachtungszelle. Der diensthabende Beamte hinter seiner Schreibmaschine erhob sich. Seit acht Uhr war es ein neuer Wärter: Benson war Mitte Dreißig und ein Veteran derartiger Prozeduren. Ein guter Mann, der seinen Job ernst nahm. Luther nickte ihm zu und wandte sich dem Käfig, dem Gefangenen zu.

Hinter der Wand aus Gitterstäben saß Beachum jetzt an seinem Schreibtisch. Eine einsame, kleine Gestalt, die sich kraß vor der weißen Betonwand abzeichnete. Auf dem Tisch lagen mehrere Bögen weißen Papiers, quer darüber ein Einwegkugelschreiber. Beachums Arme ruhten auf dem Tisch, seine Hände umfaßten einen Styroporbecher mit Kaffee. Zwischen zwei Fingern hielt er eine Zigarette, deren Qualm spiralförmig zur Decke stieg. Er hatte den Kopf gewandt und sah mit hängenden Gesichtszügen traurig in Luthers Richtung, bis sein Blick, abgründig und fest, auf den von Luther traf.

Komisch, dachte Luther, als er durch die Gitterstäbe sah. *Komisch, dieser Ausdruck in ihrem Gesicht.*

Er erkannte den Gesichtsausdruck des Gefangenen. Es war immer derselbe, er erinnerte sich daran, von anderen Hinrichtungen, von Vietnam, von Hue. In Hue hatte er viele Männer gekannt, die gestorben waren, und jeder einzelne von ihnen hatte, bevor es passierte, noch bevor die Kugel ihn überhaupt getroffen hatte, diesen Gesichtsausdruck angenommen. Die Mundwinkel sackten ein wenig nach unten, und etwas kam in ihre Augen, ganz tief, eine Langsamkeit und Trägheit, eine Art seltsamer Ergebenheit. Als wäre der Tod wie eine Kobra in ihren Köpfen aufgestiegen und hätte sie hypnotisiert. Wenn ein Mann erst einmal diesen Gesichtsausdruck hatte, war es egal, was man für ihn tat. Man konnte versuchen, ihm Feuerschutz zu geben, ihn aus der Schußlinie zu bringen, ihn mit anderen Männern zu umgeben oder ihn in die hinteren Linien schicken. Das Geschoß oder die Mine oder was auch immer würde ihn zielstrebig erwischen. Ein Junge war sogar einmal in einem alten Krater ertrunken, der mit Schlamm vollgelaufen war.

Luther Plunkitt und Frank Beachum sahen sich festen Blickes durch die Gitterstäbe an, und Luther wußte, so sicher, wie er jetzt hier stand, daß Beachum nicht in letzter Minute begnadigt werden würde.

Luther lächelte, ein nichtssagendes Lächeln, sein übliches nichtssagendes Lächeln. Er war ein Mann Anfang Sechzig, klein in seinem schicken schwarzen Anzug, nicht größer als ein Meter siebzig, aber stämmig und kräftig, vielleicht mit ein paar Pfunden zuviel, wenn überhaupt. Er hatte ein quadratisches, teigiges Gesicht und silbergraues Haar. Das nichtssagende Lächeln verließ ihn nur selten, und es lenkte die Aufmerksamkeit des Betrachters von den marmorgrauen Augen ab, die tief in den schwammigen Falten unter seiner Stirn verborgen lagen. Es war sogar so, daß manche Menschen die Marmoraugen wegen seines Lächelns und seiner leisen freundlichen Art gar nicht bemerkten. Aber nach fünfzehn Jahren bei der Armee, zehn Jahren bei der Staatspolizei und siebzehn Jahren im Strafvollzug konnte Luther, weiß Gott, ein ziemlich marmorharter Typ sein.

«Morgen, Frank», sagte er.

«Mr. Plunkitt», erwiderte Beachum leise und blieb fast regungslos sitzen. Er zog nicht an seiner Zigarette, nippte nicht an seinem Kaffee, sondern hielt beides nur lose fest, als hätte er nicht mehr die Kraft, es zu packen und hochzuheben.

«Kann ich Ihnen irgend etwas bringen lassen? Brauchen Sie irgendwas?» fragte Luther.

«Nein», sagte Beachum, «nicht, daß ich wüßte.»

Luther hatte eine Hand in der Hosentasche, wo seine Finger die Schlüssel fest umklammert hielten. Mit der anderen Hand gestikulierte er nonchalant. Er wußte, daß niemand hätte sagen können, was er wirklich empfand. «Ich habe gehört, daß Ihre Frau und Ihre Tochter Sie heute wieder besuchen kommen.»

Beachum nickte. «Ja.»

«Das ist gut. Ihre Frau heißt Bonnie, nicht wahr?»

«Ja.»

«Und das kleine Mädchen ist . . .?»

Beachum hustete und räusperte sich. «Gail.»

«Gail. Sehr hübsch, ein wirklich schöner Name.» Beachum sagte nichts, was Luther ihm nicht verübeln konnte. Er preßte die Lippen aufeinander und drängte weiter. «Also, wenn Sie für die beiden irgendwas brauchen, lassen Sie es mich nur wissen», sagte er. «Sagen Sie es dem diensttuenden Beamten, und wir kümmern uns darum.»

«Sehr nett von Ihnen, Mr. Plunkitt», sagte Beachum leise. «Vielen Dank.»

In der nachfolgenden Pause fiel Luthers Blick kurz auf die Zigarette des Gefangenen. Die Asche war lang geworden und fiel jetzt, durch das eigene Gewicht nach unten gezogen, auf den Tisch. Trotzdem machte Beachum noch immer keine Anstalten, die Zigarette zum Mund zu führen, er hielt seine Hände völlig still.

Das machte Luther irgendwie nervös, und er mußte den Blick abwenden. Er zwang sich, forsch und geschäftsmäßig zu klingen. Er trat auf die Gitterstäbe zu, das dünne Lächeln fest aufgesetzt, während er mit der freien Hand gestikulierte.

«Es gibt da ein paar Sachen, die ich mit Ihnen besprechen muß», sagte er. «Ich dachte mir, wir machen das gleich jetzt, dann haben wir es hinter uns.»

Beachum nickte. «In Ordnung.»

«Zum einen, Ihr Abendessen. Möchten Sie irgend etwas Besonderes? Es darf so ziemlich alles sein, was Sie sich wünschen.»

«Steak . . .» Wieder räusperte sich Beachum. «Steak mit Pommes frites, denke ich», sagte er. «Und ein Bier wäre nett.»

Luther neigte den Kopf. «Kein Problem. Ich werde sehen, was sich machen läßt.» Er machte einen weiteren kleinen Schritt nach vorn – ein vertraulicherer Abstand – und senkte die Stimme. «Was Ihren persönlichen Besitz betrifft . . .»

Luthers Blick zuckte wieder auf die Hände des Gefangenen, als die Asche von dessen Zigarette erneut unbeachtet auf den Tisch fiel. *Der verdammte Kaffee muß doch längst kalt sein*, dachte er und ärgerte sich darüber, daß ihn die Sache so mitnahm.

«Meine Frau wird sie an sich nehmen», sagte Beachum.

«Und Ihre sterblichen Überreste? Gilt das auch für Ihre sterblichen Überreste?» fragte Luther. «Wenn sie die Bestattungskosten nicht aufbringen kann . . .»

«Nein. Nein. Ihre Gemeinde hat ein wenig Geld gesammelt. Das ist schon in Ordnung.»

«Ihre Frau wird also Ihre sterblichen Überreste beanspruchen.»

Beachum atmete tief ein und richtete sich auf seinem Plastikstuhl auf, das erste Anzeichen seiner inneren Aufgewühltheit. Eine unscheinbare Bewegung – aber auch sie irritierte Luther. Er fühlte ein Gewicht im Magen, fühlte, wie es sich wand und an ihm zerrte.

«Jawohl, Sir, so ist es.»

«Okay.» Luther spürte, wie seine Hand – die in der Tasche mit dem Schlüssel – warm und feucht wurde. Er zog sie hervor und faltete beide Hände mit herabhängenden Armen vor dem Körper wie ein Priester an einem offenen Grab. Mit unvermindert forscher Stimme kam er zum nächsten Tagesordnungspunkt.

«Ich möchte Ihnen den Ablauf des heutigen Abends kurz erklären, damit es keine Überraschung gibt», sagte er. Das war inzwischen fester Bestandteil des Protokolls. In einer Nachbesprechung, wie sie sie nach jeder Prozedur abhielten, hatte das Exekutionsteam des Osage-Gefängnisses entschieden, daß es einem reibungslosen Ablauf förderlich wäre, den Verurteilten gründlich über alles zu informieren. Bei der allgemeinen Nervosität vor der festgesetzten Hinrichtungsstunde konnte den Gefangenen jede kleine Abweichung von dem, was ihn erwartete, erschrecken und Probleme verursachen. «Wir müssen Ihre Besucher bitten, die Zelle um achtzehn Uhr zu verlassen», fuhr Luther fort. «Vielleicht sollten Sie sie darauf vorbereiten, falls sie erwarten, bis zehn bleiben zu können. Dann bekommen Sie Ihr Abendessen und einen Satz frischer Kleidung. Außerdem gibt es noch eine Art Plastikunterhose, die wir Sie bitten müssen anzuziehen. Niemand wird sie sehen, aber es ist aus hygienischen Gründen erforderlich. Wir werden dafür sorgen, daß man sie Ihnen wieder auszieht, bevor Ihre Frau den Leichnam beansprucht. Nach halb elf heute abend besteht dann für Sie hier in Ihrer Zelle die Möglichkeit, Ihren geistlichen Beistand zu empfangen, wenn Sie wollen, was, wenn ich recht informiert bin, der Fall ist.»

Der Gefangene versuchte zu antworten, konnte jedoch nicht. Er schloß einen Moment lang die Augen und schluckte. Luther sprach weiter.

«Die Liege wird direkt in Ihre Zelle gebracht, etwa eine halbe Stunde vor der eigentlichen Prozedur. Dann wird man Sie in den dafür vorgesehenen Raum bringen, Sie an ein EKG anschließen und gleichzeitig den Katheter setzen. Aber keine Sorge, nichts wird vor der Zeit passieren. Wir beginnen um null Uhr null eins, und bis dahin werden wir die Telefone im Blick behalten. Außerdem haben wir eine offene Leitung zum Generalstaatsanwalt und zum Gouverneur. Beide Anschlüsse werden vorher auf ihre Funktionsfähigkeit überprüft werden. Haben Sie so weit noch irgendwelche Fragen?»

Beachum atmete aus, als wenn er bis jetzt die Luft angehalten hätte. «Nein.»

Der Direktor verlagerte sein Gewicht von einem Fuß auf den anderen. «Gut, dann gibt es nur noch eins, bevor ich Sie in Ruhe lasse. Es geht um das Beruhigungsmittel.»

Beachums Körper versteifte sich. Seine Lippen wurden schmal, und der dünne Rauchfaden seiner Zigarette verwischte, als seine Hände zitterten. «Ich will kein Beruhigungsmittel.»

«Die Einnahme eines Sedativs ist Ihnen natürlich freigestellt», erklärte Luther rasch. «Ich möchte Ihnen nur dringend zuraten, weil es vieles sehr viel leichter machen kann.» An dieser Stelle verfiel er in einen offenen Ton von Mann zu Mann. Er hatte diese Rede schon so oft gehalten, daß die Schwankungen in seinem Tonfall mehr oder weniger automatisch passierten. «Verdammt noch mal, Frank, es ist ebensosehr für mich wie für Sie», sagte er. «Ein reibungsloser Ablauf liegt schließlich im Interesse aller Beteiligten. Das Beruhigungsmittel, das man Ihnen geben wird, hilft –»

«Ich möchte es nicht», sagte Beachum gepreßt, bevor er sich – weil man in seiner Position wohl kaum irgendwelche Möglichkeiten hatte, Druck zu machen – offenbar zusammenriß, um in einem gemäßigteren Ton fortzufahren. «Ich weiß das Angebot zu schätzen, Mr. Plunkitt, aber ich möchte einen klaren Kopf behalten.» Er wandte den Blick ab und fügte hinzu: «Ich möchte meine Frau sehen können, verstehen Sie? Ich werde Ihnen keinerlei Probleme bereiten, nur dafür möchte ich klar im Kopf sein.»

«Also gut.» Luther wußte, wann es besser war, eine Sache auf sich beruhen zu lassen. «Es ist Ihre Entscheidung. Sollten Sie Ihre Meinung ändern, lassen Sie es mich oder den diensthabenden Beamten einfach wissen. Ich wollte Ihnen nur meinen kleinen Werbevortrag halten, das ist alles.»

Der Gefangene hielt den Blick gesenkt und betrachtete seine Hände. Seine Zigarette war jetzt fast bis zum Filter abgebrannt, was Luther höllisch kribbelig machte. Schließlich streckte Beachum den Arm aus und drückte die Kippe in dem kleinen Aluminium-Aschenbecher neben sich aus. Luther seufzte erleichtert.

Der Direktor blieb noch eine Weile stehen und beobachtete den Verurteilten durch die Gitterstäbe. Seine Pflicht war erledigt. Er hatte nichts mehr zu sagen. Er verharrte, während Beachums Hand sich wieder um den Kaffeebecher legte. Beachum schluckte, als hätte er einen schlechten Geschmack im Mund. Dann hob er den Blick und sah den Direktor wieder direkt an.

Plunkitt nickte einmal kurz und wandte sich ab. Als er zur Tür ging, spürte er die Augen des Gefangenen in seinem Rücken. Diese toten Augen, dieser Gesichtsausdruck.

Als er durch den Flur zu seinem Büro ging, war Luther noch immer wütend auf sich selbst. Er konnte das Gesicht des Gefangenen noch immer vor sich sehen. Er malte sich aus, wie es heute nacht aussehen würde, wenn Frank von seiner Liege zu ihm hochstarrte. Eine irritierende Vorstellung. Bald würde er genauso reden wie eine dieser Betschwestern, die von Zeit zu Zeit im Todestrakt auftauchten. Oder wie einer dieser schwülstigen Schwachköpfe von den Fernsehnachrichten, die glaubten, sie wären die ersten, die entdeckt hatten, daß die Verurteilten auch Menschen waren. Man höre und staune, verkündeten sie in ihre Minicams, diese Leute verfügen über Intelligenz, zumindest einige von ihnen, sie haben eine Persönlichkeit, Probleme und einen Sinn für Humor – und man wird einen von ihnen *töten*. Man höre und staune. Spielfilm um elf.

Luther nickte und zwinkerte einer vorbeigehenden Sekretärin zu. Sein Gang war entspannt und fest, sein Lächeln nichtssagend. Niemand konnte wissen, was er empfand. Aber er wußte es. Dieses Gewicht in seinem Bauch, als ob man seine Innereien mit einem siebener Senkblei vertäut hätte. Es war ständig da, seit Beachums Hinrichtungsbefehl eingetroffen war. Und es machte ihn wütend auf sich selbst.

Er arbeitete jetzt schon lange mit Verbrechern. Gefährlichen, sehr gefährlichen Männern. Er wußte, daß sie eine einnehmende Persönlichkeit haben konnten. Intelligent waren, lustig, aufmerksam, zumindest einige von ihnen. Sie konnten eine Million Spielchen mit einem spielen, einen mit einer Million übler Tricks zum Schwingen bringen, wie ein Instrument. Und natürlich waren sie Menschen wie du und ich, und einige von ihnen hatten ein hartes Leben hinter sich. Aber darum ging es ja gerade. Sie waren Menschen. Und Menschen trafen Entscheidungen, sie hatten eine Wahl. Das macht den Mensch zum Menschen. Ein Mensch ist ein Wesen, das *nein* sagen kann. Und wenn man sich entschied, einen Mord zu begehen, das Leben eines Kindes einer anderen Mutter schmerz- und angstvoll zu beenden, ein Dutzend anderer Leben mit Trauer und Wut zu trüben, dann war es die eigene Menschlichkeit, die einen verurteilte, oder nicht? Weil man hätte *nein* sagen können. Ein Mensch kann jederzeit *nein* sagen.

Luther blickte beim Gehen nach vorn, und seine Gesichtszüge entspannten sich ein wenig. Vor seiner Bürotür wartete Arnold McCardle, prall wie das Leben, nur fetter.

McCardle ließ sich tief in Luthers Ledersofa sinken. Sein weißes Hemd quoll breit unter seiner grauen Jacke hervor. Wegen der Wölbung endete seine rote Krawatte so weit oberhalb der Gürtelschnalle, daß sie Luther an eine Clownskrawatte erinnerte. Und der stellvertretende Direktor war in der Tat ein richtig fröhlicher Mensch mit funkelnden Augen in einem monolithischen Gesicht. Seine von feinen Trinkeräderchen durchzogene Knollennase und seine Pausbacken glänzten, als er über den Rand seines Kaffeebechers pustete, der in seiner riesigen Faust fast verschwand. Mit der anderen Hand klopfte er abwesend mit einer Aktenmappe auf sein Knie.

Luther lehnte sich, ebenfalls mit einem Becher Kaffee in der Hand, in den Stuhl hinter seinem Mahagonischreibtisch zurück und tauchte sein nichtssagendes Lächeln in den Dampf, der aus seinem Becher aufstieg.

«Ich habe das Gefühl», sagte er, «daß das heute ein echter Scheißtag wird.»

«Ich wüßte nicht, warum nicht», erwiderte Arnold augenzwinkernd.

«Irgendwelche Überraschungen letzte Nacht?»

«Keine einzige, nein, Sir. Der Gefangene hat sich einen Film angesehen und ist gegen Mitternacht eingeschlafen. Hat bis ungefähr sechs Uhr fest durchgeschlafen. Ich glaube nicht, daß er uns irgendwelche Probleme machen wird.»

«Hoffentlich nicht», sagte Luther und sprach dann ein neues Thema an. «Skycock schon da?»

«Ich glaube, er ist noch mal kurz in den Hinrichtungstrakt. Sein Baby pflegen», fügte Arnold trocken hinzu. Reuben Skycock war der für die Gerätschaften des Gefängnisses zuständige Wartungsingenieur, darunter auch die Injektionsmaschine, und er hatte die Angewohnheit, wie eine besorgte Glucke daran herumzufummeln. Am Vortag hatte man einen Testlauf abgehalten, mit dem Aufsichtsbeamten Allen als Gefangenem, weil der in etwa so groß und schwer war wie Frank Beachum. Allen hatte die üblichen nervösen Witze gerissen, als er auf der fahrbaren Liege festgeschnallt worden war, aber Reuben hatte den Mund nicht einmal zu einem Lächeln verzogen. Er hatte seine Tasten überprüft, seine Stoppuhr, seine Leuchtanzeigen, den Kopf hin und her gewiegt – genau wie eine Glucke.

«Bei der Generalprobe ist ja alles glatt gelaufen», sagte Luther, seinen Gedanken laut beendend.

«Oh, ja.» Arnold zwinkerte ihm erneut auf die ihm eigene Art und Weise zu. «Ich habe Allen ein christliches Begräbnis versprochen.»

Luther ließ sein Lächeln breiter werden. Arnold rutschte mit seiner ganzen imposanten Breite auf dem Sofa hin und her, um gegen den Juckreiz an seinem Hintern anzukämpfen.

«Was ist mit den Vertretern des Staates?» fragte Luther nach einer Weile. »Haben die jetzt endlich alles beisammen?»

Arnold zog ein Blatt aus seiner Aktenmappe und schob es auf den Schreibtisch. «Die endgültig bestätigte Gästeliste. Die Sicherheitsausweise sind ausgestellt. Was den Dienstplan angeht – Whelan hat um einen freien Tag gebeten, habe ich dir das schon erzählt?»

«Ja.»

«Er sagt, seine Frau möchte es nicht.»

Arnold grinste süffisant, aber Luther sagte, während er die Gästeliste überflog: «Kann man verstehen. Meine Daisy ist auch nicht gerade begeistert.»

«Um neun werden die Namensanstecker zum Tor gebracht», fuhr Arnold fort. «So viel zur Zeugenliste. Was noch? Die Straßensperren sind errichtet. Es werden sich bestimmt ein paar Demonstranten versammeln, pro und contra, das übliche.»

Luther ließ das Blatt auf seine Schreibtischunterlage sinken und blickte auf. «Haben wir eigentlich je über diese Zufahrtsstraße zu dem Bergbaugelände entschieden?»

«Ja», sagte Arnold. «Du hattest recht. Sie kommt ins Blickfeld, wenn man den Radius ausdehnt. Es ist alles gesichert.»

Sie saßen eine Weile schweigend da. McCardles Fleischmassen dehnten sich aus, während er nachdenklich einatmete und auf die halb aufgeschlagene Aktenmappe in seiner Hand blickte. «Ich denke, wir haben so ziemlich alles bedacht, Mr. P.», sagte er schließlich. «Wir haben sogar *Debbie Does Dallas* für die Truppen besorgt.» Er ließ seine Aktenmappe zuklappen.

Luther schnaubte verächtlich. *Debbie Does Dallas*. An Abenden, an denen eine Hinrichtung angesetzt war, wurden auf den Fernsehgeräten in den Zeilenblocks routinemäßig ein paar Soft-Pornos abgespielt, damit die Insassen abgelenkt waren und nicht verrückt spielten. Natürlich zeigten sie nicht wirklich *Debbie Does Dallas*, aber Arnold sagte das gerne. Er mochte den Klang des Titels. Er fand, es war ein echter Knaller.

«Was ist mit den Telefonen?» fragte Luther als nächstes. Doch er sagte es vage und hörte der Antwort nicht zu. Statt dessen wanderten seine Gedanken wieder zu dem Gefangenen. Er stellte sich ihn statt des Aufsichtsbeamten Allen auf die Liege geschnallt vor, stellte sich Beachums zerklüftetes, trauriges Gesicht vor.

Arnold redete noch immer über die Überprüfung der Telefone, als Luther sagte: «Ist er untersucht worden und so weiter? Der Gefangene, meine ich?»

«O ja. Gestern abend. Der Arzt sagt, er ist fit wie ein Turnschuh.»

«Und die Termine für die Besucher sind geregelt?»

«Frau, Kind, Pastor. Und auch deine Freundin von der Zeitung – sie kommt um vier.»

Luther hob ein wenig das Kinn und zog einen Mundwinkel hoch. *«Mea culpa»*, sagte er, nicht zum erstenmal zu diesem Thema. «Ich weiß nicht, was über mich gekommen ist.» Er drehte sich mit seinem Sessel, bis er das Foto seines Sohns Fred auf dem Schrank hinter sich sehen konnte. Grinsend, mit Bürstenhaarschnitt und dünn wie eine Bohnenstange schien er in seiner weißen Paradeuniform förmlich zu strahlen.

«Muß Liebe gewesen sein», meinte Arnold.

«Sie war ziemlich überzeugend. Sah irgendwie so aus, als würde sie meine dunkelsten Geheimnisse kennen und sie weitererzählen, wenn ich nicht mitspielte.»

Arnold sagte etwas, aber Luther verpaßte es. Traurig, das mit den Besuchern, dachte er gerade. Normalerweise waren sie kein großer Trost für den Todgeweihten. Im Gegenteil, wenn es ernst wurde, waren die letzten Besuche fast immer das Schwierigste, was der Gefangene in der Beobachtungszelle zu ertragen hatte. Luther hatte einmal einen Mann gesehen – William Wade – Billy the Kid Wade – vor nicht einmal zwei Jahren – Luther hatte gesehen, wie er schluchzend auf die Knie gesunken war, als die Besuchszeit seiner Mutter abgelaufen war. Er war auf die Knie gesunken und hatte die Arme ausgestreckt wie ein Kind, das an seinem ersten Schultag allein gelassen wird. Tränen waren über seine Wangen geströmt. «Mama! Mama!» Dann, fünf Stunden später, als die Liege hereingerollt wurde, war er wieder der Cowboy, war er wieder Billy the Kid. Hatte allen die Hand geschüttelt, hatte auch Luther die Hand geschüttelt und mit der Zunge geschnalzt. Dann war er auf die Liege gehüpft, um sich festschnallen zu lassen, wie jemand, der über einen Zaun springt. Es war nicht das Sterben, was einen kriegte, dachte Luther. Am Ende, wenn alle Hoffnung dahin war und alle Wetten verloren, war das Sterben etwas, was ein Mann hinnehmen konnte. Das Sterben war nicht einmal halb so schwer wie das Abschiednehmen.

Luther trank einen Schluck von seinem Kaffee und betrachtete das Foto seines Sohnes. Er hoffte sehr, daß Fred im November Urlaub bekommen würde. Brenda wollte mit den Kindern kommen. Thanksgiving mit der ganzen Familie. Dann konnte er mit Fred losziehen und ein bißchen jagen. Luther war in diesem Leben nie glücklicher, als wenn er mit seinem Jungen jagen oder fischen konnte. «Kann ich dich mal was fragen, Arnold», hörte er sich dann plötzlich sagen, bevor er sich bremsen konnte. Er drehte sich mit dem Stuhl zurück und sah den fetten Mann auf dem Sofa an. «Was denkst du von diesem Beachum?»

Arnold wich zurück, ein fast absurder Anblick – sein fleischiges Gesicht schien in sich zusammenzufallen wie eine dieser Gummimasken, wenn man sie plattdrückt. Es war eine so absolut untypische Äußerung für Luther. Doch Arnold hielt sich für einen weltoffenen Mann und dachte: Was soll's. Die emotionale Seite ihres Berufs erwischte irgendwann jeden von ihnen, selbst Luther. Man durfte nicht zu machohaft damit umgehen, alles in sich hineinfressen. Sonst kriegte man noch einen verdammten Herzinfarkt.

Also bedachte der fette Mann, weise die Stirn runzelnd, einen Moment lang seine Antwort, bevor er sagte: «Ich denke überhaupt nichts über Frank Beachum, Plunk. Manchmal denke ich an das schwangere Mädchen, das er wegen lumpiger fünfzig Dollar erschossen hat. Aber vor allem denke ich daran, meinen Job zu erledigen.»

Zum erstenmal an diesem Vormittag erlaubte sich Luther ein so breites Lächeln, daß ein paar Zähne sichtbar wurden. *Ja,* dachte er. *Natürlich. So ist es.*

Man konnte sich immer auf Arnold verlassen, wenn es darum ging, einen klaren Kopf zu bewahren.

2

Nachdem der Direktor gegangen war, blieb Frank lange regungslos sitzen, das weiße Briefpapier vor sich auf dem Tisch. Seine Hand zitterte schwach, als er nach dem Stift griff. Plunkitts Worte ... *Ihre sterblichen Überreste ... die Prozedur ... die Bestattung ...* trommelten in seinem Kopf. Die Zeiger der Uhr an der Wand über dem Aufsichtsbeamten Benson drehten sich weiter, und Frank spürte ihre Bewegung, die die Minuten wegwarf wie Hühnerfutter. Es fiel ihm schwer, sich zu konzentrieren, überhaupt zu denken.

Aber er mußte. Bald würden sie hier sein. Seine Frau und seine Tochter. Es war jetzt schon fast elf, und um eins würden sie kommen. Er mußte dies hier tun, mußte damit fertig werden, bevor sie eintrafen. Er setzte die Spitze des Stiftes auf das Papier – nicht zum erstenmal an diesem Morgen. Und nicht zum erstenmal verharrte sie dort regungslos. Im Kopf hatte er diesen Brief schon hundertmal, wieder und wieder, geschrieben, hatte ihn in Gedanken sechs Jahre lang formuliert. Doch es war gar nicht so leicht, ihn jetzt aufs Papier zu bringen. Er war zu wichtig für ihn. Keine realen Worte konnten sagen, was er in sie hineinlegen wollte. Im Kopf klangen die Sätze wohlgesetzt, sogar weise, waren aufgeladen mit dem Gefühl seiner Verzweiflung. Aber auf dem Papier zerfielen sie zu Staub. Er hätte die Bögen genausogut verbrennen und seinem kleinen Mädchen die Asche hinterlassen können.

Er blickte auf, sein Magen verkrampfte sich, sein Verstand war durch Panik vor der verstreichenden Zeit blockiert. Benson blickte hoffnungsvoll zu ihm auf. Frank wußte, daß der Wärter enttäuscht war, daß er sich im Gegensatz zu den meisten anderen Verurteilten keine Videos auf dem Fernsehgerät in seiner Zelle ansah. Aber für Frank machten die Filme alles nur noch schlimmer. Die Schauspieler, die so taten, als ob sie in Not oder verliebt wären. Er konnte die Kamera, die ihnen dabei zusah, nicht vergessen. Egal, was sie auch sagten oder taten, er war sich immer der Tatsache bewußt, daß sie es nur spielten, daß sie in Wirklichkeit nur ihren Job machten, eine Arbeit, die ihnen Freude bereitete, während sie darauf warteten, nach Hause zu gehen zu ihren Männern und Frauen, ihren Häusern und Vorgärten. Das machte ihn krank. Es erinnerte ihn an jene andere Kamera, die ihn beobachtete – das Auge Gottes. Wenn er sich Filme anschaute, konnte er sich selbst durch dieses andere Auge sehen, wie er auf seiner Pritsche lag und auf den Bildschirm starrte, während die Sekunden vergeudet wurden.

Frank blickte auf das leere Papier und begann schließlich zu schreiben.

Liebe Gail, *schrieb er*,
Dies hier ist ziemlich schwer für mich, weil ich nicht mehr an das kleine Mädchen schreibe, das ich kenne – sondern an die junge Frau, die ich nie kennenlernen werde. Ich habe lange darüber nachgedacht, was ich ihr – was ich Dir – sagen will, weil ich Dir ein paar von den Dingen mitgeben wollte, die ich Dir im Laufe der Jahre nicht geben konnte. Ich habe mir gedacht, daß Du diesen Brief, wenn Du älter bist, vielleicht lesen und verstehen kannst und er Dir ein Gefühl dafür gibt, wer Dein Vater war und wie sehr er Dich geliebt hat. Aber ich weiß, daß das nicht geht. Deswegen ist es so schwer, einen Anfang zu finden. Ich hatte mir vorgestellt, daß ich Dir all die Ratschläge aufschreiben würde, all die Weisheiten, die ich Dir vielleicht hätte mitteilen können, wenn ich dabeigewesen wäre, wie Du in meinem Haus aufwächst – Dinge, auf die Du achten mußt, Dinge, die ich gesehen und durchgemacht habe und die Dir vielleicht hätten helfen können bei den Dingen, die Du sehen und durchmachen mußt. Vermutlich weil ich mir immer gedacht habe, daß das Teil dessen ist, was ein Vater macht – ich mußte alle diese Dinge für mich selbst herausfinden, weil ich keinen Vater hatte, der sie mir hätte beibringen können. Aber ich wollte sie richtig machen, Kleines. Ich hoffe, Du weißt das, selbst wenn ich jetzt nicht mehr da bin. Ich wollte sie mehr als alles andere richtig machen, weil ich Dich so sehr geliebt habe. Aber wenn ich das hier jetzt schreibe, denke ich, daß es gar nicht um die Dinge geht, die ich Dir vielleicht gesagt hätte. Nicht um die Worte, verstehst Du. Ein Mann möchte, daß seine Erfahrungen und das, was er denkt und glaubt, für jemanden wichtig sind, vor allem für sein Kind, aber ich weiß nicht, ob sie das wirklich sind. Wirklich wichtig ist, wer man ist, das ganze Wesen, sogar wie man riecht und lacht und alles und daß man da ist und, egal was passiert, für die Menschen um sich herum einsteht, und genau das kann ich Dir nicht geben. Du sollst wissen, daß es mich innerlich umbringt, Dir all das nicht geben zu können, obwohl ich es wirklich wollte. Glaube nie, nicht eine Sekunde lang, daß ich

nicht bei Dir sein wollte, jeden Tag, immer. Nun ist es für uns beide doch anders gekommen, aber ich wollte es wirklich. Und das ist etwas, was ich Dich auf jeden Fall wissen lassen wollte.

Ich möchte nicht viel Zeit damit vergeuden, Dir zu erzählen, daß ich nicht getan habe, was man mir vorwirft – ich meine, ich habe Amy nicht getötet. Eine Menge Typen, die ich hier drinnen treffe, reden den ganzen Tag über nichts anderes, sagen immer wieder, daß sie unschuldig sind, und es frißt sie innerlich auf und macht sie wahnsinnig. Ich hoffe, Deine Mutter wird Dir die Wahrheit erzählen und Du wirst ihr glauben, weil sie eine Frau ist, die nicht lügt, wie Du wahrscheinlich selbst herausgefunden haben wirst, wenn Du das hier liest. Aber damit Du es auch von mir hörst: Ich habe diesem Mädchen nie etwas getan und hätte es auch nie gekonnt. Es war einfach ein schrecklicher Irrtum des Gerichts, das ist alles. Als ich jünger war, habe ich ein paar ziemlich wilde Sachen gemacht, und es gehört zu meinem Leben, aber als ich Deine Mutter traf, habe ich all das hinter mir gelassen, weil ich nichts anderes wollte, als sie zu lieben, und als Du dann kamst, hatte ich keinen Grund mehr, noch irgend jemandem weh zu tun. Und da ist noch etwas, was ich Dir sagen wollte, weil es fast das Schlimmste daran ist, hier zu sein und zu wissen, daß ich heute abend sterben werde, daran zu denken, wie es für Dich sein wird, daß Du jetzt keinen Vater hast, wie ich keinen Vater hatte, obwohl ich es so sehr für Dich wollte, und daß Du Dir vielleicht betrogen vorkommst und denkst, alle Polizisten und Anwälte und Richter hätten Dir übel mitgespielt. Was ich möchte (und was ich Dir von dort, wo ich jetzt bin, unbedingt sagen würde, wenn ich könnte), ist, daß Du nicht die ganze Zeit wütend bist. In der Bibel heißt es, er läßt regnen über Gerechte und Ungerechte, und so ist es seit Tausenden von Jahren gewesen, und Du kannst mir glauben, wenn ich Dir sage, daß es nie anders werden wird, nicht auf dieser Welt. Und wenn Du Dich falsch behandelt fühlst, könntest Du wütend darüber werden und glauben, alles wäre verkehrt und Du würdest nie eine faire Chance bekommen und all das. Und dann wird es immer Menschen um Dich herum geben, Gail, überall, egal, wohin Du gehst, die Dir ständig damit in den Ohren liegen, daß Du wütend sein sollst und daß es gut ist, wütend zu sein, und denk nur daran, was sie Deinem Vater angetan haben, und laß uns die Welt auf die eine oder andere Art verändern und so weiter. Aber dann wirst Du, wenn Du diesen Brief liest, hoffentlich wissen, daß das ganz und gar nicht das ist, was ich gewollt hätte. Ich sehe das so, Gail – meine kleine Gail –, daß unser gütiger Herr uns ein Fleckchen Erde gibt, nur dieses kleine Fleckchen Erde unter unseren Füßen. Sieh zu, daß Du Dich immer um dieses kleine Fleckchen Erde kümmerst, laß Dich von niemandem mit großspurigem Gerede oder was auch immer davon weglocken. Sieh zu, daß Du Dich um die Menschen auf diesem Fleckchen Erde kümmerst und gut zu ihnen bist, und wenn Du dann an den Punkt kommst, an dem ich jetzt bin, dann weiß ich ganz sicher, daß sie sagen werden, ja, Kleines, alles okay, und die Pforte für Dich aufmachen. Und wir werden alle dort sein und Dir zujubeln, vor allem ich, das verspreche ich Dir. Das heißt also, daß Du nicht anderen Leuten sagen sollst, wie sie es richtig zu machen haben, daß Du nicht darüber nachdenken sollst, was andere tun müßten. Höre einfach in Dich selbst hinein, finde dort das Richtige und tue es, und wenn Du gut bist zu den Menschen auf Deinem Fleckchen Erde, werden sie es auch zu Dir sein, und das ist der ganze Trick, das ist alles. Ich weiß, daß es schlimme Sachen gibt, die weh tun können, aber Du mußt immer glauben, daß Gott weiß, was er macht. Ich glaube das sogar jetzt noch. Und das hätte ich Dir gesagt, wenn ich dagewesen wäre.

Aber da sind noch so viele andere Dinge, die mir jetzt alle auf einmal einfallen, so daß ich sie gar nicht schnell genug aufschreiben kann. Ich will Dir sagen, daß Du auf Deine Mutter hören, zur Kirche gehen, in der Schule keinen Unsinn machen und immer alle Dinge studieren sollst, Kleines, obwohl es Dir jetzt vielleicht nicht besonders wichtig vorkommt, aber am

Ende ist es mehr als die halbe Miete, glaub mir. Hundert Dinge. Kerle – Du mußt vorsichtig mit den Kerlen sein, weißt Du, und glaub nicht gleich alles, was der erstbeste Junge Dir erzählt. Aber es ist so, wie ich Dir gesagt habe – ich schreibe es hin, und es kommt mir bedeutungslos vor. Irgendwie nicht mehr so wichtig wie vorher, als ich nur darüber nachgedacht habe. Aber so ist es vermutlich nun mal. Und wahrscheinlich wirst Du das alles auch von Deiner Mom hören, ich würde sogar wetten, daß Du es zu hören kriegst. Wahrscheinlich macht sie Dich damit sogar manchmal verrückt. Das muß wohl so sein. Aber laß Dich davon nicht kirre machen. Vergiß nie, was für ein großartiger Mensch sie ist. Auch das ist wichtig, und es ist etwas, das ich Dir nicht in einem Brief erklären kann. Aber das hast Du vermutlich längst selbst begriffen, wenn nicht, bist Du bei der letzten Ampel falsch abgebogen oder so. Vielleicht gibt es irgendeine prominente Frau, die Du ziemlich bedeutend findest, oder einen Film- oder Rockstar oder wen Du sonst magst. Denk immer daran: Diese Menschen sind bloß aus Pappe, Gail, sie sind nichts als Bilder im Fernsehen. Vielleicht sind sie okay, vielleicht auch nicht, aber Du weißt es nicht, so oder so, und die Wahrheit ist, daß es für Dein Leben nicht den geringsten Unterschied macht, wer sie sind oder was sie machen. Es muß Dich nicht die Bohne interessieren. Aber sie – Deine Mom – ist wichtig für Dich. Und für mich – ich finde nicht einmal die Worte, Dir davon zu erzählen. Für mich war sie wie Amazing Grace – eine unverdiente Gnade –, ich war verloren und wurde erlöst durch sie. Und nicht, weil sie dieses oder jenes gesagt hat – obwohl sie einem in manchen Dingen ganz schön zusetzen kann, wie Du wahrscheinlich weißt –, sondern eigentlich nur, weil sie da war und mich geliebt hat – Gott weiß warum –, und ich habe gesehen, wie sie immer versucht hat, das Richtige zu tun. In den vergangenen sechs Jahren, an die Du Dich wahrscheinlich kaum noch erinnern wirst, ist sie durch die Hölle gegangen; nicht nur, daß ihr Mann in der Todeszelle saß, sie war auch krank, verlor das Haus, mußte sich eine neue Gemeinde suchen, und viele

Freunde wendeten sich meinetwegen von ihr ab, alle möglichen Höllen hat sie durchlebt. Und sie war in keiner Talkshow, niemand hat ihr Beifall geklatscht, weil sie es geschafft hat, in eine Klinik zu gehen und mit den Süßigkeiten aufzuhören oder so. An Besuchstagen kam sie manchmal hierher und sagte, oh, weißt du, es tut mir leid, daß ich mein hübsches Kleid nicht anhabe, aber es hat einen Flecken oder so was, weil sie gar kein hübsches Kleid hatte, Gail, und ich wußte es, verdammt noch mal. Und sie verbieten es einem hier, sich zu lange zu berühren, sie trennen einen, wenn man sich zu lange umarmt, so daß ich nur am Tisch mit ihr sitzen, ihre Hand halten und zusehen konnte, wie sie litt, ohne ihr helfen zu können. Wenn Du also im Leben irgendwann wissen willst, welchen Weg Du einschlagen sollst, dann denke einfach an jene Zeit zurück und frage Dich, ob sie Dich je enttäuscht hat oder gemein zu Dir war oder nicht zugehört hat, wenn Du etwas gesagt hast. Wenn Du je denkst, das ist die Hölle, ich stehe das nicht durch, dann denke daran, und um Gottes willen kümmere Dich um sie, kümmere Dich in Gottes Namen um sie.

Ich weiß nicht, Gail, ich weiß nicht, ob irgendwas hiervon für Dich einen Sinn ergibt oder Dir etwas bedeutet. Es gibt auf der Welt eine Menge Menschen, die klüger sind als ich, und Du weißt wahrscheinlich längst Sachen, von denen ich nicht einmal wußte, daß ein Mensch sie überhaupt wissen kann. Vielleicht bist Du eine Professorin oder eine Raumfahrtwissenschaftlerin, wenn Du das hier liest, und dann siehst Du die Wörter, die ich falsch geschrieben habe oder was auch immer, und Du liest all diese Ratschläge und denkst Dir, daß Du es besser weißt als dieser einfache Mechaniker, der schon lange Jahre tot ist und im Gefängnis war. Und weißt Du was – wahrscheinlich weißt Du es wirklich besser. So schwer wäre das nicht. Aber ich wette, daß selbst Raumfahrtwissenschaftlerinnen ihre schlimmen Nächte haben, und wenn all die Sachen, die ich Dir gesagt habe, nichts bedeuten, dann ist es vielleicht das Wichtigste, daß ich gerade dieses Blatt Papier berührt und für Dich vollgeschrieben habe, und jetzt hältst Du es in der Hand und siehst es an, und wenn Du es lesen oder einfach nur berühren oder riechen kannst, wenn Du weißt, daß es mich einmal gegeben hat und daß ich Dich so sehr geliebt habe, daß ich gewollt habe, daß für Dich alles gut wird, dann ist es für Dich, wenn Du irgendwann einmal etwas hart oder grausam findest, vielleicht nicht mehr ganz so hart und grausam, wenn Du daran denkst. Ich weiß nicht. Ich weiß nicht, was für Dinge Dir passieren oder wer Du sein wirst. Und das ist eigentlich meine ganze Botschaft an Dich, Gail – ob Du ganz oben stehst oder die Dinge für Dich manchmal schieflaufen oder was auch immer. Ich weiß, daß ich noch heute an einem Ort sein werde, an dem es keinen Schmerz und kein Elend gibt, und ich weiß, daß Jesus Christus an der Pforte auf mich warten wird, und ich weiß ganz sicher, daß er sagen wird, also, Frank, es hat hier oben ein paar Pannen gegeben, Mann, aber komm doch rein. Aber was ich jetzt hoffe, worum ich Ihn in diesem Moment bitte, ist, daß Er hier in dieser Welt, in diesem Brief so viel von mir zurückbleiben läßt, daß Du ihn zur Hand nehmen kannst, wann immer Du ihn brauchst, und ob Dir die Worte nun etwas bedeuten oder nicht, wird es sein, als ob ich bei Dir bin und Dir sage: Hier bin ich, Gail. Dein Vater ist hier. Dein Vater . . .

Frank ließ den Stift fallen, warf die Arme in die Luft und verschränkte sie vor seinem Gesicht. Ein heiseres Knurren kam aus seiner Kehle, und sein ganzer Körper zitterte, während er versuchte, sich zu beherrschen. Benson sah von seinem Tisch zu ihm hinüber.

Aber Frank hatte die Arme schon wieder sinken lassen und saß, wild um sich starrend, regungslos auf seinem Stuhl.

3

Die Lokalredaktion bot keinen ermutigenden Anblick, als ich eintrat. Ich zögerte auf der Schwelle und ließ meinen Blick unglücklich über die braunen Schreibtische mit den darauf wuchernden, schmutziggrauen Monitoren wandern. Mittlerweile waren die Frühaufsteher eingetroffen, ein paar Reporter, die auf ihren Computern herumhackten, und die Trend-Redakteurin, die in ihrer Nische in der Ecke saß und einen Text über den Bildschirm laufen ließ. Ich hörte das Klackern der Tasten und das leise Murmeln der Fernseher auf den hohen Regalen über ihnen. Mir jedoch kam der Ort in jenem Moment riesig und praktisch menschenleer vor, so gut wie totenstill. Ein einziger Punkt in der Landschaft, der sich düster in der Ferne erhob wie ein schwarzer Berg, beanspruchte meine ganze Aufmerksamkeit. Es war die Gestalt von Bob Findley, dem Lokalchef der Zeitung, meinem Boss und Ehemann meiner Geliebten.

Er saß an dem langen Schreibtisch auf der gegenüberliegenden Seite des Raumes. Er tat so, als würde er die Papiere in seiner Hand studieren, aber in Wirklichkeit beobachtete er die Tür. Er beobachtete mich.

Und was sah er? Die Vorstellung war mir unangenehm, aber ich konnte nicht dagegen an. Ich stellte mir vor, wie er mich sah. Ich bin nicht groß, aber ich habe schmale Hüften, breite Schultern und vom Gewichtheben einen muskulösen Körperbau. Mit fünfunddreißig hatte ich noch immer das Gesicht eines besserwisserischen Zweitsemestlers, jungenhaft, mit kurzem, lockigem, blauschwarzem Haar, frechen, schräg stehenden Augenbrauen und einem frechen, schrägen Grinsen. Die Augen hinter meiner Nickelbrille sind grün, und man hat mir erzählt, daß sie einen immer auszulachen scheinen, was durchaus sein kann, wie ich glaube. Kurzum, ich sehe genauso aus wie die Art Mistkerl, von der man seine Frau lieber fernhält. Bob verspürte vermutlich den Drang, seine Faust direkt mitten hinein in die gesamte Kollektion zu pflanzen.

Vielleicht tue ich ihm dabei aber auch Unrecht. Vielleicht ist es nur das, was ich in seiner Lage empfunden hätte. Trotzdem mußte sich sein Gesichtsausdruck verändert haben, als er mich hereinkommen sah, oder die Farbe seiner Wangen, denn eine Sekunde später folgte Jane March seinem verstohlenen Blick, drehte sich um und blickte in meine Richtung. Ihre Brauen waren gerunzelt. Ich konnte förmlich hören, wie sie sich fragte, was zum Teufel ist hier eigentlich los.

Ich schluckte und stieß einen leisen Pfiff aus. Es war unmöglich, in einer Zeitungsredaktion ein Geheimnis zu bewahren.

Die Hände in den Taschen schlenderte ich, so nonchalant wie möglich, durch die Gänge auf den langen Tisch des Lokalchefs zu. Der Weg kam mir ziemlich lang vor. Bob tat zwar weiterhin so, als würde er seine Papiere studieren, nahm aber seinen Blick die ganze Zeit nicht von mir. Seine blauen Augen hatten die zornige Abgründigkeit von Verliesen, obwohl seine Gesichtszüge auch nicht für den Bruchteil einer Sekunde ihre stählerne Fassung verloren.

Der endlose Gang endete. Ich stand vor dem Schreibtisch. Bob blickte auf und nagelte mich mit diesen Verlies-Augen fest. Jane March sah erst mich an, dann Bob, dann wieder mich, wortlos. Obwohl der Raum klimatisiert war, spürte ich, wie der Rücken meines Hemdes schweißnaß wurde. Ich spürte, wie sich Besorgnis in mir ausbreitete wie ein häßlicher Fleck.

«Morgen zusammen», sagte ich und lachte dann einmal kurz – und idiotisch – auf. Ich räusperte mich.

Lange Zeit erhielt ich keine Antwort. Bob beobachtete mich. Jane March beobachtete ihn und dann wieder mich. Sie war eine kleine Frau Mitte Vierzig mit hängenden Schultern und einem sorgenvollen, verhärmten Gesicht. Sie war schon seit etlichen Jahren bei der *News*, unser wandelndes Archiv und ruhender Pol für eine Belegschaft von jungen Leuten, die zu Unstetigkeit neigten.

Bob atmete tief ein, bevor er endlich sprach. «Du hast meine Nachricht bekommen.»

Ich nickte so reumütig wie möglich. «Ja.»

Er warf seine Papiere auf den Schreibtisch vor ihm. «Michelle Ziegler hatte einen schweren Autounfall», sagte er.

Er sagte es so unverblümt und brutal, als ob es mir recht geschehen würde oder als ob es überhaupt nicht geschehen wäre, wenn ich nicht mit Patricia im Bett gewesen wäre. Doch zunächst kam es gar nicht bei mir an, so fixiert war ich auf diese Sache zwischen uns. Und dann dachte ich eine verrückte Sekunde lang, es müsse ein gemeiner, rachsüchtiger Scherz sein.

«Was? Michelle?»

«Sie liegt im Koma», fuhr Bob kalt fort. «Die Ärzte glauben nicht, daß sie überleben wird.»

«Oh! O nein!» Jetzt spürte ich es, eine Schwäche in den Knien, eine Kälte in der Leistengegend. «Sie ist doch erst dreiundzwanzig, gerade mal mit der Uni fertig. Sie . . . sie ist doch gerade erst mit der Uni fertig.»

«Ja», sagte Bob – und jetzt klang seine Stimme auch traurig, so unerschütterlich anständig wie er war. «Aber das zählt vermutlich nicht viel, wenn man mit Karacho gegen eine Wand rast.»

«Dead Man's Curve», sagte Jane March.

«O nein», sagte ich. «Oben beim Parkway? Die Auffahrt. Mein Gott. Und sie glauben, daß sie sterben wird?»

«So sieht es im Moment aus», sagte Bob.

«Mannomann. Die blöde Gans. Das arme Mädchen. Mein Gott. Sie war gerade erst mit der Uni fertig.»

Einen Moment lang wurde also die kleine Peinlichkeit betreffs meines Schwanzes und Bobs Frau durch Bilder von Michelle beiseite gespült. Ich stellte mir vor, wie ihr anmutiger Körper gegen die Windschutzscheibe geschleudert wurde. Ich konnte den Aufprall in meinen eisigen Lenden spüren. Was zum Teufel hatte sie gemacht? Mit ihren intellektuellen Freunden getrunken, gelacht und bis zum Morgengrauen über ihre ignoranten Kollegen gelästert? Zu selbstsicher, um den Wagen stehenzulassen. Zu stur, um anzuhalten. Ich wollte sie dafür schütteln, daß sie so stur und selbstsicher gewesen war. Ich wünschte, ich hätte sie gestern abend geschüttelt. Geh nach Hause, hätte ich zu ihr sagen sollen. Bleib zu Hause, schreib eine bessere Geschichte.

Mach ein paar Anrufe, recherchiere ein paar Fakten. Schreib sie zusammen, und zwar so gut, daß sie sie drucken *müssen*. Und das hätte sie auch getan. Sie hätte auf mich gehört. Ich weiß nicht warum, aber das tat sie immer. Nachdem sie mir alle möglichen Schimpfwörter – du Faschist, du Schwein – an den Kopf geworfen hatte, kam sie immer zurück und hörte mir zu. Ich hätte sie bei der Knopfleiste ihrer dämlichen Bluse packen und schütteln sollen, bis ihr die Augen geklappert hätten.

Aber jetzt war es zu spät. Bob und Jane saßen da und beobachteten mich, während sich die ganze Situation in meinem Kopf ausbreitete. Ich schob mit einer Hand meine Brille hoch und massierte meine Stirn. Ich verstand die ganze lächerliche Angelegenheit, und mir war übel.

«Also gut», sagte ich und seufzte. «Das ist beschissen. Das ist wirklich beschissen.»

Bob nickte und runzelte die Stirn.

Ich sammelte mich. «Also, was braucht ihr?»

Er beobachtete mich die ganze Zeit immer weiter, die eigenen Gedanken hinter seinen leidenschaftslosen Gesichtszügen verborgen. Mir war einfach nur übel. Wie hatte er es herausgefunden? Warum mußte er es überhaupt herausfinden? Ich wünschte, er würde mich deswegen verfluchen. Ich wünschte, ich hätte seine gottverdammte Frau nie getroffen. Und ich wünschte die Tage zurück, in denen wir einfach hätten nach draußen gehen und uns gegenseitig erschießen können. Ein kleines Duell im Bois du Bologne bei Tagesanbruch. Es wäre bestimmt leichter zu ertragen gewesen als das.

«Michelle hatte heute einen Interviewtermin mit Frank Beachum«, sagte Bob schließlich.

«Frank Beachum», wiederholte ich. Ich dachte wieder an Michelles zarte Knochen, ihren zerbrechlichen Körper, und dann an Patricias kräftige Figur, ihre Brust in meiner Hand. Bob sah mich die ganze Zeit vernichtend an. Ich verdrängte die Bilder. «Klar», sagte ich und blinzelte einmal. «Klar. Frank Beachum. Der Typ, den sie heute abspritzen wollen. Klar. Ich erinnere mich. Michelle hatte Karten für die Show.»

«Sie hatte auch ein Interview mit ihm. Um vier Uhr, von Angesicht zu Angesicht in der Beobachtungszelle.»

«Richtig. Okay. Ich erinnere mich.»

«Alan möchte, daß du für sie einspringst.»

«Alan. Okay», sagte ich, und meine Gedanken begannen sich wieder zu ordnen. Ich begriff. Alan wollte mich, Bob nicht. Bob wollte in den Abgründen seines unerschütterlichen Blickes brodeln wie heißer Teer. Ich überlegte, was ich antworten sollte. Ich überlegte, was ich gesagt hätte, wenn ich *nicht* mit seiner Frau geschlafen hätte. Wenn ich bloß ein Reporter gewesen wäre, den man an seinem freien Tag angerufen hatte, um einen Termin zu übernehmen. «Also, ähm . . . dieser Beachum», sagte ich. «Was hat er . . .? Das war vor meiner Zeit. Er hat ein Mädchen umgebracht, ja?»

«Eine schwangere Frau», sagte Bob in seinem ruhigen, kontrollierten Tonfall. «Eine Collegestudentin. Amy Wilson. Sie hat den Sommer über in einer Lebensmittelhandlung in Dogtown gearbeitet. Sie schuldete Beachum Geld – fünfzig Dollar oder so – für Reparaturarbeiten an ihrem Wagen. Er hat sie erschossen.»

«Okay. Irgendwas Besonderes über ihn?»

Bob zog eine Schulter ein wenig hoch. «Er war Kfz-Mechaniker bei der Amoco-Tankstelle an der Clayton Road. Das ist ungefähr alles.»

«Er ist einer von diesen wiedergeborenen Heiligen», schaltete sich Jane March ein.

Ich war erleichtert – ich war entzückt – über diesen Vorwand, mich von Bob ab- und ihr zuzuwenden. Trotzdem konnte ich seinen Blick noch immer spüren, seine Augen, die wie kleine Beißer an meinem Profil nagten, als ich sie ansah.

«Ja, im Todestrakt werden sie alle wiedergeboren», sagte ich. «Muß so ziemlich die höchste Geburtenrate im ganzen Land haben.»

«Aber, aber», sagte Jane. «Sei nicht so zynisch. Er war schon wiedergeboren, bevor die ganze Geschichte ihren Lauf nahm. Früher war er ein Herumtreiber, aus Michigan, glaube ich.

Zerrüttetes Elternhaus, Mutter Alkoholikerin. Er hat ein paarmal wegen Körperverletzung im Gefängnis gesessen, Kneipenschlägereien und dergleichen. Und dann hat er drei Jahre im Staatsgefängnis von Missouri abgebrummt, weil er einen Polizisten verprügelt hat, der ihm einen Strafzettel geben wollte.»

«Klingt wie ein ganz vernünftiger Bursche.»

«Aber danach ist er bis zum Wilson-Mord ungefähr vier Jahre lang völlig sauber geblieben. Er kam aus dem Knast und traf seine Frau, Bunny oder Bonnie oder Bipsy oder so. Sie ist auch eine von diesen wiedergeborenen Heiligen. Ich glaube, sie war diejenige, die ihn zu Jesus geführt hat.»

«Ja, ich kenne diesen Typ Knast-Groupie», sagte ich. «Junge trifft Mädchen, Mädchen rettet die Seele des Jungen, und gemeinsam ziehen sie glücklich mordend durch die Lande.»

«Zynisch, zynisch.» Jane March schürzte züchtig die Lippen. «Sie waren sehr nett. Hatten eine Tochter. Haben sich ein Haus in Dogtown gekauft. Er hatte seinen Job als Mechaniker. Sie hat sich um das Baby gekümmert. Sie waren eine richtig nette, typisch amerikanische Familie. Der Kerl war drei oder vier Jahre lang völlig sauber. Und dann, an einem vierten Juli, spaziert er in einen Lebensmittelladen in Dogtown. Amy arbeitet an der Kasse. Sie erklärt ihm, daß sie das Geld, das sie ihm schuldet, nicht hat...»

«Und da hat der gute alte Frank einen von seinen häßlichen Wutanfällen gekriegt.»

«Sieht ganz so aus.»

«Ts, ts. Ich hoffe, er hat zumindest Reue gezeigt.»

«Von wegen», sagte Jane March. «Er behauptet nach wie vor, daß er nur zu dem Laden gefahren ist, um eine Flasche Steaksauce für das Feiertagspicknick zu kaufen.»

«Hey, überzeugende Geschichte.»

«Das hat die Jury auch gedacht. Es hat ihm auch nicht gerade geholfen, daß ihn ein Typ in dem Laden mit rauchender Pistole hinausrennen sah. Und dann war da noch irgendeine arme Frau, die fast auf dem Parkplatz mit ihm zusammengestoßen wäre, ohne eine Ahnung zu haben, was eigentlich los war.»

Ich lachte. «Steaksauce. Das gefällt mir. Das ist gut.»

«Was Michelle von dieser Geschichte wollte ...» Bobs leise, kontrollierte, durchdringende Stimme zwang mich, ihn wieder anzusehen, zwang meine Gedanken zurück zu dem ungesunden Klima, das zwischen uns herrschte, und dem Gespräch, das wir in Anwesenheit von Jane March nicht führen konnten. «Was ich von dieser Geschichte will», sagte er, während er die Hand hob und auf seine schulmeisternde Art dozierte, «ist der menschliche Aspekt bei der Sache? Klar? Wie fühlt man sich an seinem letzten Tag in der Todeszelle? Sieh zu, daß du es nicht mit Details des Falles überlädst. Wir haben bereits ausführlich über den Fall und die Berufung und so weiter berichtet. Ich will wissen, wie die Zelle aussieht und wie Beachum aussieht und was in seinem Kopf vor sich geht. Ich will ein schlichtes, prägnantes Feature. Verstanden?»

«Klar. Sicher», sagte ich und schob meine Brille hoch, die auf meinem schweißnassen Nasenrücken herabgerutscht war. *Du hast es fast geschafft*, sagte ich mir. *Es wird nicht gar so schlimm werden. Jedenfalls jetzt noch nicht.* Zuerst würden wir uns um die Story kümmern. Das war Bobs Art. Professionell, geordnet, ruhig. Zuerst würden wir uns um die Story kümmern, alles andere kam dann später. Ich mußte fürs erste nur meinen Mund halten und den Kopf einziehen, meinen Job machen, die Arbeit erledigen, dann konnten wir den heutigen Tag ohne die ausgewachsene Katastrophe überstehen, die ganz sicher kommen würde. Wir würden erst einmal heute überstehen, und morgen – nun, vielleicht ging ja bis morgen die Welt unter. Wer weiß? Vielleicht hatte ich Schwein. «Prägnantes Feature», wiederholte ich. «Alles klar.»

Ich meinte, für den Bruchteil einer Sekunde ein angewidertes Zucken um Bobs Mund gesehen zu haben, doch dann war das runde, jungenhafte Gesicht wieder ruhig und gelassen. «Tut mir leid, daß ich dich an deinem freien Tag stören mußte», sagte er, ohne seinen Tonfall nur im geringsten zu verändern.

«Hey ... hey ... ich meine ... hey. Kein Problem. Es ist schließlich ein Notfall», sagte ich.

«Ja», sagte Bob. «Das ist es.»

Jane March sah erst ihn an, dann mich, dann wieder ihn. Sie würde die Wahrheit früher oder später herausfinden, da war ich mir sicher. Jeder in dem ganzen verdammten Gebäude würde die Wahrheit früher oder später erfahren. Und was meine Frau, was Barbara anging . . . Daran wollte ich gar nicht denken.

«Okay. Okey-dokey. Alles klar», sagte ich. «Ich . . . ich . . . ich mache mich gleich dran.»

Innerlich stimmte ich ein stummes Halleluja an, als ich mich endlich von ihm abwenden und zu meinem Tisch gehen konnte. Ich spürte den Basilisken in meinem Rücken, aber ich wußte, wenn ich einfach weiterging, würde alles gut werden. Ich würde meinen Stuhl erreichen und meinen Kopf in der Geschichte vergraben. Am Ende des Tages würde ich meinen Artikel einreichen und dann nach Hause gehen und von hier wegziehen, ohne eine Nachsendeadresse zu hinterlassen. Irgendwas in der Art. Ich würde mir irgendwas einfallen lassen. Während ich den Gang hinuntereilte, spürte ich, wie sich die geballte Faust in meinem Magen zu lösen begann.

Drei Schritte. Ich kam gerade drei Schritte weit. Und dann blieb ich wie angewurzelt stehen.

Scheiße, dachte ich. Mir war eine Frage eingefallen. An einem normalen Tag wäre es ein leichtes gewesen, sich umzudrehen und dem Lokalchef meine Frage zu stellen. Heute jedoch schien es nicht ganz so leicht. Mein Magen ballte sich wieder zusammen. Ich stellte mir vor, wie Bob auf den verschwitzten Rücken meines weißen Hemdes starrte. Ich stellte mir vor, daß er genausowenig wollte, daß ich mich umdrehte, wie ich mich noch einmal umdrehen wollte. Ich sagte mir, dreh dich nicht um. Ich sagte mir, vergiß deine Frage, geh an deinen Tisch und fang an zu arbeiten.

Dann drehte ich mich um. Ich sah, daß Bob die Lippen fest aufeinandergepreßt hatte.

«Ähm . . . warum hat sie die Schüsse nicht gehört?» fragte ich.

Ich sah, wie Bobs Lippen weiß wurden. «Die Schüsse», sagte er leise.

Ich spürte, wie mein Gesicht heiß wurde und meine Kopfhaut juckte. «Sorry, ich wollte nur ... Die Frau auf dem, auf dem – na-sag-schon – Parkplatz. Jane hat gesagt, sie hatte keine Ahnung, was los war, aber ... ich meine, wenn sie direkt vor dem Laden war, muß sie doch die ... die Schüsse ... ge ...» Meine Stimme erstarb. Ein ekliger Klumpen aus Angst verschloß mir die Kehle.

Bobs Wangen waren rot angelaufen.

Man muß das verstehen. Das Erröten von Bob Findleys Wangen war ein Phänomen, das bei jedem Mitarbeiter der Lokalredaktion blankes Entsetzen auslöste, und das aus gutem Grunde. Wenn Bobs Wangen rot wurden, bedeutete das, daß man ihn wütend gemacht hatte. Trotz seines lebenslangen Ringens um Ruhe und Mitgefühl, trotz seiner ernsthaftesten Anstrengungen, fair und anständig zu sein, war es jetzt mir und nur mir allein gelungen, ein Streichholz in den Gastank seines Zorns zu werfen, und das war gar nicht gut. Es kursierten Geschichten. Keine Geschichten über Wutausbrüche und Tiraden. Bob hatte keine Wutausbrüche. Er brüllte nicht oder warf mit Möbeln. Doch wenn man ihn wütend machte – wenn man ihn oft oder nachhaltig genug wütend machte –, würde er einen kriegen. Leise, aber bestimmt. Er würde einen aus dem Buch des Lebens ausradieren. Zeitungsklatsch wollte wissen, daß so etwas tatsächlich schon einmal passiert war – einer hartgesottenen Veteranin, die sein jugendliches Urteil fortwährend in Frage gestellt hatte. Altgediente Mitarbeiter behaupteten, daß sie jetzt als Fernsehkritikerin in Milwaukee ihr Dasein fristete, obwohl das vielleicht um des Effektes willen ein wenig übertrieben ist. Obwohl es niemand ganz genau wissen wollte – und ich auch nicht, vor allem nicht unter den derzeitigen Umständen. Als Bobs Wangen jetzt dunkelrot anliefen, biß ich die Zähne fest aufeinander, und mein Kopf schnellte zurück, als wäre vor meinen Füßen gerade eine Granate explodiert.

Und Bob, ruhig und mit knallrotem Kopf, vibrierte förmlich in der Luft. Langsam, ganz langsam, sagte er: «Ich weiß nicht, Steve. Ich weiß nicht, ob sie die Schüsse hätte hören müssen oder nicht. Ich weiß es nicht. Ich möchte, daß du bitte ein Interview mit Frank Beachum führst über seine Gefühle am heutigen Tag. Dann möchte ich, daß du dieses Interview zu einem prägnanten Feature zusammenschreibst. Denkst du, daß du einfach nur das bitte tun könntest?»

«Ja, ja, absolut, natürlich, sicher, Bob, klar», sagte ich.

«Vielen Dank», sagte Bob.

Er nahm wieder die Papiere auf seinem Schreibtisch zur Hand und las darin, ich war entlassen. Jane March blähte mit aufgerissenen Augen die Wangen und atmete dann langsam wieder aus, als wollte sie sagen «Wow!».

Ich machte auf dem Absatz kehrt und huschte wieder den Gang hinunter.

«Klar», murmelte ich, während ich zusah, daß ich an meinen Schreibtisch kam. «Prägnantes Feature. Okey-dokey, natürlich, sofort, sicher, klar.»

4

Ich ließ mich dankbar in meinen Drehstuhl fallen und schaltete mein Terminal ein. Während der Bildschirm aufleuchtete, wanderte meine Hand zu meiner Hemdtasche. Ich hatte die Zigaretten schon halb herausgezogen, als ich dem Drang widerstand. Das Rauchverbot. Bob hatte geholfen, es einzuführen. Er war sehr mitfühlend, was unsere Gesundheit betraf, unser Bob. Ich dachte, daß ich heute einmal nicht gegen das Rauchverbot verstoßen sollte.

Ich tippte *Beachkil* ein, und die Datei erschien auf dem Bildschirm. Es waren eine ganze Reihe von Artikeln, über den ganzen Prozeß vom ersten Tag an bis zum Ende. Ich ließ sie rasch über den Monitor laufen, um mich mit den grundlegenden Fakten des Falles vertraut zu machen. Das fand ich heraus:

Am vierten Juli vor sechs Jahren war eine zwanzigjährige Studentin namens Amy Wilson mit einer 38.er in den Hals geschossen worden, als sie hinter dem Tresen eines Pocum's Lebensmittelladens in Dogtown gestanden hatte. Zu diesem Zeitpunkt war sie im sechsten Monat schwanger. Sowohl sie als auch das Baby starben. Sie hatte als Stipendiatin im dritten Jahr an der Washington University studiert und war verheiratet mit dem Jurastudenten Richard Wilson. In jenem Sommer hatte sie in dem Laden gearbeitet, um ihre Familie zu unterstützen.

Kurz vor der Schießerei hatte Dale Porterhouse, ein Steuerberater, der gerade in der Gegend unterwegs war, darum gebeten, die Toilette des Ladens benutzen zu dürfen. Später sagte er beim Prozeß gegen Frank Beachum aus. Beim Betreten der Toilette hatte er laut eigenen Angaben gehört, wie Amy Wilson Beachum erklärte, daß sie ihm die fünfzig Dollar, die sie ihm für Reparaturarbeiten am Vergaser ihres alten Impala schuldete, nicht bezahlen könnte. Augenblicke später, so hatte Porterhouse weiter erklärt, hatte er in der Toilette Amys Schrei «Bitte nicht das!» gehört, der gefolgt wurde von einem einzelnen Schuß. Porterhouse hatte den Reißverschluß seiner Hose hochgezogen und war zum Hintereingang des Ladens gerannt, von wo aus er, wie er sagte, Frank Beachum gerade noch aus der Vordertür hatte rennen sehen. Beachum habe, so hatte er erklärt, mit der rechten Hand eine Pistole umklammert gehabt. Porterhouse hatte ihn noch am selben Tag bei einer polizeilichen Gegenüberstellung identifiziert.

Porterhouse hatte erklärt, er sei zu der auf dem Boden liegenden schwangeren Frau gerannt. Er sagte, sie hätte noch gezuckt und gurgelnde Laute von sich gegeben, obwohl der Gerichtsmediziner ausgesagt hatte, daß sie zu diesem Zeitpunkt wahrscheinlich schon tot gewesen war. Porterhouse hatte erklärt, aus dem Einschußloch in ihrem Hals sei Blut gequollen und ihre Augen wären weit aufgerissen gewesen. Er hatte ausgesagt, daß sie schrecklich verängstigt ausgesehen hätte.

Nancy Larson, eine Hausfrau und Mutter von drei Kindern, hatte ebenfalls für die Anklage ausgesagt. Sie war auf dem Weg zu einem Picknick gewesen und hatte gerade in ihrem blauen Toyota den Parkplatz angesteuert, um sich aus dem Getränkeautomat an der Außenwand des Ladens eine Cola zu ziehen. Sie hatte erklärt, daß sie beim Zurücksetzen beinahe mit Beachum zusammengestoßen wäre, der zu seinem Wagen gerannt war. Sie hatte ihm aus dem Fenster eine Entschuldigung zugerufen, doch er hatte sich nicht umgedreht, sondern ihr im Laufen nur kurz zugewinkt. Mrs. Larson hatte Beachums Waffe nicht gesehen, doch die Polizei hatte sie später im Rinnstein gefunden, so als wäre sie aus einem Wagenfenster geworfen worden. Sie war unregistriert, die Seriennummer herausgefeilt, so daß sich ihre Herkunft nicht mehr feststellen ließ.

Offenbar hatte der Fall ziemlich großes öffentliches Aufsehen erregt. Die Leute aus der Gegend hatten Amy gemocht. Sie war attraktiv, höflich und intelligent. Die Artikel über ihre Ermordung waren alle in einem Ton scharfer moralischer Empörung geschrieben. Journalisten lieben es, ihrer moralischen Empörung Ausdruck zu verleihen, weil sie glauben, daß ihre Empörung beweist, daß sie auch moralisch sind. Politiker sind genauso. Wally Cartwright, der stellvertretende Oberstaatsanwalt, der in dem Fall die Anklage vertreten hatte, hatte seiner moralischen Empörung durch die Ankündigung Ausdruck verliehen, daß er die Todesstrafe beantragen wolle. Er machte diese Ankündigung in Anwesenheit seiner Chefin Cecilia Nussbaum vor dem alten überkuppelten Gerichtsgebäude, in dem auch der Fall Dred Scot seinen Anfang genommen hatte. Damit wollten Cartwright und Nussbaum demonstrieren, daß die Todesstrafe für alle Verbrecher galt, schwarz oder weiß. Der Oberste Gerichtshof hatte kurz zuvor festgestellt, daß überdurchschnittlich viele Schwarze im Todestrakt saßen, und die schwarzen Wähler hatten das auch festgestellt. Den Anklagevertretern war es irgendwie gelungen, gleichermaßen über Frank Beachum und Dred Scot empört zu sein.

Das war's, das war alles, was ich wissen mußte. Zehn Minuten nachdem ich mein Terminal eingeschaltet hatte, schloß ich die *Beachkil*-Datei wieder und lehnte mich in meinem Stuhl zurück. *Attraktiv, intelligent, höflich*, dachte ich. Das waren keine besonders aussagekräftigen Worte. Sie beschworen nicht gerade das

Bild eines kleinen Mädchens herauf, das ihre Eltern großgezogen hatten, oder das einer Frau, an die sich ihr Mann nachts gekuschelt hatte. Ausgelöscht von einer Kugel für fünfzig Dollar. *Bitte nicht das!* Ich dachte an Michelle und ihre zarten Knochen und an die Windschutzscheibe und daran, wie die Herztöne auf dem Monitor neben ihrem Bett ausbleiben würden, während die Schwestern nutzlos um sie herumwuselten. Ich fragte mich, was wir über sie schreiben würden. *Eine aufbrausende kleine Studentin.* Ich lächelte bei dem Gedanken, und mein Blick fiel auf den Punkt auf meinem Schreibtisch, auf den sie gestern abend noch ihre wütende kleine Faust gestemmt hatte. Genau dorthin hatte Bob Findley die Abschrift der Beachum-Prozeß-Akten gelegt, in den Ablagekorb neben meiner Tastatur. Ohne mir etwas dabei zu denken, streckte ich einen Finger aus und zog den Korb in meinen Schoß. *Warum hatte diese Larson die Schüsse nicht gehört?* dachte ich.

«Kaffee, Ev? Ist als zweites Frühstück wieder in Mode.»

Bridget Rossiter, die Trend-Redakteurin, kam an meinem Platz vorbei. Sie war ein kompaktes Energiebündel. Ein pelzartiger Mob roten Haars umrahmte ihr von Sommersprossen übersätes Gesicht. Ihre Hose und ihr Pullover betonten ihre Figur. Ihre Brüste waren so groß, daß sie in der Lokalredaktion zu einer eigenen Untergattung von Kommentaren geführt hatten. Sie war auf dem Weg in den Flur.

«Gott segne dich, Bridge», rief ich ihr nach. «Einen großen, schwarzen, bitte.»

«Wir Frauen können jetzt im Büro ruhig mal wieder Kaffee holen, weil die verbesserten beruflichen Perspektiven uns neues Selbstbewußtsein gegeben haben!» rief sie zurück.

Bridgets Job hatte sie wahnsinnig gemacht.

Ich wollte gerade damit beginnen, das Prozeßprotokoll durchzublättern, als mir die Uhr über dem Schreibtisch des Lokalchefs ins Auge fiel. «Verdammt», flüsterte ich. Es war fast halb zwölf. «Meine Frau, meine Frau, meine Frau.» Sie dachte, ich wäre im Fitneßstudio. Sie würde sich fragen, wo ich abgeblieben war.

Ich schnappte mir den Telefonhörer, tippte meine Nummer

ein und klemmte ihn zwischen Kopf und Schulter. Mit einer Hand nahm ich das Gerichtsprotokoll und warf die einzelnen Kapitel nacheinander auf den Tisch. Die Vernehmung der Geschworenen, die Eröffnungsplädoyers . . . Mit der anderen Hand zog ich, ohne darüber nachzudenken, wie man es am Telefon eben so macht, nun doch meine Zigaretten aus der Tasche und steckte eine in den Mund. Ich griff nach meinem Feuerzeug, als mir Bob wieder einfiel. Die Zigarette zuckte unangezündet zwischen meinen Lippen, während ich dem Klingeln des Telefons lauschte.

«Hallo?» Barbaras Stimme war sanft und tief. Wenn sie das Telefon beantwortete, klang sie immer beschäftigt, immer verärgert, als ob man sie gestört hätte. Im Hintergrund konnte ich unseren Sohn Davy hören. Er sang ein Lied, das er in der *Sesamstraße* gelernt hatte und das davon handelte, daß alle in einer Familie zusammenarbeiten mußten.

«Ich bin's, Liebling», sagte ich.

«Steve? Wo bist du?»

Ich ließ einen Seufzer vernehmen – den erschöpften Stoßseufzer eines hart arbeitenden Mannes. «Ich bin in der Redaktion. Die haben mich drangekriegt.»

«O nein. Wie haben sie dich gefunden? Sie haben hier angerufen, aber ich habe ihnen nicht gesagt, wo du bist.»

Woher *hatte* Bob eigentlich gewußt, wo ich war? «Ich wollte auf dem Rückweg vom Fitneßstudio nur noch kurz etwas in der Redaktion abholen», sagte ich. «Ich bin erwischt worden.» Es war erstaunlich, wie leicht mir die Lügen über die Lippen gingen. Ich mußte nicht einmal mehr darüber nachdenken. Es schien mir die normale Form ehelicher Verständigung zu sein.

Es entstand eine Pause. Ich konnte sie mir vorstellen, meine Frau, die Hand in der Hüfte, den Kopf zum Hörer geneigt. Noch nicht argwöhnisch, nur irritiert, daß ich nach einem ganzen Wochenende in der Redaktion noch einmal hierher zurückgekommen war.

In der Pause wanderte mein Blick zurück zu dem Protokoll in meinem Schoß. Ich nahm die unangezündete Zigarette aus dem

Mund und begann wieder die Zeugenaussagen durchzublättern, überflog sie auf der Suche nach der Frau von dem Parkplatz.

«Also hör mal», sagte Barbara dann, «du hast Davy wirklich fest versprochen, mit ihm in den Zoo zu gehen.»

Ich zuckte zusammen. «Ach, Mist. Der Zoo. Das hatte ich vergessen.»

«Er hat den ganzen Morgen von nichts anderem geredet.»

Ich sagte nichts. Meine Aufmerksamkeit war für einen Moment lang hin- und hergerissen zwischen dem sauren Bad aus Schuld, in das ich gerade getaucht worden war, und den Worten, die ich soeben auf der Seite in meinem Schoß entdeckt hatte.

ZEUGIN: *Ich wollte den Parkplatz gerade verlassen. Ich hatte nur angehalten, um mir aus dem Automaten eine Cola zu ziehen. Es gibt dort einen Automaten.*

Das ist sie, dachte ich.

«Steve? Hast du mich gehört? Er wartet wirklich auf dich. Er hat den ganzen Vormittag von nichts anderem gesprochen.»

«Was?» sagte ich. «Ja. Klar. Ich weiß. Mein Gott, ich fühl mich echt mies.»

«Und du hast schon das ganze Wochenende gearbeitet. Er hat dich überhaupt nicht gesehen.»

«Ich weiß, ich weiß. Ähm . . .»

STAATSANWALT: *Und haben Sie dabei den Angeklagten gesehen, Mrs. Larson?*

ZEUGIN: *Ja. Ich hätte ihn beim Zurücksetzen fast überfahren.*

«Ich weiß, es ist deine Arbeit, aber ich habe wirklich das Gefühl, daß es keine gute Idee wäre, ihn wieder zu enttäuschen», sagte Barbara.

«Richtig, richtig, ich denke, du hast recht», sagte ich. Meine Augen wanderten weiter die Seite hinab. Meine Hand zog automatisch das Einwegfeuerzeug aus meiner Tasche. Ohne nachzudenken, hielt ich die Flamme an meine Zigarette, während ich weiterlas.

ZEUGIN: *Er war auf einmal hinter mir. Ich nehme an, er ist aus dem Laden gekommen.*

VERTEIDIGUNG: *Einspruch.*

RICHTER: *Ja, stattgegeben. Bitte keine Vermutungen, Mrs. Larson. Berichten Sie uns nur, was Sie wissen.*

«Die Sache ist die: Es hat einen Unfall gegeben», fiel mir ein. «Erinnerst du dich noch an Michelle Ziegler? Du hast sie Weihnachten getroffen.»

«Oh – ja . . . diese Studentin, die dir die ganze Zeit nachgelaufen ist.»

«Ja. Also. Sie ist mit ihrem Auto in der Nähe von Dead Man's Curve gegen eine Mauer gerast.»

STAATSANWALT: *Und haben Sie bemerkt, ob der Angeklagte zu diesem Zeitpunkt gerannt ist?*

ZEUGIN: *Ja, das habe ich. Er ist gerannt.*

STAATSANWALT: *Er ist einfach weitergelaufen, nachdem Sie ihn fast überfahren hätten?*

ZEUGIN: *Ja. Ich habe ihm noch etwas zugerufen, doch er ist kaum stehengeblieben. Er hat sich nicht einmal umgedreht.*

«O nein», sagte Barbara, und sie sagte es, als ob sie es ernst meinen würde. Ich wußte, daß sie so darauf reagieren würde. Sie ist eine sehr sensible Frau. «Ist sie verletzt?»

«Ja, offenbar sogar sehr schwer. Die Ärzte glauben nicht, daß sie es schaffen wird.»

«O mein Gott, das ist ja *schrecklich*. Sie war doch noch so jung, oder nicht?»

«Hm, ja», murmelte ich, während ich weiterlas. «Es ist furchtbar.»

STAATSANWALT: *Mrs. Larson, haben Sie damals bemerkt, ob der Angeklagte etwas in der Hand hielt?*

ZEUGIN: *Ja. So war es. Er hielt etwas in der Hand.*

STAATSANWALT: *Und haben Sie gesehen . . .?*

ZEUGIN: *Nein, ich konnte nicht sehen, was es war.*

«Du klingst ziemlich mitgenommen», sagte Barbara.

«Was?» Ich hob einen Moment den Kopf. Mitgenommen wovon? Worüber, zum Teufel, sprachen wir überhaupt? Ich versuchte, mich auf das Gespräch zu konzentrieren. *Die Schüsse*, dachte ich. «Oh. Na ja, ich habe sie gemocht, weißt du», sagte ich. «Ich meine, ich *mag* sie. Sie . . . sie war noch so jung . . . sie *ist* noch so jung. Aber sie war okay.»

«Warum wollen sie, daß du für sie einspringst?»

Ich zog an meiner Zigarette – und mir fiel wieder ein, daß ich sie nicht hätte anzünden sollen. Aber jetzt schmeckte sie einfach zu gut: der aromatische Rauch in meiner Lunge, während der Schweiß auf meinem Rücken zu trocknen begann. Dankbar atmete ich aus. Durch die Rauchwolke sah ich Bob regungslos an seinem Schreibtisch sitzen. Ich sah, wie er mich beobachtete. Ich ließ mich tiefer in meinen Stuhl sinken und wandte den Blick ab.

«Ja, ja», sagte ich. «Sie hatte ein Ticket für die Hinrichtung heute abend in Osage.»

Es entstand eine weitere Pause, eine wütendere Pause, soweit ich das beurteilen konnte. *Hätte sie nicht die Schüsse hören müssen*? dachte ich. *So direkt vor dem Laden auf dem Parkplatz.* Ich blickte wieder auf das Protokoll, riß eine weitere Seite ab und legte sie auf den Schreibtisch.

«Das ist vermutlich genau dein Ding, stimmt's?» sagte Barbara streng. Sie ist auch eine sehr strenge Frau, meine Frau. «Ich nehme an, einen derartigen Spaß würdest du dir nie entgehen lassen.»

«Was?» sagte ich, während ich weiter die Aussage von Mrs. Larson durchging.

«Na ja, ich meine, sie *könnten* ja auch jemand anderen fragen, Steve. Du *hast* doch schon das ganze Wochenende gearbeitet.»

«Tja, ich weiß auch nicht . . .» So ging das nicht. So konnte ich mich nicht konzentrieren. Ich wollte dieses Protokoll unbedingt noch rasch durchsehen. «Paß auf», sagte ich. «Ich mache dir einen Vorschlag . . . Ich muß nicht vor vier Uhr heute nachmittag im Gefängnis sein. Und alle Hintergrundinformationen, die ich brauche, habe ich praktisch schon zusammen. Ich kann doch jetzt nach Hause kommen, Davy abholen, mit ihm in den Zoo gehen und ihn gegen drei wieder vorbeibringen. Okay?»

«Und was ist mit seinem Mittagsschlaf?»

«Was?»

«Nach dem Mittagessen macht er normalerweise seinen Mittagsschlaf.»

Ich legte meine Zigarettenhand an die Stirn, rieb sie und versuchte zu denken. Meine Augen wurden zurück zu dem Protokoll gezogen.

«Sein Mittagsschlaf», sagte ich.

STAATSANWALT: *Nun, Mrs. Larson, haben Sie, bevor Frank Beachum hinter Ihnen vorbeigerannt ist, irgend etwas Ungewöhnliches bemerkt?*

ZEUGIN: *Nein, das habe ich nicht.*

Das ist es, dachte ich. *Der Staatsanwalt wird selbst danach fragen, um der Verteidigung zuvorzukommen.*

«Ohne seinen Mittagsschlaf wird er nachmittags ziemlich quengelig», sagte Barbara.

«Oh. Gut. Also. Kann er nicht einen Kaffee trinken oder so?»

«Er ist zwei, Steve, falls du dich noch daran erinnerst.»

«Nein, nein, es war ein Witz.»

«Oh.» Barbara hatte keinen Humor. Sie seufzte. Es war ein sorgengeplagtes mütterliches Seufzen. «Also gut. Paß auf . . .»

STAATSANWALT: *Sie haben keine Schüsse oder Schreie gehört?* las ich.

Ich blickte auf, während ich die Stelle mit dem Finger markierte. Der Qualm der zwischen meinen Lippen klebenden Zigarette stieg mir in die Augen, so daß ich blinzeln mußte. «Was?» sagte ich.

«Ich sagte, komm nach Hause, sobald du kannst. Dann wird er eben heute abend früher schlafen gehen, das ist alles.»

«Super. Alles klar. Ich bin in einer halben Stunde da.»

«Ich weiß wirklich nicht, warum du an deinem freien Tag in die Redaktion gehen mußtest.»

«Ja, tut mir leid, idiotische Idee.»

«Also gut», sagte Barbara streng. «Ich sehe zu, daß er in einer halben Stunde fertig angezogen auf dich wartet.»

«Super. Ich bin da.»

Und dann legte ich auf.

Und jetzt lehnte ich mich endlich ganz in den Stuhl zurück, legte meine Füße auf den Schreibtisch und blinzelte, an meiner Zigarette kauend, auf das Protokoll.

«Der Kaffee ist fertig!» flötete Bridget, als sie mit einem wenig stabil aussehenden Papptablett beladen mit Donuts und Styroporbechern hinter mir angetrabt kam. Sie stellte einen Magnumbecher Kaffee neben meine Schuhe. «Ooh», sagte sie mit einer Kopfbewegung auf meine Zigarette deutend. «Immer mehr Büroangestellte bestehen auf ihrem Recht, anderer Leute Qualm nicht passiv mitrauchen zu müssen.»

«Ach ja? Das kümmert immer mehr Mistkerle einen Dreck», sagte ich. «Danke für den Kaffee. Du bist ein Schatz.»

Sie drohte mir mit dem Finger. «Sexuelle Belästigung: Wie lauten die Richtlinien?»

«Wer weiß das schon?»

«Ich hasse meinen Job, Ev.»

«Ich weiß, Kleines.»

Mit einem angespannten Lächeln setzte sie sich, das Tablett in der Hand, wieder in Bewegung. «Ich dachte, du hättest heute deinen freien Tag!» rief sie mir über die Schulter zu.

«Hab ich auch. Siehst du nicht, daß ich meine Füße auf dem Tisch habe.»

Das brachte sie zum Lachen, so daß ihre sommersprossigen Wangen rosig anliefen, was sie zehn Jahre jünger aussehen ließ, das arme Ding. Meistens verbreitete ihre hektische, gehetzte Anwesenheit ein solches Magengrimmen in der Redaktion, daß jeder schleunigst das Weite suchte. Selbst mich machte sie manchmal krank. Aber das lag nur daran, daß sie mich so gern mochte. Und das wiederum lag daran, daß sie absolut keine Ahnung von menschlichen Wesen hatte. Sie hielt mich für einen soliden Familienmenschen, einen guten Ehemann und Vater. Weil sie selbst alleinstehend war, hielt sie Redlichkeit in der Ehe für den höchsten aller Werte. Wenn ihr jemand erzählt hätte, daß Winston Churchill eine Affäre gehabt hatte, hätte sie Polen an die Nazis zurückgeben wollen. Es würde mir leid tun, wenn sie das mit mir und Patricia erfuhr. Es würde mir leid tun, wenn sie es alle erfuhren.

Ich blies eine letzte Rauchwolke aus und zog meine Schreibtischschublade einen Spalt auf, um an meinen Geheim-Aschenbecher zu kommen. Ich war schon wieder in das Protokoll vertieft, als ich die Zigarette ausdrückte.

STAATSANWALT: *Nun, Mrs. Larson, haben Sie, bevor Frank Beachum hinter Ihrem Wagen auftauchte, irgend etwas Ungewöhnliches bemerkt?*

ZEUGIN: *Nein, das habe ich nicht.*

STAATSANWALT: *Sie haben keine Schüsse oder Schreie gehört?*

ZEUGIN: *Nein. Nein, aber das hätte ich sowieso nicht.*

STAATSANWALT: *Sie sagen, daß Sie Schüsse oder Schreie sowieso nicht gehört hätten, obwohl Sie direkt vor dem Laden auf dem Parkplatz waren. Sie hätten doch sicher gehört, wenn jemand geschrien oder einen Schuß aus einer Waffe abgegeben hätte, oder nicht?*

Ja, dachte ich, *das hätten Sie doch sicher gehört?*

ZEUGIN: *Nein, weil es ein sehr heißer Tag war. Ich hatte die Klimaanlage eingeschaltet und die Wagenfenster geschlossen, und das Radio war auch an. Ich hätte vielleicht ein Hupen auf der Straße gehört oder so, aber ich glaube nicht, daß ich irgend etwas gehört hätte, was in dem Laden vor sich ging, ganz egal, was es auch war.*

STAATSANWALT: *Vielen Dank. Mrs. Larson.*

Ja, dachte ich, *vielen herzlichen Dank*. Der Stuhl quietschte laut, als ich meine Füße vom Tisch nahm. Ich legte das Protokoll wieder in die Ablage und gab ihm einen zufriedenen kleinen Klaps. Mit einem Blick auf meine Armbanduhr stand ich auf. Ich winkte in die grobe Richtung meines Lokalchefs.

«Ich fahre noch mal nach Hause», rief ich. «Um vier bin ich im Gefängnis.»

Ein weiteres verblüffendes Rätsel gelöst, dachte ich, und noch reichlich Zeit, mit Davy in den Zoo zu gehen.

5

Jetzt waren es keine neunzig Minuten mehr, bis Bonnie und Gail zu ihrem letzten Besuch eintreffen würden. Frank wartete in seinem Käfig auf sie. Er hatte seinen Brief an Gail fertig geschrieben und in einem Umschlag versiegelt. *Für meine süße Gail, wenn sie 18 Jahre alt ist* hatte er darauf geschrieben. Er hatte den Umschlag in die Gesäßtasche seiner Hose gesteckt. Kurz darauf hatte einer seiner Anwälte, Hubert Tryon, angerufen, und sie hatten eine Weile miteinander gesprochen, obwohl es wegen des Gnadengesuchs noch keine Neuigkeiten gab. Danach blieb Frank nichts weiter zu tun, als darauf zu warten, daß seine Frau und seine Tochter kommen würden.

Also wartete er, saß an seinem Tisch und rauchte. Manchmal stand er auch auf und lief an den Gitterstäben seines Käfigs auf und ab. Manchmal lag er auf seiner Pritsche und starrte an die weiße Decke. Und manchmal betete er auch. Vor allem aber saß er. Saß an seinem Tisch, während die Zigarette in seiner Hand vor sich hinqualmte. Saß und beobachtete die Uhr, während er gleichzeitig versuchte, die Uhr nicht zu beachten. Er dachte: *O Gott, o Gott, ich glaube nicht, daß ich das schaffe.*

Ihm war, als würde seine Haut aus allen Nähten platzen. Als könne sie das frostige Ozon der Anspannung in seinem Körper nicht mehr ertragen, die Wellen von Kummer, die in ihm aufstiegen und nie ganz verebbten. Ihm war, als würde er seine Haut nur durch schiere Willenskraft zusammenhalten. Sein Gesicht zuckte vor Anstrengung, und manchmal ballte er die Faust, um sich selbst Mut zu machen. Um Bonnies willen, um Gails willen. Bald würden sie kommen. Es würde das letzte Mal sein, daß sie ihn sahen. Es würde alles sein, was ihnen an Erinnerung an ihn blieb, alles, was sie hatten. Das, sagte er sich, ist es, was ein Mann tut. Er zeigt Stärke, damit die Menschen um ihn herum keine Angst haben. Er zeigt sich furchtlos, damit die Menschen, die er liebt, sich sicher fühlen können. Das, so sagte er sich, war genau das, was es hieß, ein Mann zu sein.

Er wurde aus seinen Anstrengungen gerissen, als überraschend die Tür aufging. *Zu früh* – die Worte blitzten in seinem Kopf auf. Er hatte Angst, daß er noch nicht bereit war für sie. Aber nicht Bonnie und Gail traten ein. Es war der Gefängniskaplan, Reverend Stanley B. Shillerman.

Frank Beachum spürte, wie sich sein Hals vor Wut zuschnürte bei dem Gedanken, daß auch nur eine einzige seiner kostbaren Minuten mit dieser aufgeblasenen kleinen Kröte vergeudet würde.

Der Reverend Shillerman – oder Reverend Pillermann, wie die Insassen von Osage ihn nannten – näherte sich dem Aufsichtsbeamten Benson, der von seinem Tisch aufstand, um ihn zu begrüßen. Shillerman packte mit männlicher Geste Bensons Schulter und murmelte etwas in sein Ohr. Frank hörte den Kaplan kichern. Dann ließ Shillerman den Wärter los, und Benson kehrte an seinen Schreibtisch zurück, um den jüngsten Besuch im Protokoll zu verzeichnen.

Währenddessen trat Shillerman an die Gitterstäbe des Gefangenenkäfigs. Dort blieb er, wie Plunkitt die Hände vor dem Körper gefaltet, stehen, als wolle er eine Grabrede halten. Im Gegensatz zu Plunkitts steifem Beerdigungsanzug trug der Reverend Cowboy-Jeans und ein offenes weißes Hemd. Er hatte die friedfertigen Gesichtszüge eines Geistlichen und Augen wie Teiche. Und eine Stimme – einen sanft drängenden Kanzelton –, die voller Wehmut an die Seelen der Sünder appellierte.

Heute triefte sie vor mitfühlender Trauer. «Guten Morgen, Frank.»

«Kaplan», sagte Frank zwischen zusammengebissenen Zähnen.

«Wie geht es dir, mein Sohn?»

Frank spürte einen bitteren Geschmack im Mund und hätte fast höhnisch gegrinst. Im stillen lachte er mit Jesus über eine Art Privatwitz, den er mit ihm teilte. *Könnte genausogut als Hund statt als Hase erschossen werden,* sagte er zu Christus – und der Witz daran war, daß er am liebsten durch die Gitterstäbe gegriffen und dieses Arschloch erwürgt hätte. «Mir geht es gut», sagte er ruhig.

«Nun, das freut mich zu hören. Ehrlich», sagte der Kaplan. «Ich dachte, vielleicht . . . weißt du, wenn es irgend etwas gibt, was ich für dich tun könnte, wenn es irgend etwas gibt, worüber du mit mir reden möchtest – ich wollte nur, daß du weißt, daß ich für dich da bin, jederzeit.»

Frank führte langsam seine Zigarette zum Mund. Seine offene Hand verdeckte die untere Partie seines Gesichts. Er atmete den Rauch durch die Nasenlöcher aus. «Nein», sagte er. «Danke. Ich brauche nichts.»

Shillerman neigte den Kopf wie eine betrübte Glucke. Doch Frank war sich sicher, in seinen Augen eine häßliche Art von Enttäuschung gesehen zu haben. Er kannte keinen einzigen Gefangenen – nicht einen –, der sich um Rat oder Beistand an den Kaplan gewandt hätte. Der Kaplan! Der Mann Gottes! In Osage erzählte man sich, daß Reverend Pillermann mit den Wärtern ging. Er ging auch *wie* die Wärter, streitlustig, großtuerisch, argwöhnisch lauernd. Oh, er las seine Bibel und hielt sonntags seine Gottesdienste. Doch mehr als alles andere liebte er das Gewicht des Funkgeräts an seinem Gürtel, und besonders stolz war er, wenn er bei angespannter Stimmung im Knast auch einen Schlagstock tragen durfte. Genau wie ein Wärter.

Shillerman hatte ein Dutzend Jahre als Pastor in einer kleinen ruhigen Arbeitergemeinde in St. Charles verbracht. Ein Dutzend Jahre goldhaariger Damenkränzchen, die Thunfischaufläufe zu Wohltätigkeitspicknicks brachten. Fette, flirtlustige Hausfrauen in formlosen Kleidern, die ihn umgluckten mit ihren schwachsinnigen Moralismen. Und die Männer, ihre Männer, die ihn anlächelten. Shillerman hatte ein Dutzend Jahre mit diesen Männern und ihrem noch nicht ganz spöttischen Lächeln ertragen. Die Männer behandelten ihn mit derselben herabsetzenden Galanterie, die sie auch gegenüber ihren Frauen zeigten: Das sind ja alles liebe, nette Ideen, die Sie da haben, Pastor, aber wir Männer haben Geschäfte in der wirklichen Welt zu erledigen. Ein Dutzend Jahre hatte er sich in der erstickend kleinen Gemeinde von St. Charles so behandeln lassen. Dann hatte er seine verwandtschaftlichen Beziehungen genutzt, um den Posten in Osage zu bekommen.

Frank wußte nur einen Teil dessen. Doch aus dem Bauch heraus verstand er Shillerman, so wie er ihn auch aus dem Bauch heraus verachtete. Er wußte genau, was dieser Mistkerl von ihm wollte, warum er heute in die Beobachtungszelle gekommen war. Nicht um dem Verurteilten Trost oder seelischen Beistand zu spenden. Das war es nicht, da war Frank sich ganz sicher. Shillerman, der gute Reverend, *genoß* es. Er wollte an der allgemeinen Aufregung teilhaben, wollte den erhabenen Thrill einer Hinrichtung schnuppern. Er wollte Geschichten, die er seinen schicken Freunden erzählen konnte. Wie ist es, Stan? würden sie ihn fragen. Wie sind sie, kurz bevor sie ihren letzten Gang antreten? Als Frank jetzt in seinem Käfig saß und den Priester durch die Gitterstäbe ansah, konnte er sich vorstellen, wie der Mann in seinem Wohnzimmersessel hin und her rutschte und nachdenklich das Eis in seinem Scotch klimpern ließ, während er die Frage gedankenschwer erwog – um dann für seine Gäste päpstlich aus einem reichen Erfahrungsschatz zu plaudern. Er wußte ganz genau, was der Mistkerl hier wollte.

Reverend Shillerman streckte die Brust heraus und reckte die Schultern. Er blies sich auf, sein Sprüchlein aufzusagen. «Frank», sagte er mit einem ernsthaften Stirnrunzeln, «soweit ich weiß, bist du ein bibeltreuer Mann. Das stimmt doch, oder?»

Der Zeiger der Uhr an der Betonwand hinter ihm wanderte weiter, den nie enden wollenden Kreis der Sekunden, und Frank wollte aufspringen und den Mann anbrüllen: Los, verschwinden Sie hier, hauen Sie ab. Es wäre ein leichtes, das zu tun. Sich gehen zu lassen. Es war leicht zu denken: Warum nicht? Tu es. Was habe ich schon zu verlieren? Benson würde den Kaplan todsicher eilig hinausführen, wenn er den Eindruck hatte, daß der Gefangene sich aufregte.

Aber Frank sprang nicht auf und brüllte los. Er hatte Angst. Er riß sich so sehr zusammen. Gleich kam Bonnie, Bonnie und Gail, und alles, was er ihnen noch geben konnte, war sein unerschütterliches Antlitz, der Schein innerer Gelassenheit, damit sie sich hin und wieder daran erinnern und selbst gelassen sein konnten. Wenn er jetzt die Stimme hob – wenn er jetzt die Kontrolle verlor, wußte er nicht, ob er sie je zurückerlangen würde. Er durfte nicht zulassen, daß dieser Windbeutel ihm dieses letzte Gute noch nahm. Seine Hand zitterte, als er seine Zigarette langsam an die Lippen führte. Er antwortete nicht.

Doch Shillerman sprach weiter, als habe er die Frage bejaht. «Das ist gut», sagte er. «Das ist wirklich gut, Frank. Die Lektüre der Bibel wird dir Kraft geben für den heutigen Tag – und für die Ewigkeit danach. Aber weißt du, Frank . . .» Er verlagerte sein Gewicht auf seine Absätze und nahm Anlauf zu einer langen Predigt. «Nur die Bibel lesen allein genügt nicht, oder? Es kann nicht genügen, Frank. Das weißt du genauso gut wie ich. Ein Mann kann nicht vor seinen Schöpfer treten, ohne die Sünden seiner Seele zu bereuen, ohne all das Leid, das er anderen Menschen zugefügt hat . . . zu bereuen, verstehst du.»

Wie er so dasaß, ihn haßte und verzweifelt versuchte, die Wut und Panik in sich niederzukämpfen, bemerkte Frank alles. Die wachsame Berechnung in den abgründigen Augen des Kaplans, seine Augenbrauen – er mußte sie stutzen, um sie so ordentlich zu halten. Seine Art, drei Worte zu machen, wo eins genügt hätte, sein Bemühen, bedeutend und biblisch zu klingen, während er all die blumigen Floskeln doch nicht ganz beherrschte.

Shillerman machte einen weiteren Schritt auf die Gitterstäbe zu. «Also, bis jetzt konnte dir kein Mensch einen Vorwurf daraus machen, daß du deine Unschuld beteuert hast. Himmel, du kämpfst schließlich um dein Leben. Das ist nur natürlich, ich verstehe das, das macht jeder. Doch ich muß dir nicht sagen, daß sich deine Zeit dem Ende zuneigt. Und es gibt da draußen eine Menge Menschen, die sich sehr viel besser fühlen würden, wenn sie hören würden, daß du ... das Leid bereust, das du ihnen zugefügt hast. Mit diesen paar einfachen Worten könntest du viel Gutes tun, Frank. Und ich sage das für *dich*, um deinetwillen. Ich sage es, weil ich nicht möchte, daß du vor deinen Gott trittst, ohne in Ordnung gebracht zu haben, was in Ordnung gebracht werden kann.»

Frank wandte sein inneres Auge dem Auge Gottes zu, das allzeit über ihn wachte. *Würdest du bitte diesen Clown hier rausschaffen*, dachte er.

Shillerman hob eine Hand und wies auf die Uhr hinter sich. «Achte die Zeit und meide das Böse», sagte er. «So heißt es in der frohen Botschaft.»

«Danke.» Franks Stimme war jetzt nur noch ein heiseres Flüstern. «Ich habe Ihnen nichts zu sagen.»

«Frank ...»

«Ich möchte, daß Sie mich in Ruhe lassen», sagte Frank.

Das Lächeln auf Shillermans Lippen blieb unerschütterlich. Doch der Hauch eines Schattens, der sich über seine Gesichtszüge legte – und Frank bemerkte alles –, verriet das wahre Ausmaß seiner priesterlichen Verachtung. Verachtung für Frank und all die anderen Gefangenen, die er in seiner moralischen Größe hinter sich ließ. Er mußte wissen, daß sie ihn hinter seinem Rücken auslachten. Er mußte wissen, wie sie ihn nannten. Und so stolz wie er auf sein Walkie-talkie und seine Cowboy-Jeans war, mußte es an dem Kaplan nagen, daß er kein echter Wärter war. Er besaß keine wirkliche Macht, die Insassen stramm stehen zu lassen, und sie lachten ihn aus. Und wenn die Männer aus seiner Gemeinde in St. Charles auch mit ihm gesprochen haben mochten wie mit einer Frau – sie hatten ihn zumindest wie eine Dame behandelt.

Frank stellte sich vor, wie Shillerman seinen bewundernden Freunden Geschichten aus dem Todestrakt erzählte, und er dachte, daß diese Geschichten reichlicher Ausschmückung bedurften, bevor sie irgend etwas hermachten.

«Aber, aber ... mein Sohn», sagte Shillerman und schüttelte bedauernd den Kopf. «Ich muß dir nicht sagen, mein Sohn, daß deine Stunde kommen wird, und ich fürchte, die Zeit ist nicht mehr fern, wo du vielleicht wünschen magst, du hättest dich anders entschieden, doch dann wird es zu spät sein. Ich möchte nicht zu grob werden, aber es ist auch sinnlos, um den heißen Brei herumzureden. Ich bin dein Kaplan, und ich möchte nicht, daß dieses schreckliche Verbrechen auf deiner Seele lastet, wenn du in den Tod gehst.»

Wut durchströmte Franks Körper wie eine beißende Gicht. Mein Gott, wenn er jetzt die Kontrolle verlor. Wo Bonnie bald hier sein würde, und Gail . . .

«Du mußt wissen, ich bin dein Kaplan, und alles, was du mir anvertraust . . .»

«Benson», sagte Frank sehr leise. Dann ein wenig lauter: «Hey, Benson.»

Der Stuhl des diensttuenden Beamten schrammte über den Boden, als er sich eilfertig von seinem Tisch erhob. «Was kann ich für Sie tun, Frank?»

Die Blicke von Frank und Reverend Stanley B. trafen sich. Frank räusperte sich und kontrollierte seine Stimme, bevor er weitersprach. Dann sagte er leise und gepreßt: «Sie können mir diesen gottverdammten Mistkerl vom Hals schaffen.» Und während er erneut seine Zigarette zum Mund führte und seine Hand so heftig zitterte, daß die Asche herunterfiel, murmelte er: «Reverend Pillermann.»

Das hatte der Kaplan gehört. O ja. Oh, er wußte, daß sie ihn im ganzen Gefängnis so nannten. Sicher wußte er das – und Frank konnte wetten, daß dieses Detail in keiner seiner Dinnerparty-Storys auftauchte. Im Gegenteil, er konnte wetten, daß es den Reverend ziemlich wütend machte. Und wie. Es machte ihn auch jetzt wütend. Frank sah es mit einer Portion sehr unchristlicher innerer Befriedigung, während Shillermans Mund zuckte und seine Gurgel daran arbeitete, diese Beleidigung hinunterzuschlucken.

Doch als der Wärter hinter ihn trat, schaffte es der Kaplan, in jenem sanften Gott-liebt-dich-Singsang weiterzusprechen. «Also, Frank, ich will ganz ehrlich zu dir sein. Ich würde heute abend nicht gern auf diesem Tisch festgeschnallt werden, ohne meine Missetaten gestanden und bereut zu haben . . .»

Benson legte seine Hand auf die Schulter des Priesters. «Hey, Reverend, kommen Sie.»

«Denn wenn sie diese Nadel in deinen Arm stechen . . .»

«Mein Gott, Reverend», sagte Benson. Sein Blick zuckte zu Frank und wieder zurück. «Ich sage Ihnen doch, kommen Sie.»

Reverend Stanley B. Shillerman wehrte sich nicht, bewegte sich jedoch auch nicht vom Fleck, sondern blickte, die Hände vor dem Körper gefaltet, wie aus großer Höhe auf den Aufsichtsbeamten Benson herab. «Es mag unangenehm sein, aber ich habe das Gefühl, hier wartet eine Aufgabe auf mich.»

«Nun ja, aber... ich meine, Sie kennen die Vorschriften, Kaplan. Seelischer Beistand wird ausschließlich auf Wunsch des Gefangenen gewährt.»

«Schaffen Sie ihn hier raus», sagte Frank.

«Es tut mir leid für dich, Frank», sagte Shillerman.

«Mir auch», sagte Frank mit belegter Stimme. «Glauben Sie mir.»

«*Kommen* Sie, Reverend», sagte Benson, der, nachdem er den Tonfall von Franks Stimme gehört hatte, jetzt wirklich nervös wurde. «Das ist mein Ernst. Wir wollen keinen Ärger.» Er zupfte vorsichtig am Arm des Kaplans.

«Schon gut, schon gut», sagte der Kaplan. Er hob die Hände wie zum Segen und lächelte huldvoll auf sie herab.

Benson hielt den Arm ausgestreckt, als sie gemeinsam zur Tür gingen, so als hätte er Angst, Shillerman könnte sich plötzlich umdrehen und wieder auf den Käfig zustürzen. Doch der Kaplan gönnte sich nur einen letzten mitleidigen und traurigen Blick zurück. Dann öffnete der Wärter im Gang auf Bensons Klopfen hin die Tür, und Shillerman war verschwunden.

Benson fuhr sich mit der Hand durch sein geschniegeltes schwarzes Haar und kehrte an seinen Tisch zurück. «Hey, vergiß es, Frankie», rief er zum Käfig hinüber. «Der Typ ist ein Arschloch!» Er nahm kopfschüttelnd wieder Platz. «Jeder will irgendwie bei der Action dabei sein, verstehst du?»

Frank nickte. Seine Schläfe pulsierte, während er um Fassung rang. Er drückte mit aller Kraft seine Zigarette aus, um die überschüssige Energie aus seiner zitternden Hand zu treiben. Er fuhr sich mit dem Rücken seiner geballten Faust über die Lippen, um sie zu trocknen, und sah dabei auf die Uhr. Es war halb eins. Noch dreißig Minuten bis zur Besuchszeit. Und er hatte das Gefühl, würgen zu müssen. Genau wie er befürchtet hatte. Als seine Wut jetzt verebbte, verspürte er den machtvollen Drang, auch den ganzen Rest loszulassen, alles. Der große Druck seines Leidens stieg in ihm auf, und Frank hätte sich am liebsten zerrissen, um ihn herauszulassen. Er wollte aufstehen und heulen und schluchzen und zum Himmel flehen und mit den Fäusten gegen die Gitterstäbe trommeln, in die Luft. *Es war nicht gerecht. Er hatte es nicht getan. Es war nicht fair.* Und ein bösartiges inneres Flüstern sagte ihm: Niemand könnte dir deswegen einen Vorwurf machen. Jeder würde so reagieren.

Frank schloß die Augen. Seine Lippen bewegten sich stumm, als er jenen stets über ihn wachenden Gott anflehte. Er stellte sich Bonnies und Gails Gesicht vor. Wenn sie jetzt hereinkamen, wenn sie ihn sahen, wie er hilflos gegen sein Schicksal wütete und die Ungerechtigkeit des Ganzen beweinte, Gott, wie sie das quälen würde – nachts in ihren Betten – so würden sie ihn sehen – für alle Zeit – den Ehemann und Vater – ohnmächtig schluchzend – und ihre Verbitterung und ihr Schmerz würden sie ein Leben lang verfolgen. Er ballte die Faust und trommelte leise auf die Tischplatte, während er dazu in seinem Kopf fast sang: Bitte gib mir Stärke, bitte gib mir den Anschein von Stärke, den Anschein von Stärke, damit sie sich daran erinnern können, bitte gib mir den Anschein von Stärke ...

«Ach», sagte er. Er öffnete verärgert die Augen und scheuchte all seine Gefühle mit einem Knurren zurück in ihre Ecke. Er zog eine Zigarette aus der Schachtel auf dem Tisch, steckte sie in den Mund und zündete wütend ein Streichholz an. Er saß an seinem Tisch hinter den Gitterstäben, sein langes, trauriges Gesicht regungslos. Der Qualm von der Zigarette in seiner Hand stieg zur Decke. Ausdruckslos wartete er auf die Ankunft seiner Frau und seiner Tochter.

Dies war schließlich das, sagte er sich, was ein Mann tat.

6

In meiner Jugend war ich ein Rennfahrer. Ein Dragster, meine ich. Teenage-Terror auf Long Islands Nebenstraßen. Na ja, ich hatte es in alten Filmen gesehen, und als Ausdruck meiner Rebellion war es genauso gut wie sonst irgendwas. Meine Eltern – meine Adoptiveltern – waren sittsame, fürsorgliche und humorlose Anwälte – er Pater familias einer Firma von Umweltaktivisten, sie Mater einer Planungsgruppe, die um Wohnungen für Arme kämpfte. Mir fiel nichts Besseres ein, um sie zu ärgern, als in alten Klapperkisten sinnlos die Boulevards von Guyland rauf und runter zu röhren, den Motor auf vollen Touren. Meine Eltern und ich reden kaum noch miteinander, also muß es wohl funktioniert haben.

Ich erwähne dies nur, weil ich die Angewohnheit nie wieder losgeworden bin. Ich fuhr damals einen schlappen Tempo, einen schwerfälligen, blauen Trauersack von einem Auto. Er beschleunigte von null auf achtzig in einer Generation, wenn man soviel Zeit hatte. Trotzdem war es mir immer gelungen, das letzte aus ihm herauszuprügeln, ihn zu unmöglichen Geschwindigkeiten zu treiben, ihn quietschend durch Kurven zu jagen und durch den Verkehr zu fädeln wie die Nadel einer Spitzenklöpplerin. Ich bin nie dazu gekommen, ihn zu frisieren oder auch nur zu waschen. Er starrte vor Dreck, spuckte, knallte und jaulte unter seiner Last. Doch ich zeigte keine Gnade, sondern ließ ihn laufen und laufen und laufen.

Jetzt schoß ich aus dem Parkplatz der *News* in eine Lücke des mittäglichen Fahrzeugstroms und reihte mich ein in das Rennen den Boulevard hinunter. Es war erst zwanzig vor zwölf. Ich hatte meiner Frau versprochen, pünktlich um zwölf Uhr zu Hause zu sein, was ich bei meiner Fahrweise auch problemlos schaffen würde. Pünktlich nach Hause zu kommen, schien mir eine gute Idee. Ich hatte eine Vorahnung, daß dieser Tag nicht enden würde, bevor Barbara von meiner jüngsten Affäre erfahren hatte. Sie hatte geschworen, mich zu verlassen, wenn sie mich noch einmal bei einem Seitensprung erwischte, und ich war mir ziemlich sicher, daß sie es ernst meinte. Aber schamlose Bettelei hatte mir schon einmal geholfen, und vielleicht würde es auch diesmal klappen. Also wollte ich sie bei bestmöglicher Laune halten.

Pünktlich nach Hause kommen und mit Davy in den Zoo gehen: das war das Ticket; schnurstracks Richtung Skinker-DeBaliviere, unsere Wohngegend fahren, das war der vernünftige Plan. Dumm hingegen – sozusagen die Schwachkopf-Strategie – wäre ein Umweg um den Park nach Dogtown gewesen, um sich den Pocum's Lebensmittelladen anzusehen. Nur um einen kurzen Blick auf den Tatort zu werfen, meine ich. Um ein Gefühl für die Choreographie des Mordes zu bekommen, wenn man so will. Das wäre – bei einer Geschichte wie dieser, einem kurzen Feature über einen Typ in der Todeszelle – unnötig, ja regelrecht zwanghaft gewesen. Sogar grausam, wenn man an Barbara dachte, wenn man daran dachte, was der Tag für sie noch in petto hielt. Es war schlimm genug, daß sie ihren Job aufgegeben hatte, damit wir gemeinsam nach St. Louis ziehen und einen neuen Anfang versuchen konnten. Überdies war sie, wie gesagt, eine strenge Frau, und es hatte sie weiß der Himmel welchen Preis an Stolz gekostet, sich zu überwinden, mir wieder zu vertrauen. Wenn sie von Patricia erfuhr, würde das Opfer, das sie gebracht hatte, das neu erarbeitete Vertrauen, sich gegen sie kehren und ihr ins Gesicht springen wie bei dem Vaudeville-Trick mit dem toten Fisch. Sich auf den Heimweg nach Skinker-DeBaliviere machen, mit David in den guten alten Zoo gehen, ihr das Gefühl vermitteln, daß ich da war und an der ehelichen Front kämpfte – das waren also die ersten Schritte bei den Vorarbeiten zu meiner Rettung. Vorausgesetzt, es gab eine Rettung.

In einem niedrigen Gang trieb ich den Motor auf Drehzahlen im roten Bereich, um den trägen Tempo auf Touren zu bringen. Ich kreuzte, indem ich andere Fahrzeuge schnitt, von Spur zu Spur, wobei ich eine klangwellenförmige Spur auf der Straße hinterließ. Vor mir erhob sich die Innenstadt über dem flachen Ödland des südlichen Boulevards. Schmale Wolkenkratzer ragten aus den geduckten Ansammlungen aus rotem Backstein und neogotischem Mauerwerk. Als ich auf die City zuraste, sah ich kurz die Kuppel des alten Gerichtsgebäudes, deren schimmernder Grünspan sich in den Fenstern des Equitable Buildings spiegelte. Weiter links, unten am Mississippi, schwang sich der große glitzernde St. Louis Archway protzig in den heißen weißen Himmel.

Dann lag all das hinter mir, und ich sauste über den Expressway entlang des großen Flusses, während der Tempo um Gnade gurgelte.

Es war Sommer und Mittag, die Stadt der reinste Ofen. Und die Lüftung des Tempo war nicht mehr als ein Hauch über dem Armaturenbrett. Doch als ich jetzt an dem spitzen Uhrenturm der Union Station vorbeiknatterte, blähte der Fahrtwind meine Hemdsärmel und kühlte mein Gesicht. Der Tempo spuckte und hustete wie ein alter Mann, doch er spulte die Meilen herunter wie ein Profi. Nur ich konnte ihn so auf Touren bringen. Ich war eine Granate, ein Überflieger. Wunderknaben in ihren Jaguars sogen meine Auspuffgase ein wie Kokain. Minuten später – mir kam es vor wie Sekunden – schoß ich die Ausfahrt hinunter direkt in das Zentrum von Dogtown. Nur ein kurzer Schlenker zu Pocum's Lebensmittelladen, und ich konnte es noch pünktlich nach Hause schaffen oder doch fast pünktlich.

Nun, ich muß gestehen, mein Blut stockte vor lauter Schuldgefühlen. Als ich die heruntergekommene Avenue entlang, vorbei an den schmuddeligen braunen Läden, auf die klapprige alte Gartenlaube auf der Kuppe eines Grashügels zufuhr, fühlte ich mich idiotisch und deprimiert. Jetzt ist es auch egal, dachte ich, wünschte jedoch gleichzeitig, ich wäre nicht hergekommen, sondern direkt nach Hause gefahren. Als die Avenue vor mir eine Kurve beschrieb, entdeckte ich das große ovale Amoco-Schild der Tankstelle, in der Frank Beachum gearbeitet hatte. Der Original-Arbeitsplatz des Mörders, des Verurteilten, dachte ich. Und das gab mir einen kleinen Thrill. Ich liebe den Schauplatz eines Verbrechens. Ich sagte mir, *hey, hier bin ich*, und versank in dem Milieu eines Dramas, das ich insgeheim schon «meinen Mord, meine Hinrichtung» nannte.

Und dann kam gleich rechts der Pocum's ins Blickfeld.

Der Laden war ein eingeschossiger roter Backsteinbunker mit einer schmuddeligen ziegelroten Markise über dem Bürgersteig. Er war der letzte in einer Reihe kleinerer Läden – ein Elektrohändler, ein Friseur und eine Tierhandlung –, die ziemlich genauso aussahen. Daneben erstreckte sich bis zur Ecke Art Hill der Parkplatz. Ich bremste und bog darauf ein.

Der Motor stotterte, als ich den Wagen über den Platz rollen ließ. *Das ist es*, dachte ich. Ich hatte fast das Gefühl, den Ort zu kennen. Dort rechts war Frank Beachum aus dem Laden gerannt. Direkt hinter mir hatte er auf dem Weg zu seinem Wagen hastig den Platz überquert. Dort an der Längsseite des Gebäudes, einer schmutzigen Backsteinmauer mit geschwärzten Fenstern, stand der Getränkeautomat, an dem Nancy Larson ihre Cola gezogen hatte. Ich brachte den Tempo vor der Wand zum Stehen. *Dort ist es.*

In dem Moment, in dem der Wagen ausgerollt war, traf mich die Mittagshitze mit voller Wucht. Der Innenraum des Wagens war sofort erstickend schwül. Schweiß sammelte sich in meinen Achselhöhlen und lief meine Schläfen hinab in meinen Hemdkragen. Aus dem Seitenfenster betrachtete ich den Getränkeautomaten.

Er stand einsam an der Wand. Seine bauchige Vorderseite war verziert mit Cartoons von sprudelnden Bläschen und Flaschen, die fröhlich die Kronkorken springen ließen. In der Nähe leuchtete verloren und einsam eine blau-weiß-rote *Budlite*-Reklame. Ansonsten waren die schmutzige Wand und die Fenster kahl.

Ich wischte mit der Hand über mein Hosenbein. Nancy Larson mußte durch das Wagenfenster gegriffen haben, um den Automaten zu bedienen, dachte ich. Er war so aufgestellt, daß man nicht aussteigen mußte, um sich ein Getränk zu ziehen. Dann hatte sie den Rückwärtsgang eingelegt, als Beachum den Laden gerade verließ, sich nach rechts wandte und ihr über den Weg lief, während hinter ihm Amy Wilson in ihrem eigenen Blut röchelnd auf dem Boden lag.

Ich parkte den Tempo und schaltete den Motor ab. Als ich ausstieg, knallte die Sonne so erbarmungslos auf mich herab, daß ich hinter meinen Brillengläsern blinzeln mußte. Ich wischte mir mit der Hand über die Stirn und ging quer über den Parkplatz auf den Laden zu.

Für den Augenblick hatte ich all meine Schuldgefühle vergessen. Meine Frau und die drohende Katastrophe waren beiseite gedrängt. Ich war erregt. Ich liebe den Schauplatz eines Verbrechens. Wirklich. Ganz besonders den Schauplatz eines Mordes. Er ist wie die Kulisse eines Films, die einem auf seltsame Weise ebenso vertraut ist wie der Star des Films. Man hat über die Menschen gelesen, die hier getötet haben und gestorben sind. Man hat mit dem Opfer gelitten und die armen Verwandten, die man im Fernsehen trauern sieht, bedauert. Man hat den Schurken finster gemustert und sich gefragt, wie weit es mit der Welt schon gekommen ist. Und jetzt war man dort, am eigentlichen Schauplatz des Dramas.

Ich ging um das Gebäude und blieb einen Moment vor der Fensterfront des Ladens auf dem Bürgersteig stehen, während hinter mir auf der Avenue der Verkehr vorbeirauschte. Im Fenster des Ladens, direkt über einer Reihe schrumpeliger Orangen und Tomaten, neben einer Reihe verstaubter Olivenölflaschen, war ein Schild, ein mit Filzstift beschriebenes Blatt Papier, aufgehängt. *Auge um Auge*, las ich. *Beachum muß sterben.* Unter den Worten war eine Zeichnung: eine tropfende Spritze mit einem Totenkopf auf dem Kolben. Ich hatte das Gefühl, daß meine Augen glänzten, als ich es betrachtete. Hier konnte ich mir ein paar gute Zitate für meinen Artikel holen. Wie gesagt, ich liebe diesen Kram.

Ich betrat den Laden.

Eine Reihe von kleinen Glöckchen, die an einem Band über dem Eingang hingen, bimmelten, als ich die Glastür aufstieß, und noch einmal, als die Tür hinter mir wieder zufiel. Ich spürte die angenehme Kühle der abgestandenen Klimaanlagenluft. Mein Blick wanderte durch die matt beleuchteten Gänge, über die Regale mit Gläsern und Schachteln. Die Ladentheke befand sich links von mir, ein kleines Regal mit Schokoriegeln und eine große Glasschale mit Sonnenschutzcremes standen darauf. Gleich dort hatte sie gestanden, dachte ich, direkt hinter dieser Theke. Amy Wilson, den Bauch rund von ihrem Baby, die Hände nutzlos erhoben. *Bitte nicht das!* Genau hinter dieser Theke war sie mit einer Kugel in der Kehle zusammengebrochen.

Jetzt stand eine andere junge Frau dort. Enttäuschend unattraktiv, so gar nicht zu Amys Beschreibung passend. Sie war fett mit einem mürrischen, aufgedunsenen Gesicht. Ihre riesigen Brüste und ihr Bauch quollen unter ihrem weißen T-Shirt über. Sie hob den Blick von einem Boulevardblatt, das sie gelesen hatte. *Mann gebiert Außerirdischen durch Nasenloch.*

«Kann ich helfen?» sagte sie.

Vom Klang ihrer Stimme aufgeschreckt, sah mich jetzt noch eine weitere Frau am Ende eines Ganges an. Sie war klein und wirkte verkniffen, ihr graumeliertes Haar war zum größten Teil unter einem Kopftuch verborgen, und ihre grüne Hose saß an den Hüften etwas zu eng. Sie war, einen roten Plastikkorb über dem Arm, am Waschmittelregal entlanggeschlichen.

Ich strahlte die Frau hinter der Ladentheke mit meinem Ich-bin-ein-attraktiver-Typ-Lächeln an. «Ich bin Reporter», sagte ich. «Bei der *News*.»

Das war das Zauberwort, genau wie ich vermutet hatte. Die Frau hinter der Theke ließ ihre Zeitung sinken und kam schwer atmend auf mich zugewatschelt. Auch die Kundin mit dem Kopftuch fühlte sich unwiderstehlich zu mir hingezogen.

Ich sah jetzt, daß die Frau von der Ladentheke einen Anstekker auf ihrem T-Shirt trug. Darauf stand in roten Blockbuchstaben: *Amy ist nicht vergessen.*

Darauf zeigte ich. «Dies ist doch der Laden, in dem Amy Wilson ermordet wurde, oder nicht?»

«Und ob», erwiderte die Frau von der Theke stolz. Ihre Fettpolster streckten sich, als sie sich aufrichtete, nach ihrem Anstecker tastete und ihn präsentierte. «Sie stand hinter dieser Ladentheke. Heute vor fast genau sechs Jahren.»

«Wow», gab ich kopfschüttelnd zurück und musterte den Laden erneut mit bewundernden Blicken, von der Decke bis zum schmutzigen Fußboden, als wäre er eine Sehenswürdigkeit.

«Heute nacht ist Zahltag», sagte die Frau von der Theke. «Das heißt, wenn die verdammten Rechtsanwälte nicht dazwischenfunken.»

«Ja.» Ich schlenderte in ihre Richtung, zur Theke. *Bitte nicht das*, dachte ich. «Wie es auf Ihrem Schild steht. Im Fenster.»

«Darauf können Sie Gift nehmen», sagte die Frau. «Mr. Pocum hat es selbst aufgestellt. Er sagt, die Spritze ist noch viel zu gut für ihn. Für Beachum. Ihn einfach nur einzuschläfern, ist doch verdammt viel zu gut für ihn. Amy ist auch nicht eingeschläfert worden. Sie sollten den Stuhl wieder einführen, sage ich immer, damit er eine richtige Ladung abkriegt.»

Ich bedachte diese philosophischen Betrachtungen mit einem nachdenklichen Stirnrunzeln. «Waren Sie schon hier, als es passiert ist?»

Sie schüttelte bedauernd den Kopf. «Nee. Wir sind erst vor ein paar Jahren in die Gegend gezogen.»

«Aber ich!» Das war die andere Frau. Sie war jetzt aus dem Gang getreten und hatte sich zu uns vor die schicksalhafte Theke gesellt, ihr verkniffenes Gesicht glänzte vor Aufregung. «Ich meine, ich habe damals schon in der Gegend gewohnt. Ich wohne keine drei Straßen von der Familie entfernt. Sie wohnen drüben an der Fairmount Road, keine drei Straßen entfernt. Sie wohnen noch immer dort. Ganz in meiner Nähe, drei Straßen weiter. Früher habe ich Amy immer auf der Straße getroffen. Sie war so ein liebes Mädchen.»

Ich reagierte mit einem Ausdruck tiefen Bedauerns. Das arme liebe Mädchen. Natürlich fragte ich mich, woher man wissen wollte, daß jemand lieb war, wenn man ihn nur hin und wieder auf der Straße getroffen hatte. Aber was soll's? Alle Menschen lieben diesen Kram. Alle wollen an einem Mord teilhaben. Wenn sie es nicht wollten, wäre ich arbeitslos.

«Und sie war auch noch schwanger», sagte die Frau von der Theke düster. «Können Sie sich das vorstellen? Was für ein Mensch . . .?»

«Können Sie sich vorstellen, wie sich die Eltern fühlen müssen?» sagte die andere Frau.

«Ich habe ihren Mann im Fernsehen gesehen», fuhr die Frau von der Theke fort. «Neulich abends. Echt netter Kerl. Wenn man mich fragt, der Stuhl müßte wieder eingeführt werden, und man müßte ihn ganz niedrig einstellen.»

Freimütig verteilte ich Gesichtsausdrücke von Zustimmung über Bedauern und Nachdenklichkeit bis zu Empörung. Dabei entfernte ich mich langsam von den beiden und musterte den Laden von oben bis unten. Ich steckte die Hände in die Taschen und schlenderte ein paar Schritte in einen der Gänge. Ich betrachtete die Batterien von Slipeinlagen, Cornflakespackungen und Gläsern mit Spaghettisauce, als wären sie seltene Exponate in einem Museum.

Vor mir an der Rückwand des Ladens sah ich eine Reihe von Gefrierschränken mit Fertiggerichten.

«Hinten ist noch eine Toilette», sagte die Frau von der Theke, den Führer spielend. «Als es passierte, war gerade ein Typ drinnen. Er kam rausgerannt und hat alles gesehen.»

«Hmp!» sagte ich. «Tatsächlich!»

Solcherart sanktioniert ging ich den Gang bis ganz nach hinten durch. Vorbei an den Gefrierschränken zu einem offenen Eingang an der Rückfront des Ladens. Dort hatte der Zeuge – sein Name war mir entfallen – gestanden und gesehen, wie Frank Beachum mit der Waffe in der Hand aus der Vordertür gelaufen war. Ich ging weiter und spähte neugierig um die Ecke, einen kurzen Flur hinunter zur Toilette. Die Toilettentür stand offen. Ich konnte den Rand der Kloschüssel und des Waschbeckens erkennen. Dort war dieser Typ – dieser Zeuge – also gewesen, als er Amys verzweifelten Schrei und den Schuß hörte. *Na also*, dachte ich, *da ist sie, gleich dort. Ganz ohne Frage eine Toilette.*

Weil ich die ganze Sache inzwischen natürlich höchst subtil und ironisch sah. Wegen den beiden Frauen im Laden, wegen ihres gierigen Eifers, Teil der Geschichte, Teil des Mordes zu sein. Ihr ganzes Touristenführerwissen und ihre aufgesetzten Gefühle über etwas, das nichts mit ihnen zu tun hatte. Ihre Empörung. Sie waren einfach lächerlich. Also kam ich mir im Vergleich zu ihnen subtil und ironisch vor. Weil ihr gieriger Eifer und ihr gräßliches Gaffertum natürlich etwas ganz anderes waren als *mein* gieriger Eifer und *mein* gräßliches Gaffertum. Weil mein gieriger Eifer und mein gräßliches Gaffertum subtil waren, von Ironie ganz zu schweigen. Und wenn man subtil ist und ironisch, nun, dann ist es natürlich etwas ganz anderes, muß man wissen. Und so stand ich mit einem subtilen Grinsen in meinem ironischen Gesicht im Hintereingang und wandte mich wieder dem Laden zu.

Und dann gefror das Grinsen auf meinen Lippen.

Ich hasse das, weil es so blöd aussieht. Doch bei dem Anblick, der sich mir bot, blieb mir die Luft weg wie nach einem Tiefschlag. Es war mehr als alles andere ein Gefühl der Panik. Ich weiß noch, wie ich einmal in größter Eile zu einem Treffen mit einem Bandenführer in der Bronx los wollte, ein hart erkämpftes Interview. Ich wollte unbedingt zu diesem Treffen. Ich sprang in meinen Wagen, steckte den Schlüssel ins Zündschloß – und der Schlüssel brach ab, die Zündung war blockiert. Und ich konnte nur dasitzen und denken: *O je, was nun?*

So ging es mir auch jetzt. Ich stand dümmlich grinsend in der Tür, blinzelte dämlich hinter meiner Nickelbrille und versuchte zu akzeptieren, was ich vor mir sah.

Denn ich sah Kartoffelchips.

Eine ganze Reihe. Dicke gelbe Tüten, die fröhlich nebeneinanderstanden. Sie waren zusammen mit Tüten voller Salzbrezeln, Flips, Chips und weiß der Teufel was sonst noch ins oberste Fach eines Metallregals gequetscht und füllten auch die anderen Fächer bis zum Fußboden.

Aber es waren die Kartoffelchips, die mich kriegten. Dort oben im obersten Fach. Etwa einen Meter achtzig hoch, so daß die geriffelten Aufreißkanten der Tüten Zentimeter über meinem Kopf schwebten.

So daß die bauchigen, dicken, fröhlichen, gelben Tüten direkt in meiner Augenhöhe standen und das muntere Maskottchen der Herstellerfirma, eine Eule, gewinnend in mein fassungsloses Gesicht blickte.

Deshalb konnte man die Tür auch nicht sehen. Vom Durchgang zur Toilette aus. Wo der Zeuge laut eigenen Angaben gestanden hatte, als Frank Beachum aus dem Laden gerannt war. Man konnte die Tür überhaupt nicht sehen, genausowenig wie die Ladentheke. Verdammt, mit diesem hohen Regal voller Knabberköstlichkeiten vor der Nase, konnte man so gut wie gar nichts sehen außer dem schmalen Gang an der Rückwand. Man hätte um das Regal herumgehen müssen, rechts herum, denn links war die Tür, durch Nudelpackungen verdeckt, immer noch unsichtbar.

Man hätte bis zu den Gefrierschränken vorgehen müssen, bevor man auch nur die Theke sehen konnte, wo der Schuß gefallen war. Und selbst dann hätte man noch ein oder zwei Schritte weiter vortreten müssen, bevor die Tür über dem Gewürzregal zu sehen war.

Aber von dort, wo ich stand, wo der Zeuge laut eigenen Angaben gestanden hatte, konnte man niemanden sehen, der irgend jemanden erschoß. Und man konnte ganz bestimmt niemanden durch die Tür rennen sehen.

Man konnte gar nichts sehen außer Kartoffelchips.

Nein, dachte ich. *Nein, das kann ich nicht machen. Es ist absurd. Das war vor sechs Jahren. Wahrscheinlich haben sie das Regal verschoben, wahrscheinlich haben sie den ganzen Laden umgeräumt. Wahrscheinlich war der Zeuge ein Zwei-Meter-Mann. Woher soll ich das wissen? Das kann ich nicht machen.* Ich mußte nach Hause. Ich mußte meine Frau bei Laune halten. Ich mußte mit meinem Davy in den Zoo. Es war Zeit. Zeit zu gehen. Allerhöchste Zeit.

Und trotzdem konnte ich mich eine Minute, volle sechzig Sekunden lang, einfach nicht von der Stelle bewegen, während diese verdammte Eule, die ganze Reihe Eulen von ihren gelben Tüten auf mich herablächelten und herablächelten. Ich konnte nur dastehen und grinsen und blinzeln.

Und denken: *O je, was nun?*

Dritter Teil

Von einem Nilpferd und grünen Weiden

1

Bonnie Beachum saß auf der Kante des Motelbetts, als Reverend Harlan Flowers den Raum betrat. Sie saß mit gefalteten Händen und starrte leeren Blickes auf ihre Tochter Gail herab. Gail kniete auf dem Teppich, in dem engen Zwischenraum zwischen den Betten und dem gepolsterten Sessel. Sie malte ein Bild auf Zeitungspapier, die Stiftdose stand offen, die Wachsmalkreiden lagen um sie herum auf dem Boden verteilt. Für eine Siebenjährige war Gail klein, dünn und zerbrechlich wie ihre Mutter, mit mausbraunem, zu einem Pferdeschwanz gebundenem Haar. Sie malte grimmig und drückte, die Zunge zwischen die Zähne geklemmt, die Wachsmaler fest auf das Papier.

Bei Flowers Klopfen hob Bonnie langsam den Blick. Als er durch die unverschlossene Tür trat, lächelte sie matt. Sie hatte das Gefühl, Flowers aus großer Entfernung zu sehen. Er war eine Gestalt an einem anderen Ufer, sehr weit weg.

Der Pastor war ein gutaussehender Mann mit fein geschnittenen Gesichtszügen und einem hochgewachsenen, breiten Körper. Er selbst lächelte nur selten und hatte im Laufe der Jahre eine Aura zurückgenommener Würde entwickelt, die bei den treuen Mitgliedern seiner Gemeinde gut ankam. Doch diese Würde war auch echt und kam von innen; Bonnie wußte das mehr als jede andere. Und doch spürte sie heute eine große Distanz zwischen sich und diesem Gesicht oder auch nur seiner Hautfarbe – weil es schwarz war und sehr dunkel –, eine Fremdheit, die sie einsam machte; noch einsamer. Wer war dieser Mann, dieser schwarze Mann? fragte sie sich müde. Was hatte er mit ihr zu tun? Warum konnten all diese Fremden sie nicht einfach in Ruhe lassen?

Sie wandte sich von ihm ab, oder – besser – ihr Blick wanderte zurück zu Gail und wurde wieder leer. Dieses Gefühl gegenüber Flowers war falsch, sagte sie sich mit einer leisen, matten

Stimme. Es war unwürdig, undankbar. Er und seine Gemeinde hatten sich in diesen letzten Jahren aufopferungsvoll um sie gekümmert. Sie hatten sie im Geist wahrer christlicher Nächstenliebe aufgenommen. Als die Menschen aus ihrer alten Gemeinde den Stab über Frank gebrochen und sie zurückgewiesen hatten, als sie das Haus in Dogtown verloren hatte und gezwungen war, direkt an den Rand der Slums im Norden zu ziehen, hatte Flowers sie in seine Kirche gebracht, obwohl er gewußt hatte, wer sie und ihr Mann waren. Als sich der Tumor in ihrer Brust entwickelt hatte, hatte sich Flowers Frau Lillian um Gail gekümmert. Sie hatte zusammen mit Bonnie auf die Operation gewartet, und der Pastor hatte mit den Ärzten gesprochen. Er hatte ihr hin und wieder Arbeit als Buchhalterin besorgt – unter ihrem Mädchennamen, damit sie die Jobs nicht verlor, und schwarz, damit sie ihre Sozialhilfe nicht verlor. Und er war ins Gefängnis gegangen und auch Franks Pastor geworden. Und Frank liebte ihn. All das wußte Bonnie.

Doch heute wirkte er fremd. Schwarz und fremd. Und sie hatte nicht die Kraft, dieses Gefühl zu überwinden; sie wünschte nur matt, daß es weggehen möge. Manchmal ging es ihr auch sonntags in seiner Kirche so, wo sie, weiß, auf einer der hinteren Bänke saß, während der Pastor die Seelenlandschaft seiner Gemeinde mit einer Stimme wie gedämpfter Donnerhall aufwühlte, mit rhythmischen, leidenschaftlichen Anrufungen, die den kanzelwärts gewandten Gesichtern Stöhnen und Schreie entlockten. *Halleluja. Yes. Lord. Halleluja. Amen.* All diese braunen Gesichter, über deren Lippen, die so anders waren als ihre, ein Akzent kam, der so anders war als ihr eigener. Alles war so fremd, und sie kam sich so weit weg vor. Wie sie sich manchmal danach sehnte, unter ihresgleichen zu sein, umgeben von Dingen, die sie kannte. Wie sie sich nach früher sehnte und dem Leben, das sie mit Frank gehabt hatte.

Der Pastor trat ein und schloß leise die Tür hinter sich. Gail malte weiter, sie hatte die Wachsmalkreide fest gepackt und drückte sie hart auf das Papier. Sie blickte erst auf, als Flowers sie ansprach.

«Bist du so weit?» fragte er. «Wir müssen los.» Selbst wenn er normal sprach, hatte er einen dröhnenden Baß.

Gail blickte rasch auf – ein kleines, spitzes Gesicht mit großen braunen Augen. «Ist es schon Zeit, Daddy zu besuchen?» fragte sie aufgeregt.

Flowers versuchte ein Lächeln, doch seine dunklen braunen Gesichtszüge zuckten nur verlegen. «Aber sicher doch, Herzchen.»

«*Ja*!» sagte Gail und sprang auf. «Ich male ein Bild für ihn. Grüne Weiden, siehst du?»

Sie hielt die Zeitung an einer Ecke hoch, so daß sie sich aufrollte und schräg in der Luft hing. Flowers konnte nur eine diagonale Bahn ihres Bildes erkennen, doch er sah, daß es eine Ansammlung ihrer üblichen, schmerzhaft unbeholfenen Kritzeleien war. Grobe schlammfarbene Kleckse, Lollipop-Bäume, schräge Hütten, Menschen mit breiten Schultern, aber ohne Arme. Gail liebte es zu malen – sie malte ständig. Doch Flowers hatte schon Fünfjährige gesehen, die es besser konnten – er hatte sogar moderne Künstler gesehen, die es besser konnten –, und es tat ihm innerlich weh, wenn sie ihm ihre Arbeiten zeigte.

Erneut schenkte er ihr ein verlegenes Lächeln. «Das ist toll, Gail. Das wird deinem Dad ganz bestimmt gefallen.» Sobald er das Gefühl hatte, es zu können, wandte er sich wieder Bonnie zu, und die falsche Herzlichkeit in seiner Stimme verschwand. «Wir sollten aufbrechen, Bonnie.» Bonnie war schon aufgestanden und griff nach der Handtasche auf der Kommode. «Pack deine Sachen zusammen, Gail», sagte sie über ihre Schulter. Sie sprach in einem hohen, heiseren Singsang.

Sie klappte ihre Handtasche auf und holte ihren Lippenstift heraus. Im matten Licht einer Nachttischlampe beugte sie sich zu dem Kommodenspiegel vor. Der Anblick schmerzte sie. Sie dachte, daß ihr Gesicht alle Niedlichkeit verloren hatte, daß man es um seine Niedlichkeit betrogen hatte. Sie hatte sich nie für hübsch gehalten. Doch ihre kleinen, kecken Gesichtszüge waren mittlerweile von Falten durchzogen, und ihre Wangen hingen herab, als wäre sie fünfzig und nicht erst dreiunddreißig. Sie betrachtete ihr Spiegelbild nicht allzu genau und bemalte ihre Lippen mit automatischen Strichen.

Dann ließ sie den Lippenstift zurück in die Handtasche fallen und klappte sie zu. Im Spiegel sah sie, daß ihre Tochter wieder auf dem Boden kniete und sich nicht rührte. Bonnie drehte sich um.

«Jetzt aber voran, Gail. Wir müssen uns beeilen.»

Gail hatte die Wachsmalstifte zurück in die Schachtel gepackt und hielt diese jetzt mit einer Hand fest. In der anderen hielt sie noch immer eine Ecke ihres Bildes mit den grünen Weiden. «Wo ist Grün?» fragte sie. «Ich kann das Grün nicht finden, Mami.»

Bonnie und Flowers sahen sich an und senkten dann beide, den Boden absuchend, die Köpfe. Nirgends war ein einzelner Wachsmalstift zu sehen.

Bonnie rieb sich die Stirn. «Na ja, dann muß es wohl ohne Grün gehen, Liebchen. Wir müssen los.»

Gail hob den Blick. Ihre Lippen hatten bereits zu zittern begonnen. «Aber ich *brauche* Grün. Es sind grüne Weiden. Ich *muß* Grün haben.»

Die beiden Erwachsenen tauschten einen weiteren Blick, ernster diesmal. Bonnie schluckte.

«Na, dann such es doch. Es muß schließlich . . .»

«Vielleicht kann ich . . .», sagte Flowers. Er bückte sich und begann langsam den Boden abzusuchen.

«Es ist weg», sagte Gail leer. «Es ist weg. Ich kann es nirgendwo finden!» Ihre Stimme stieg an und brach sich. Tränen begannen über ihre Wangen zu kullern. «Es ist nicht mehr da!»

«Ich bin sicher, deinem Dad ist es ganz gleich, welche Farben du verwendest», sagte Flowers.

Er suchte noch immer den Teppich ab, als sie zu ihm herumfuhr. Er wich überrascht zurück, als sie anfing zu kreischen.

«Du kapierst nicht, du kapierst gar nichts! Ohne Grün kann ich es nicht fertig machen. Es sind grüne Weiden. Ohne Grün wird das ganze Bild nichts!» Tränen strömten jetzt über ihr Gesicht. Sie stöhnte, das Gesicht verzerrt und häßlich.

Bonnie stand da und starrte sie an. Sie biß sich auf die Zunge, weil sie ihrer eigenen Stimme nicht traute. Sie haßte Gail, wenn sie so war. Es machte sie so wütend, es entflammte eine heiße Wut in ihrem Bauch. War es, um Gottes willen, nicht schon so schlimm genug? Sie machte einen Schritt nach vorne und stand über dem Kind, ihr Körper vibrierte wie eine Saite, die man angeschlagen hatte. Sie hatte eine Hand zur Faust geballt, die andere in die Hüfte gestemmt.

Doch als sie sprach, war ihre Stimme leise. Immer noch freundlich und melodiös und mild. «Du sollst nicht so mit dem Pastor reden, Liebchen. Alles wird gut. Wir werden gemeinsam versuchen, es zu fin–»

«Wir können es nicht finden! Du kapierst nicht! Es ist weg, und ich kann keine grünen Weiden machen, und alles ist kaputt!»

Das Mädchen schluchzte weiter und stöhnte gräßlich. Sie kreischte jetzt so laut, daß Bonnie an die anderen Hotelgäste dachte, die mithörten. Was würden sie denken? Sie umklammerte ihre Handtasche. Wegen eines Wachsmalstiftes, um Himmels willen. Wegen nichts, dachte sie, und ausgerechnet jetzt. Sie verspürte den Drang, ihrer Tochter einen guten, flinken Tritt zu geben, daß sie quer durchs Zimmer flog. «Bitte, Gail», sagte sie noch sanfter als zuvor. «Bitte beruhige dich doch. Wir werden den Wachsmalstift finden.»

«Du kapierst nicht, du kapierst gar nichts, er ist nirgendwo, er ist nicht –!»

«Moment mal», sagte Flowers. Er kroch jetzt auf allen vieren voran und nahm den mit Quasten besetzten Saum des Bettüberwurfs hoch. Der grüne Wachsmalstift lag darunter. Flowers hob ihn auf und gab ihn Gail.

«Bitte schön», sagte er.

Gail nahm den Stift mit zitternder Hand. Sie schniefte noch immer, Tränen kullerten noch immer über ihre Wangen. Doch ihre Hysterie hatte sich augenblicklich gelegt. «Danke», sagte sie mürrisch.

Bonnie atmete tief durch und dachte, *danke, Gott, danke*.

Dann sah Gail sie stirnrunzelnd an, die glatte Haut in tiefe Falten gelegt. Sie verengte die Augen zu einem bösartigen, wütenden Blick, den sie im Kino gelernt hatte. «Und es ist *nicht* wegen nichts, Mami», sagte sie finster. «Daddy *mag* meine Bilder.»

Bonnie nickte knapp. «Ich weiß, Schätzchen. Er liebt deine Bilder», brachte sie noch hervor. Sie hatte nicht mehr die Energie, sich schuldig zu fühlen – wegen ihrer Gedanken, wegen der Dinge, die Gail hörte, selbst wenn es ihr gelang, sie nicht auszusprechen. Sie konnte nicht einmal mehr Gott um Verzeihung bitten. Sie fühlte sich einfach zu elend. Selbst die Hoffnung auf Erleichterung war ein zu großes Gefühl für sie. Sie war nur auf eine dumpfe Art dankbar, daß sie es wieder geschafft hatte, ihren Jähzorn unter Kontrolle zu halten. Und dafür, daß sie den Stift gefunden hatten. «Ich weiß», wiederholte sie leise. «Und jetzt zieh dir deine Schuhe an, damit wir los können.»

Flowers erhob sich langsam. Er stand neben Bonnie. Leise vor sich hinsingend ging Gail zur gegenüberliegenden Wand, um ihre Schuhe zu holen. Die beiden Erwachsenen sahen ihr zu.

Flowers faßte Bonnies Ellenbogen und drückte ihren Arm. «Christus ist hier, Bonnie», murmelte er, fast flüsternd. «Auch in diesem Zimmer. Halte dich fest an ihm.»

Sie sah ihn rasch, fast wütend an, starrte auf die dunkle Schokoladenfarbe seiner Haut, seine flache negroide Nase, die breiten Nüstern, die dicken Lippen darunter. Wer ist das? fragte sie sich. Warum ist er hier? Was hatte er mit ihr zu tun? Oh, sie nahm an, daß sie ihm glaubte, was Christus anging und seine Anwesenheit. Natürlich war er hier.

Sie schluckte und wandte den wütenden Blick ab. Und ob Christus hier war, dachte sie. Nur sie selbst war anderswo. Sie war endlos weit entfernt, durch schwarze Weiten von Christus und Flowers, von ihrem eigenen Kind und all den Fremden um sie herum getrennt, von allen.

Von allen außer Frank.

2

Als der Tempo an der Bordsteinkante vor meinem Haus schlingernd zum Stehen kam, hatte ich den Kartoffelchip-Faktor schon wieder als lächerlich verworfen. Ich hatte nicht einmal die Aussage des Zeugen gelesen. Vielleicht hatte er an einer anderen Stelle gestanden. Und der Laden mußte sich im Laufe von sechs Jahren verändert haben. Und vielleicht waren an jenem Tag die Kartoffelchips gerade knapp gewesen. Und vielleicht eine Million anderer Dinge, die nachzurecherchieren mir auf jeden Fall die Zeit fehlte, wenn ich nett zu meiner Frau sein und mit meinem Sohn in den gottverdammten Zoo mußte. Es war schließlich nicht so, als ob Frank Beachum unschuldig wäre. Er war nicht unschuldig, dessen war ich mir sicher. Er hatte das Mädchen erschossen, daran zweifelte ich keinen Moment. Ich habe schon über viele Verhaftungen und Prozesse berichtet, und die traurige Wahrheit ist, daß neunhundertneunundneunzig von tausend Menschen, die vor Gericht kommen, verdammt schuldig sind. Weil die Bullen Verbrecher verhaften, deswegen. Wenn es ein Drogenvergehen ist, lassen sie den Dealer hochgehen; wenn eine Ehefrau tot und ihr Ehemann ein Straftäter ist, kriegen sie ihn. Sie verhaften Bankräuber wegen Banküberfällen und Gang-Mitglieder für Schüsse aus fahrenden Autos. Sie sind vielleicht nicht Hercule Poirot, aber sie haben jedes je begangene Verbrechen schon einmal gesehen, und sie kennen ihre Pappenheimer und liegen in neunundneunzig Prozent aller Fälle richtig – ungefähr so häufig, wie Reporter, die Polizisten spielen, daneben liegen. Frank Beachum war ein zorniger und gewalttätiger Mann, Amy Wilson schuldete ihm fünfzig Dollar, und deswegen erschoß er sie. Scheiß auf die Kartoffelchips.

Ich schaltete den Motor des Tempo ab und lauschte seinem Todesröcheln. Ich stieg aus und schlug die Wagentür zu. Ich ärgerte mich über mich selbst. Ich wußte, was es mit der ganzen Kartoffelchip-Sache auf sich hatte, mit dem Hokuspokus von wegen warum-hat-Nancy-Larson-die-Schüsse-nicht-gehört. Man brauchte keinen Psychiater, um zu sehen, wie mein Verstand funktionierte. Ich suchte verzweifelt nach einem Knaller, einer großen Story – um die Tatsache wettzumachen, daß ich meine Frau wieder betrogen hatte. Und wieder erwischt worden war. Und daß ich sie und meinen Sohn wahrscheinlich verlieren würde – und meinen Job, genau wie in New York. Man hatte mich beauftragt, ein prägnantes Feature über einen Verurteilten zu schreiben, und ich versuchte daraus die Rettung eines Unschuldigen aus den Fängen des Todes in allerletzter Minute zu machen. Um ein Held zu sein. Damit Bob mich nicht rausschmeißen konnte. Damit Barbara sich nicht von mir scheiden ließ und Davy mich weiter prima fand.

Kartoffelchips! Ich ging um den Kühler des Wagens auf den Bürgersteig.

Unser Haus war das Eckhaus, eine finstere Auftürmung aus säuregeschwärztem Backstein mit einem aggressiv in den Vorgarten wuchernden, säulengestützten Vordach, gesäumt von Ahornbäumen mit breiten Kronen. Das Zirpen der Zikaden in ihren Blättern erfüllte die heiße Luft. Unsere Wohnung lag im ersten Stock. Als ich auf die Tür zuging, blickte ich nach oben und sah Barbara am Schlafzimmerfenster.

Sie hatte die weiße Gardine beiseite geschoben und beobachtete mich durch die Ahornblätter. Unsere Blicke trafen sich. Sie lächelte nicht. Sie ließ die Gardine wieder sinken.

Ich war zwanzig Minuten zu spät.

Ich seufzte und stieg die Treppen hoch.

Als ich gerade den Absatz erreicht hatte, öffnete sie die Wohnungstür. Sie stand da, ohne ein Wort zu sagen, und zeigte mir ihren gepreßten Mund und ihre tiefen blauen Augen. Ich hob am anderen Ende des Flurs entschuldigend die Hand. Sie reagierte nicht.

«Tut mir leid», sagte ich. «Ich bin aufgehalten worden.»

Ihr Körper versteifte sich. Ich versuchte, sie zu küssen, und erwischte den rechten Rand ihrer zusammengekniffenen Lippen. Unsere Blicke begegneten sich erneut, und sie wandte sich ab.

Sie war eine Schönheit gewesen, als ich sie geheiratet hatte. Sie war noch immer schön. Klein und geschmeidig und gut geformt. Mit silbernen Strähnen in ihrem kurzen schwarzen Haar und mütterlichen Sorgenfalten, die ihr einst hochmütiges, patrizisches Gesicht weicher gemacht hatten. Sie war eine New Yorkerin, gebürtig in Manhattan; Upper East Side und die entsprechenden Schulen. Ihre Eltern hatten sich scheiden lassen, als sie zehn Jahre alt war, doch ihr Vater, ein hohes Tier als Investmentbanker, hatte sie mit reichlich Taschengeld versorgt. Als ich sie vor fünf Jahren getroffen hatte, organisierte sie ein staatlich finanziertes Aus- und Weiterbildungsprogramm für alleinstehende Mütter und leitete eine Belegschaft von gut einem Dutzend Mitarbeitern – hitzige Frauen in Kostümen und sanfte, näselnde, gutmütige Männer –, Menschen wie Barbara, nehme ich an, mit strahlenden Ideen, guten Vorsätzen und Trustfonds. All das hatte sie aufgeben müssen, als wir nach St. Louis gezogen waren.

Ich glaube nicht, daß ich sie noch liebte. Ich bin mir nicht einmal sicher, ob ich sie je wirklich geliebt habe. Ich glaube, ich habe einfach gedacht, daß es von mir erwartet wurde, daß ich irgend jemanden liebte und irgend etwas in meinem Leben richtig machte. Und sie war intelligent und freundlich und arbeitete hart – humorlos und streng –, und ich war der erste Mann, der im Bett je ganz zu ihr vorgedrungen war, was mich mit Stolz erfüllte. Ich hatte das Gefühl, daß ich sie lieben können müßte, und das denke ich bis heute. Sie war ein Mensch, der es wert war, und ich wollte sie nicht verlieren, sogar jetzt noch. Und den Jungen. Wenn ich überhaupt einen Menschen liebte, dann den Jungen. Ich wollte Davy nicht verlieren.

Er saß vor dem Fernseher im Wohnzimmer. Sobald ich das Zimmer betrat, blickte er auf und sah mich. Er strahlte über sein ganzes rundes, pausbäckiges Gesicht. Rasch hatte er sich mit seinen zwei Jahren auf die Füße gerappelt. «Wollen wir ... wollen wir ... wollen wir ...», rief er so aufgeregt, daß ihm die Worte fehlten. Er lief auf mich zu und sprang mit hochgerissenen Armen auf und ab.

«Davy!» sagte ich. «Davy Crockett, der König der Wildnis!»

«Wollen wir . . . wollen wir in . . . wollen wir in . . . in den *Zoo* gehen!» brachte er schließlich heraus.

Ich fuhr mit der Hand durch sein strohblondes Haar. «Hurra!» sagte ich.

«Dort gibt es ein Nilpferd.»

«Nein. Tatsächlich?»

«Ja! Ja, wirklich.»

«Junge, Junge», sagte ich. «Ich kann es kaum erwarten.»

Er streckte die Arme aus und ergriff mit beiden Händen meine Hand. «Wir gehen jetzt», sagte er.

«Willst du dir nicht erst noch die Schuhe anziehen?»

«O ja.»

Er ließ mich los und rannte wie aufgedreht durch das Zimmer, vermutlich in der Hoffnung, über seine Schuhe zu stolpern. Ich blickte auf und sah, daß Barbara ihn beobachtete. Mit jenem dahinschmelzenden Ausdruck, jenem trockenen, verträumten Lächeln, das offenbar allein für Davy reserviert war.

Dann hob sie ihr Kinn und überwand sich, erstmals das Wort an mich zu richten.

«Sie sind im Kinderzimmer», sagte sie. «Ich hole sie.»

Als sie den Raum verließ, ohne sich noch einmal umzudrehen, fragte ich mich, ob sie bereits von Patricia wußte. Wußte oder einen Verdacht hatte oder etwas ahnte. Aber nein, dachte ich. Es war nur meine Verspätung. Es war nur das.

Ich klatschte in die Hände. «Dave!» sagte ich. «Davester! McDave!»

Er hörte auf, im Kreis zu laufen, und hob verzweifelt die Arme. «Ich kann meine Schuhe nicht finden!» sagte er.

«Mama holt sie. Warum schaltest du nicht den Videorecorder ab.»

«Ja!»

Das machte er gern, und er war stolz, daß er wußte, wie es funktionierte. Er hockte sich vor das Videogerät und ließ seinen kleinen Wurstfinger mit gewissenhafter Langsamkeit auf den An/Aus-Knopf zugleiten. Mit einem Blitz war das quiekende

Gesicht von Miss Piggy verschwunden. An seiner Stelle erschien im Rahmen des laufenden Fernsehprogramms das quiekende Gesicht von Wilma Stout, der Königin der lokalen Vormittags-Talkshows.

«Die Todesstrafe!» kreischte sie ernsthaft. «Ein wichtiges Thema! Wie lautet Ihre Meinung? Wir sprechen darüber mit Frederick Robertson, dem Vater eines Mordopfers, und mit dem Vorsitzenden der Aktionsgemeinschaft gegen die Todesstrafe, Ernest Tiffin.»

Ich schnaubte. Komisch, daß gerade das lief, dachte ich. Ich brauchte eine weitere Sekunde, bis ich begriff, daß der Mann, der jetzt vor der Kamera saß, Amy Wilsons Vater war.

Frederick Robertson. In Nahaufnahme war er eine beeindrukkende Gestalt: ein dickes, ovales Gesicht, ein zu Granit versteinertes Stirnrunzeln; die harten, müden Gesichtszüge eines Mannes, der sein Leben lang gearbeitet hatte. Die Einblendung *Vater eines Mordopfers* verdeckte seine billige Fliege, als er mit grimmiger Miene auf Fragen aus dem Publikum wartete.

Davy blieb in der Hocke sitzen, von den Bildern auf dem Bildschirm wie immer hypnotisiert. Ich stand da und dachte: *Tenderloin, Sparerib, T-Bone*.

«Also ich sehe das so», sagte Frederick Robertson in einem schroffen, langsamen Tonfall, «daß die Justiz einen Handel mit der Öffentlichkeit macht.»

Porterhouse, dachte ich. Das war der Name des Zeugen. Dale Porterhouse.

«Die Justiz, das Gesetz, sagt zu uns – zur Öffentlichkeit: Übt keine Gewalt aus, nehmt das Recht nicht in eure eigenen Hände – dafür kümmern wir uns darum, daß der Schuldige gefaßt und die Regierung stellvertretend für Gerechtigkeit sorgt.»

Ich war an den Beistelltisch neben dem Sofa getreten und hatte nach dem Telefonhörer gegriffen, bevor ich auch nur darüber nachgedacht hatte. Ich drückte auf die Tasten.

Davys Kopf fuhr herum, und sein Mund öffnete sich zu einem Ausdruck der Sorge. «Nein, nein, Daddy», sagte er. «Du sollst nicht anrufen! Wir wollen jetzt in den Zoo gehen.»

«Wir gehen auch in den Zoo, sobald du deine Schuhe –»

«Auskunft, Platz dreiundzwanzig, kann ich Ihnen helfen?»

«Ich suche Dale Porterhouse», sagte ich, «in St. Louis.»

«Ich habe meinen Teil des Handels eingehalten», sagte Frederick Robertson auf dem Bildschirm. «Ich bin mein Leben lang ein hart arbeitender, ehrlicher Bürger gewesen. Aber ich hätte diesen Handel nicht eingehalten, wenn ich gedacht hätte, daß Frank Beachum nicht mit seinem Leben für das Leben meiner Tochter bezahlen muß.»

Am Telefon nannte mir eine Stimme vom Band Dale Porterhouses Telefonnummer. Ich flüsterte sie vor mich hin, während ich erneut die Tasten drückte.

Meine Frau kam mit Davys Socken und Turnschuhen zurück. Der kleine Junge lief auf sie zu und streckte die Arme aus.

«Oh, was ist jetzt schon wieder?» sagte Barbara und starrte mich wütend an. Ich hob einen Finger.

Davy wippte auf seinen Zehen. «Zieh mir die Schuhe an. Mami», sagte er. «*Dann* ruft Dad auch nicht mehr an.»

«Ich glaube nicht, daß jemand, der das nicht selbst durchgemacht hat», sagte Frederick Robertson (*Vater eines Mordopfers*) zum Publikum im Studio, «verstehen kann, was eine Familie mitmacht, der ihr Kind genommen wird – nicht durch eine Krankheit oder einen Akt Gottes – sondern von einem anderen Menschen aus welchen Motiven auch immer – von einem Mörder.»

«Jello.»

«Was?» sagte ich.

«Jello?»

«Oh. Hallo. Ist Mr. Porterhouse da, bitte?»

Barbara schüttelte verzweifelt den Kopf und stapfte zu dem Polstersessel am Fenster. Mit ihren dunklen Augen schoß sie weiter Blitze in meine Richtung ab, während sie sich setzte und Davy auf ihren Schoß hob.

«Meine Familie, das Leben meiner Familie ist zerstört worden», sagte Amy Wilsons Vater. «Wir sind jeden Tag aufs neue wütend. Jeder unserer Tage ist voller Zorn.»

«Mister Porterhouse ist nicht da», sagte die Frau am anderen Ende der Telefonleitung. «Er ist auf der Arbeit.»

«Sieh mal, Daddy», sagte Davy fröhlich. «Ich habe heute meine Snoopy-Socken an.»

«Hey, super», erklärte ich ihm.

«Jello?»

«Ja, jello, wissen Sie seine Nummer? Auf der Arbeit? Haben Sie seine Nummer?»

«Oooooh», sagte die Frau, «neeeiiin. Ich habe seine Nummer nicht hier.»

«Oh. In Ordnung. Also, vielen Dank.»

Es schien mir wenig sinnvoll, eine Nachricht zu hinterlassen. Ich legte den Hörer auf.

Im Fernsehen lauschte eine Zuhörerschaft aus Hausfrauen und Rentnern nachdenklich, als Frederick Robertson mit rauher Stimme fortfuhr. «Ich habe noch mehr Kinder, okay? Ich habe eine Frau, die emotional und finanziell von mir abhängig ist. Ich bin jetzt Vorarbeiter in einer Brauerei; ich habe Arbeiter, die auf meine Entscheidungen angewiesen sind, einen Boss, der sich auf mich verläßt, und so weiter. Und seit sechs Jahren, war da nur ... diese Wut, die mich innerlich aufgefressen hat, dieser schreckliche Zorn über das, was geschehen ist.»

Meine Frau hatte Davy seine Socken angezogen und löste jetzt den Knoten in den Schnürbändern seiner Schuhe. Er wartete geduldig auf ihrem Schoß und lachte manchmal, während sie ihm leise etwas vorsang. Ihre Stimme klang schräg, es war ein albernes Lied, das sie sich gerade ausdachte. Und die ganze Zeit, während sie sang, starrte sie mich über den Kopf unseres Sohnes hinweg wütend an.

Es ist lächerlich, dachte ich. *Kartoffelchips! Vergiß es, laß es laufen.*

Ich zog das Telefonbuch aus dem Ablagefach des Beistelltisches.

«Meine Wut kann nur durch den Tod des Mörders meiner Tochter beendet werden», sagte Robertson. «Und ich finde, daß kein Unbeteiligter, niemand, der nicht durchgemacht hat, was ich durchgemacht habe, das Recht hat zu erklären, es dürfe nicht geschehen.»

Da stand er, im Telefonbuch. Das hoffte ich zumindest. Porterhouse und Stein, Steuerberater. Ich hörte, wie Barbara einen kehligen Laut von sich gab, als ich erneut die Wähltasten drückte. Sie riß einen von Davys Turnschuhen auf und streifte ihn über seinen Fuß.

«Mr. Robertsons Standpunkt ist natürlich verständlich», sagte Ernest Tiffin *(Anti-Todesstrafen-Aktivist)*, »aber die Gesellschaft muß eine allgemeinere, leidenschaftslosere Sicht auf die Dinge . . .»

«Porterhouse und Stein.»

«Ja», sagte ich eifrig. «Kann ich Mr. Dale Porterhouse sprechen, bitte?»

«Tut mir leid. Mr. Porterhouse ist zu Tisch», erklärte die Frau mit ihrem trägen Südstaatenakzent.

Mist! dachte ich.

«Mit wem spreche ich, wenn ich fragen darf?»

«Ähm . . . ja», sagte ich. «Natürlich.»

«Ich habe jetzt meine Schuhe an, Daddy!» Davy sprang vom Schoß seiner Mutter, lief über den Teppich auf mich zu und umklammerte mein Hosenbein. «Jetzt können wir in den Zoo gehen!»

Ich tätschelte abwesend seinen Kopf. «Mein Name ist Steve Everett. Ich bin Reporter bei der *St. Louis News*. Würden Sie Mr. Porterhouse bitten, mich so bald wie möglich zurückzurufen? Es geht um den Beachum-Fall.»

Davy zerrte an meinem Hosenbein. «Du sollst nicht anrufen, Daddy.»

«O ja», sagte die Empfangssekretärin, und ich konnte ihr wachsendes Interesse hören. «Ich werde es ihm bestimmt ausrichten, sobald er zurückkommt.»

Ich gab ihr die Nummer meines Piepers und legte auf.

«Du willst doch nicht etwa deinen Pieper mitnehmen», sagte Barbara.

«Gehen wir jetzt?» fragte Davy.

«Ich will Ihnen etwas sagen», erklärte Amy Wilsons Vater. «Meine Tochter wurde kaltblütig und ohne jeden Grund ermordet. Sie hatte Beachum schon das Geld aus der Kasse gegeben. Er hatte sein Geld schon. Und als sie auf dem Boden lag – okay? – und an ihrem eigenen Blut erstickte, hat diese *Kreatur*, dieser Mann ihr den Ehering vom Finger gestreift und ihr das Amulett vom Hals gerissen – ein Amulett, das ich ihr zu ihrem sechzehnten Geburtstag geschenkt habe . . .» Mr. Robertson konnte nicht weitersprechen. Er schluckte hart, und seine Augen füllten sich mit Tränen. Er preßte die Worte heraus: «Und dann hat er sie einfach da liegen und sterben lassen. Verstehen Sie? Es geht nicht um irgendeine Moraldebatte im Fernsehen oder einen Leitartikel in der Zeitung oder irgendeinen Experten mit seinen hehren gesellschaftlichen Idealen. Es geht um eine Tatsache des Lebens, meines Lebens – und ich will, daß Gerechtigkeit geschieht *– in meinem Leben.*»

«Hugh», sagte ich. «Okay, Davy-Boy, jetzt gehen wir.» Ich hob ihn auf den Arm. «Ich muß nur kurz was aus dem Schlafzimmer holen.»

«Zoo, Zoo, Zoo!» rief Davy.

«Das wirst du nicht tun», sagte Barbara.

Ich war schon auf dem Weg in den Flur. «Ich muß den Typen nur ein paar Sachen fragen!» rief ich ihr zu. Ich rieb meine Nase an Davys. «Über Kartoffelchips!» erklärte ich ihm, und er lachte.

Die Rosenmustervorhänge im Schlafzimmer waren ordentlich zurückgezogen. Die Nachmittagssonne fiel, gerahmt vom Schatten der Bäume, durchs Fenster. Das Bett war frisch gemacht, im warmen Licht sahen die Vögel und Ananas auf dem Bettbezug gemütlich und heimelig aus. Barbara war nicht nur selbst schön, sie machte auch die Dinge um sich herum ordentlich und schön. Ich erinnere mich an Sonntage, bevor der Junge geboren wurde, als ich mit ihr im Arm unter dieser Decke gelegen und mich gefragt hatte, womit ich so viel Glück verdient hatte.

Davy patschte mit der flachen Hand auf meinen Kopf, als wäre ich eine Trommel. «Daddy, Daddy, Daddy», sang er, und ich wünschte, er hätte gerade heute irgendein kleines Fieber bekommen, damit ich nicht mit ihm in den verdammten Zoo mußte.

«Was ist das, Dad?» fragte er.

Ich hatte die kleine graue Schachtel von meinem Nachttisch genommen. «Das ist Daddys Pieper», sagte ich. «Er macht piep-piep.» Ich hakte ihn an meinen Gürtel.

«Piep, piep, piep», sagte Davy und trommelte wieder auf meinen Kopf. Ich trug ihn zurück durch den Flur zur Wohnungstür. Barbara stand, die Arme grimmig vor der Brust verschränkt, auf der Schwelle zum Wohnzimmer.

«Tschüß, Mami! Tschüß!» rief Davy und winkte ihr über meine Schulter zu.

«Auf Wiedersehen, mein Liebling, und viel Spaß», sagte sie.

Im Hintergrund hörte ich Wilma Stouts schmalzige Betroffenheit aus dem Fernseher triefen. Ich öffnete die Wohnungstür, bevor ich mich noch einmal umsah und meine Frau mit einer hochgezogenen Braue ansah. Sie schürzte die Lippen, verkniff den Mund und wandte mir den Rücken zu

«O Mann», flüsterte ich.

Ich hätte nie bei diesem gottverdammten Lebensmittelladen vorbeifahren dürfen.

3

Nilpferd!» rief Davy.

Mist, dachte ich.

Ich stand direkt hinter dem Eingang des Zoos auf einer mit Holzspänen bedeckten Lichtung, die halb im Schatten der grünen Bäume lag, in ihrer Mitte eine gut ein Meter hohe Statue eines Nilpferds mit weit aufgerissenem Maul. Zwei Kinder kletterten bereits darauf herum, krabbelten in das Maul, rutschten über den Rücken und schlängelten sich zwischen den stämmigen Beinen hindurch. Davy ließ meine Hand los und rannte, aufgeregt mit den Armen wedelnd, darauf zu. Er konnte eine halbe

Stunde auf dem Ding verbringen, bevor es ihm überhaupt einfiel hineinzugehen, um die richtigen Tiere zu sehen.

Ich sah auf meine Uhr. Es war jetzt Viertel nach eins. Ich mußte schätzungsweise gegen drei zum Gefängnis aufbrechen, vielleicht ein wenig später. Mich vorher noch mit Porterhouse zu treffen, konnte ich so gut wie vergessen. Ich steckte die Hände in die Taschen und schlenderte hinter Davy her, während ich die Holzspäne mit den Schuhen aufwirbelte. Ich versuchte, den Gedanken abzuschütteln. Es war sowieso nicht wichtig. Genausowenig wie Nancy Larson und die Schüsse. Nur ein loses Ende, das sich bei genauerem Hinsehen sofort verknoten ließ.

Davy steckte seinen kleinen blonden Kopf jetzt in das Maul des Nilpferds, spähte in seine schwarzen Tiefen und wippte auf den Zehen. Er wartete darauf, daß der Junge, der schon hineingeklettert war, herauskommen würde, damit er an die Reihe kam. Ich hatte ein flaues Gefühl im Magen, als ich ihn beobachtete. Diese verdammten Kartoffelchips. Es war wahrscheinlich gar nichts, aber in meinen Bauch kribbelte es, als würde ein elektrischer Funken zwischen zwei Polen hin und her zischen. Natürlich war dort mittlerweile sowieso die Hölle los. Es brodelte wie in Dr. Frankensteins Labor in einer geschäftigen Nacht. Aber diese Sache war noch ein Funken mehr, und ich wünschte, Porterhouse hätte mit dem Mittagessen noch ein bißchen gewartet. Und ich wünschte, daß ich nicht mit meinem verdammten Kind in den verdammten Zoo hätte gehen müssen.

Davy zog seinen Kopf aus dem Nilpferdmaul, als ich auf ihn zukam. Sein Gesicht strahlte und glänzte.

«Schau, Daddy, das Nilpferd», sagte er.

Ich zwang mich zu einem Grinsen. «Donnerwetter, so ist es.»

«Warum ist es ein Nilpferd?» fragte er mich.

«Nun, mein Sohn, das ist eine existentielle Frage.»

«Oh.»

Der kleine Junge im Maul des Nilpferds kam rückwärts herausgekrabbelt, und Davy, der die Gesetze des Kinderdschungels kannte, machte sich breit, bevor irgend jemand sonst ihm zuvorkommen konnte. Er kniete sich mit einem Bein auf den Unterkiefer des Tieres und hangelte sich hoch. Sein anderer Fuß baumelte noch über dem Boden, als er innehielt und sich zu mir umdrehte.

«Ich gehe in den Mund von dem Nilpferd», sagte er. «Weil es mich nicht beißt.»

«Bist du sicher?» fragte ich.

Er zögerte einen Moment unsicher, bevor er sagte: «Ja. Ja, weil es nur ein Spiel-Nilpferd ist.»

«Ach so.»

Er krabbelte weiter in das Maul, das Hinterteil seiner Shorts schwankte auf und ab, während er sich vorarbeitete. Ich stand nervös im löchrigen Schatten der neu gepflanzten Eichen. Nachdem die Sonne die ganze Zeit vom wolkenlosen Himmel auf mich herabgeknallt war, war es eine willkommene Abkühlung, doch die Hitze des Tages stand über der Nilpferdlichtung, und meine Haut fühlte sich an, als würde sie sich langsam in Klebstoff verwandeln. Als eine Art Nebenwirkung schien das elektrische Kribbeln in meinem Bauch dichter an die Oberfläche zu steigen und sich langsam im ganzen Körper auszubreiten, so daß die Funken vom Unterleib bis zu den Augenbrauen auf meiner Haut tanzten. Während Mütter und Kindermädchen bei ihren Buggies standen und zusahen, wie ihre Schutzbefohlenen sich auf und unter dem Tier balgten, trat ich nervös und reizbar von einem Fuß auf den anderen.

Davys Stimme drang an mein Ohr, hohl und hallend: «Guck mal, Daddy, ich bin in dem Mund von dem Nilpferd!»

«Ich wette, du schmeckst gut.»

«Warum?»

«Weil du so süß bist», murmelte ich gleichgültig. Ich wußte, daß er schon längst nicht mehr zuhörte.

Ich sah ihm wie von ferne zu, während sein Hintern auf und ab wippte, als er versuchte sich umzudrehen, um wieder hinauszuklettern. Ich wurde fast rasend vor Langeweile und Frustration. Ich nahm eine Hand aus der Tasche und wischte den Schweiß aus meinem Nacken. *Warum bin ich so? Warum kann ich nie aufhören?* dachte ich.

«Warum bin ich so süß?» fragte Davy und steckte sein rundes Gesicht aus dem Nilpferdmaul.

Ich lächelte ihn an. «Dafür gibt es keinen Grund», erklärte ich ihm. «Du bist einfach so geboren.»

Im selben Moment meldete sich der Pieper an meinem Gürtel dreimal.

«Es hat piep, piep, piep gemacht!» sagte Davy fröhlich und begann aus dem Nilpferd zu klettern.

«Ja», murmelte ich. Meine Hand war zittrig, als ich an meinen Gürtel griff. Ich drehte den Pieper, damit ich die Anzeige an der Unterseite lesen konnte. Ich erkannte Porterhouses Nummer, und mein erster Gedanke war: *Mein Gott. Nicht jetzt.* Doch schon suchte ich die Umgebung nach einer Telefonzelle ab.

Davy hangelte sich zu Boden. «Jetzt kletter ich auf den Rücken!» verkündete er.

Mir fiel ein, daß ich eins gesehen hatte. Beim Hereinkommen. Es war direkt draußen vor dem Eingang.

«Hör mal, Dave», sagte ich.

Er mühte sich an den Flanken des Tieres ab, ein fast komischer Anblick. Zum Hochklettern war er zu klein, also streckte er seine Hände aus, tastete über die glatte Oberfläche und machte kleine Hüpfer. «Hilf mir, Dad», sagte er.

«Hör mal, Davy. Ich muß kurz telefonieren.»

«Hilf mir auf das Nilpferd.» Er versuchte noch immer hochzukommen und glitt jedesmal ab.

«Paß auf, ich muß mal eben telefonieren, Davy. Danach kommen wir sofort wieder her.» Doch ich ahnte schon, daß das eine Lüge war. Davy sah sich überrascht um und ließ die Hände sinken. Er stand auf den Holzspänen und sah mich verloren an. «Aber ich will jetzt auf das Nilpferd klettern», sagte er.

«Okay, okay. Aber zuerst muß ich zum Telefon.»

Er runzelte die Stirn und stampfte mit seinem Turnschuh auf den Boden. «Ich will nicht zum Telefon. Ich will auf das Nilpferd klettern.»

«Komm schon, mein Sohn», sagte ich, beugte mich herab und nahm ihn auf den Arm.

«Nein!» Er fing an zu weinen. «Ich will das Nilpferd!» Er kreischte los, sein Gesicht war verzerrt und wurde immer röter. Er zappelte auf meinem Arm und streckte die Hände nach dem Nilpferd aus. Die Mütter und Babysitter taten so, als ob sie uns nicht sehen würden. Ich trug Davy weg.

«Wir müssen nur . . .» Ich mußte ihn festhalten, damit er sich meinem Griff nicht entwand. «Wir müssen –»

«Ich will das Niiiiilpferd!» Er schluchzte, als ob seine Mutter gestorben wäre, und drückte gegen meine Brust. «Ich will in den Zoo!»

«Wir gehen ja gleich zurück in den Zoo. Wir kommen wieder», sagte ich verzweifelt, während ich entlang der Hecken zum Eingangstor eilte.

Ohnmächtig ließ Davy seinen Kopf auf meine Schulter sinken, drückte sich trostsuchend an mich und weinte erbärmlich. «Ich will aber – aber jetzt in den Zoo gehen», sagte er.

Ich würde mich mit ihm treffen müssen, dachte ich. Ich wußte schon, daß es so kommen würde. Der Mann würde nicht am Telefon zusammenbrechen und rufen: «Ja, ja, ich habe im Zeugenstand unter Eid gelogen.» Er würde überhaupt nicht zusammenbrechen, nie. Ich würde mich mit ihm hinsetzen und sein Gesicht sehen müssen, während er erzählte. Und ich würde es jetzt tun müssen, wenn ich konnte. Bevor ich zu dem Interview mit Beachum aufbrach. Wenn ich dieses Gefängnis betrat, wollte ich alle Funken des Zweifels in meiner Magengrube abgestellt haben. Ich wollte wissen, worum es bei dieser Geschichte ging.

Während Davy untröstlich in meinen Armen weinte, Schweiß mein Gesicht herabrann und mein Magen vor Schuldgefühlen und Aufregung kribbelte, trat ich durch das fröhlich verzierte, schmiedeeiserne Tor. Direkt daneben an der Backsteinmauer um den Zoo war die Telefonzelle, ihr blaues Schild glänzte in der Sonne.

«Psst», sagte ich zu Davy und wiegte ihn sanft. «Psst.»

«Wir gehen in den Zoo», schluchzte er in mein Hemd.

In einem Arm hielt ich den Jungen, mit der anderen Hand

nestelte ich eine Münze aus meiner Tasche. Mit nur einer Hand nahm ich den Hörer ab, fummelte das Geld in den Schlitz und drückte die Tasten.

«Psst, Davy, psst», sagte ich.

«Porterhouse und Stein», sagte die Empfangssekretärin.

Davy hob den Kopf. «Du sollst nicht anrufen!» verlangte er und patschte kraftlos über mein Gesicht nach dem Hörer.

«Mr. Porterhouse, bitte», sagte ich. «Hier ist Steve Everett von der *News*. Psst», erklärte ich Davy und versuchte, ihn zu küssen. Er wandte sich ab. «Tut mir leid, Kumpel. Aber ich muß es tun.»

Stirnrunzelnd unterdrückte er seine Schluchzer. «Gleich gehen wir in den Zoo», sagte er mannhaft.

«Hallo», sagte eine Männerstimme am Telefon. «Hier ist Dale Porterhouse.» Es war eine flache, hohe und sanfte Stimme, die sich anhörte, als wäre sie bemüht, kräftiger, tiefer und fester zu klingen, als sie war.

«Hallo, Mr. Porterhouse. Mein Name ist Steve Everett von der *St. Louis News*. Ich berichte über die heutige Hinrichtung von Frank Beachum. Meines Wissens waren sie einer der Hauptzeugen gegen ihn . . .»

«Ja.» Ich konnte förmlich hören, wie er am anderen Ende vor Stolz anschwoll. «Ja, so ist es.»

«Ich habe mich gefragt, ob Sie vielleicht ein wenig Zeit erübrigen können, um mit mir über den Fall zu sprechen.»

«Nun ja . . .» Er zierte sich und kam sich jetzt wirklich sehr wichtig vor. «Leider habe ich in diesen Minuten einen Termin.» Er klang auch so, als ob ihm das leid tun würde.

«Ich habe mich gefragt . . .»

Davy wand sich gegen meine Hüfte, und ich mußte ihn neu packen. Er blickte sehnsüchtig über seine Schulter in Richtung des Tors und fing wieder an zu weinen. «Ich bin auf dem Nilpferd geklettert», sagte er und rieb sich die Augen. Er wurde jetzt müde. Kein Mittagsschlaf.

«Ich habe mich gefragt, ob wir uns für ein paar Minuten treffen könnten. Nur um Ihre Sicht der Dinge zu erfahren.»

Er wollte. Ich konnte es am Klang seiner Stimme erkennen. Am Rhythmus seines Atems, an einer Ausströmung des Telefons, was weiß ich. Aber man lernt die Menschen erkennen, die ihren Namen gern in der Zeitung lesen wollen.

«Zoo», sagte Davy niedergeschlagen zu sich selbst und ließ erneut gebrochenen Herzens seinen Kopf auf meine Schulter sinken.

«Ja, ich nehme an ...», sagte Porterhouse. «Das Büro wäre wohl kein besonders guter Ort ... Wie wäre es, wenn Sie mich unten treffen. In der Bread Company, dem Restaurant. Kennen Sie das?»

«An der Pine Street, sicher.»

«Sagen wir, in einer halben Stunde.»

«Großartig.»

Davy fing wieder an zu heulen, als ich ihn vom Zoo wegtrug, als er sah, wohin wir gingen.

«Gleich gehen wir zurück in den Zoo», schluchzte er immer wieder.

Schweißüberströmt lief ich zum Wagen. «Wir kommen wieder, versprochen. An einem anderen Tag, einem anderen Tag, Davy, das schwöre ich bei Gott.»

Er wehrte sich, als ich ihn auf den Kindersitz schnallte, seine kleinen Beine strampelten, seine Arme ruderten hilflos. Ich arbeitete schweigend, drückte seinen weichen Körper in das Kissen, zwang den Gurt zwischen seine Beine und ließ ihn zuschnappen. Als ich endlich hinter dem Steuer saß, hatte er sich in einen regelrechten Wutanfall hineingesteigert. Ich konnte ihn im Rückspiegel sehen, sein violett angelaufenes Gesicht, sein krampfhaft gegen die Gurte zuckender Körper. Er schrie wortlos, war jenseits von Worten.

«Mein Gott, Davy, nun hör schon auf!» sagte ich. Ich schluckte meinen Ärger hinunter und spürte ihn bitter im Hals. Ich ließ den Motor des Tempo an. Als wir losfuhren, streckte Davy sehnsüchtig die Arme in Richtung Fenster aus, in Richtung Zoo.

Ich betete, daß er unterwegs einschlafen würde, doch das tat er nicht. Wo, zum Teufel, blieb sein berühmter Mittagsschlaf? Er heulte und schluchzte immer weiter, immer schwächer, als wir unter den Bäumen am See entlang über die gewundenen Parkstraßen fuhren. Inzwischen hatte sich der Zoo für ihn erledigt. Er wollte nur noch seine Mami. «Ich will Mami», kreischte er immer wieder.

«Schon gut, schon gut», antwortete ich jedesmal mit zusammengebissenen Zähnen.

Barbara mußte ihn gehört haben, als ich ihn durch den Flur zu unserer Wohnung trug. Wieder öffnete sie die Tür, bevor ich sie erreicht hatte. Davy streckte schluchzend seine Arme nach ihr aus, und sie nahm ihn mir ab. Als er sein Gesicht an ihrem Hals vergrub, starrte sie mich mit offenem Mund an.

«Ich wollte – ich wollte – ich wollte in den Zoo», heulte er. «Ich wollte auf das . . . auf das . . . ich wollte . . .»

Ich breitete die Hände aus, wußte jedoch nicht, was ich sagen sollte.

Barbara schluckte hart, während sie unseren Sohn sanft in den Armen wiegte. Ich stand mit erhobenen Händen da und blickte in ihre starren blauen Augen.

«Was . . .», sagte sie schließlich, während sie ihre Hand auf den Nacken des Jungen legte und ihr Gesicht zu seinem Haar herabbeugte. «Was ist bloß *los* mit dir?!»

Ich wollte etwas antworten, doch sie hatte die Tür schon vor meiner Nase geschlossen.

4

Kurz bevor Bonnie und Gail eintrafen, klingelte in der Beobachtungszelle das Telefon. Benson nahm ab.

Frank Beachum beobachtete ihn. Er saß an seinem Tisch und aß sein Mittagessen, ein Schinken-Sandwich, Schinken auf Weißbrot mit Senf. Kauend starrte er Benson an. Das Brot schmeckte nach gar nichts.

An seinem Schreibtisch jenseits der Gitterstäbe saß Benson eine Weile, den Hörer am Ohr. «In Ordnung», sagte er. Er stand auf, kam auf die Gitterstäbe zu und hielt Frank den Hörer hin. Die Schnur vibrierte, als sich das Spiralkabel durch die Länge des Raumes dehnte.

Frank mußte aufstehen und seine Hand durch die Gitterstäbe strecken, um den Hörer zu nehmen. Er mußte den Kopf nahe an das Metall neigen, um etwas zu hören.

«Ihr Anwalt», sagte Benson und ging zu seinem Tisch zurück.

Frank nickte knapp. «Ja», sagte er leise in die Sprechmuschel. Er versuchte, sich innerlich zu wappnen, aber es nutzte nichts. Er versuchte nicht zu hoffen, aber das half auch nichts. Er wußte, daß es in Wirklichkeit keine Hoffnung gab, aber jedesmal wenn das Telefon klingelte, jedesmal wenn sein Anwalt anrief, spürte er den Kupfergeschmack der Angst in der Kehle und auf der Zunge, und seine Wirbelsäule wurde steif und schmerzte. Dann wußte er, daß er sich trotz allem an die Hoffnung geklammert hatte.

Die angespannte, jugendliche und, wie Frank fand, unglückliche Stimme von Hubert Tryon ertönte am anderen Ende.

«Frank?»

Frank schloß die Augen und sagte nichts. Er fragte nicht. Er wollte es nicht wissen.

«Es ist noch nichts durchgekommen», fuhr Tryon fort. «Aber im Büro meint man, daß es jetzt jeden Moment so weit sein müßte. Ich wollte nur nicht, daß Sie denken, wir hätten Sie vergessen.»

Frank blickte auf die Uhr an der Wand. Es war fast eins, doch das nahm er nicht zur Kenntnis. Er starrte nur nachdenklich auf die Uhr und sah nichts.

«Frank?» sagte Tryon.

«Ja. Ja, ich bin noch dran.» Die Rückenschmerzen wurden schlimmer, als er sich entspannte. Er war erleichtert, daß man noch nicht über die Revision entschieden hatte. Es gab noch immer ein wenig Hoffnung. Er konnte sich zumindest so fühlen, als gäbe es noch ein wenig Hoffnung.

«Wie halten Sie sich denn so?» fragte der Anwalt.

«Okay. Okay. Sie wissen schon», sagte Frank.

«Ja», sagte Tryon. «Also, verstehen Sie, ich muß Ihnen das sagen, Frank. Tom hat mich gebeten, es Ihnen zu sagen. Ich soll ganz ehrlich sein. Wir haben nicht viel zu erwarten. Verstehen Sie? Eine Chance besteht natürlich immer, nicht wahr? Aber beim Appellationsgericht haben sie das alles schon einmal gehört, und es sieht nicht gut aus. Tom wollte nur, daß Sie sich dessen bewußt sind.»

Frank schluckte den Kupfergeschmack hinunter. «Ja. Ich weiß.»

«Tom hat um fünf Uhr einen Termin beim Gouverneur.»

«Okay.»

Es entstand eine Pause. Frank konnte Tryons Unbehagen durch die Leitung hindurch spüren.

Dann platzte er los: «Frank, es sieht nicht gut aus. Nicht einmal beim Gouverneur. Darauf müssen Sie vorbereitet sein. Sie müssen sich auf das Schlimmste gefaßt machen.»

«Ja», sagte Frank wieder. Er fand es schwierig, sonst noch etwas zu sagen. Er hätte gerne etwas gesagt, aber jedes einzelne Wort schien ihm tonnenschwer. «Ich bin darauf vorbereitet. Soweit man das sein kann.»

Wieder entstand eine Pause, bevor Hubert sich überwand weiterzureden. «Tom sagt . . . Tom sagt, der Gouverneur sitzt in einer üblen Klemme. Bei all den Emotionen wegen des Mädchens, verstehen Sie, und seinen Versprechungen, härter gegen das Verbrechen vorzugehen. Wir haben nicht viel Spielraum. Sie haben nicht . . . Tom sagt, wenn er dem Gouverneur berichten könnte, wie sehr Sie Ihre Tat bereuen . . .» Tryon seufzte; er hatte es endlich gesagt.

Frank brachte die schweren Worte heraus: «Ich habe es nicht getan.»

«Das weiß ich, das weiß ich, und Tom weiß es auch», sagte Tryon rasch. Frank bemerkte, daß er darauf bedacht war, nicht zu sagen, daß er ihm nicht glaubte. Alle Anwälte waren immer darauf bedacht gewesen. «Aber der Gouverneur wird die Sache so sehen: ‹Hey, der Mann ist verurteilt worden, also wo liegt das Problem?› Ich sage Ihnen nur, so wird er argumentieren, verstehen Sie? Niemand will, daß Sie etwas gestehen, was Sie nicht getan haben, ich sage es Ihnen nur. Damit wird Tom sich auseinandersetzen müssen.»

Morgen würde er wieder zu Hause sein, dachte Frank. Nachdem alles vorbei war. Hubert Tryon würde zu Hause bei seiner Frau in Jefferson City sein. Sie hieß Melinda, und sie würden am Küchentisch sitzen, während das Licht durch die Fenster fiel. Sie würden darüber reden, über ihn oder darüber, was Hubert von ihm hielt. «Mann», würde Hubert sagen, «es zieht einen echt runter, wenn man einen von ihnen verliert.» Und seine Frau würde den Arm ausstrecken und seine Hand nehmen. Und dann würden sie, nach und nach, nicht mehr über ihn reden. Das Thema seines Todes würde sich langsam von ihnen entfernen, im Laufe der Zeit, während die Stunden verstrichen, würde es von der Tagespost, den Anrufen, Fernsehsendungen und Entscheidungen darüber, was es zu essen geben sollte, verdrängt werden. Als er jetzt Tryons Stimme hörte, konnte er all das spüren, konnte er Tryons Welt spüren, eine helle, grüne Ebene, mit der er durch das Spiralkabel des Telefons verbunden war. Und er konnte die furchtbare Zelle um sich herum sehen, nackt und weiß und mit jedem Atom an den endlos sich drehenden Zeiger der Uhr gekettet wie ein Mann an ein Mühlrad. Wie viele Meter war Tryon in diesem Moment von ihm entfernt? Nicht viele. Ohne die Mauern hätte man die Entfernung rasch zurücklegen können.

Als er dem Anwalt jetzt zuhörte, konnte Frank spüren, wie räumlich nah ihm dieser Mann mit seinem Leben und seiner Freiheit war. Und wenn er geglaubt hätte, daß er ein Wort hätte sagen können – irgendein Wort, wahr oder falsch –, um so die Grenze zwischen der verriegelten Welt seiner Todeszelle und einem Küchentisch an einem offenen Fenster zu überschreiten, dann hätte er es sicher gesagt. Gestehen? Reue zeigen? Verdammt noch mal, ja, sicher. Was kümmerte es ihn, ob das, was er sagte, wahr war? Was zählte es schon, verglichen mit zehn Minuten mit Bonnie am Küchentisch? Wenn sie Kaffee ausschenkte oder so, über die Tapete im Schlafzimmer sprach oder so.

Aber Frank wußte – er hatte es wieder und wieder erwogen –, daß der Gouverneur ihn, egal was er sagte, sterben lassen würde. Er hatte einmal mit seinem Hauptanwalt Tom Weiss darüber gesprochen, und selbst der war seiner Meinung: Dies war kein Gouverneur, der verurteilte Mörder leben ließ, nur weil sie sagten, daß es ihnen leid täte. Und wenn Frank gestand und sie ihn trotzdem töteten, was blieb dann noch von ihm? Was blieb für Bonnie und Gail? Nicht nur sein Geständnis, sondern auch seine Feigheit. Sein erbärmlicher Versuch, sein Leben zu retten. Die Unsicherheit des Kindes, was nun die Wahrheit war . . .

«Ich habe es nicht getan», sagte er in den Hörer. «Ich kann keine Reue für etwas zeigen, das ich nicht getan habe.»

Das war alles, was er sagte. Das Gewicht der Worte lastete zu schwer auf ihm, um noch etwas hinzuzufügen. Außerdem würde der Anwalt, wenn er ihm seine Gründe darlegte, beginnen, mit ihm darüber zu debattieren, würde versuchen, ihn zu überreden, diese Chance zu ergreifen, die einzige, die ihnen blieb. So waren Anwälte, sie machten es automatisch, instinktiv. Und Frank wußte nicht, ob er solchen Überredungsversuchen im Moment etwas entgegenzusetzen gehabt hätte. Deswegen sagte er nur das.

«Nein, sicher, alles klar», erwiderte Tryon. «Hören Sie, ich melde mich wieder, sobald die Entscheidung über das Gnadengesuch raus ist. Ich schätze, daß es, wie gesagt, noch etwa eine halbe Stunde dauert. Wenn Sie in der Zwischenzeit irgendwas brauchen, haben Sie ja die Nummer meines Piepers und . . .»

Tryon redete weiter, doch Frank hörte ihn nicht mehr. Er beobachtete Benson. Benson hatte sich wieder von seinem Schreibtisch erhoben und ging zur Tür der Todeszelle. Die Tür ging auf. Frank hielt den Hörer in der Hand und hörte die Stimme des Anwalts, doch was er sagte, ergab keinen Sinn; Frank begriff den Sinn nicht. Die Tür ging noch ein wenig weiter auf, und Gail kam herein, ihre strahlenden Augen suchten seinen Blick. Bonnie folgte, dann Reverend Flowers.

Frank wünschte, er hätte mehr Zeit gehabt, sich auf sie vorzubereiten, auf ihren Anblick, mehr Zeit, sich innerlich einzustellen. Und obwohl er sie auch gestern und vorgestern gesehen hatte, wußte er nicht, ob er sich je dagegen hätte wappnen können, wie es ihn dieses letzte Mal traf. Gail lächelte aufgeregt, als sie ihn sah, und lief auf die Gitterstäbe des Käfigs zu. Bonnie, die ihm direkt in die Augen sah, folgte unsicheren Schrittes und versuchte zu lächeln, obwohl sie bereits weinte.

«Okay», sagte Frank in den Hörer. Er hatte keine Ahnung, was er sagte. «Okay.» Und dann hielt er den Hörer mit ausgestreckten Armen durch das Gitter.

«Ich warte gleich draußen, wenn mich jemand braucht», sagte Flowers. Niemand beachtete ihn. Er trat rückwärts durch die Tür und war verschwunden.

Bonnie und Gail standen am Gitter des Käfigs.

«Hallo, Daddy, ich habe dir ein Bild gemalt», sagte Gail.

Frank wußte nicht, wann Benson ihm den Hörer abgenommen hatte, doch einen Moment lang oder zwei umklammerte er mit beiden Händen die Gitterstäbe und blickte auf seine beiden Mädchen herab, während er versuchte, seine Tränen zurückzudrängen, und sich ermahnte, *stark sein, stark sein, stark sein.* «Hey, das ist aber toll, Monster», sagte er. «Sekunde, wenn sie euch reinlassen, kann ich es mir genauer ansehen.»

Benson bewegte sich geradezu schmerzhaft langsam, so kam es Frank jedenfalls vor. An einem Wandschalter knipste er die elektrische Verriegelung aus, bevor er ans Gitter trat, um das mechanische Schloß zu öffnen. Die ganze Zeit löste Bonnie den Blick nicht von Frank, und er sah sie aus seiner Zelle sehnsuchtsvoll an, während er immer weiter dachte, *stark sein, stark sein.* Wenn er sich in Gegenwart der beiden gehen ließ, würde es mit den Tränen nie mehr ein Ende nehmen.

Schließlich glitt die Gittertür zur Seite, und Gail stürzte in seinen Käfig und umklammerte Franks Beine. Bonnie lächelte noch immer, als sie hereintrat, doch sie weinte jetzt heftig, ihre Lippen bewegten sich, ihr verhärmtes Gesicht wurde fleckig.

Frank legte die Hand auf den Kopf seiner Tochter, und einen

Moment lang wurde ihm schwindelig von eingebildeten Gerüchen: Gras, Holzkohlenfeuer und frische Luft. Er konnte fast hören, wie die kleine Gail mit ihrer Schaufel auf den Sand in ihrer Sandkiste patschte. Das Mädchen ließ ihn los und trat einen Schritt zurück.

«Guck dir mein Bild an, Daddy», sagte sie.

Bonnie kam auf ihn zu, legte ihren Arm um ihn, vergrub ihr Gesicht an seiner Schulter und brach zusammen. Er hielt sie fest, während sie weinte. Gail hielt ihr Bild hoch und flötete weiter: «Guck mal. Es sind grüne Weiden, Daddy. Siehst du? Das ist der blaue Himmel. Ich habe es im Motel gemalt. Es ist noch nicht fertig.« Sie wippte ungeduldig mit dem Fuß, während Frank ihre weinende Mutter umarmte.

Frank verbannte die Stimme seiner Tochter für eine Weile aus seinen Gedanken und drückte seine Frau an sich, seine Hände faßten ihre weichen Schultern. Er spürte, wie ihr Körper in sich zusammensackte und ihre Brust bebte, während sie weinte. Er wußte, daß sie das nur tat, wenn sie bei ihm war, sie ließ sich nur gehen, wenn sie bei ihm war. Die übrige Zeit nahm sie all ihre Kraft zusammen, um die Fäden ihres Lebens in der Hand zu behalten, ihres und Gails.

Es wird besser werden, dachte Frank, während er sie hielt. Es würde besser für sie werden, wenn es vorbei war. Die Spannung wäre vorüber. Und die Ablenkung. Sie würde keine Anwälte mehr behelligen oder an Senatoren oder Mitarbeiter des Gouverneurs schreiben müssen. Der Druck, ihre ehelichen Bande durch die Gitterstäbe am Leben zu halten, würde langsam abnehmen. Nach heute nacht, in den kommenden Wochen, würde es langsam vorbeigehen. Es hatte Zeiten gegeben, als es ihn bedrückt, ja wütend gemacht hatte, daß sie leben würde, daß sie weiterleben durfte, während er sterben mußte. Doch jetzt machte es ihn nicht wütend. Wie seinen Anwalt Tryon konnte er sie ein paar Sekunden lang so sehen, wie sie sein würde. Vielleicht in irgendeinem hellen Wohnzimmer, in einer Zukunft ohne ihn. Wie sie sagte: «Mein verstorbener Mann.» Eine Tasse Kaffee an die Lippen führte und sagte, «mein erster Mann», ohne noch in Tränen auszubrechen. Das wäre besser, dachte er. Er kämpfte mit fast wilder Kraft gegen seine Tränen an, mit einem wilden Gebet, Gott möge ihm helfen, sich zu benehmen, damit sie ihn in guter Erinnerung hatte, egal wie er sich fühlte. Er möge ihm helfen, sich zu benehmen, damit es ihr, wenn alles vorbei war, wieder besser ging.

«Komm schon, mein Mädchen, komm schon», sagte er, ihren Rücken tätschelnd.

«Guck mal, Daddy. Guck mal, mein Bild», sagte Gail. «Es ist noch nicht fertig.»

Er zwang sich, ihr über die Schulter ihrer Mutter zuzublinzeln. Er murmelte in Bonnies Ohr: «Komm, komm. Ich gehe nur ins Land der Träume, Baby. Ich werde den Tisch für euch bereiten, das ist alles. Deswegen müssen wir nicht traurig sein», log er sie leise an, «wir müssen keine Angst haben, oder? Weil wir wissen, wohin ich gehe. Ich werde euch einen Platz an der Tafel reservieren. In Ordnung?»

Und so redete er in einem beständigen Murmeln weiter auf sie ein. Er kannte seine Frau. Er wußte, daß sie, wenn sie konnte, versuchen würde zu empfinden, was sie empfinden sollte, und nicht das, was sie wirklich fühlte. Sie sollte empfinden, daß er in den Himmel kam und alles gut werden würde, und er wußte, daß sie ihr Bestes tun würde, so zu empfinden, wenn er sie daran erinnerte. Er glaubte, daß ihr das zumindest durch die nächsten paar lausigen Stunden helfen würde. Also murmelte er immer wieder dieselben Worte. Er glaubte, daß Gott ihm eingab, was er ihr sagen sollte. Doch er fühlte sich sehr einsam dabei. Sie bei sich zu haben, im Arm zu halten, ihr alles sagen zu wollen, was in seinem Herzen war – und ihr statt dessen so aufmunternd zuzureden. Es war schlimmer als vorher, bevor sie gekommen war. Diese Einsamkeit. Es war unerträglich, sie so zu halten. Er war in einem Käfig mit den einzigen Menschen, die er auf dieser Welt je geliebt hatte, und so auf sie einzureden, gab ihm das Gefühl, unendlich weit von ihnen entfernt zu sein. Wie ein Astronaut, dessen Verbindungsleine gekappt worden war. Diese schwarze, schwarze Weite in ihm. Ein schwarzes Meer aus lauter Leere.

Und er konnte nichts anderes tun, als in dieser leeren Unendlichkeit darauf zu warten, daß ihm die Luft ausging. Er drückte sie fest an sich. Wenn er an ihrer Schulter hätte weinen können, wenn er beide, die Frau und das Kind hätte umarmen und ihnen schluchzend hätte erklären können, wie sehr er sie liebte, wieviel Angst er hatte und wie wütend ihn diese ganze Ungerechtigkeit machte . . . Wenn sie alle ehrlich miteinander hätten weinen und toben können, hätten sie vielleicht die unerträgliche Distanz zwischen seinem verurteilten Körper und ihren lebendigen überwinden können. Dann hätte er seine letzten Stunden wirklich *mit* ihnen verbringen können.

Aber dann würden sie sich so an ihn erinnern – wütend, weinend –, und es würde für sie nie gut werden. Sie würden keinen Frieden finden. So ist es besser, dachte er, und machte weiter.

«Hey, wir müssen gar nicht traurig sein», sagte er wieder und wieder. «Ich komme in das Gelobte Land, Bonnie, das weißt du doch, deswegen müssen wir nicht traurig sein.»

Es funktionierte, nach einer Weile jedenfalls. Nach einer Weile schien ein wenig Energie in Bonnies Körper zurückzufließen. Er konnte es spüren. Es gelang ihr, sich ein wenig von ihm zu lösen. Sie beugte den Kopf nach hinten und versuchte, ihn mit tränenüberströmtem Gesicht anzulächeln.

«Können wir denn ein bißchen traurig sein?» fragte sie.

Frank machte ein Geräusch, von dem er hoffte, daß es wie ein lockeres Lachen klang. «Nun gut. Nur ein ganz kleines bißchen. Weil ich so ein toller Typ bin und ihr mich schon eine Weile vermissen werdet.»

Darauf reagierte sie mit Kopfschütteln, während ihre Augen zu ihm zu drängen schienen, als wolle sie ihm mit ihren Augen sagen, was für ein toller Typ er wahrhaftig für sie war. Aber das war nicht gut. Sie würde wieder zusammenbrechen, wenn das so weiterging. Also ließ er sie los, ließ nur eine Hand auf ihrer Schulter liegen, während er sich Gail zuwandte. Das spitze, sorgenvolle Gesicht des Kindes blickte fordernd zu ihm hoch, während es das ausgebreitete Bild mit beiden Händen vor seinen Körper hielt.

«Nun wollen wir doch mal einen Blick auf dieses Gemälde werfen», sagte er. «Was war es noch mal?»

«Grüne Weiden. Es ist noch nicht fertig», sagte Gail, während sie die bemalte Zeitung hochhielt und ihre grimmigen Kritzeleien präsentierte.

Frank wollte sich gerade bücken, um es besser betrachten zu können, als das Telefon auf Bensons Schreibtisch wieder klingelte. Frank und Bonnie wandten sich gleichzeitig in die Richtung und preßten die Lippen aufeinander. Gail folgte ihren Blicken.

«Das kann mein Sekretär entgegennehmen», sagte er mit zugeschnürtem Hals.

«Vielleicht ist es wegen der Revision», sagte Bonnie. Der Klang ihrer Stimme ließ Frank zusammenzucken. Als ob die Revision alles richten würde, als ob es das wäre, worauf sie gewartet hätten. «Das muß es sein», sagte sie. «Glaubst du nicht auch? Es muß Weiss oder Tryon sein. Vielleicht ist es die Revision, ein Aufschub. Meinst du nicht?»

Frank wandte sich seiner Tochter zu. «Halt das Bild gut fest, Monster. Ich muß kurz mal mit meinem Anwalt sprechen. Also man kommt hier wirklich keinen Moment zur Ruhe, was?»

Das kleine Mädchen lächelte über den Scherz ihres Vaters. Bonnie stand da und starrte den Hörer an wie eine Schiffbrüchige einen vermeintlichen Schatten im Nebel. Frank trat ans Gitter. Als er nach dem Hörer griff, begegnete sein Blick dem von Benson. Die groben, attraktiven Gesichtszüge zeigten keinerlei Regung, doch Frank spürte das gegenseitige Verständnis, spürte einen Moment lang, daß beide begriffen hatten – die Situation begriffen hatten, die Prozedur und ihren Ablauf, geschäftsmäßig, Schritt für Schritt, bei der jeder nur seinen Job tun würde. Er und Benson – sie waren da, sie steckten gemeinsam drin. Nicht wie Bonnie und Gail.

Er beugte sich zu den Gitterstäben und nahm den Hörer ans Ohr.

«Ja», sagte er.

«Hier ist Hubert, Frank. Wir haben verloren.»

Obwohl er gewußt hatte, daß es kommen würde, entzog es ihm den Boden unter den Füßen. Er räusperte sich. «Okay», sagte er.

«Die Nachricht kam kurz nach unserem Telefonat. Sie sind auf gar nichts eingegangen. Und die Hererra-Entscheidung hat uns so ziemlich überall das Genick gebrochen.» Frank hörte Tryon seufzen. Er schloß die Augen und lehnte sich mit den Schultern an die Gitterstäbe. «Wir suchen noch immer nach einer Möglichkeit, vor den Obersten Gerichtshof zu kommen . . . Und Ted hat in ein paar Stunden den Termin beim Gouverneur.»

«Ja», war alles, was Frank hervorbrachte. «Okay.»

«Ja», antwortete Tryon mit seiner hohen Stimme. «Tut mir leid, Frank. Sie müssen sich auf das Schlimmste gefaßt machen. Ich will Ihnen nichts vormachen.»

«Nein», sagte Frank mit belegter Stimme. In einem schwarzen Nebel gefangen, versuchte er sich klarzumachen, daß es real war, daß es wirklich passieren würde. Aber er dachte auch: *Bleibt noch immer der Gouverneur. Wir haben noch immer den Gouverneur.* Nicht weil er es glaubte, sondern weil das tote Gewicht in seinem Körper anders unmöglich zu tragen war. «Okay», sagte er nach langem Schweigen. «Danke.»

«Tut mir wirklich leid, Frank.»

«Ja.»

Er gab Benson den Hörer zurück und blieb, seiner Familie den Rücken zugewandt, am Gitter stehen. Er sah zu, wie der Aufsichtsbeamte den Hörer langsam zurück durch die Zelle trug, während das gestraffte Spiralkabel durchzuhängen und über den Boden zu schleifen begann. Er hoffte, daß sein Gesicht wieder ein wenig Farbe angenommen haben würde, wenn er sich umdrehte. Er hatte gespürt, wie das Blut aus seinen Wangen gewichen war, als Tryon ihm die Nachricht mitgeteilt hatte.

Dann drehte er sich um. Bonnie stand noch immer da und starrte ihn jetzt mit feuchten Augen hoffnungsvoll an. Der besorgte Blick ihrer kleinen Tochter, die spürte, daß etwas vor sich ging, wanderte zwischen ihnen hin und her. Wieder wünschte sich Frank, daß sie nie gekommen wären, daß er gar nicht verheiratet wäre und kein Kind hätte, daß er dies allein durchmachen könnte. Schritt für Schritt. Und jeder würde seinen Job tun. Allein, so kam es ihm vor, wäre es leicht gewesen. Er zog einen Mundwinkel hoch.

«Tut mir leid», sagte er heiser. «Ich bin halt ein vielgefragter Mann hier, was kann ich machen?»

«Gibt es irgendwas . . .?» fragte Bonnie.

Er winkte ab. «Nein, nein, noch nichts. Juristenkram, du weißt schon. Die brauchen immer ewig.»

Bonnie biß sich auf die Unterlippe und nickte. Frank trat auf sie zu, das gezwungene Lächeln noch immer aufgesetzt. Er hockte sich vor sein kleines Mädchen. Sie richtete sich auf und hob den Kopf. Dann faßte sie eine Ecke ihres Bildes und hielt es vor seinen Augen hoch.

«Also», sagte Frank, «dann wollen wir mal einen Blick auf dieses Kunstwerk werfen.»

5

Der Pussy-Man stand an der Ecke Pine Street. Eine düstere Gestalt, die durch die Innenstadtkorridore aus rotem Backstein, weißem Beton und entspiegeltem Glas torkelte. Ein Schwarzer mittleren Alters mit einem schmutzigen grauen Mantel – selbst bei diesem Wetter trug er den Mantel, fleckig und abgetragen. Er stank nach Wein und Urin. Sein stacheliges Gesicht wirkte verschlagen, seine Augen waren gelb und blutunterlaufen. Doch auf eine animalische Art war er hellwach, sein Kopf und seine Blicke schnellten hin und her. Und er brabbelte ununterbrochen auf die letzten Mittagspäusler ein, die die Bürgersteige bevölkerten.

Wenn Männer vorbeikamen, verlangte er Geld. «Gib mir was von deinem Geld», sagte er. «Du hast Geld. Du stinkst vor Geld. Ich hab kein Geld, gib mir was von deinem Geld, Mann, ich seh dich mit deinem Geld . . .», und immer so weiter. Und wenn

Frauen vorbeikamen – wenn sie mit vor Wut und Ekel aufeinandergepreßten Lippen an ihm vorbeihasteten –, verlangte er auf dieselbe Weise Sex. «Gib mir was von deiner Pussy, Baby, ich will was von deiner Pussy, du stinkst nach Pussy, Baby, wofür sparst du dir deine Pussy auf, ich brauche was von deiner Pussy, Baby, gib mir was von deiner Pussy.»

Ich hatte meinen Wagen in einem Parkhaus in der Nähe abgestellt und strebte Richtung Bread Company. Der Pussy-Man entdeckte mich, als ich auf die Ecke zukam. Seine Lippen öffneten sich zu einem räuberischen Grinsen, so daß seine grauen Zähne sichtbar wurden.

«Steve!» sagte er. «Steve! Bist du das, der Zeitungsmann? Ist das der Zeitungsmann? Also, ich weiß, daß *du* Geld hast, Steve. Ich weiß, daß du vor Geld stinkst. Gib mir was von deinem Geld.»

Sein Gestank schlug mir entgegen, als er näher kam, den Kopf gesenkt, die Hand ausgestreckt. Ich hatte noch das erbärmliche Geschrei meines Sohnes im Ohr, und eine nur zu vertraute Übelkeit kreiste in meinem Körper wie giftiges Gas. Ich war absolut nicht in der Stimmung für den Pussy-Man. Wegen seines Uringestanks und dem Geruch von Alkohol und Erbrochenem in seinem Atem. Wegen des Ausdrucks auf den Gesichtern der Frauen, die vorbeigingen. Ich meine, nicht nur das Zucken von Wut und Ekel, sondern auch die Furcht, die ich sah, während sie ihre Schritte beschleunigten. Ich haßte diesen Penner. Bei seinem Anblick kam mir die Galle hoch.

«Gib mir was von deinem Geld, Ste–», sagte er, als eine Sekretärin im gepunkteten Kleid versuchte, in seinem toten Winkel vorbeizuhuschen. Sie preßte ihre Handtasche fest an sich und drückte sich an der Fassade des Restaurants entlang. Doch der Pussy-Man hatte sie schon entdeckt. «Hey, Schwester», sagte er – er nannte sie Schwester, weil sie auch schwarz war. «Hey, Schwester, ich weiß, daß *du* eine süße Pussy hast, du stinkst nach süßer Pussy, gib mir was von deiner Pussy.»

«Hier», sagte ich. «Halt dein beschissenes Maul.»

Er drehte sich wieder zu mir um, und seine Schwester huschte vorbei, die Lippen bis zur Unsichtbarkeit aufeinandergepreßt. Ich hatte meine Brieftasche gezückt und blätterte durch die Geldscheine. Ich gab dem Mistkerl jedesmal fünf Dollar, wenn ich ihn traf. Weil ihn das von der Straße holte. Sobald er die fünf Dollar hatte, kaufte er sich eine Flasche und war stundenlang verschwunden, soff und kotzte in der versifften Ecke irgendeiner dunklen Gasse herum.

«Da ist ja das Geld», sagte er, während er über meiner Brieftasche lauerte wie ein Geier. «Gib mir fünf, gib mir zehn, gib mir zwanzig, zwanzig Dollar, Steve, zwanzig Doller, Mann.»

Ich zog einen Fünfdollarschein heraus, hielt ihn dem Pussy-Man hin und wandte das Gesicht ab, um seinem Atem auszuweichen. »Und gib es bloß nicht für feste Nahrung aus, du Arschloch.»

Seine Grapschhand machte eine Faust, und der Schein war verschwunden.

«Fünf Dollar?» sagte er. «Das ist alles, was du mir gibst? Fünf lumpige Dollar? Du könntest mir zwanzig geben. Du könntest mir hundert Dollar geben, so viel Geld hast du. Du stinkst vor Geld, Steve.»

Doch er war bereits auf dem Rückzug, redete über die Schulter auf mich ein, während er den Geldschein erst einmal und dann noch einmal faltete, die Faust darum ballte und sie in der Tasche seines Mantels verschwinden ließ. Kurz darauf ging er den Bürgersteig hinunter; den Kopf in stiller Konzentration gesenkt, ignorierte er die Passanten und alles andere außer dem goldenen Traum vom Schnapsladen am Ende der Reise. Ich hoffte, sein Rausch würde ausreichen, ihn vor einen Laster torkeln zu lassen.

Ich verzog das Gesicht und ging die letzten paar Schritte bis zur Bread Company.

Es war ein bunter, zur Straße hin verglaster Imbiß an der Ecke. Ich stieß die Tür mit der Schulter auf, und der Duft von Sauerteig schlug mir entgegen und spülte den Gestank des Pussy-Man von mir ab. Das Mittagsgeschäft war schon abgeklungen, doch die Mitarbeiter hinter dem Tresen servierten noch immer große runde Brötchen und üppige Salatteller. Hier und da saßen noch kauende Gäste an den mit Holz eingefaßten Resopaltischen. Ich ließ meinen Blick durch das Lokal wandern und entdeckte Porterhouse in einer Ecke. Er saß allein an einem Zweiertisch, einen leeren Becher vor sich. Er sah mich und erhob sich zu einem zaghaften Gruß.

Er sah aus, wie seine Stimme am Telefon geklungen hatte. Das ist häufig anders – wie man als Reporter, der viel telefoniert, schnell lernt. Doch er sah haargenau so aus, wie sich sein zögerndes Tremolo angehört hatte. Anfang Vierzig, klein und glatzköpfig, mit einem Kopf so rund wie eine Zehncentmünze, einem dünnen Schnurrbart, der einen weichen blassen Mund überdeckte, und einem Blick wie ein gehetztes Wild, flatternd und verängstigt, hinter großen viereckigen Brillengläsern. Er war mir auf Anhieb unsympathisch. Aber in diesem Augenblick und in dieser Laune wäre mir vielleicht jeder unsympathisch gewesen.

Ich hob die Hand, um ihm zu signalisieren, er möge einen Moment warten. Zu allem Übel hatte ich auch noch Hunger, und als der letzte Gast sein Tablett vom Tresen nahm, bestellte ich mir ein Brötchen und einen Kaffee.

Beides brachte ich zu dem Ecktisch, wo ich es abstellte und dem Mann meine Hand anbot. Er schüttelte sie. Seine Hand war feucht. Ich nahm ihm gegenüber Platz.

«Tut mir leid, daß ich während unseres Gesprächs etwas esse», sagte ich mit einer vagen Geste in Richtung meines Brötchens. «Ich bin nicht zum Mittagessen gekommen.»

Was eine Lüge war. Denn es tat mir nicht leid. Was scherte es ihn, wenn ich aß, während wir redeten? Diesen farblosen, kleinen Eierkopf, der mich von meinem Kind und unserem gemeinsamen Zoobesuch weggerissen hatte. Sicher, es war meine Schuld, aber ich fühlte mich gleich besser, nachdem ich sie insgeheim ihm in die Schuhe geschoben hatte, und er sah nicht stark genug aus, sich dagegen zu wehren. Ich nahm mein Brötchen, biß kräftig hinein, kaute lautstark darauf herum und spülte das Ganze mit einem Schluck Kaffee hinunter.

Porterhouse versuchte, mir nicht beim Essen zuzusehen. Seine Finger fummelten nervös an seinem Becher herum. Sein Blick wanderte hierhin und dorthin.

«Ich nehme an, als Reporter hat man ein sehr hektisches Leben», sagte er nach einer Weile.

Ich schluckte hart und sah ihn anklagend an. «Ja, und heute ist eigentlich mein freier Tag», sagte ich.

Er sah aus, als würde er sich möglicherweise dafür entschuldigen. Er fuhr sich mit der Zunge über die Lippen. Der Rand seines Pappbechers schabte über das Resopal. Dann kam ihm vielleicht der Gedanke, daß er auch selbstbewußter auftreten könnte. Er sah aus wie die Art Mann, dem dieser Gedanke von Zeit zu Zeit kam.

«Nun ... ich habe einen ziemlich vollen Terminkalender, Mr. Everett», sagte er mit beinahe fester Stimme. «Wie kann ich Ihnen behilflich sein?»

Ich bedachte ihn mit einem weiteren finsteren Blick quer über meinen Kaffeebecher. Doch im Kopf hörte ich wieder mein Kind schreien. *Wir wollten in den Zoo gehen!* Ich hörte sein trauriges Wehklagen. In meiner Brust rangen Selbstekel und Wut, und der Selbstekel behielt problemlos die Oberhand. Ich ließ mich gegen die geflochtene Rückenlehne meines wackeligen Freischwingers fallen und seufzte. Das arme Schwein, dachte ich, während ich Porterhouse und seinen zuckenden Adamsapfel beobachtete.

«Also gut», sagte ich schließlich und stellte meinen Pappbecher ab. Ich schob meine Nickelbrille hoch und faltete die Hände auf der Tischplatte. Ich atmete tief ein. «Ich bin Ihnen dankbar, daß Sie sich zu diesem Gespräch bereit erklärt haben. Ich denke, ich wollte bloß eine Vorstellung davon bekommen, wie Sie sich heute fühlen, verstehen Sie. An dem Tag, an dem Beachum endgültig hingerichtet werden soll. Wo doch seine Verurteilung auf Ihrer Zeugenaussage beruht hat. Macht Ihnen das Probleme?»

Ich nehme an, das war die Art Frage, die er erwartet hatte. Er schien darauf vorbereitet zu sein. Er neigte sein Kinn und sah einen Moment lang nachdenklich und edel aus. Dann rezitierte er eine Rede, an der er die ganze Zeit gestrickt haben mußte, seit er meine Nachricht erhalten hatte. Ich nahm noch einen Bissen von meinem Brötchen, während er redete, trank noch einen Schluck Kaffee. Vermutlich hätte ich einen Notizblock zücken sollen oder irgendwas in der Art und so tun, als ob ich manche Sätze mitschreiben würde. Doch was er redete, war albernes Zeug, das ich in der Redaktion bestimmt aus der Erinnerung rekonstruieren konnte, wenn es sein mußte.

«Man trägt auch Verantwortung für seine Mitmenschen», sagte Porterhouse. «Man kann nicht nur nach seinen eigenen Gefühlen gehen. Es ist wichtig, daß nach den Gesetzen dieses Landes Gerechtigkeit geschieht, verstehen Sie . . .» Und so weiter. Der übliche Mist.

Als er fertig war, fuhr er sich erneut mit der Zunge über die Lippen und gestikulierte nervös mit einer seiner kleinen rosigen Händchen. «Wollen Sie sich keine Notizen machen oder ein Bandgerät laufen lassen oder so?» fragte er. «Normalerweise, wenn ich mit Reportern geredet habe . . . ich meine . . .»

«Oh . . . ich habe ein fotografisches Gedächtnis», sagte ich, obwohl es sich selbst für mich ziemlich idiotisch anhörte. Also legte ich mein Brötchen beiseite und zog einen dünnen Notizblock aus der Gesäßtasche. Ich klappte ihn neben dem Brötchen auf dem Tisch auf, zückte einen Stift, zog den Verschluß ab und fragte: «Sie hatten also nie irgendwelche Zweifel? Wegen Ihrer Zeugenaussage? Haben Sie je gedacht, daß Sie vielleicht einen Fehler gemacht haben könnten?»

Porterhouse plusterte sich – in seinem Stuhl sitzend – vor mir auf, reckte seine schmalen Schultern unter seinem grauen Nadelstreifenanzug und präsentierte mir aus dem Mundwinkel ein angeberisches Lächeln. «Man könnte wohl sagen, daß ich ein Mensch bin, der wenig zu Zweifeln neigt», sagte er. «‹Vergewissere dich, das Richtige zu tun, und dann volle Kraft voraus›, das ist mein Motto.»

Ich schrieb sein Motto in meinen Notizblock. «So ähnlich wie Davy Crockett», sagte ich.

Er lachte kurzatmig schnaufend und rieb sich langsam die Hände. «Ja, so könnte man es auch ausdrücken.» Er stellte sich schon die Schlagzeile des nächsten Tages vor. *Steuerberater aus St. Louis – ein moderner Crockett.* Ich stellte mir meinen Sohn Davy vor. Wie er auf und ab gesprungen war, zu aufgeregt, um die Worte herauszubringen. *Wir gehen in den – in den Zoo!* Ich wollte nicht mehr hier sein und mit diesem Typ über nichts reden. Es führte zu nichts, es war sinnlos – und das hatte ich im Grunde schon gewußt, bevor ich hergekommen war.

Ich hob meinen Blick und fühlte mich auf einmal müde und deprimiert. «Für Sie besteht also kein Zweifel daran, daß Frank Beachum der Mann ist, den Sie an jenem Tag aus dem Laden laufen sahen?»

Wieder dieses prahlerische Halblächeln, ein männliches Nikken seines kreisrunden Kopfes. «So ist es. Nicht der geringste Zweifel.»

«Sie haben sein Gesicht gesehen. Und Sie haben die Waffe in seiner Hand gesehen.»

«Ja, so ist es», bestätigte er stolz. «Man könnte wohl sagen, daß ich mir dessen so sicher bin wie nur irgendwas auf dieser Welt.»

«Vom Hintereingang des Ladens aus. Wo die Toilette ist.»

«Das ist richtig.»

Ich nickte langsam und sah ihn an. Sein rundes, rosiges und selbstgewisses Gesicht, sein selbstzufriedenes Gehabe. Eine dumme Frage, dachte ich. War er sicher? Aber ja. Natürlich war er sicher. Er mußte es sein. Um die Bullen zu überzeugen und vor Gericht auszusagen. Um ein Kreuzverhör zu überstehen. Um einen Menschen in die Todeskammer zu schicken. Er war vielleicht ein kleiner Mann mit stolz geschwelltem Kamm, aber er war nicht wirklich böse, kein echter Schurke. Natürlich war er sich sicher. Ich konnte mich beim besten Willen nicht mehr daran erinnern, warum ich so dringend mit ihm hatte reden wollen.

Wir gehen in den Zoo!

Porterhouse räusperte sich und warf einen Blick auf meinen

Notizblock. Aus meinen Gedanken geschreckt, machte ich mir der Show halber eifrig Notizen. *So sicher wie irgendwas ... auf dieser Welt.* Der Buchprüfer blähte sich durch und durch zufrieden auf. Er strich sich mit einer Hand leicht über seinen dünnen Schnurrbart.

«Wie konnten Sie denn über die Kartoffelchips hinweg überhaupt irgendwas sehen?» fragte ich ihn.

Die Frage platzte so aus mir heraus. Ich hatte es schon fast aufgegeben, sie zu stellen. Es erschien mir zwecklos. Aber dann hatte ich, ohne nachzudenken, doch gefragt.

Ich möchte das, was danach geschah, so genau wie möglich beschreiben. Weil nämlich exakt gar nichts geschah, rein überhaupt nichts. Porterhouse wich nicht erschreckt zurück oder schlug sich vor Entsetzen über seine Entlarvung die Hand an die kahle Stirn. Er verschüttete auch keinen Kaffee oder begann, Lügen zu stottern oder verräterisch an seinem Kragen zu nesteln. Er zuckte nicht einmal mit der Wimper.

Nach kurzer Pause sagte er einfach: «Ich verstehe nicht. Welche Kartoffelchips? Ich hatte ganz klare Sicht.»

Und da wußte ich, daß er nicht die Wahrheit sagte.

Woher ich das wußte? Wie kann ich das erklären? Wenn es nichts war, was ich gesehen oder was er gesagt hatte. Welches winzige Signal, welche unhörbare Äußerung, welche Chemikalie, welcher Geruch mich davon überzeugte – ich wüßte es nicht zu sagen. Ich weiß nur: Ich saß ihm gegenüber in der Bread Company an einem Tisch mit Resopalplatte, und in dem Moment, bevor er mir antwortete, spürte ich – etwas – wie soll ich es bezeichnen? – seine innere Haltung – ich spürte, daß sie flackerte wie eine Kerze. Und da wußte ich, daß er Frank Beachum nicht aus diesem Laden hatte laufen sehen.

Er log nicht. Dessen war ich mir fast sicher. Doch er war ein kleiner Mann, der unbedingt wollte, daß die Leute ihn für einen großen Mann hielten. Auch dies begriff ich – oder glaubte es zu begreifen – ohne ein Wort. Er wollte ein großer Mann sein, und vor sechs Jahren war er das für einen Augenblick gewesen. Er war in einem Laden gewesen, in dem eine junge Frau ermordet wurde. Er hatte einen Mann in den Laden kommen und mit der Frau hinter der Theke plaudern sehen. Und vielleicht hatte sie sich bei ihm entschuldigt, weil sie ihm Geld schuldete. Oder vielleicht hatte er gesagt: *Und vergiß die Knete nicht, die du mir noch schuldest, Amy.* Und dann war Dale Porterhouse zum Pinkeln auf die Toilette gegangen. Und dann hatte er sie schreien hören, *bitte nicht das!* Und dann hatte er den Schuß gehört.

Und dann waren die Polizisten gekommen. Die großen, harten Polizisten mit ihren schweren Gürteln und Waffen. Sie hatten ihn gefragt, was er wußte, was er gesehen hatte. Und er wollte, daß sie mit ihm zufrieden waren. Er wollte, daß sie ihm auf die Schulter klopften und mit ihren kräftigen tiefen Stimmen sagten: *Gut gemacht, mein Freund.* Und dann waren da die Mädchen im Büro, denen er es erzählen wollte, und die Männer, die ihn beneiden würden, und der Prozeß . . . Bei Prozeßbeginn hatte er es wahrscheinlich schon selbst geglaubt. Ich glaube nicht, daß er einen Meineid geschworen hätte. Ich glaube nicht, daß er das Kreuzverhör überlebt hätte, wenn der Sachverhalt in seinem Kopf nicht völlig klar gewesen wäre. Ich denke, er hatte es damals geglaubt, und er glaubte es auch heute. Ich denke, er hatte es geglaubt bis zu dem Moment, in dem ich ihn nach den Kartoffelchips fragte. Dann hatte er sich, glaube ich, für einen Augenblick – jenen Augenblick Pause, bevor er antwortete – an die Wahrheit erinnert. Die Tür zu seiner Erinnerung stand diesen einen Augenblick lang offen, und die Flamme seines Bewußtseins flackerte im Luftzug. Das sah ich. Und er erinnerte sich daran, daß er über die Kartoffelchipstüten hinweg nichts gesehen hatte, nichts sehen konnte.

Dann im nächsten Moment, denke ich, glaubte er seine eigene Geschichte wieder. Es ging alles so schnell.

«Ich habe alles gesehen, so wie ich es ausgesagt habe», erklärte er mir jetzt. «Natürlich hätte ich die Behörden sofort davon unterrichtet, wenn es irgendwelche Zweifel gegeben hätte.»

Ich nickte. Von den billigen Kronleuchtern an der Decke fiel grelles blendendes Licht auf die Ränder meiner Brillengläser. Durch diesen Lichtreflex sah ich ihn an und dachte:

Er hat es nicht gesehen. Sie haben nichts, gar nichts gegen diesen Beachum in der Hand. Niemand hat ihn gesehen. Niemand hat die Schüsse gehört. Niemand konnte die Waffe zu ihm zurückverfolgen. Sie haben nicht das Geringste in der Hand gegen ihn. Und sie werden ihn heute nacht töten.

«Vielen Dank, Mr. Porterhouse», sagte ich und griff nach meinem Kaffeebecher.

Und was, wenn er unschuldig ist? dachte ich.

Vierter Teil

Redaktionelle Belehrung

1

Wer kriegt das Roastbeef?

«Das ist meins», sagte Luther Plunkitt.

«Was für ein Dressing tun sie da drauf, russisches?» fragte Arnold McCardle, als er ihm das Sandwich reichte.

«Behaupten sie jedenfalls», meinte Luther.

«Ist das nicht unamerikanisch?» murmelte der Reverend Stanley B. Shillerman. Er riß ständig lahme Witze in dem Bemühen dazuzugehören.

Luther brachte so gerade eben noch ein fades Lächeln zustande, doch Reuben Skycock und Pat Flaherty antworteten gleichzeitig: «Jetzt nicht mehr.»

Sie saßen um den langen polierten Holztisch im Hauptbesprechungszimmer. Von den fensterlosen Wänden blickten die offiziellen Fotos des Gouverneurs und des Präsidenten auf sie herab. Die Kernmannschaft des Exekutionsteams war versammelt: Luther, Arnold und der andere stellvertretende Direktor Zachary Platt, die beiden Wartungsingenieure Reuben und Pat und der Kaplan. Arnold und Zach durchwühlten die Papiertüten und verteilten Sandwiches und Getränke. Der Raum war von leisem Gemurmel und Gelächter erfüllt, dem Knacken von Plastikdeckeln und dem Geraschel der Verpackungen.

Luther lehnte sich gegen das Kunstlederpolster seines Stuhls und beobachtete, das unausgepackte Sandwich in der Hand, seine Männer. Er fühlte sich jetzt besser, hier mit den Jungs, die übers Geschäft redeten. Der Druck in seinem Innern hatte ein wenig nachgelassen. Das Bild von Frank Beachum auf der Liege war verblaßt. Er wollte diesen Tag nur hinter sich bringen, wie er all die anderen auch hinter sich gebracht hatte. Dafür bezahlte ihn der Staat Missouri schließlich.

Arnold McCardle hob eine Scheibe Roggenbrot an und musterte sein Cornedbeef. «Ich hab den Eindruck, es ist jedesmal ein bißchen mehr Fett und ein bißchen weniger Fleisch», bemerkte er.

Kauend und Krümel aus seinem Schnäuzer zupfend, sagte Reuben Skycock: «Ich dachte, du bestellst sie extra so, Arnold! Lassen Sie das Fleisch weg, geben Sie mir nur das Fett.»

McCardles gewaltige Hängebacken liefen rot an, doch er zwang sich zu seinem typischen Zwinkern. «Das ist das beste», sagte er leise, nahm das Sandwich, das in seiner riesigen Pranke fast verschwand, und biß hinein.

Luther spürte, wie er sich entspannte. «Nun, McCardle ist schon in Ordnung», sagte er. «Je mehr Arnold, desto besser.»

«Amen», sagte Reuben.

Reverend Shillermans feuchte Augen zuckten, während er krampfhaft nach einem lockeren Spruch suchte, mit dem er in die Runde einstimmen konnte. Dieses karierte Hemd und diese Jeans, dachte Luther, der ihn aus den Augenwinkeln beobachtete. Himmel, sogar Reuben und Pat trugen heute Krawatten.

«Was meint ihr, sollen wir ein bißchen Arbeit erledigen, während wir uns den Bauch vollschlagen?» sagte Luther. Er legte das Sandwich auf den Tisch und begann, das Wachspapier zusammenzufalten. «Nicht, daß ich der Party einen Dämpfer versetzen will oder so.»

«Der Mann führt sich auf wie ein Gefängnisdirektor», sagte Reuben.

McCardle gluckste mit vollem Mund, um zu zeigen, daß er Reuben die Bemerkung mit dem Fett nicht übelnahm.

Luther nahm einen Bissen von seinem Roastbeef-Sandwich und lehnte sich kauend zurück. «Ich wollte nur den Dienstplan für den Rest des Tages durchgehen», erklärte er ihnen. «Um sicherzugehen, daß niemand in Jerktail ist, der eigentlich in Ferguson sein sollte.»

«Ich soll nicht in Jerktail sein?» fragte Reuben. Doch die anderen beruhigten sich jetzt langsam und hörten aufmerksam zu. Sie kauten und lauschten.

Luther legte sein Sandwich nach dem ersten Bissen wieder auf den Tisch und sprach weiter. «Zunächst einmal hat es eine

Änderung wegen des Interviews mit Beachum um sechzehn Uhr gegeben. Das Mädchen, das kommen sollte, hatte einen Unfall oder so, so daß sie jetzt diesen Steve Everett als Ersatz schikken.»

Arnold McCardle schüttelte, die Wangen wie ein Hamster vollgestopft, den Kopf und lächelte reumütig. Als er von Michelles Unfall erfahren hatte, hätte Luther seiner Meinung nach die Chance ergreifen und diese ganze dämliche Interviewgeschichte einfach absagen sollen. Aber Luther war an guten Beziehungen zu den Medien gelegen. Irgendwie hatte Michelle ihn zu der Sache überredet, und er wollte jetzt keinen Rückzieher mehr machen.

«Ich schätze, dafür schuldet uns die *News* einen», sagte er. «Und die anderen Zeitungen erfahren erst beim nächstenmal, daß wir das Protokoll verletzt haben. Was Everett angeht, ich hatte schon ein paarmal mit ihm zu tun. Er ist ein schmieriger Klugscheißer. Aber er kriegt meistens die Fakten zusammen, und seine Artikel sind alles in allem ziemlich ausgewogen, würde ich sagen. Im Grunde ist es für uns meiner Meinung nach sogar besser so. Wie dem auch sei . . .» Rasch wandte er sich vertrauteren Fragen zu. «Um achtzehn Uhr trifft sich das gesamte Exekutionsteam zu einer letzten Besprechung. Wir werden den Einsatzplan noch einmal durchgehen, um sicherzugehen, daß jeder seine Position kennt. Ich möchte, daß um achtzehn Uhr fünfzehn jeder seinen Posten eingenommen hat.»

«Ähm . . . Verzeihung . . . Herr Direktor.»

Ungeduld blitzte in Luthers Augen auf, auch wenn sein nichtssagendes Lächeln unverändert blieb. Der Kaplan hatte seine Stimme erhoben, Shillerman. «Richtig», sagte Luther. «Der Kaplan wird im Anschluß an unsere Besprechung eine Andacht abhalten, deren Teilnahme jedem, der möchte, freigestellt ist.» Keiner würde kommen, wenn es annähernd so ablief wie beim letztenmal. Luther wandte sich demonstrativ ab, und Shillerman verfiel in Schweigen und knibbelte verbissen an der Kruste seines Sandwichs. Luther fuhr fort. «Um neunzehn Uhr werden Reuben und Pat alle Telefone im Hinrichtungsraum überprüfen, um sicherzugehen, daß die Leitungen funktionsfähig und freigeschaltet sind.»

«Damit der Gouverneur kein Besetztzeichen bekommt», meinte Reuben.

«Genau, und du, Arnold, vergewisserst dich, daß sämtliche Uhren synchronisiert sind, auch die im Presseraum. Die haben wir beim letztenmal offenbar vergessen, und einige unserer Freunde haben sich ziemlich über diese Unstimmigkeit echauffiert.»

Die anderen nickten, kauten und lauschten, während Luther weitersprach.

Um halb zehn würde Beachum frische Kleidung bekommen, und man würde ihn dazu anhalten, seine Plastikunterwäsche anzuziehen, damit die Liege nicht beschmutzt wurde. Reuben würde die Injektionsmaschine kontrollieren, und das Anschnallteam würde unter Arnolds Leitung die Liege fertigmachen. Danach würden sie erneut Uhren, Telefone und noch einmal die Maschine überprüfen, diesmal unter besonderer Berücksichtigung des manuellen Sicherungssystems für den Fall, daß beide elektrischen Systeme ausfielen. Um zweiundzwanzig Uhr sollten sich alle sechs im Hinrichtungsraum melden, wo Reuben die Maschine mit drei verschiedenen Präparaten laden würde: Natriumpenthotal, um Frank Beachum zu betäuben, Pancuroniumbromid, um eine Herzlähmung, und Kaliumchlorid, um eine Atemlähmung hervorzurufen. Etwa eine halbe Stunde vor der eigentlichen Prozedur würde man Beachum einen Katheter legen und eine Salzlösung injizieren, um seine Venen für das Gift offen und aufnahmebereit zu halten. In diese Lösung würde man auch Antihistamine geben, um zu verhindern, daß Beachum während der Prozedur hustete und würgte, weil das nicht nur für ihn, sondern auch für die Presse und die Zeugen unangenehm wäre.

«Ab zwanzig Uhr dreißig wird der Gefangene mit seinem Kaplan zusammen sein», sagte Luther. Es entstand eine verlegene Pause – verlegen, weil jedem klar war, daß der Kaplan des Gefangenen nicht Stanley B. Shillerman sein würde. Es war nie

Stanley B. Shillerman. Nicht einer der Verurteilten hatte je um ein seelsorgerisches Gespräch mit ihm gebeten. Luther hustete und fügte hinzu: »Es ist dieser Schwarze aus St. Louis. Scheint ein ganz anständiger Kerl zu sein. Ich glaube nicht, daß er irgendwelche Probleme machen wird.»

Er wollte gerade weitersprechen, als Shillerman offensichtlich nicht anders konnte, als einzuwerfen: «Ich ... ähm ... ich selbst hatte heute morgen eine persönliche Unterhaltung mit dem Gefangenen.»

Bei der Erinnerung schüttelte er traurig den Kopf. «Ich kann nicht gerade behaupten, daß er sich als reuiger Sünder gezeigt hätte. Aber meiner Erfahrung nach hat er sein Schicksal, glaube ich, angenommen. Aus meiner Sicht kann ich nur bestätigen, daß er keinen Ärger machen wird.»

Alle nickten schweigend und wandten die Blicke ab. Der alte Reuben sah aus, als strengte er sich an, nicht laut loszulachen. Luther wußte alles über diese persönliche Unterhaltung. Dem diensthabenden Beamten zufolge hatte Shillerman es fast geschafft, Beachum hochgehen zu lassen wie eine Rakete. Luther hielt die Luft an. Reverend Pillerman, dachte er. In seiner Phantasie sah er sich seine Stiefelspitze direkt in den Arsch dieses nutzlosen Angebers rammen. Doch im wirklichen Leben konnte er wenig dagegen tun.

Shillerman, der vermutlich die Stimmung spürte, fügte gewichtig hinzu: «Natürlich hat mich Sam Tandy vom Büro des Gouverneurs gebeten, den ganzen Tag über in persönlichem Kontakt mit dem Gefangenen zu bleiben.»

Luther lächelte nichtssagender denn je. Seine grauen Augen funkelten regelrecht metallisch aus den Tiefen seines faltigen Gesichts heraus. Das war ja gerade das Kreuz. Sam Tandy, ein Berater des Gouverneurs und rein zufällig auch Shillermans Schwager. Mr. Tandy war bestimmt richtiggehend stolz darauf, seinen Verwandten in einer derart guten Position untergebracht zu haben – will sagen, in einer guten Position, um den Betrieb des Vorzeigegefängnisses im alltäglichen Vollzug zu beobachten. Und dem Büro des Gouverneurs direkt Bericht zu erstatten.

Die ganze Belegschaft wußte, daß Shillerman ein Spion des Gouverneurs war.

Die anderen beschäftigten sich mit ihrem Mittagessen, während der ewig lächelnde Luther gegen den Drang ankämpfte, den amtierenden Geistlichen zu zerquetschen wie die Wanze, die er war. Als er sich wieder im Griff hatte, fuhr er fort.

«Jedenfalls wird der Kaplan – Flowers heißt er – um zwanzig Uhr dreißig in der Zelle sein. Bis jetzt hat der Gefangene Beruhigungsmittel abgelehnt, aber –» Luther seufzte – «wie der Kaplan schon sagte, halte ich es für unwahrscheinlich, daß er irgendwelchen Widerstand leisten wird.»

Im weiteren Verlauf sagte keiner mehr ein Wort, bis Luther fertig war. Er ging mit ihnen die gesamte Prozedur durch, obwohl sie sie genauso gut kannten wie er selbst. Kurz nach dem Kaplan würden die hohen Tiere von der Strafvollzugsbehörde eintreffen. Der Direktor der Behörde würde sich noch einmal persönlich von der Funktionsfähigkeit der Anlagen und Telefone überzeugen und sogar ein Funktelefon bei sich tragen für den Fall, daß der Strom aussetzte. Ein Leichenwagen würde bereitstehen, um Beachums Leiche zu einem lokalen Bestatter zu transportieren, wo seine Frau sie dann zur Beerdigung abholen konnte.

Kurz nach einundzwanzig Uhr dreißig würde man Beachum auf der Liege festschnallen und ihn in den Hinrichtungsraum rollen. Nach mehreren weiteren Kontrollen der Telefone, Uhren und so weiter – und nachdem der Leiter der Strafvollzugsbehörde einen Vertreter des Gouverneurs gesprochen hatte, um sicherzustellen, daß es nicht in letzter Minute einen Vollstreckungsaufschub gab – würden die Jalousien hochgezogen, so daß die Zeugen durch die Scheiben sehen konnten. Luther würde das Todesurteil verlesen; der Gefangene würde aufgefordert werden, seine letzten Worte zu sprechen. Um null Uhr eins würde die Injektionsmaschine in Gang gesetzt werden.

Luther nahm noch einen Bissen von seinem Sandwich. Es schmeckte ihm gut – das Roggenbrot war frisch und das Fleisch mit genau der richtigen Portion Dressing bestrichen. Er kaute langsam, schluckte und sprach weiter. Er ging die Reinigungsarbeiten nach der Hinrichtung durch, das Treffen mit den Vertretern des Staates und so weiter. Obwohl sie mit dem Protokoll bestens vertraut waren, hatten die Männer um den Tisch ihre ernstesten und geschäftsmäßigsten Mienen aufgesetzt. Sie nickten fast unisono, während Luther sprach. Shillerman zusammen mit den anderen.

Ja, dachte Luther, während er seinen Blick von Gesicht zu Gesicht wandern ließ. So mußte es laufen. Genau wie in der Armee, genau wie bei einer Schlacht. Das System half einem da durch, das Team. Man war Teil des Teams, man arbeitete zusammen und erledigte seinen Job.

Für den Augenblick plagte ihn das Bild von Frank Beachums Gesicht fast überhaupt nicht mehr. Alles würde gutgehen, dachte er. Er würde alles bestens überstehen.

2

Es war etwa halb drei, als ich wieder das Gebäude der *St. Louis News* betrat. In der Lokalredaktion begegnete ich Bridget Rossiter, die mich mit ihrem sommersprossigen Gesicht drängend ansah.

«Hast du schon von Michelle gehört? Sie hatte einen schrecklichen Unfall.»

Als Trend-Redakteurin erfuhr Bridget alle Neuigkeiten ein wenig später als die anderen. Ich nickte und tätschelte ihre Schulter. Sie schüttelte bekümmert den Kopf.

«Wußtest du, daß bei fünfzig Prozent aller Verkehrsunfälle mit Todesfolge Alkohol im Spiel ist?» sagte sie.

«Liegt Michelle noch immer im Koma?»

«Sie liegt im Koma? O mein Gott», murmelte sie, als ich an ihr vorbeiging.

In der Lokalredaktion herrschte jetzt reges Treiben. Diverse Redakteure saßen in dem Schreibtischlabyrinth an ihren Plätzen, starrten vorgebeugt auf ihre Computerbildschirme, klapperten auf ihren Tastaturen oder saßen, einen Kaffee in der Hand, die aufgeschlagene Zeitung auf den Knien, zurückgelehnt auf ihren Stühlen. Am Tisch des Lokalchefs steckten Bob Findley sowie William Anger, der Redakteur für Minderheiten, und Jane March die Köpfe zusammen. Einen Moment lang hoffte ich, rein und wieder raus schleichen zu können, ohne daß Bob mich bemerkte. Doch es sollte nicht sein. Ich hatte die Redaktion kaum betreten, als Bob auch schon seinen Kopf hob, als ob er ein Radarsignal empfangen hätte. Er fixierte mich quer durch den langgezogenen Raum mit einem ausdruckslosen Blick, der verriet, daß er mich tief in seinem Herzen schon aus dem Buch des Lebens gestrichen hatte.

Ich warf ihm ein gequältes Lächeln zu und ging an seinem Schreibtisch vorbei, wobei ich mich so eng wie möglich an der Wand entlangdrückte. Die Tür zu Alan Manns Büro war zu, doch ich konnte ihn durch die Jalousien sehen. Er telefonierte, während er ausladend mit dem Schokoriegel in seiner freien Hand gestikulierte.

Ich klopfte nicht an. Ich stieß einfach die Tür auf. Ich konnte Bobs Blick spüren – er bohrte sich förmlich in meinen Rücken –, als ich eintrat und die Tür hinter mir schloß.

«Alles klar», sagte Alan ins Telefon. «Wir bringen morgen einen Leitartikel zu dem Thema. Was ist meine Meinung?» Er lauschte, den Schokoriegel wie eine Fackel erhoben, während sein Habichtgesicht auf und ab wippte. «Verstanden», sagte er dann. «Sicher, Mr. Lowenstein.» Er beugte sich vor und legte den Hörer auf, bevor er mich unter seinen buschigen Brauen hervor musterte. «Hör auf, Bobs Frau zu bumsen», sagte er. «Er mag es nicht.»

«O Gott», sagte ich. «Was hat er getan, es in die Hausmitteilungen gesetzt?»

Alan zeigte mit dem Schokoriegel auf mich. Es war ein Snickers, die Sorte mit Erdnüssen. «Wenn er zu mir kommt und deinen Arsch fordert, muß ich ihm den geben. Dann bist du nur noch ein Loch ohne Arsch drumherum.»

Ich zückte meine Zigaretten, steckte eine in den Mund und

versteckte mich hinter der Flamme des Streichholzes, als ich sie anzündete. «Sie hat angefangen», murmelte ich lahm.

«Das zählt nicht. Du hast den Dingsda.» Er ließ sich in seinen Sessel zurückfallen, biß ein Stück von seinem Schokoriegel ab und zermalmte animalisch die Nüsse. «Weißt du was?»

«Schon gut, schon gut», sagte ich.

«Du bist ein mieser Schürzenjäger, das ist. Das hat dich in New York in die Scheiße gerissen, und es wird dich hier wieder in die Scheiße reißen. Du ruinierst deine ganze Karriere, du ruinierst deine Ehe, und wenn du deinen verdammten Schwanz nicht in der Hose halten kannst, werde ich dich auch nicht mehr schützen können, Himmelherrgott noch mal. Wie war sie?»

«Das geht dich einen Dreck an», sagte ich. «Nicht schlecht.»

«Du Glückspilz. Ich hab sie immer gemocht.»

«Halt's Maul. Himmel noch mal.»

«Hey, laß es nicht an mir aus, Junge. Du bist derjenige, der sich gegen Gott und die Menschen versündigt hat.»

Ich wandte mich ab und ging zur Wand. Sie war mit Plaketten, Zeugnissen, Preisen und Belobigungen gespickt, Alans Ersatz für Fenster. Dazwischen hingen auch ein paar Fotos – Alan mit dem Gouverneur, Alan neben dem Präsidenten und Alan neben Mr. Lowenstein, dem Besitzer der Zeitung. Ich stand da und blies Rauch auf die Bilder.

«Hör mal», sagte Alan zu meinem Profil. «Hab ich dir je von der Kleinen erzählt, in die ich mich in New York verknallt hab?»

«Nein, und wenn du es jetzt tust, hechte ich quer über deinen Schreibtisch und reiß dir mit bloßen Händen die Kehle raus.»

«Es ist eine erhebende Geschichte.»

«Ich bring dich um.»

«Dann bewahre ich sie für eine andere Gelegenheit auf.»

Ich fuhr herum. Er hatte wieder von seiner Schokolade abgebissen und hielt nun den Riegel vor sein Gesicht, um liebevoll einen Karamelkringel zu beäugen.

«Ich hab ein Problem», sagte ich.

«Oh, der Groschen ist endlich gefallen.» Seine Hakennase

neigte sich nach unten, als er das Gesicht verzog. «Mein Gott, Junge. Weißt du nicht, daß Bob es auf dich abgesehen hat, seit du hier angefangen hast? Auf seine ruhige, ernsthafte, moralische Art. Er ist wahrscheinlich *froh*, daß du seine Frau gebumst hast, weil er jetzt einen ethisch gerechtfertigten Grund hat, dich fertigzumachen.»

«Toll. Ihn glücklich zu machen, ist mir eine Lebensaufgabe. Aber das ist nicht mein Problem.»

«Wie kann man nur so verdammt selbstdestruktiv sein?»

«Alles Übung, Alan. Aber das ist nicht mein Problem.»

«Du hättest *meine* Frau bumsen sollen. Ich hätte dich nur geschlagen.»

«Ich hab deine Frau gebumst.»

Er lachte. «Glückspilz. Wie war sie?»

«Sie sendet dir liebe Grüße. Aber das ist nicht mein gottverdammtes Problem, Alan.»

«Also gut. Was ist dein gottverdammtes Problem? Erzähl es Papa. Du seelenloses Stück Scheiße.» Er stopfte sich das letzte Stück seines Schokoriegels in den Mund.

«Frank Beachum», sagte ich.

«Der Typ, der so gut wie tot ist?»

«Ja.»

Er zerknüllte das Papier seines Schokoriegels und warf es mit einer knappen Bewegung aus dem Handgelenk in die Luft. Es landete mit einem Plonk in der Metalltonne an der Wand. «Zwei Punkte!» sagte er.

«Ich soll ihn heute nachmittag interviewen», sagte ich.

«Eine Chance, die ich dir verschafft habe. Ein Hoffnungsfunken. Vermassel es nicht.»

«Ich glaube, er könnte unschuldig sein.»

«Ist das dein Problem?»

«Ja.»

«Nun, das ist er nicht», sagte Alan. «Und ich bin froh, daß wir dieses kurze Gespräch führen konnten.»

Er räkelte sich in seinem Chefsessel und faltete die Hände auf seiner Volleyball-Wampe. Ich klopfte wütend die Asche von meiner Zigarette, so daß sie in einem Bogen im Papierkorb landete. Alan schnaubte verärgert.

«Das ist mein Ernst», sagte ich dann.

«Nein, ist es nicht.»

«Ist es doch. Sieh mich an. Dies ist mein ernstes Gesicht, Alan. Daran kannst du es erkennen.»

«Steven», sagte er. «Junger Steven Everett. Hör mir mal einen Moment lang zu. Hör auf deinen Mentor und Ratgeber. Das Leben ist weniger geheimnisvoll, als wir denken. Die Dinge sind meistens genau das, was sie scheinen. Der Typ wurde verhaftet, vor Gericht gestellt und verurteilt. Wir sind hier nicht im Fernsehen. Du warst doch schon mal in einem Gerichtssaal. Du *weißt*, daß er schuldig ist.»

Ich grinste mit zusammengebissenen Zähnen.

«Also gut», sagte er schließlich. «Was hast du?»

Ich hob meine Zigarettenhand, als wollte ich etwas sagen. Doch ich sagte nichts, sondern führte nur den Filter an die Lippen und saugte fest daran. Was wollte ich sagen? Daß meine Sicht sechs Jahre nach der Tat von Kartoffelchips verdeckt war? Daß ich Dale Porterhouse in die Augen gesehen hatte und wußte, daß er log? Daß mich die Tatsache beschäftigte, daß Nancy Larson keine Schüsse gehört hatte, obwohl sie einen perfekten Grund dafür hatte?

«Oh», sagte Alan traurig. «O Ev.»

«Nein, nein, warte . . .», sagte ich.

«Ev, Ev, Ev . . .»

«Hör mir doch mal zu.»

«Ev. Ich muß dir nicht zuhören. Ich sehe dich an, Ev. Ich sehe dich an, und ich sehe einen Reporter, der mir gleich erzählen wird, daß er eine Ahnung hat.»

«Alan, ich habe ein bißchen recherchiert . . .»

«Weißt du, was ich von Reportern halte, die eine Ahnung haben?»

«Ich habe mit einem der Zeugen gesprochen.»

«Ich kann gar nicht laut genug furzen, um meiner Meinung Ausdruck zu verleihen, Ev.»

«Es gibt Ungereimtheiten.»

Sein Stuhl schnellte nach vorn. Er starrte mich mit hervortretenden Augen an. «*Ungereimtheiten?* Habe ich richtig gehört, daß du gesagt hast, es gäbe *Ungereimtheiten*?» Seine buschigen Augenbrauen wippten auf und ab. «Nach einer polizeilichen Ermittlung? Einem Prozeß? Einer Verurteilung? Einem sechsjährigen Revisionsverfahren? Und *du* hast Ungereimtheiten entdeckt? Wie lange hast du gebraucht? Eine halbe Stunde?»

«Komm schon. Du kennst das Revisionssystem. Sein erster Verteidiger war wahrscheinlich irgendein zwölfjähriger Rechtsanwaltsgehilfe, und wenn er im Laufe des Prozesses nicht gegen irgendwas Einspruch erhoben hat, konnten seine Nachfolger das auch nicht für das Revisionsverfahren benutzen. Man kann nicht einmal mehr auf erwiesene Unschuld plädieren.»

«Ev ...»

«Alan, sie werden den Typ umbringen, um Gottes willen.»

«Ev ...»

«Ich sage es dir.»

Er neigte seinen großen Kopf in meine Richtung. «Oh, oh, Mr. Everett.

«Schon gut, schon gut», sagte ich und warf die Hände resignierend in die Luft. «Ich habe eine Ahnung.»

Er lehnte sich wieder zurück. «Ha.»

Ich zeigte mit meiner Zigarette auf ihn. «Aber du kennst meine Ahnungen, Alan. Sie basieren auf ...»

«Einem verzweifelten Versuch, dein schäbiges persönliches Verhalten durch eine Demonstration beruflicher Fertigkeiten zu überdecken.»

«Genau. Und diesmal ist es eine starke Ahnung. Irgendwas an diesem Fall stinkt zum Himmel.»

«Das bin ich. Ich hatte zu Mittag Kalb.»

«Verdammt noch mal.» Ich ging zum Papierkorb, bückte mich und drückte die Zigarette an seinem Rand aus. «Verdammt, verdammt», sagte ich noch einmal.

Vor Alans Schreibtisch stand ein Stuhl. Ich ließ mich drauffallen, beugte mich vor und vergrub mein Gesicht in den Händen.

Nach einer ganzen Weile bekam Alan vermutlich Mitleid mit mir. Ich hörte, wie er laut stöhnend auf seinem Sessel hin und her rutschte.

«Also gut», sagte er. «Laß mich klarstellen, worum es hier geht. Wenn du diese Routinehinrichtung irgendwie in eine knallige Kampf-um-Gerechtigkeit-Story drehen kannst, kann ich vielleicht – und ich meine vielleicht, mein Freund –, *vielleicht* ein gutes Wort für dich einlegen, wenn Bob versucht, dich zu feuern.»

Ich nickte schon, bevor ich den Kopf gehoben hatte. «Ja», sagte ich. «Das ist der Plan, nehme ich an.»

Er betrachtete mich voller Mitgefühl oder dem, was bei Alan dafür durchging. «Trotzdem wirst du deine Frau und dein Kind verlieren, das weißt du. Sie wird es erfahren.»

«Ich weiß, ich weiß.»

«Und da draußen wirst du das letzte Stück Scheiße sein», sagte er und wies mit dem Kopf in Richtung Lokalredaktion. «Die da draußen lieben ihren Bob, Mann. Sie würden für ihn durchs Feuer gehen. Sie werden dich von den Sohlen ihrer Schuhe kratzen.»

«Ich weiß. Das kannst du mir glauben.»

Er hob seine breiten Schultern. «Aber hey, was soll's. Ich bin schließlich nicht dein Vater. Ich glaube nicht, daß ich dein Vater bin. Bin ich dein Vater?»

«Nicht daß ich wüßte.»

«Gut. Weil keiner meiner eigenen Söhne diese Zeitung für seine schmierigen privaten Motive mißbrauchen wird.»

«Nein, nein, ich werde ganz offen sein.»

Alan schnaubte verächtlich. «Tun Sie vor mir nicht so, als wären Sie in irgendeiner Weise integer, junger Mann.»

«Tut mir leid.»

«Wer weiß?» sagte er und hob philosophisch die Hände. «In jedem Kriminalfall gibt es irgendeine Unkorrektheit. Vielleicht kannst du es zu einer Art journalistischem Kreuzzug aufblasen. Und wenn Bob dann zu mir kommt und deine Versetzung aufs Klo verlangt, werde ich sagen können: ‹Aber Bob, denk doch nur an die phantastische Beachum-Story, die Steve praktisch aus nichts gemacht hat.› Das wird ihm scheißegal sein, aber ich kann es immerhin sagen.»

«Ich glaube wirklich, daß da etwas dran sein könnte», sagte ich so überzeugt wie möglich.

Alan gab einen tiefen Gluckser von sich. Ich mied seinen Blick. Ich saß noch immer vorgebeugt in meinem Stuhl, die Ellenbogen auf den Schenkeln.

«Und was mache ich jetzt?» fragte ich.

Er zuckte wieder die Schultern. «Keine Ahnung. Sieh zu, daß es sich gut anhört, Kumpel. Ich werde die Story für dich bringen, aber nur wenn sie sich gut anhört.»

«Ja, aber ich meine, wenn ich wirklich etwas finde?»

Er ließ sich in seinen Sessel zurückfallen. «Was, du meinst so etwas wie Beweise? Heute? Du hast noch neun Stunden, bis sie den Typ abspritzen.»

«Ja, ja, aber was wäre wenn? Wir können nicht einfach abwarten, bis die Story morgen erscheint.»

Alan verzog das Gesicht, als er daran dachte. «Ich weiß nicht. Du könntest zu Mr. Lowenstein gehen, nehme ich an.»

«Meinst du?»

«Warum nicht? Er ist ein Kumpel des Gouverneurs. Wenn er in dessen Amtssitz anruft und sagt, daß es wichtig ist, wird der Gouverneur garantiert abnehmen.»

«Okay. Nur daß Mr. Lowenstein mich nicht leiden kann.»

Alan rülpste laut. Es hob ihn fast aus seinem Stuhl und blähte seine Wangen. «Niemand kann dich leiden, Everett», sagte er. «Nicht mal ich kann dich leiden, und ich bin dein Freund. Doch ich sag dir eins: Wenn du zu Mr. Lowenstein gehst, solltest du etwas verdammt Gutes in der Hand haben. Es sollte absolut hieb- und stichfest sein, sonst wird er nicht nur den Gouverneur nicht anrufen, sondern auch dein Herz verschlingen und dich anschließend den Hunden zum Fraß vorwerfen. Dafür mußt du nicht mal mit *seiner* Frau schlafen, mein Freund, er schmeißt dich ganz umsonst raus.»

Ich atmete aus und stand auf. «Okay. Danke», sagte ich.

«Hey, bedank dich nicht bei mir. Ich finde, daß du ein Dreckskerl bist. Bob liebt das Mädchen, und egal, was wir von ihm halten, das hat er nicht verdient. Und Barbara hat ihren Job, ihr verdammtes Zuhause und alles aufgegeben, damit du hierherkommen und alles wiedergutmachen konntest, nachdem du in New York die Tochter des Verlegers gevögelt hast. Auch sie hat das nicht verdient. Und was ist mit mir? Ich bin ein wunderbarer Mensch, und du gehst hin und benutzt meine Zeitung, um zu retten, was von deiner schmierigen Existenz noch zu retten ist? Eins sage ich dir: Ich habe auch das letzte bißchen Respekt verloren, das ich möglicherweise noch für dich übrig hatte. Und sie war wirklich echt gut, ja?»

Ich lachte. «Leck mich», sagte ich.

«Glückspilz.»

Er pfiff versonnen vor sich hin, als ich aus seinem Büro wieder in die Redaktion trat.

3

Ich sah Bob nicht an, sondern strebte direkt in Richtung Lager. Ich warf nicht einmal einen Blick zu seinem Schreibtisch hinüber. Eine Auseinandersetzung mit dem gekränkten Ehemann war so ziemlich das letzte, was ich jetzt brauchen konnte. Nicht zuletzt deshalb, weil es schon zehn vor drei war und ich mich in zehn Minuten auf den Weg machen mußte, wenn ich rechtzeitig im Gefängnis sein wollte. Luther Plunkitt war uns mit diesem Interview bis zum Äußersten entgegengekommen, aber wenn ich zu spät dran war, bestand nach Lage der Dinge durchaus die Möglichkeit, daß er mir die Tür vor der Nase zuschlug.

Ich wollte also nur ein paar zusätzliche Notizblöcke einstecken und so schnell wie möglich wieder verschwinden. Ich drückte mich hastig an der Wand entlang. Mark Donaldson, ein weiterer News-Schreiber, blickte von seiner Zeitung auf, als ich vorbeikam, und versuchte mich aufzuhalten, um mit mir über Michelle zu tratschen. Ich winkte nervös ab und ging stur weiter. Donaldson sah mir nach und fuhr sich mit der Zunge über die Lippen. Er fragte sich bestimmt, was im Busch war, und ich vermutete, daß es nicht mehr lange dauern würde, bis er es wußte, bis die ganze Belegschaft es wußte.

Sekunden später stieß ich die Tür zum Lager auf und trat ein. Der Raum war kaum mehr als ein geräumiger Wandschrank, schmal mit Metallregalen an beiden Längsseiten. Die Regalbretter gingen bis zur Decke und waren mit Blöcken, Kartons mit Stiften, Farbbändern, Kopierpapier und dergleichen vollgestopft. Ich glaubte nicht, daß man mir erlauben würde, mein Bandgerät mit in die Todeszelle zu bringen, also wollte ich mich mit einem Tagesvorrat an Notizblöcken versorgen. Ich nahm zwei Stück von dem Stapel und stopfte sie in meine Gesäßtasche. Außerdem nahm ich ein paar Einwegkulis und klemmte sie an meine Hemdtasche.

Dann drehte ich mich um und sah mich mit Bob Findley konfrontiert.

Oha, dachte ich.

Er hatte den Raum geräuschlos betreten. Er stand direkt bei der Tür, stumm und lautlos. Sein rundes, rosiges Gesicht wirkte gefaßt und ausdruckslos, und in seinen Augen war ich ein toter Mann. Das konnte ich sehen. Er hatte seine Hand an die Tür gelegt und stieß sie hinter sich zu. Zwischen uns blieb ein Abstand von knapp einem Meter und kein Platz, aneinander vorbeizugehen.

Einen Moment lang habe ich tatsächlich geglaubt, Bob würde sich einfach auf mich stürzen. Es hätte ein komisches Bild abgegeben: zwei erwachsene, akademisch gebildete Männer, die auf dem Boden des Lagerraums balgten, während die Stifte aus den Regalen purzelten und das Papier umherflatterte. Doch mir wurde bald klar, daß das völlig außer Frage stand. Bob war zivilisiert und modern, er war fürsorglich. Er würde mich nicht einfach schlagen. Nicht, wenn er mich auch langsam zu Tode foltern konnte.

Seine Wangen waren gerötet, doch er lächelte. Es war ein

freudloses, ungläubiges Lächeln moralischer Fassungslosigkeit. Er schüttelte den Kopf, bevor er mit seiner leisen, kontrollierten Stimme zu sprechen begann.

«Weißt du – ich weiß nicht, was ich dir sagen soll», setzte er an. «Den ganzen Tag und die ganze letzte Nacht habe ich darüber gegrübelt, was ich dir sagen soll.»

Und ausgerechnet jetzt mußte er es loswerden? Doch was konnte ich tun? Ich hob eine Hand und ließ sie wieder sinken. «Es tut mir wirklich leid, Bob. Ehrlich.»

Ein lautloses Lachen kam über seine Lippen. «Weißt du, *ich* glaube ehrlich gesagt nicht, daß du fähig bist, Mitleid zu empfinden. Oder irgendein anderes ehrliches Gefühl für einen anderen Menschen.»

«Nein. Nein, verdammt noch mal. Ich habe auch Gefühle. Ich fühle mich mies», sagte ich.

Er kräuselte die Lippen zu einem höhnischen Grinsen. Er beäugte mich, als wäre ich ein Stück Scheiße. Er stand in seinen Khakihosen, seinem blauen Jeanshemd und seiner fröhlichen, pinkfarbenen Krawatte da, eine Hand in der Tasche, während er die andere immer wieder zur Faust ballte. Und ich wünschte, er würde mich tatsächlich schlagen. Das würde jedenfalls schnell gehen, und ich mußte jetzt wirklich los.

«Nun, freut mich, daß du dich mies fühlst, Steve», sagte er bitter. «Aber ich glaube, du hast mich noch immer nicht verstanden. Ich meine, ich möchte wissen *warum*.» Diese letzten Worte platzten förmlich aus ihm heraus – wenn überhaupt je etwas aus ihm herausplatzte. Wenn er je irgendwas unbedacht aus sich hatte herausplatzen lassen, dann diese letzten Worte.

«Warum?» wiederholte ich wie ein Echo.

Er wandte den Blick ab und schüttelte erneut den Kopf. Ich glaube, es tat ihm leid, daß er es gesagt hatte.

Aber ich tat mein Bestes, ihm eine Art Antwort zu geben. «Also so etwas, weißt du, passiert einfach, Mann. Ich war einsam. Ich habe nicht nachgedacht. Es war eher eine Art Impuls . . .»

«Himmel noch mal!» In einer typisch jugendlichen Geste

wischte er sich mit einer Hand eine schüttere Strähne aus der Stirn. Dabei stieß er mit dem Ellenbogen gegen ein Regal, das gefährlich ins Schwanken geriet, so daß die Stifte in ihrem Karton rappelten. Er hatte seine Stimme nicht erhoben, doch er sah auf einmal gequält aus, und seine Augen waren feucht. «Glaubst du etwa, ich meine *dich*?» sagte er. «Du glaubst, ich will wissen, warum *du* es getan hast?»

«Ich weiß nicht, ich . . .» Schweiß lief mir in den Nacken. Wie *spät* war es überhaupt? Ich wagte nicht, auf meine Uhr zu sehen.

«Ich will wissen, warum *sie* es getan hat. Mit dir. Mein Gott. Ich kann mir gar nicht vorstellen, was sie sich dabei gedacht hat. War es bloß . . . Sex?»

Ich antwortete nicht. Ich trat verlegen von einem Fuß auf den anderen. Mir war das Ganze, ehrlich gesagt, zu peinlich. Ich wußte nicht, was ich sagen sollte. Und ich wußte nicht – wie immer, war ich mir unsicher –, wieviel von seinem Gefühl echt war und wieviel nur gespielt, eine dramatische Einlage, um mich mit seinem Schmerz zu quälen. Ist es möglich, fragte ich mich, daß er tatsächlich im Begriff war, die Beherrschung zu verlieren?

Ich sah ihn noch ein oder zwei Sekunden an und glaubte, daß es vielleicht wirklich so war. Daß er vielleicht wirklich den ganzen Tag und die ganze letzte Nacht darüber gebrütet hatte, damit gekämpft und es zurückgehalten hatte, und daß er sich jetzt – verflucht sei mein Pech, ausgerechnet jetzt, wo ich dringend weg mußte – nicht mehr hatte bremsen können. Er wollte es wissen. Sicher. Das war es. So mußte es sein. Er muß sich selbst dafür gehaßt haben, mich so unverblümt zu fragen – doch er wollte es *wissen*, er *mußte* es wissen. Das Wesentliche, den Kern der Sache. War es gut – für mich und Patricia im Bett? War es besser als mit ihm? Hatte sie über ihn gesprochen, hatte sie mir von seinen was auch immer für seltsamen Vorlieben erzählt? Hatten wir über ihn gelacht, bevor ich in sie eingedrungen war und sie um den Verstand gerammelt hatte?

«Nein», log ich. «Nein, verdammt noch mal. Es war keine leidenschaftliche Affäre, nichts dergleichen.»

Ich sah, wie ein Hauch von Erleichterung über sein Gesicht

huschte, doch er war rasch wieder verschwunden. «Was dann?» fragte er – drängender und verzweifelter, als er es beabsichtigt haben konnte. «Sie liebt dich doch nicht?»

«Nein, natürlich nicht.»

Er lächelte wieder sein freudloses Lächeln, doch seine Lippen zitterten. «Sie kann doch um Himmels willen nicht glauben, daß du gut für sie sein könntest. Daß du treu sein könntest oder für sie da. Daß du ihr bei ihrer Arbeit helfen oder die Einmischung ihrer Eltern ertragen oder ein Kind mit ihr haben und großziehen würdest. Sie kann doch nicht glauben, daß du ihr helfen könntest, zu wachsen und sich als Mensch weiterzuentwickeln.»

Ich mußte unwillkürlich lachen. «Nein, ich nehme an, daß sie so etwas bestimmt nicht glauben kann.» Ich hörte auf zu lachen, als ich seinen Gesichtsausdruck sah. Ich räusperte mich. «Nein», sagte ich leiser. «Das tut sie ganz bestimmt nicht. Da bin ich mir sicher.»

Er sah mich jetzt mit einem Blick an, der so leer war, daß er fast unschuldig wirkte, der auf gewisse Weise fast unschuldig war. Seine Augen waren jetzt wieder trocken. Sie waren mehr als trocken, sie waren verdorrt. Und dunkel. Ich konnte in ihnen mein Spiegelbild nicht erkennen. Es war, als wäre ich nicht da. Und mit einem Gefühl vager Übelkeit spürte ich, wie dumm, wie gefährlich es war, sich einen Mann wie Bob zum Feind zu machen.

«Du hast eine Frau. Hat deine Frau nichts . . .?» setzte er an, und seine Stimme klang matt wie in Trance. «Erträgt sie es einfach? Gefällt es ihr so mit dir?» Wieder blitzte dieses gräßliche Lächeln auf seinen Lippen auf. «Ich meine, vielleicht nehme ich sie zu sehr beim Wort. Bist du wie ihr Vater, und soll ich mich ihr gegenüber mehr wie das Schwein benehmen, das er gewesen ist? Ich meine, sie sagt, sie möchte etwas . . .»

«Meine Frau . . .?» fragte ich. «Tut mir leid, ich weiß nicht . . .»

«Ich meine, was wollen sie denn?»

«Wer? Oh.» Die Frauen, meinte er. So weit waren wir schon gekommen. Doch zum Glück war ich nicht betrunken genug, um mich Spekulationen darüber hinzugeben, was Frauen wollen.

Also hob ich schlicht erneut hilflos meine Hand. «Also, Bob, ich muß jetzt echt los.»

Wut leuchtete in seinem Gesicht auf wie ein Blitz und war wie der Blitz auch wieder erloschen.

«Es ist wegen des Interviews, im Gefängnis», sagte ich rasch und sah jetzt doch auf meine Uhr. «Mein Gott.» Es war schon nach drei. «Ich komme zu spät, wenn ich jetzt nicht gehe.»

Nach kurzem Zögern nickte Bob. Er richtete sich mit einem tiefen Seufzer auf und sank wieder in sich zusammen. Er sagte nichts. Die Art, wie er mich ansah, wie seine Augen mich ausradiert hatten, war unheimlich. Doch er sagte gar nichts.

«Nun . . .», sagte ich.

Er wandte sich wortlos ab, den Rücken gegen die Regale gepreßt, so daß für mich eine schmale Gasse zur Tür frei wurde. Ich zwängte mich hindurch, an ihm vorbei, und stieß die Tür auf, während er schweigend dastand.

Doch dabei konnte ich es nicht belassen. So dringend ich auch weg mußte – so sehr ich es auch wollte –, ich konnte es nicht einfach dabei belassen.

Ich drehte mich, die Tür in der Hand, noch einmal zu ihm um. «Wie hast du es überhaupt herausgefunden?» fragte ich ihn.

Er schnaubte, ohne mich anzusehen. «Sie hat es mir erzählt», sagte er.

«Sie . . .?»

«Sie hat einen Aschenbecher mit deinen Zigaretten auf dem Nachttisch stehenlassen. Das war ihre Art, es mir zu sagen.»

Ich muß ihn mit offenem Mund angestarrt haben. Es war wie ein Faustschlag in die Magengrube, und ich glaube, eine Weile habe ich einfach so dagestanden und ihn mit offenem Mund angestarrt. Ich hatte den Aschenbecher immer selbst ausgeleert, und zwar in die Toilette. Patricia hätte die Kippen irgendwie beiseite schaffen, vor mir verstecken und später höchstpersönlich im Aschenbecher arrangieren müssen. Was natürlich absolut logisch war. Weil es um Bob ging. Weil es immer um sie und Bob gegangen war. Sie hätte jeden benutzen können. Nur daß es eben mir passiert war.

Als ich zu Ende gestarrt hatte, nickte ich. Bob stand regungslos da, den Rücken gegen die Regale gepreßt, den Blick auf gar nichts gerichtet. Ich ließ ihn stehen, schloß die Tür zum Lager und eilte durch die Redaktion zum Ausgang.

4

Ungefähr zur selben Zeit – gegen drei Uhr – wurde Reverend Harlan Flowers wieder in die Beobachtungszelle vorgelassen. Er blieb direkt bei der Tür stehen und sah Frank Beachum durch die Gitterstäbe seines Käfigs an.

Frank und Bonnie saßen eng nebeneinander auf dem Bett und hielten einander an den Händen. Gail saß am Tisch und malte mit ihren Wachsmalstiften. Auf dem Tisch und dem Boden standen Schalen mit Popcorn, ein paar Pappbecher und ein halb gegessenes Hot dog auf einem Teller. Beim Malen hielt das Kind einen langen Monolog über dies und das – ihre Freunde in der Schule, was ihre Lehrer gesagt hatten –, und Frank antwortete und stellte Fragen.

Nach ein oder zwei Minuten hob Bonnie den Blick und sah Flowers bei der Tür stehen. «Für Gail ist es jetzt Zeit zu gehen», flüsterte sie Frank zu. So hatten sie es arrangiert. Damit Bonnie und Frank ein paar Stunden für sich alleine hatten, bevor die Besuchszeit um sechs Uhr endete. Später würde Flowers' Frau nach Osage nachkommen, um sich während der Hinrichtung um Gail zu kümmern, während sowohl Bonnie als auch Flowers als Zeugen daran teilnehmen würden.

«Ich will noch nicht gehen», sagte Gail sofort. Sie hatte natürlich alles gehört. Und ihre Lippen begannen zu zittern, als sie sich über ihre Schultern zu ihren Eltern umsah.

Frank erhob sich von der Pritsche und trat neben sie.

«Können wir morgen wiederkommen?» fragte Gail. «Können wir noch mal in dem Motel übernachten? Müssen wir wieder ganz bis nach St. Louis zurück?»

Frank legte seine Hand auf ihre Wange und spürte die Feuchtigkeit.

«Morgen fährst du wieder nach Hause», sagte er.

Gails ernstes kleines Gesicht war wie eine klaffende Wunde. «Ich will nicht zurückfahren», sagte sie weinend. «Ich will bei dir bleiben.»

Frank kniete sich neben sie, so daß ihre Augen fast auf gleicher Höhe waren. «Hey», sagte er und strich über ihr braunes Haar, das fest nach hinten gebunden war, so daß es sich unter seinen Fingern steif und borstig anfühlte. Sie schniefte. «Sieh mal, Gail, du bist doch ein großes Mädchen. Du weißt doch, was hier passiert, oder nicht?»

«Ja», sagte sie mit piepsiger Stimme.

Aber sie wußte es nicht wirklich. Sie hatte es irgendwie verdrängt. Als Frank in die braunen Tiefen ihrer Augen blickte, sah er eine Art Benommenheit, Schock, vermutete er, eine Welt voller Schmerz, aber völlig vernebelt, als ob sie ein Kind wäre, das allein durch die Rauchschwaden einer ausgebombten Stadt irrte. Sie war so glücklich gewesen, dachte er, als sie in der schildkrötenförmigen Sandkiste mit ihrer Schaufel auf den Sand gepatscht hatte.

«Also sieh mal», sagte er und fuhr sich mit der Zunge über die Lippen. «Weißt du, nach heute . . . nach heute kannst du deinen Dad nie wieder sehen . . .»

Sie schlang plötzlich die Arme um ihn und vergrub ihr Gesicht an seiner Schulter. Er hielt sie fest, biß die Zähne aufeinander und schloß die Augen.

«Aber ich werde dasein», sagte er mit bebender Stimme. «Hör mir gut zu, meine Süße, okay? Hör auf deinen Dad. Du kannst mich nicht mehr sehen, aber ich werde dasein. Bei Gott, das werde ich. Du kannst immer mit mir reden. Okay? Du kannst mit mir reden, wann immer du willst, und ich werde dich hören. Jederzeit, jederzeit, wenn du mich brauchst. Du sagst einfach, was dir im Kopf rumgeht, und ich werde dasein und zuhören. Das verspreche ich dir. Jederzeit, wenn du mich brauchst.» Sie hatte mit ihrer Schaufel auf den Sand gepatscht, dachte er. Hatte so glücklich gegluckst und gebrabbelt, als Bonnie mit der leeren Flasche an die Verandatür gekommen war. «Paß auf – ich hab dir einen Brief geschrieben . . .», setzte er an, doch er konnte den Satz nicht beenden. Weil es ihm auf einmal so dumm und nutzlos vorkam. Ein gottverdammter Brief. Was konnte ihr der schon nutzen? »Das verspreche ich dir», sagte er noch einmal. Dann hielt er sie einfach fest, seine Wange an ihrem Haar. Er roch ihr Baby-Shampoo und die Haut in ihrem Nacken, die glatte Klein-Mädchen-Haut, nicht wie ihr Gesicht, das besorgt und benommen und alt geworden war. Er konnte das Patschen ihrer Schaufel auf dem Sand in der Sandkiste hören und die heiße Sonne im Hof hinter seinem Haus spüren.

Er klopfte ihr entschlossen auf den Rücken und begann sich aus der Umarmung zu lösen. «Geh jetzt», sagte er. «Alles wird gut.» Aber sie klammerte sich an ihn. Flowers trat vor, und Benson kam mit seinem Schlüssel an die Käfigtür. Als das Mädchen hörte, wie die Gittertür aufglitt, riß sie ihren Kopf zurück und starrte ihren Vater eindringlich an.

«Warum kannst du nicht einfach mit nach Hause kommen?» fragte sie.

Frank öffnete den Mund. «Ich kann nicht . . .»

«Du sollst die Leute einfach alle totmachen und mit nach Hause kommen. Wir holen einen Hubschrauber und fliegen mit dir weg, dann können sie dich nicht mehr finden.»

Erneut strich er ihr über die Wange. Flowers legte seine Hand auf ihre Schulter.

«Du sollst sie *alle* totmachen!» rief das Mädchen.

Frank richtete sich langsam auf, während Flowers das Mädchen aus seinem Stuhl zog. Sie starrte Frank an, während der Pastor sie aus dem Käfig führte. Sie wurde rot, verzerrte das Gesicht und weinte.

«Warum *machst* du das nicht, Daddy?» Sie drehte sich ruckartig zu Benson um und schrie ihn an. «Und das macht er auch!» rief sie. «Er macht dich tot. Warte nur. Er macht euch alle tot, und wir haben einen Hubschrauber!»

Flowers führte sie durch den Raum. Sie ging hinter ihm her und sah sich die ganze Zeit um. Nur an der Tür bockte sie noch einen Moment.

«Er macht euch alle tot», sagte sie noch einmal.

Frank winkte ihr zu. Das Kind schluchzte. Flowers zerrte sie über die Schwelle.

«Auf Wiedersehen, Daddy!» rief sie. *Auf Wiedersehen, Daddy!»*

Flowers führte sie in den Flur, und Benson schloß die Tür hinter ihnen. Er warf einen Blick zu Frank, der noch immer mit erhobener Hand hinter ihnen hersah. Der wachhabende Beamte machte eine kleine, verständnisvolle Geste, als wolle er sagen: das arme Kind. Dann ging er zu seinem Schreibtisch zurück und notierte das Ereignis in seinem chronologischen Bericht.

Frank blieb stehen und schüttelte sich einmal, daß sein ganzer Körper zitterte. Er bewegte seine Hand, als wolle er sein Gesicht bedecken, doch der erhobene Arm verharrte wie erstarrt in der Luft, und seine Finger zitterten vor Franks Augen. Schließlich ließ er den Arm sinken, den Kopf hängen und die Schultern sacken. Mit gebeugtem Rücken drehte er sich schlurfend wie ein alter Mann um, hob müde den Kopf und sah Bonnie an.

Sie saß auf der Pritsche wie zuvor. Ganz still, die Hände jetzt im Schoß gefaltet. Sie weinte nicht, und ihr Gesicht war regungslos. Doch die Falten auf ihrer Stirn, ihre Wangen, ihr Mund, alles war nach unten gezogen. Nicht, daß sie die Stirn runzelte. Ihre Gesichtszüge wurden nur von ihrem eigenen Gewicht nach unten gezogen, so daß sie sehr alt aussah. Auch ihre Augen sahen alt aus, als sie ihren Mann ansah.

«Das ist mehr, als ich ertragen kann», sagte sie mit leiser, klarer Stimme. «Ich dachte, Gott würde mir nicht mehr auferlegen, als ich ertragen kann. Aber das ist mehr . . .»

Frank nickte. Sie ließ den Kopf wieder sinken. Er schlurfte zu dem Stuhl, ließ sich niedersinken und stützte sich mit den Händen auf die Lehne.

«Ich dachte, Gott würde einem nicht mehr auferlegen, als man ertragen kann», sagte sie und starrte auf den Boden. «Das ist mehr.»

Frank saß schweigend da, sein Blick wanderte durch die Zelle, doch er sah nichts. Er wischte sich über die Lippen und atmete langsam aus wie ein Mann, der sich von einem Schlag erholt. «Es wird . . .» Seine Stimme versagte, und er fuhr sich erneut mit der Hand über den Mund. «Es wird alles gut werden», sagte er.

Bonnie lachte einmal kurz auf, ein gräßlicher Laut. Ein Ausdruck der Verärgerung huschte über ihr Gesicht. Dann schüttelte sie den Kopf, wandte den Blick ab und starrte ins Leere.

«Vielleicht die Revision», sagte sie leise. «Vielleicht hören sie diesmal zu. Ich meine, sie können doch nicht einfach einen unschuldigen Mann umbringen. Vielleicht . . .»

«Es gibt keine Revision», sagte Frank, während sein Blick durch den Raum wanderte.

« . . . im letzten Augenblick müssen sie es einsehen. Ich meine, dies ist noch immer Amerika, um Himmels willen noch mal. Oder etwa nicht? Du bist doch einfach nur in den Laden gegangen. Ich habe dich gebeten, etwas für mich einzukaufen. Sie werden doch nicht einfach einen Menschen, einen guten, anständigen Menschen . . .»

«Sie haben die Revision abgelehnt, Bonnie.»

«. . . hinrichten. Das würde doch überhaupt keinen Sinn ergeben. All diese juristischen Sachen, über die sie reden. Am Ende, glaubst du nicht, am Ende werden sie vielleicht einfach sagen . . .»

Frank richtete sich in seinem Stuhl auf und sah seine Frau endlich direkt an. «Bonnie», sagte er leise.

« . . . sie müssen schlicht und einfach *begreifen*.»

«Bonnie, um Gottes willen.»

«Sie müssen es begreifen. Es geht nicht um irgendwelchen – juristischen Kram. Es ist eine Ungerechtigkeit. Eine Ungerechtigkeit. Das werden ihnen die Anwälte begreiflich machen . . .»

«Es gibt keine Revision», sagte Frank mit lauter werdender Stimme. «Sie haben die Revision abgelehnt.»

«... daß sie einen schrecklichen ...» Bonnie hielt inne. Ihre Lippen bewegten sich noch einen Moment, als wolle sie weitersprechen, doch das tat sie nicht. Sie schloß die Augen.

«Deswegen hat Tryon eben angerufen», sagte Frank.

Bonnie erwiderte nichts. Sie rührte sich nicht. Sie hielt die Augen geschlossen. Frank beobachtete sie. *Sie wußte es*, dachte er. *Natürlich wußte sie es.*

Danach verharrten sie eine Zeitlang so, blieben sitzen, wo sie saßen, voneinander getrennt, und starrten ins Leere. Der Zeiger der Uhr wanderte, und sie spürten das Gewicht seiner Bewegung schwer auf ihren Schultern und in ihrem Magen. Schließlich konnte Frank die Einsamkeit nicht mehr ertragen und stemmte sich aus dem Stuhl hoch. Müde ging er die paar Schritte bis zur Pritsche und setzte sich neben seine Frau. Nach einer Weile legte er den Arm um sie, und sie ließ ihren Kopf auf seine Schulter sinken.

Fünfter Teil

Tempo fugit

1

Oh, du Tempo der Götter! Du Auto! Du Automobil der Automobile! Ich frage dich: Gibt es irgend etwas auf dieser Welt, was ein Mann nicht erreichen kann, wenn er eins wird mit seinem Gefährt? Diese Fahrt zum Osage Gefängnis – ich schwöre, es war das beste, was mir bis dahin an diesem Tag passiert ist, die erste gute Sache, seit ich Patricia verlassen hatte. Der durch das offene Fenster hereinwehende Wind, die Musik im Radio, die Zigaretten – Zigaretten ohne Ende und jede schmeckte besser als die vorige. Und die Geschwindigkeit, vor allem die Geschwindigkeit. Ich hatte weniger als fünfzig Minuten, um die einstündige Strecke zu bewältigen, und nachdem ich erst einmal auf dem Highway war, fuhr ich einfach mit Bleifuß. Und der alte Vogel flog. Zugegeben, ich brauchte eine Weile, um ihn auf Touren zu bringen. Aber danach flog er. Der Verkehr war egal – nur direkt an der Stadtgrenze war er etwas dichter, jede Menge Sattelschlepper, die Führerhaus an Führerhaus über die Straße rumpelten wie eine Parade Elefanten. Doch das war egal. Ich zischte an ihnen vorbei, zwischen ihnen durch, ohne zu bremsen, war immer nur am Beschleunigen, manchmal so schnell, daß ich das Gefühl hatte, mich in Luft aufzulösen und direkt durch sie hindurchzufahren, während die Atome des Tempo zwischen den ihren vibrierten. Und die Bullen waren auch egal. Wo waren sie überhaupt? Sechzig Meilen freie Strecke, da muß es überall Radarfallen gegeben haben. Aber wo waren sie? Die Bullen mit ihren dunklen Sonnenbrillen und ihrem Radar? Ihre Radarpistolen konnten mich nicht erwischen. Sie registrierten nur ein Zischen, als ich vorbeikam, einen schwachen grünen Hauch elektronischen Lichts. *Muß der Wind gewesen sein*, sagten sie sich. *Muß der Staub gewesen sein, den der Wind vorbeigeweht hat.*

Ich schaltete einen Schlagersender ein. Ein geheimes Laster

von mir, diese Musik. Wie Sirup oder wie warmer, breiiger Eintopf an einem windigen Tag. Ich liebe es. Andy Williams, ja; Perry Como, Edie Gormet. Ich singe immer mit. Ich sang aus Leibeskräften *I Wish You Love*, es quoll aus mir heraus, Zigarettenqualm und Melodien füllten den Wagen. *Love Is Funny*, sang ich, und das Publikum raste, Meile für Meile, Zigarette für Zigarette, Lied für Lied. *It Must Be Him. Close To You.* Die Klassiker. Und niemand, der es mir verbieten konnte. Niemand, der mich fragte, wie ich mir solche Musik anhören konnte. Und wie viele Zigaretten hast du jetzt schon geraucht? Niemand, der mich das fragen konnte. Oder wie ich so schnell fahren konnte. Oder wie ich meine Frau betrügen und mein Kind vernachlässigen konnte. Oder ob Frank Beachum wirklich unschuldig oder ob Bobs Ehe durch meine Schuld zerstört war. Die Menschen am Straßenrand mögen sich all das gefragt haben, hätten vielleicht gerne auch mich gefragt, hätten gerne die Hand gehoben, um meine Aufmerksamkeit auf sich zu ziehen. Doch ich war schon vorbei. Ich war eine Erinnerung. Sie hatten keine Chance.

Und ich hätte sie ohnehin nicht sehen können. Sie wären nur Teil der Landschaft gewesen, die entlang der Straße verschwamm, nicht mehr als eine sich verändernde Struktur, ein endloser Farbstreifen am Fenster, Slums, Vorstädte und Farmland, die ineinander übergingen, kaum eine Landschaft, nur ein Vorbeihuschen ... und dann Geschichte. Nur die sich vor mir aufrollende Straße, die Fahrbahnmarkierungen, die vom Kühler gierig verschlungen wurden, waren noch zu sehen, konnten mit der Geschwindigkeit des fahrenden Auges mithalten.

Schließlich verschmolz alles, im Düsenfeuer meines Rückstoßes vermutlich, und ich fuhr durch eine weite weiße Leere: das öde Flachland um das Gefängnis. In der Ferne kam unvermittelt die erste Straßensperre ins Blickfeld und füllte Sekunden später die ganze Windschutzscheibe. Ich war da. Als Jack Jones und ich unseren Vortrag von *Polka Dots And Moonbeams* beendet hatten, warf ich einen Blick auf die Uhr am Armaturenbrett. Ich hatte die Strecke in vierzig Minuten geschafft, mußte im Schnitt also mindestens zweihundertfünfundsiebzigtausend Stundenkilometer gefahren sein. Aber vielleicht war es auch nur eine von diesen Einstein-Geschichten: Vielleicht war ich angekommen, bevor ich die Stadt überhaupt verlassen hatte.

Am Horizont tauchte das Gefängnis auf. Zuerst sah es aus wie eine weiße Gesteinsformation, wie sie nur einmal in einer Million Jahren entsteht. Die niedrigen grauen Mauern, die hohen grauen Türme, als ob der Fels ein Zauberschloß aus dem Europa der Phantasie erschaffen hätte. Dann waren die Mauern überall um mich herum. Die langsamen, schwenkenden Blicke der Wärter in ihren Türmen erfaßten mich, genau wie das Visier ihrer Gewehre. Ich war am Ziel.

Ich parkte auf dem für Pressevertreter reservierten Bereich des breiten Besucherparkplatzes und warf meinen Pieper ins Handschuhfach, um ihn nicht beim Betreten des Gefängnisses aushändigen zu müssen. Als ich aus dem Wagen stieg, tauchte neben mir ein Mann in einer dunklen Jacke und dunklen Hose auf, ein großer Mann mit einem buschigen Schnauzbart. Er stellte sich als Strafvollzugsbeamter vor und erklärte mir, er würde vorausgehen.

Ich folgte ihm, mittlerweile richtig aufgeregt. Die Fahrt hatte mir den Kopf freigepustet, und ich war wieder so aufgeregt wie in Pocum's Lebensmittelladen. Das war es, sagte ich mir, als ich durch den Kontrollpunkt für Besucher geschleust wurde. Das war die Realität, hautnah, das Gefängnis. Das Todeshaus. Todeshaus wie *Tod. Hinrichtung. Brrrrrr.* Mein Gott, ich liebe Journalismus.

Wir gingen nicht durch die Zellenblöcke, sondern durch weiße Flure vorbei an Bürotüren. Doch ich konnte das Gefängnis um mich herum spüren, die dicken Mauern, die mich einzwängten. Ich konnte spüren, wie ich zu dem Ort hinabstieg, als ob ich in tiefes Wasser hinabgelassen würde. Wir gingen durch einen dunklen Korridor. Eine Gittertür glitt auf. Wir gingen hindurch, beobachtet von einem Wärter in einer Kabine, und die Gittertür fiel mit einem metallischen Klicken hinter uns wieder ins Schloß, ein Geräusch, das ich wie einen Stoß im Magen spürte. Tiefer und tiefer, keine frische Luft zum Atmen, kein schneller Weg ins

Freie. Das Gefängnis schien sich über unseren Köpfen zu schließen. Ich versuchte, gelassen zu wirken, aber in Wirklichkeit war das alles sehr spannend.

Der Vollzugsbeamte führte mich durch weitere Gittertore und dann durch eine schwere Tür in einen kleinen Hof, der in der Nachmittagshitze brütete. Wir überquerten den Hof und betraten ein anderes Gebäude. *Das Todeshaus*, dachte ich. *Der Todestrakt. Die letzten Meter. Brrrrrr.*

Wir gingen durch einen Flur mit Fenstern hinunter bis zu einer weiteren Gittertür. Wir gingen hindurch und einen weiteren Korridor entlang, in dem jede einzelne Tür vor Bedeutung zu vibrieren schien. Mir fiel auf, daß ich auf die Toilette mußte, aber ich wollte jetzt nicht fragen, wollte den Augenblick nicht stören. Wir kamen an eine Tür, vor der ein Wärter saß. *Das ist sie*, dachte ich. *Die Beobachtungszelle.* Ich versuchte, abgestumpft und gelassen zu wirken. Ich sah meinen schnauzbärtigen Führer trocken an. «Nett hier», sagte ich. «Erinnern Sie mich daran, nie ein Gewaltverbrechen zu begehen.»

Mein Gefährte blickte ausdruckslos auf mich herab. «Sie lügen, müssen Sie wissen», sagte er.

«Was?»

«Die Gefangenen. Das ist alles, was sie machen. Jedes Wort, das über ihre Lippen kommt, ist eine Lüge.»

Ich nickte. «Jeder lügt, Kumpel», sagte ich. «Ich bin nur hier, um es aufzuschreiben.»

Der Wärter stand auf und öffnete die Tür zur Beobachtungszelle.

2

Sie haben fünfzehn Minuten, Mr. Everett», sagte der Wärter in der Beobachtungszelle. «Anweisung von Mr. Plunkitt. Exakt fünfzehn Minuten.»

Ich sagte nichts, sah mich nur um. Sah die rauhe Betonwand mit der darübergeschmierten weißen Farbe, den langen Tisch des Wärters, die Schreibmaschine und die Uhr über ihm an der Wand, deren Zeiger sich drehten und drehten. Den Käfig und das matte Schimmern der Gitterstäbe im Neonlicht. Den Tisch in dem Käfig, der mit leeren Pappbechern und überquellenden Aschenbechern aus Aluminium bedeckt war. Das zerwühlte Laken auf der Pritsche. Die grelle Nacktheit der Metalltoilette an der Stirnwand. Und den Mann und die Frau, die in dem Käfig standen.

Sie hatten sich von der Pritsche erhoben, um mich zu begrüßen, sein Arm lag um ihre Schulter. Schließlich blieb mein Blick an ihnen haften.

Das ist sie, sagte ich mir. *Die Beobachtungszelle.* Aber das mußte ich mir gar nicht mehr sagen. Eine eklige Traurigkeit, eine eklige Angst erfüllte den hellen Raum wie Sumpfgas oder Miasma, man konnte sie förmlich atmen.

Ich betrachtete Frank Beachums Gesicht durch die Gitterstäbe. Ich würde ihn in meinem Artikel beschreiben müssen – in meinem Feature –, also betrachtete ich sein Gesicht. Ich sah vor allem eine große Müdigkeit. Eine Müdigkeit und durch benommenes Unverständnis gedämpftes Entsetzen. Aber vor allem Müdigkeit. So erinnere ich mich zumindest an ihn.

Schmale, zerklüftete, markige Gesichtszüge, die einmal Stärke ausgestrahlt hatten, aus denen jedoch bis auf die Müdigkeit jeder Ausdruck gewichen war. Mit seinem langen Körper, den er mit beinahe spürbarer Willenskraft fast aufrecht hielt, sah er aus wie ein Krebskranker, ausgezehrt, ein schlafloser Pilger, der auf seinem endlos weiten Weg eine weitere Talsohle durchschritten hat. Müde bis auf die Knochen, bis auf die Seele, eine Müdigkeit jenseits des Vorstellbaren. Wenn ich an Frank Beachum denke, dann vor allem daran – an diesen ersten Eindruck – mehr als an den letzten; mehr als daran, wie er jenes letzte Mal war, als ich ihn sah.

Er stand reglos, den Arm um seine Frau gelegt, die ihre Hände ineinander verklammert hatte. Sie hätten ein beliebiges Paar Mitte Dreißig auf einem Sonntagsspaziergang nach dem Gottesdienst sein können. Bis einem auffiel, wie weiß ihre Knöchel waren, wie fest ihre Hände ineinander verkrallt waren. Ihr kleines, herabhängendes Gesicht – vorzeitig gealtert wie eine falsche Antiquität, so schien es, wie durch Schläge – leuchtete unnatürlich im fiebrigen Glanz ihrer Augen. Ein schrecklicher Glanz – von wahnsinniger Hoffnung, dachte ich, und Hilflosigkeit.

Der Wärter – Benson – stellte für mich einen Stuhl vor den Käfig, und ich trat langsam vor. Beachum streckte die Hand durch die Gitterstäbe, und ich schüttelte sie. Seine Hand war trocken und kalt. Ich mochte das Gefühl seiner Berührung nicht.

«Mr. Everett», sagte er. «Ich bin Frank Beachum. Nehmen Sie ...» Die Worte kamen zäh und schmerzhaft über seine Lippen und fielen wie Lehmklumpen auf die Erde. Er war so ausgezehrt, daß es ihm Mühe bereitete, überhaupt etwas zu sagen. Er wies auf den Stuhl.

«Ja, danke», sagte ich.

Ich nahm Platz und zückte meinen Notizblock und meinen Stift. Beachum löste sich sanft aus der Umarmung und setzte sich langsam auf den Stuhl an dem Tisch vor mir. Mrs. Beachum ließ sich wieder auf die Pritsche sinken, ohne ihre glänzenden Augen von mir zu wenden.

Ich kramte inzwischen schon nervös nach meinen Zigaretten und hielt dann Beachum die Schachtel hin. Er hob die Hand. «Ich hab selber», sagte er und zog eine Zigarette aus seiner Hemdtasche. Ich konnte mein Herz pochen hören, als wir auf beiden Seiten des Gitters unsere Zigaretten anzündeten.

Wir blickten uns wieder an und füllten den weißen Raum zwischen uns mit grauem Qualm. «Wie ... geht's der Kleinen?» sagte er. Ich verstand ihn nicht. Er preßte weitere Worte aus sich heraus. «Michelle ... Irgendwas. Sie hatte einen Unfall.»

«Oh. O ja», sagte ich. «Sie hatte einen Autounfall. Ziemlich üble Sache. Das letzte, was ich gehört habe, ist, daß sie im Koma liegt.»

Mir fiel ein, daß ich vergessen hatte, Alan nach den neuesten Details zu fragen. Ich war zu sehr mit meinen eigenen Problemen beschäftigt gewesen.

«Tut mir leid», sagte Frank Beachum. «Tut mir leid, das zu hören.»

Ich nickte, vage beschämt. «Ja», sagte ich. «Ja, schlimm das Ganze.»

Dann schwieg ich, und er auch, und wir rauchten beide. Ich konnte die Bewegung der Uhr an der Wand in meinem Rücken spüren, und meine Nackenhaare sträubten sich. *Mein Gott*, dachte ich. *Das arme Schwein. Mein Gott.* Es waren ein paar schlimme Sekunden. Die Aufregung, der Druck auf meiner Blase, das Mitleid und die ansteckende Angst. Es fiel mir schwer, meine Gedanken zu ordnen. Was hatte ich ihn überhaupt fragen wollen? Mein Auftrag lautete, mit ihm über seine Gefühle zu sprechen, dem Leser ein Gefühl von diesem Ort zu vermitteln, Todeshaus-Thrill aus zweiter Hand, den sie bei ihrem Frühstücksbrötchen genießen konnten. *Geh nicht zu sehr auf den Fall ein. Darüber haben wir bereits ausführlich berichtet*, hatte Bob mir erklärt. Und was das andere anging: Meine eigenen Mutmaßungen kamen mir auf einmal wirr und unausgegoren vor. Ich verschränkte die Beine, um meine Blase zu beruhigen, und versuchte mich zu konzentrieren.

Der Verurteilte half mir aus der Bredouille. «Das Mädchen», sagte er. «Diese ... Michelle – sie sagte, sie ... ich weiß nicht ... sie wollte mit mir darüber reden, wie ich mich fühle. Hier. Hier drinnen.» Das lange, traurige, müde Gesicht fuhr fort, die Worte quer über den Tisch, durch die Gitterstäbe und den Qualm in meine Richtung zu stoßen. Ich sah ihn hinter einer Strähne dünnen, braunen Haars müde blinzeln. Vermutlich hätte ich mich schuldig fühlen sollen, weil ich aus seinem Elend für mich und meine Leser einen Thrill zog. Und das tat ich auch, ich fühlte mich schuldig. Und ich nickte.

«Ja. Ja, genau», sagte ich. «Darum ging es. Um den menschlichen Aspekt.»

Beachum zog heftig an seiner Zigarette, bevor er bedächtig weitersprach, als habe er sich zurechtgelegt, was er sagen wollte. «Was ich ... was ich allen sagen wollte ... war, ... daß ich an Jesus Christus glaube, unseren Herrn und Erlöser.» Ich nickte erneut und fuhr mir mit der Zunge über die Lippen. Als ich mich in meinem Stuhl aufgerichtet und gesammelt hatte, fiel mir ein, daß ich mitschreiben mußte, was er sagte. Ich kritzelte auf meinen Block. *Glaube an JC ... Herrn + Erl.* ... Nur fünfzehn Minuten, dachte ich panisch. Nur fünfzehn Minuten für mich. Nur noch acht Stunden für ihn. Beachum hatte erneut Luft geholt und fuhr jetzt fort: «Und ich glaube ... ich glaube, daß ich an einen besseren Ort kommen werde und daß ...» Er hielt inne, weil von seiner Frau ein Geräusch kam, ein zitterndes Schluchzen. Ich sah, wie sie ihre Arme an ihren Körper preßte, um sich zum Schweigen zu bringen. Beachum drehte sich nicht um. Er sagte: «... und daß, ähm, daß es dort einen besseren Richter gibt und man mich von aller Schuld freisprechen wird. Ich will nicht sagen, daß ich keine Angst habe ... Ich glaube, so ziemlich jeder hat Angst vor dem Sterben – wenn man nicht verrückt ist jedenfalls. Verstehen Sie. Aber ich habe keine Angst, daß die Irrtümer, die hier auf Erden begangen werden, nicht richtiggestellt werden. Was krumm ist, soll gerade werden, heißt es in der Bibel, und daran glaube ich. Und das wollte ich vor allen Menschen bezeugen, bevor das hier geschieht. Also ... das sind meine Gefühle.»

Ich nickte und schrieb weiter. *Irrtümer richtiggestellt ... krumm ist, gerade werden* ... Ich nickte und schrieb. Es war vermutlich das, was er sagen wollte. Deswegen hatte er dem Interview zugestimmt. Doch mit der Uhr an der Wand, dem Ausdruck in seinen Augen und der Seelenqual, die aus dem unverwandten Blick seiner Frau loderte, lösten die Worte, die ich auf das schmale Stückchen Papier gekritzelt hatte, leichten Ekel aus. Der Zeiger der Uhr hinter mir drehte sich weiter und weiter. *Das arme Schwein*, dachte ich. *Das arme, verängstigte Schwein.*

Ich hörte auf zu schreiben, blickte jedoch nicht auf. Ich drückte meinen Stift fest auf, bis die Spitze sich in das Papier grub, doch ich blickte immer noch nicht auf. Ich wollte Frank Beachum gerade in diesem Moment nicht in die Augen sehen, weil ich mich für ihn schämte. Wie er mit seiner verängstigten

Frau in diesem Käfig saß und von Jesus redete. Es war peinlich. Tatsache, das Gefühl überkommt mich jedesmal, wenn einer anfängt, von Jesus zu reden. Jedesmal wenn jemand das Wort sagt – wenn er «Jesus» sagt, als ob er es wirklich meint –, bekomme ich eine Gänsehaut, so als hätte er statt dessen etwas so Peinliches wie «Dünndarm» gesagt. Ich habe dann immer das Gefühl, mit einem geistig Behinderten zu reden, einem geistig Behinderten, der vor dem Schock der Widersprüche und der grausamen Realität geschützt werden muß. Jedesmal wenn ich einen Menschen Gott preisen höre, weiß ich, daß ich es mit einem verkrüppelten Herzen zu tun habe, einem Herzen, das an der Trauer und der nackten Wahrheit krank geworden ist, krank an einer Welt, in der die Starken und Glücklichen prächtig gedeihen, während die Schwachen entschädigungslos zu Boden gedrückt werden.

Ich schämte mich für den Mann, und als ich jetzt aufblickte, schmerzte mich sein Anblick. Der arme Kerl, dieser vormals männliche Kerl, der in seinem Käfig darauf wartete, ins Nichts abtransportiert zu werden, und darauf reduziert worden war, seinen religiösen Teddy zu umarmen, an seinem christlichen Daumen zu nuckeln, sich selbst sein biblisches Märchen zu erzählen, damit er es, ohne zu schreien, über den Flur des Todeshauses schaffte, damit er seiner letzten Mitternacht entgegensehen konnte, ohne wahnsinnig zu werden. Vielleicht hätte ich in seiner Lage dasselbe getan. An einem Ort wie diesem gab es nicht viele Atheisten. Vielleicht ging es mir deswegen unter die Haut, ihn zu sehen. Und es ging mir unter die Haut. Ich spürte, wie es in meinem Magen kochte und brodelte.

Um seinem müden Blick auszuweichen, sah ich mich nach der Uhr um. Der wachhabende Offizier an seinem Schreibtisch beobachtete mich. Er hob herausfordernd das Kinn.

«Sie haben noch neun Minuten», sagte er.

Ich drehte mich wieder zu Beachum um und lächelte verlegen, während es in mir kochte und brodelte.

Der Verurteilte in seinem Käfig breitete ein wenig die Hände aus, während sich seine Lippen bewegten und er mich unsicher ansah. «Ist ... ist das in Ordnung so, Mr. Everett?» fragte er leise. «Ist ... es das, was Sie wollten, oder ...?»

Mit zittrigem Atem blies ich eine Rauchwolke aus und beugte mich in Richtung der Gitterstäbe vor. Ich spürte, wie meine Augen brannten, als ich den Mann durch die Gitterstäbe anstarrte. Ich hatte das Gefühl, in eine dröhnende, bleierne Tiefe zu starren, auf die unermeßliche Last in seinem Innern, die Last, seine letzten Stunden ausleben zu müssen. *Ist es in Ordnung so, Mr. Everett? Ist es das, was Sie wollten?* Ich spürte, wie der glänzende Blick seiner Frau den Rand meines Blickfelds traf, spürte, wie ich die Lippen bleckte, bis meine Zähne blank lagen.

«Mr. Beachum», sagte ich heiser. «Jesus Christus interessiert mich einen Scheiß. Und mir ist es egal, wie Sie sich fühlen. Auch die ganze Ungerechtigkeit schert mich einen Dreck, sei es in diesem Leben oder im nächsten. Und um ehrlich zu sein, ist es mir auch ziemlich egal, was richtig und was falsch ist. Das war schon immer so.» Ich warf die Zigarette auf den Boden und trat sie aus. Ich konnte kaum glauben, was ich da zu ihm sagte. Und ich konnte nicht aufhören. Erneut hob ich den Blick. «Alles, was mich interessiert, Mr. Beachum», sagte ich, «sind die Dinge, die passieren. Die Tatsachen, die Ereignisse. Das ist mein Job, mein einziger Job. Die Dinge, die passieren. Mr. Beachum – ich muß wissen – haben Sie diese Frau ermordet oder nicht?»

Wieder entwich seiner Frau ein Laut, und sie bedeckte ihren Mund mit der Hand.

«Was?» sagte Beachum. Er starrte mich mit matten Augen und offenem Mund unendlich müde durch die Gitterstäbe an.

«Was ist passiert, verdammt noch mal?» Ich schluckte hart. «Was ist passiert?»

«Was ...? Was pas ...?»

«In dem Laden. An dem Tag. Als Amy Wilson erschossen wurde.»

Er schloß den Mund und klappte ihn wieder auf. Er wandte seinen Blick nicht von mir, und ich den meinen nicht von ihm. Wir waren aneinandergekettet. «Ich ... ich habe eine Flasche Steaksauce gekauft.»

Zischend entwich mein Atem. Himmel Herrgott, dachte ich. Steaksauce, mein Gott. Und doch war es die Wahrheit. Ich war mir sicher, daß es wahr war.

«Und Sie haben sie bei Amy an der Theke bezahlt», sagte ich.

«Ja.»

Automatisch wanderte meine Hand wieder zu meinen Zigaretten. Ich zog eine aus der Schachtel. «Und sie hat das Geld erwähnt, nicht wahr? Das Geld, das sie Ihnen schuldete. Hat sie es erwähnt?»

Zunächst schien er unfähig zu antworten, unfähig zu sprechen. Er öffnete den Mund, gestikulierte, aber es kamen keine Worte. Dann: «Sie sagte, sie würde ... wissen Sie ... versuchen, es zusammenzubekommen. Das Geld. Ich sagte ihr ... ich sagte ihr, sie solle sich keine Sorgen machen. Ich wußte, daß sie es schwer hatten. Deswegen habe ich den Wagen ja für sie repariert. Ich habe ihnen sowieso nur die Ersatzteile berechnet. Das habe ich denen beim Prozeß auch alles erzählt. Sie haben mir nicht geglaubt. Selbst mein Anwalt ...» Seine Stimme versagte, und er schüttelte den Kopf.

Aber ich glaubte ihm. Er hatte mit Amy über das Geld geredet. Das hatte Porterhouse gehört, bevor er auf die Toilette gegangen war.

Ich steckte die frische Zigarette in den Mund, so daß sie beim Reden auf und ab wippte. «Nun, irgend jemand hat sie erschossen, mein Freund. Das ist die Wahrheit, das ist eine Tatsache. Das Mädchen ist tot, und jemand hat sie erschossen. Wenn Sie es nicht waren, muß es jemand anders gewesen sein.»

«Sie haben noch fünf Minuten», sagte Benson hinter mir, und sein Tonfall klang jetzt finster und drohend. Wir schenkten ihm keine Beachtung. Wir sprachen einfach weiter, als hätte er nichts gesagt.

Frank nickte benommen. «Ja», sagte er. «Sicher.»

«Sicher», sagte ich und nahm mein Feuerzeug. «Wie wer, zum Beispiel?»

«Was?»

«Wer könnte es getan haben?»

«Ich weiß . . . ich weiß nicht.»

«Nicht Porterhouse», sagte ich. «Er ist kein Mensch, der schießt. Ich habe mit ihm gesprochen. Er hat nichts getan. Aber ich sage Ihnen noch was: Er hat auch nichts gesehen. Und er ist Ihr einziger Zeuge.»

Daraufhin stöhnte Mrs. Beachum auf. So muß man es nennen. Es war ein kurzes, feuchtes, schluchzendes Stöhnen. Ich sah sie nicht an, verdrängte die Hitze ihres brennenden Blicks.

«Ich weiß nicht, ich weiß nicht», sagte Beachum müde und wandte traurig und geschlagen den Blick ab.

«Kommen Sie, Mann», flüsterte ich. «Was ist mit der Frau? Der Frau in dem Wagen?»

Der Verurteilte schüttelte knapp den Kopf, als würde ich ihn jetzt belästigen. «Nein . . . Nein . . .»

«Warum hat sie den Schuß nicht gehört?»

«Ich weiß nicht . . .»

«Warum hat sie nicht gesehen, daß Sie keine Waffe hatten? Sie hatten die Steaksauce in der Hand, oder nicht?»

«O Gott!» schrie Mrs. Beachum.

Ich zwang mich, sie zu ignorieren. «Es war die Flasche, nicht wahr? In Ihrer Hand? Sagen Sie es mir.»

Beachum wirkte jetzt wie ein Mann im Halbschlaf, den man zu abrupt geweckt hatte. «Ja», sagte er matt. «Ja. Die Flasche. Das habe ich denen auch gesagt. Sie war in meiner rechten Hand, so daß sie sie nicht sehen konnte. Ich hatte ihr die andere Seite zugewandt, als wir fast zusammengestoßen wären. Die linke. Sie konnte es nicht sehen. Sie hatte keine klare Sicht.»

«Also gut. Sie war es also nicht. Porterhouse war es nicht. Und Sie waren es auch nicht.» Ich hörte, wie Mrs. Beachum anfing zu weinen. Es war mir egal. Ich bin kein mitfühlender Mensch. Ich bin Reporter. Das war meine Story. Das war alles, was ich konnte. «Wer war sonst noch da? Das will ich wissen. Wer, verdammt noch mal, war sonst noch da?»

Aber er war zu müde. Seine Schultern sackten in sich zusammen, er starrte auf den Tisch und ließ den glühenden Stummel seiner Zigarette in den Aschenbecher fallen. «Niemand.»

Ich nahm die noch immer unangezündete Zigarette aus dem Mund. «*Irgend jemand* war da. Das ist eine Tatsache.»

«Der Laden war leer außer mir. Dem Steuerberater. Und Amy.»

Ich warf die Zigarette weg. Ich wollte ihn schütteln und ihm ins Gesicht brüllen. «Aber er war *nicht* leer», sagte ich. «Sie hat sich doch nicht selbst erschossen, oder?»

Er öffnete den Mund ein wenig und starrte elend auf den Tisch. Er antwortete nicht.

«Irgend jemand», sagte ich noch einmal. «Irgend jemand muß dagewesen sein. Vielleicht jemand, der hereinkam, als Sie den Laden verlassen haben. Das würde auch erklären, warum sie den Schuß nicht gehört hat. Wenn es passiert ist, direkt nachdem Sie den Laden verlassen haben. Haben Sie niemanden gesehen?»

«Nein, ich . . . ich weiß nicht. Ich habe nichts gesehen. Ich habe nur . . . Steaksauce gekauft. Ich mußte nach Hause. Wegen dem Picknick. Wir wollten grillen. Bonnie hatte keine Steaksauce mehr. Es war am Unabhängigkeitstag.»

Hinter mir hörte ich einen Stuhl über den Boden schrammen. «In Ordnung», sagte Benson rasch. «Das war's.»

«Nein!» Es war Mrs. Beachum. Sie war aufgesprungen, war ans Gitter gestürzt und umklammerte die Stäbe des Käfigs, bis die Knöchel an ihren kleinen, roten Spülwasserhänden wieder ganz weiß waren. «Nein, bitte», sagte sie noch einmal. Tränen rannen über ihre Wangen, und ihr Gesicht war fleckig und häßlich. «Sie glauben uns. Oder nicht? *Glauben* Sie uns?»

Ich mußte sie endlich ansehen. Doch ihr Leid und ihre Verzweiflung machten mich stumm. Benson trat links neben mich und legte seine Hand auf meinen Arm. Ein Mann, der es gewohnt ist, die Menschen nach Gutdünken herumzuschubsen, unser Benson. Er zog mich nicht hoch, doch ich spürte den Druck und erhob mich.

«Schon gut, schon gut», sagte ich zu ihm.

«Gehen wir», sagte er «. . . die Leute so aufzuregen . . .»

«Schon gut.»

Mrs. Beachum klammerte sich ohne jede Hemmung, ohne

jede Würde an die Gitterstäbe. Sie bleckte die Zähne wie ich zuvor, als wäre sie eine Art wildes Tier. Die Worte kamen knurrig und tief aus ihrer Kehle. *«Glauben . . . Sie . . . uns?»*

«Nicht, Bonnie», murmelte Beachum. «Nicht.»

Ich sah das schreckliche Gesicht dieser Frau in dem Käfig an. Sie schien durch die Gitterstäbe auf mich zuzudrängen.

«Ja», sagte ich schließlich. «Ich glaube Ihnen. Um Himmels willen. Man muß sich ihn doch nur ansehen.»

Sie schloß die Augen – Gott sei Dank, denn ich konnte ihren Blick nicht länger ertragen.

Sie lehnte die Stirn gegen die Gitterstäbe, und ihre Schultern zuckten, während sie weinte.

«Niemand. Nicht einmal die Anwälte», sagte sie. «Niemand sonst . . .»

Benson zerrte mich Richtung Tür. Ich riß meinen Arm los. «Schon gut», sagte ich. «Verdammt noch mal.»

«Hier reinzukommen und die Leute aufzuregen», sagte er gepreßt. «Glauben Sie nicht, daß diese Menschen schon genug durchgemacht haben? Was, glauben Sie, wo wir hier sind?»

«Schon gut», sagte ich und ging zur Tür. Benson lief an mir vorbei, um dem Wärter draußen Bescheid zu geben. Die Tür öffnete sich.

Doch auf der Schwelle blieb ich noch einmal stehen und warf einen Blick zurück in den Käfig. Beachum saß da wie zuvor, den Blick gesenkt, seine herabhängenden Mundwinkel ließen sein Gesicht entrückt, fast träumerisch erscheinen. Doch seine Frau hatte den Kopf jetzt wieder gehoben, auf ihrer Stirn brannten die weißen Abdrücke der Gitterstäbe. Sie sah mich unter Tränen durch das Stahlgitter an, wie man ein Kind ansieht, das gerade etwas unglaublich Gedankenloses, etwas gedankenlos Grausames getan hat.

«Wo *waren* Sie?» fragte sie leise mit brechender Stimme. «Jetzt ist es zu spät.» Sie schniefte laut. «Lieber Gott, wo *waren* Sie? Die ganze Zeit.»

Benson legte wieder seine Hand auf meinen Arm, doch ich leistete noch ein oder zwei Sekunden Widerstand.

«Es war nicht meine Story», erklärte ich ihr. «Es hat einen Unfall gegeben . . . in der Todeskurve . . . Es war an sich gar nicht meine Geschichte.»

Dann wurde ich in den Flur gestoßen.

3

Luther Plunkitt erwartete mich am Besuchereingang. Das war, soviel begriff ich, kein gutes Zeichen. Am Tag einer Hinrichtung herrscht angespannte Stimmung in einem Gefängnis. Die Gefangenen sind wütend, die Wärter nervös, die Sicherheitsvorschriften streng, und alle sind kribbelig. Man würde Plunkitt unverzüglich davon informiert haben, daß ich in der Beobachtungszelle einen kleineren Aufruhr angezettelt hatte. Fragen waren gestellt worden, es war laut geworden. Das alles würde ihn nicht besonders glücklich gemacht haben.

Aber das war das Unheimliche an Plunkitt. Man konnte nie genau sagen, ob er glücklich war oder nicht. Er begrüßte mich mit ausgestreckter Hand, im Gesicht ein erstarrtes, knappes, schmallippiges Lächeln. Seine runzligen Gesichtszüge wirkten einigermaßen freundlich, und jede Strähne seines silbernen Haars saß perfekt. Nur die grauen Augen, tief in den Falten unter seiner kräftigen Stirn verborgen, waren metallisch und ausdruckslos. Ich wußte nicht, ob er mir die Hand schütteln oder die Gurgel umdrehen wollte, obwohl ich nicht daran zweifelte, daß er zu beidem durchaus fähig war.

Im Endeffekt schüttelte er meine Hand.

«Everett», sagte er.

«Herr Direktor», sagte ich. «Schön, Sie wiederzusehen.»

«Ich bringe Sie noch zum Wagen.»

Er steckte lässig die Hand in die Hosentasche. Nebeneinander traten wir durch die Glastür auf den Parkplatz. Die Hitze der Sonne traf mich augenblicklich. Die erdrückende Stickigkeit der Luft umschloß mich erst nach und nach. Trotzdem war es ein gutes Gefühl, aus dem Gefängnis heraus zu sein. Überall um den Parkplatz konnte ich das laute Gezirpe der Zikaden hören, und ein Schwalbenpärchen tauchte herab und zog eine Schleife über Mauern und Stacheldrähte. Es tat gut.

Plunkitt lächelte in den gebleichten Himmel und sprach zu dem wolkenlosen Blau. «Das mit Ms. Ziegler tut mir leid. Gibt es schon irgendwas Neues?»

«Nein», sagte ich. «Nicht daß ich wüßte. Sie liegt noch immer im Koma.»

«Das ist eine Schande, wirklich eine Schande. Diese Autos heutzutage. Ein Hauch genügt . . .»

Ich nickte. Wir gingen über den glutheißen Asphalt zu meinem Tempo.

«Ist das Interview gut gelaufen?» fragte er mich.

«Ja, danke. Ich weiß es zu schätzen. Unsere Zeitung weiß es zu schätzen.»

Er schien diese Bemerkung gründlich zu erwägen, während er seinen Blick jetzt in die Ferne schweifen ließ, über die grauen Gefängnismauern, die Tore und Wachttürme.

«Wissen Sie», sagte er nachdenklich, «Ms. Ziegler hatte mir zu verstehen gegeben, daß sie mit Beachum nur über, verstehen Sie, seine Gefühle, seine Emotionen vor der Hinrichtung sprechen wollte. Human Interest, nennen Sie das wohl. Darauf hatten wir uns vorher verständigt. Weil wir zu diesem Zeitpunkt normalerweise nur noch Telefoninterviews erlauben, verstehen Sie. Das Risiko, daß sich der Gefangene aufregt, ist dann geringer.»

Ich nickte. Ich verstand. Man hatte mich getadelt, wenn auch sanft. Plunkitt war ein Mann, der seine Worte mit Bedacht wählte. Er wollte sich seine guten Beziehungen zur Presse bewahren. Er hätte nicht mit mir gesprochen, wenn er nicht ernsthaft verärgert wäre. Ich konnte nur hoffen, daß er sich nicht bei Bob beschwerte.

Ich spürte, wie die Sonne auf meinen Kopf knallte und auf dem Asphalt unter meinen Füßen brannte. Ich spürte, wie sich unter den Drahtbügeln meiner Brille an meinen Koteletten der Schweiß sammelte. Ich schob die Brille hoch, damit sie mir nicht von der Nase rutschte. «Na ja, wissen Sie, ich wurde sozusagen erst in letzter Minute auf die Geschichte angesetzt», sagte ich. «Wegen des Unfalls und allem.» Ich wollte jeden Tropfen Mitgefühl aus ihm herauspressen. «Ich war sicherlich nicht so vorbereitet, wie ich es hätte sein sollen. Ich hoffe, ich habe Ihnen keinen Schraubenschlüssel ins Getriebe geworfen oder so.»

«Nein, nein, nein», sagte er gerade leutselig genug. Als wir meinen Wagen erreichten, legte er seine Hand auf meine Schulter und drückte sie freundlich. Wir sahen uns über der Stoßstange des Tempo an.

«Aber Sie wissen ja, wie das ist», sagte er im Plauderton. «Leute von der Presse kommen hierher. Die Gefangenen erzählen ihnen Sachen. Sie sind in der Lage, alle möglichen herzzerreißenden Geschichten zu erzählen, wissen Sie. Und wir – wir haben einen Job zu erledigen, also kommen wir immer als die gefühllosen Typen rüber. Und das müssen wir dann am nächsten Tag in der Zeitung lesen. Manchmal kann das ziemlich frustrierend sein, und in Zeiten wie diesen sind alle ein bißchen dünnhäutiger als sonst, das ist alles.» Sein dünnes, leeres Lächeln wurde ein wenig breiter. «Für uns ist das auch nicht leicht, verstehen Sie. Wir müssen tun, was der Staat uns sagt. Der Staat muß tun, was die Leute wollen, und so weiter.»

«Sicher», sagte ich. «Sicher.»

«Und so ein Fall durchläuft eine ganze Reihe von Gerichts- und Revisionsverfahren, bevor er zu uns kommt. Ist schon ein bißchen bitter für uns, wenn wir dann in der Zeitung als blutrünstige Mörder oder so auftauchen.» Er gluckste tonlos.

«Nein, ja, natürlich nicht, nein», sagte ich oder etwas in der Art.

«Wie dem auch sei, ich weiß, Sie sind ein cleverer Bursche, Steve. Ich hatte Sie einfach eine Weile nicht gesehen, also dachte ich, ich komme mal runter und sage hallo.»

«Klar. Ich verstehe. Ich bin froh, daß Sie das getan haben», log ich. «Es war nett, Sie wiederzusehen.»

Wir blieben noch ein oder zwei Sekunden so stehen und lächelten uns an, während die Hitze unsere Haut zum Schmelzen brachte. Auch er schwitzte, wie ich dankbar bemerkte, saubere Kristallperlen glitzerten in den Falten seiner Stirn und auf seinen Schläfen.

Ein Schwarm Enten flog quakend über uns hinweg, doch keiner von uns sah hinauf. Mir fiel auf, daß sich unser Schweigen in die Länge zog. Wollte er mir noch etwas sagen? Doch in seinem leeren, edelsteinharten Blick las ich keinen Hinweis.

«Also . . .», sagte er.

Dann traf mich der Gedanke ganz plötzlich, wie aus dem Nichts: *Er weiß es! Mein Gott. Er weiß es auch.*

Es war ein schrecklicher Gedanke, und ich schüttelte ihn ab. Ich sagte mir, daß ich mir das nur einbildete. Woher sollte er es wissen? Wie konnte er es ertragen, wenn er es wußte? Wenn er es wußte und trotzdem auf den Abzug drücken mußte.

Plunkitt klopfte mir noch einmal auf die Schulter. «Fahren Sie vorsichtig», sagte er.

Und ich stand da mit offenem Mund und sah zu, wie er sich umdrehte und in Richtung Gefängnistor davonging.

4

Plunkitt ging zum Todeshaus. Er kam den Flur zur Beobachtungszelle entlang, blieb jedoch nicht stehen, sondern ging weiter bis zur nächsten Ecke, wo er abbog und einem weiteren Korridor bis zu einer weiteren Tür mit einem anderen Wärter folgte. Der Wärter hieß Haggerty, war ein dicklicher, älterer, blasser Ire, ein hartgesottener Veteran, der nach den Entlassungen in Jeff City nach Osage gekommen war.

«Hal», sagte Luther leise. «Du siehst wirklich flott aus.»

Haggerty grinste grimmig mit einem Mundwinkel – ein anderes Lächeln kannte er nicht. Er entriegelte die Tür und hielt sie dem Direktor grinsend auf. Luther trat ein.

Der Raum, den er betrat, sah fast so aus wie das Behandlungszimmer eines Arztes, was es ursprünglich auch einmal gewesen war. Die weißen Betonblockwände waren sauber geschrubbt. In der Ecke war eine weiße Spüle, an der linken Wand stand ein weißer Paravent. Hinter einer Metalltür in der rechten Wand verbarg sich eine Vorratskammer. In der Mitte des Raumes stand eine Krankenhausliege.

Auf der Liege lagen Gurte, schwere Ledergurte. In der Rückwand befand sich ein Fenster mit weißen Jalousien. Rechts war ein Spiegel: ein Einwegspiegel, so daß man in der Vorratskammer stehen und unbeobachtet in den Raum hineinsehen konnte. Unter dem Spiegel war ein Loch in der Wand, durch das Schläuche aus der Vorratskammer zu dem Infusionsständer führten, der an einer Seite der Liege montiert war.

Luther trat über die Schwelle und blieb, die Hände in den Taschen, stehen. Er lächelte die Krankenhausliege nichtssagend an und hörte, wie die Tür hinter ihm zufiel. Er rührte sich nicht, sein Ausdruck blieb unverändert. Er betrachtete die Liege. Nach einer Weile nahm er eine Hand aus der Tasche, um sich mit einem Taschentuch das Gesicht abzuwischen. Danach studierte er das feuchte Taschentuch, den schweißgrauen Stoff. *Diese Hitze*, dachte er. *Wie ich diese verdammte Hitze hasse.*

Doch der Raum selbst war kühl, und Luther dachte an Arnold McCardle. Vor einer halben Stunde war Arnold McCardle in sein Büro gekommen. Der fette Mann hatte sich, eine Pranke am Rahmen, wie ein riesiger Auslegerkran durch die Tür manövriert. «Dein Freund von der *News* hat in der Beobachtungszelle gerade einen Scheißaufruhr losgetreten», hatte Arnold gesagt. «Er hat Beachum erklärt, daß er ihn für unschuldig hält. Hat sich angehört, als wolle er einen Kreuzzug für ihn starten. Die Frau ist völlig aufgelöst.»

«Okay», hatte Luther seufzend erwidert. «Ich kümmere mich darum.»

Also war er zum Besuchereingang gekommen, um mich abzufangen. Und er hatte mit mir gesprochen. Er hatte sich darum gekümmert.

Und jetzt, wo er hier allein im Exekutionsraum war, dachte er an Arnold McCardle, wie er in der Tür gestanden hatte, und er dachte an mich. Er steckte sein Taschentuch wieder ein und betrachtete erneut die Liege. Er schnaubte, als er sich eingestehen mußte, daß er wütend war. *Unschuldig*, dachte er. Mann. *Dieser Everett. Diese Journalisten, zumindest manche von ihnen. Schmierige, unbedeutende, kleine Wichte.* Er nahm sich vor, auf jeden Fall die Zeitung anzurufen und sich zu beschweren. Er schüttelte den Kopf. *Unschuldig.* Was glaubte dieser Everett, was das hier war? Eine Fernsehserie? Ein Kinofilm? Diese Reporter. Nach einer Weile fingen sie immer an, die Stories, die sie schrieben, mit dem wirklichen Leben zu verwechseln. Denn darum ging es hier. Um ein Leben. Ein Menschenleben. Die Leute in Osage schwitzten Blut und Wasser, um alles so professionell wie möglich abzuwickeln, so human wie möglich. Es half keinem weiter, wenn man den Gefangenen so aufregte und falsche Hoffnungen bei ihm weckte. Vielleicht half es Everett weiter. Vielleicht half es seiner Story. Aber dem Gefangenen half es überhaupt nicht.

Diese gottverdammten Reporter, dachte Luther Plunkitt. Er hatte sich so bemüht, sie anständig zu behandeln. Niemand konnte ihm einen Vorwurf machen, wenn er irgendwann auch einmal wütend wurde. Am Ende glaubten sie immer, daß ihre Stories wichtiger waren als das wirkliche Leben.

So stand er, die Hände in den Taschen, lange da. Er betrachtete die Liege. Und nach einer Weile stellte er sich Frank Beachums Gesicht vor. Frank Beachums langes, trauriges Gesicht, das zu ihm aufblickte. *Unschuldig*, dachte er. Er zog noch einmal sein Taschentuch hervor und wischte sich die Stirn.

Mann, dachte er. *Diese verdammte Hitze.*

5

In der Beobachtungszelle hatte Frank Beachum sich nicht bewegt. Er saß noch genauso da, wie er gesessen hatte, als ich gegangen war, die Hand schlaff auf dem Tisch, die Mundwinkel herabgezogen, den Blick gesenkt, die Augen starr und leer. Bonnie stand neben ihm und hielt noch immer die Gitterstäbe des Käfigs umklammert. Schließlich löste sie ihren Griff langsam. Ein eigenartiges Gefühl hatte sie überkommen. Eine seltsame Ruhe. Als wäre ihr Gehirn aufgeladen. Alles in dem Raum erschien ihr ganz klar. Klar und hell. Die Uhr, der Wärter, die Stühle, die Gitterstäbe. Ihr Mann an seinem Tisch. Die Gedanken in ihrem Kopf – sie kamen ihr so klar vor wie seit Wochen nicht mehr.

Denn sie wußte auf einmal, daß es hoffnungslos war. Plötzlich erkannte sie, spürte sie tief in ihren Eingeweiden, daß es keine Chance auf eine Begnadigung oder einen Aufschub mehr gab. Irgendwie hatte ihr die Tatsache, daß ich an Franks Unschuld glaubte, das begreiflich gemacht. Bisher hatte niemand an seine Unschuld geglaubt. Nicht einmal Reverend Flowers, der sich schlicht jeden Urteils enthielt. Und jetzt war ich gekommen, und ich hatte geglaubt, und sie hatte mir zugerufen: *Es ist zu spät!* Und mit diesem Schrei war ihr die Wahrheit bewußt geworden. Es *war* zu spät. Niemand konnte ihren Mann jetzt noch retten. Sie würde ihn verlieren. Sie würden Gift in seine Adern pumpen und ihn töten. Er würde sterben.

Ihre Tränen versiegten, und sie ließ die Hände sinken. Mit dieser neuen Klarheit sah sie sich, fast verblüfft, um. Sie sah den diensthabenden Vollzugsbeamten auf der anderen Seite des Gitters. Benson – er beobachtete sie. Er ging an seinen Tisch zurück und fuhr sich durch sein glänzendes Haar, während er sie aus dem Augenwinkel heraus beobachtete, als glaubte er, sie könnte etwas Schreckliches tun. Er setzte sich auf seinen Stuhl und griff zum Telefon. Er sprach leise murmelnd in den Hörer, während er die ganze Zeit finster die Stirn runzelte und sie weiter im Auge behielt. Eingehüllt in ihre seltsame, kochende, hoffnungslose Ruhe lächelte Bonnie ihm zu. *Er hat Angst vor mir*, dachte sie. *Dieser große, starke Mann. Hat Angst vor einer knapp fünfzig Kilo schweren Frau in einem Käfig.* In ihrer Gedankenklarheit glaubte sie zu verstehen, warum. Sie hatte fast das Gefühl, in Bensons Kopf sehen zu können, während sie dastand. Er hatte Angst vor ihr, dachte sie, weil er vor ihren Augen Böses tat. Die Tötung eines anderen Menschen, eines hilflosen Menschen, war böse. Daran gab es nichts zu deuteln; es war böse. Im Herzen jedes Menschen gab es eine Stimme, die sagte, es ist böse, und diese Stimme hatte immer recht, und wenn man aufpaßte, konnte man sie auch hören. Bonnie wußte das, und sie glaubte, daß der Wärter das auch wußte, es aber nicht wissen wollte. Deshalb hatte er Angst vor ihr. Denn der Wärter wollte seine Arbeit tun, ohne es zu wissen. Er wollte seinen Lohn bekommen, seine Familie ernähren und seine Arbeit machen. Sein Boss, der Direktor, hatte es ihm aufgetragen. Die Gerichte hatten es dem Direktor aufgetragen. Die Gesetzgeber des Staates Missouri hatten es den Gerichten aufgetragen. Und die meisten Menschen in den Vereinigten Staaten von Amerika waren sich mit den Gesetzgebern einig und wählten sie, damit sie das taten, was sie getan hatten. Also wollte der Wärter denken: Es muß richtig sein, das zu tun. Doch er wußte, daß das nicht die Wahrheit war. Die Wahrheit, dachte Bonnie in ihrer plötzlichen Hellsichtigkeit und Ruhe, die Wahrheit ist keine Demokratie. Und wenn alle Menschen auf der ganzen Welt für das Böse stimmen würden, könnten sie diese andere Stimme, diese leise, kleine Stimme, die aus einem ruhigen Herzen spricht, nicht übertönen. Und deshalb wußte es der Wärter. Sie wußten es alle. Und sie hatten vor ihren Augen Angst.

Langsam wandte Bonnie dem Wärter den Rücken zu und sah ihren Mann an.

Er bewegte sich nicht, er bewegte sich noch immer nicht. Er starrte weiter verträumt auf die Tischplatte und auf seine darauf liegende Hand. Und Bonnie dachte, daß sie ihn jetzt sehen konnte, deutlicher als seit langer, langer Zeit. *So müde*, dachte sie; *er sieht so schrecklich müde aus. Mein Gott, mein Gott – was haben sie mit ihm gemacht?* Es war, als ob es ihr vorher nicht aufgefallen wäre. Und wenn sie daran dachte, wie er früher gewesen war . . . in den alten Zeiten. Wie er mit ölverschmiertem Gesicht nach Hause gepoltert kam, mit seinen blitzenden weißen Zähnen zwischen den schwarzen Schmierflecken. Sein Hemd noch auf der Treppe auszog und meist achtlos fallen ließ, so daß sie ihn tadelte, wenn sie es aufhob und in den Korb warf. Die

Art, wie der Boden bebte, wenn er so nach oben kam. Wie der Nippes auf dem Kaminsims klirrte. Es war, als hätte sie mit einem wilden Tier unter einem Dach gelebt, einem großen, knurrigen Bär, und es war das beste, was ihr je im Leben passiert war. Männer wie Frank hatten ihr vorher immer Angst gemacht. Sie hatten sie sogar ein wenig abgestoßen, groß und schmutzig, animalisch, wie sie waren. Doch dann lebte das Tier mit ihr unter einem Dach und gab ihr das Gefühl... lebendig zu sein – intensiver zu leben. Sie hatte sich selbst immer für ein stilles, ja unscheinbares Mädchen gehalten. Sie wußte, daß sie diese Lebenskraft selbst nicht aufbrachte. Frank, das Zusammensein mit Frank, hatte sie ihr entlockt, sie an die Hautoberfläche gezogen, wo sie kribbelte und kitzelte. Er war ihr Leben. Er war die Lebenskraft ihres Lebens. Und sie brauchte ihn.

Sie schloß einen Moment die Augen. Sie fühlte sich schwindelig und schwach. Sie brauchte ihn. Deswegen hatte sie ihn vorher nicht deutlich gesehen, dachte sie. Weil sie sich nicht eingestehen konnte, daß es keine Hoffnung gab. Jahr für Jahr hatte sie nicht wahrgenommen, was mit ihm geschah. Sie hatte weitergemacht wie immer, hatte sich von seiner Kraft genährt, seinem Leben, und sie hatte nichts gesehen. Und jetzt wußte sie, daß es keine Hoffnung mehr gab.

Sie öffnete die Augen. «Es tut mir so leid», sagte sie.

Er blickte rasch auf, als hätte sie ihn geweckt. «Was? Oh – nein, Bonnie. Was denn?»

«So ein Theater zu machen...» Sie preßte ihre Fingerknöchel erst gegen einen, dann gegen den anderen Nasenflügel und wischte sich die Tränen von den Wangen. «Das ist vermutlich keine große Hilfe für dich.»

«Nein, nein. Ich liebe dich, Bonnie», sagte er, ein wenig abwesend. «Ist schon gut.»

Sie nickte und sagte nichts. Benson begann grimmig auf seine Schreibmaschine einzuhacken. Frank blickte zu ihm hinüber und dann zur Tür.

«Ein seltsamer Typ», sagte er nach einer Weile.

Sie folgte seinem Blick. «Wer? Der Reporter?»

Frank antwortete nicht sofort, sondern beobachtete die Tür. «Die Sachen, die er gesagt hat. Von wegen, daß ihm alles egal ist. Richtig und falsch oder . . .» Er sah zu ihr auf und warf ihr ein kurzes, nervöses, verlegenes Lächeln zu. «Kommt mir vor wie ein ziemlich leeres Leben», sagte er.

Bonnie betrachtete das Gesicht ihres Mannes. Sie hatte das Gefühl, daß sie nicht verstand, was er ihr sagen wollte. Es war irgend etwas. Nicht über den Reporter. Über etwas anderes. Sie konnte es in seinen Augen sehen, aber sie verstand ihn nicht. «Ich weiß nicht», sagte sie. «Ich nehme an, er war wohl kein besonders netter Mensch, jetzt wo du es sagst.»

Ihr Mann sah wieder zur Tür, genau wie vorher, mit diesem stirnrunzelnden, verträumten Blick.

«Ich glaube fast . . .», sagte er nach einer langen Pause. «Ich glaube fast, ich wäre lieber, so wie ich bin, hier drinnen, als so da draußen zu leben.»

In ihrem seltsamen Zustand empfand Bonnie eine unsagbare Traurigkeit, als er diese Worte sprach. Es war beinahe, als hätte er zwei Dinge, die sich gegenseitig ausschlossen, gleichzeitig gesagt.

Ein kleiner Schrei des Mitleids entfuhr ihr, und sie trat rasch auf ihn zu. Sie legte ihren Arm um ihn und drückte seinen Kopf an sich.

«Ich liebe dich so sehr», sagte sie. «Vergiß das nicht. Denk immer daran, dann wird alles gut.»

Noch in der Umarmung blickte Frank an ihr, an ihren Händen vorbei zu der Tür, durch die ich hinausgegangen war. Bonnie wünschte, der Schlag hätte sie getroffen, bevor sie sich vor seinen Augen zu so einer Schwäche hatte hinreißen lassen können.

Das Telefon auf Bensons Schreibtisch klingelte. Sie spürte, wie Frank in ihren Armen, an ihrer Brust erstarrte. Sie hielt ihn weiter fest, und der diensttuende Beamte tippte noch einen Moment weiter.

«Das wird Weiss sein», sagte Frank leise.

Sie preßte ihre Wange an sein Haar. «Es wird alles gut»,

flüsterte sie und schloß fest die Augen, als ihr erneut die Tränen kamen.

Das Telefon klingelte und klingelte. Benson hörte auf zu tippen und nahm ab.

«Jetzt ist es bestimmt wegen dem Gouverneur», sagte Frank matt. «Dem Gouverneur, der unser Gnadengesuch abgelehnt hat.»

«Ich liebe dich, ich liebe dich», sagte Bonnie weinend. «Denk nur daran, dann wird alles gut.»

Benson lauschte einen Moment, bevor er sich seufzend erhob.

«Frank!» rief er und kam wieder auf das Gitter zu. «Es ist dein Anwalt. Aus Jeff City.»

6

Ich fuhr zunächst langsam vom Gefängnis davon. Durch das weiße Flachland auf den weißen Horizont zu, während das weiße Gebäude im Rückspiegel immer kleiner wurde. Ich klammerte mich ans Steuer und hing schlaff in meinem Sitz. Der Plastikbezug versengte meinen Rücken, bis mein Hemd auf der Haut klebte. Ich hatte das Gefühl, in der stickigen Luft in meinem Auto zu schweben. Ich fühlte mich ausgelaugt.

Ich zündete eine Zigarette an und nahm einen tiefen Zug. Ich lauschte dem Knallen der Zündkerzen und Jaulen des Keilriemens. Ich starrte durch die Windschutzscheibe in den leeren Himmel. *Glauben Sie uns...? Ich habe eine Flasche Steaksauce gekauft... Er weiß es... Jesus Christus unser Erlöser... Ich hatte ihr die andere Seite zugewandt... Wo waren Sie...? Sie hatte keine klare Sicht... Die ganze Zeit... Glauben Sie uns...?* Die Stimmen der letzten Stunde tanzten in meinem Kopf wie Stechmücken in der Dämmerung. Mal übertönte eine von ihnen die anderen, mal waren es zwei, mal summte nur eine in meinem Ohr, im nächsten Moment surrten und flirrten und tuschelten alle gemeinsam, beharrlich und unverständlich. *Glauben Sie uns . . .? Steaksauce . . . Er weiß es . . .*

Ich lachte in meinem Backofen von einem Wagen einmal kurz und müde auf und blies eine pilzförmige Rauchwolke gegen die Windschutzscheibe. Was für eine Geschichte, dachte ich. Was für eine verrückte Geschichte. Ich konnte kaum glauben, daß sie wirklich passierte, aber so war es. So war es wirklich. Sie würden diesen Mann tatsächlich umbringen. In acht . . . Ich warf einen Blick auf die Uhr auf dem Armaturenbrett – es war fünf vor fünf – in sieben Stunden. Diesen Mann – Beachum – das arme Schwein. Er war an jenem Tag in den Laden gekommen, um eine Flasche Steaksauce zu kaufen, und jetzt würden sie ihn festschnallen und ihm in einem absolut rechtsstaatlichen Verfahren Gift in den Arm spritzen. Ich lachte noch einmal und schüttelte den Kopf. Was für ein Alptraum. Was für eine verrückte Geschichte.

Eine Schweißspur rann über meine Brillengläser und verschmierte die Linse. Ich nahm sie ab und wischte sie an meinem Hosenbein kurz ab, die Straße und die Umgebung verschwammen vor meinen Augen. *Wo waren Sie . . .? Sie hatte keine klare Sicht . . . Die ganze Zeit . . . Glauben Sie uns . . .?* Ich setzte die Brille wieder auf und starrte über die Kühlerhaube des Tempo in die gesichtslose Landschaft. *Sie werden ihn tatsächlich umbringen*, dachte ich. *Und ich werde es wissen. Ich werde es wissen.*

Das war ein Alptraum. Ich würde es wissen. Frank Beachum würde unschuldig in den Tod gehen, und ich würde mir dessen jede Sekunde lang bewußt sein. Ich war mir dessen schon jetzt bewußt, bevor es geschehen war. Ich würde mir dessen den ganzen Tag bewußt sein. Wenn sie ihn festschnallten und die Kanüle in seinen Arm setzten, würde ich mir dessen noch immer bewußt sein. Und morgen früh würde ich aufwachen und den Tag danach und den Tag danach, und ich würde es wissen. Er war unschuldig. Ich würde es wissen, ich würde es noch immer wissen.

Mein Gott, dachte ich und ließ mich in meinen Fahrersitz sinken. Mein Gott, warum nur? Warum sollte ich es wissen?

Nancy Larson hatte erklärt, warum sie den Schuß nicht gehört hatte. Dale Porterhouse hatte mit felsenfester Überzeugung ausgesagt, freie Sicht gehabt zu haben, Kartoffelchips hin oder her. Der Verurteilte hatte seine Unschuld beteuert, sicher, aber Verurteilte lügen, das ist alles, was sie tun. Ich hatte keinen Beweis für irgendwas. Ich hätte nichts wissen können. Ein anderer hätte nichts gewußt. Sechs Jahre lang hatte kein Mensch etwas gewußt.

Aber ich. Ich wußte es.

Ich wußte sogar mehr, als daß Frank Beachum unschuldig war. Als die Stimmen der letzten Stunde sich jetzt ordneten, wußte ich sogar, wie Amy Wilson ermordet worden war und warum. Ich wußte genau, was ihr an jenem Unabhängigkeitstag passiert war, als Frank für seine Frau zum Einkaufen in den Laden gekommen war. Ich wußte es. Und ich würde es weiter wissen. Den ganzen Tag lang und morgen und übermorgen.

Ich steckte die Zigarette in den Mundwinkel, und es lief mir kalt den Rücken hinunter. *Jesus Christus unser Herr... Steak-sauce... Ich hatte ihr die andere Seite zugewandt... Wo waren Sie die ganze Zeit?* Ich gluckste tonlos. Was für eine Geschichte, dachte ich. Was für eine verrückte Geschichte.

Mit einem erschöpften Stöhnen richtete ich mich auf und rieb meine schweißnassen Schulterblätter gegen den Plastikbezug. Die Rückfahrt in die Stadt würde eine Stunde dauern, dachte ich. Dann war es sechs, und es blieben noch sechs Stunden. Also würde alles tatsächlich geschehen. Niemand konnte es aufhalten. Es blieb nicht einmal annähernd genug Zeit, es aufzuhalten. Wenn ich logisch darüber nachdachte, gab es nicht einmal einen guten Grund, es überhaupt zu versuchen. Ich würde es nicht schaffen. Ich würde in den Augen meines Sohnes kein Held sein. Ich würde meine Ehe oder meinen Job nicht retten. Bestenfalls würde ich das Ganze irgendwann einmal als Zeitschriftenreportage verkaufen können. Vielleicht sogar als Buch. Durch die Talkshows tingeln, falls es irgend jemanden interessierte. Ein bißchen Knete machen. Mir fiel kein einziger vernünftiger Grund ein, mehr als das zu versuchen.

Und natürlich wußte ich, daß ich es trotzdem tun mußte. Ich mußte versuchen, es aufzuhalten. Jetzt, heute. Selbst wenn ich es nicht schaffen konnte, mußte ich es versuchen. Sicher, das wußte ich. Mir fiel nur kein Grund ein, das ist alles. Ich mußte es versuchen, weil . . . ich es mußte. Das war es. So sind die Regeln; ich habe sie nicht erfunden. Wenn man einmal etwas weiß, kann man nicht aufhören, es zu wissen, und man muß es versuchen. So sind die Regeln.

Was für eine Geschichte, dachte ich. Was für eine verrückte Geschichte.

Ich nahm die Zigarette aus dem Mund und warf sie durch das offene Fenster auf die Straße. Ich lachte erneut.

«Scheiße», sagte ich.

Und die Reifen des Tempo quietschten, als ich das Gaspedal durchtrat.

Sechster Teil

Der andere

1

Zu den Sechs-Uhr-Nachrichten zündete ich mir wieder eine Zigarette an. Ich saß in meinem Wagen am Straßenrand vor dem städtischen Gerichtsgebäude. Der lange Sommertag war noch immer gleißend hell, die Hitze füllte den Wagen wie stehendes Wasser. Von Westen fiel die Sonne tief in die Market Street und tauchte die Giebel und Türme der City Hall vor mir in bedrohliche Schatten. Die Sonne knallte direkt durch die Windschutzscheibe, so daß ich blinzeln mußte. Mein Gesicht fühlte sich stickig und feucht an. Ich rauchte, den Ellenbogen auf das offene Fenster gestützt.

Der Verkehr auf der Market Street war schnell, dicht und laut. Wenn die Ampel an der Ecke umsprang und die Autos anhielten, konnte man über dem Leerlauf der Motoren das Zirpen der Zikaden in den Bäumen entlang des Bürgersteigs hören, das mit dem heraufziehenden Abend lauter wurde. Während der ganzen Zeit schien der Nachrichtensprecher im Radio mir von weit her schrill die Ohren vollzuplärren. Er klang wie Däumling in der Dose.

Wartend blickte ich die lange Treppe zu dem säulengeschützten Bogen über dem Portal des Gerichts hinauf. Das Gebäude erwiderte meinen Blick, ein neoklassizistischer Klotz aus weißem Stein, gebieterisch und prachtvoll stand es da.

Die Beachum-Story kam nach etwa vier Minuten, als Top-Thema der Lokalnachrichten.

«Vor etwa einer Stunde traf sich der Gouverneur mit den Anwälten von Frank Beachum aus St. Louis, der heute abend wegen des sechs Jahr zurückliegenden Mordes an einer schwangeren Ladenangestellten hingerichtet werden soll . . .»

Ich führte den Filter meiner Zigarette an den Mund, als die Stimme des Anwalts über den Sender ging. Mit verschwommenem Blick sah ich zum Gerichtsgebäude hoch. Ich dachte an

Bonnie Beachum, wie sie die Gitterstäbe umklammert und mich angeschrien hatte. *Wo waren Sie die ganze Zeit?*

«Wir haben dem Gouverneur erklärt, daß, ähm, der Staat im Begriff ist, ein schweres Unrecht zu begehen, und, ähm, wir haben ihm unseren Fall dargelegt», sagte der Anwalt aus der Blechdose. Man konnte die Mattigkeit seiner Stimme hören, selbst auf diese Entfernung.

«Im Verlauf des Tages», fuhr der Nachrichtensprecher fort, «hat sich der Gouverneur auch mit dem Vater des Opfers getroffen, welcher ihn bedrängt hat, Beachum nicht zu begnadigen. Nach dem Treffen sagte Harry Mancuso vom Büro des Gouverneurs . . .»

«Diese Regierung ist fest entschlossen, hart gegen die Kriminalität durchzugreifen», sagte Harry Mancuso vom Büro des Gouverneurs, «und wir sind fest entschlossen, dafür zu sorgen, daß der Familie von Amy Wilson und den Menschen in diesem Staat Gerechtigkeit widerfährt.»

Ich schnaubte wie ein Pferd und schaltete das Radio ab, als der Nachrichtensprecher zum nächsten Thema kam. Damit wäre das wohl erledigt, dachte ich. Ob ich zu Lowenstein vordrang oder nicht, ob er den Gouverneur anrief oder nicht, meine einzige Chance, die Administration umzustimmen, bestand darin, irgendeinen Verrückten zu finden, der seine noch nach sechs Jahren von Amy Wilsons Blut besudelten Hände hob und aus Leibeskräften brüllte: *«Ich war's, in Wahrheit bin ich der Täter . . .»*

Ich richtete mich auf dem Fahrersitz auf, als das Portal des Gerichtsgebäudes aufging. Durch das Seitenfenster sah ich, wie Wally Cartwright die Tür mit starker Hand aufhielt und Cecilia Nussbaum heraustrat.

Die beiden gingen gemeinsam die Treppe hinunter. Nussbaum war die Bezirksstaatsanwältin, eine kleine, häßliche Frau Ende Vierzig. Ein großer, fleischiger Zinken ragte aus einem Gesicht, das aussah wie eine übereinandergepappte Ansammlung von Falten. Sie trug ein tristes braunes Kleid, das aufgepeppt wurde durch die Goldkette um ihren Hals. Cartwright türmte wie ein Zementblock über ihr. In seinem grauen Anzug wirkte er wie ein monumentales Gebäude, nur größer. Er war der stellvertretende Bezirksstaatsanwalt, der die Anklage im Fall Beachum vertreten hatte. Er mußte sich zu seiner Vorgesetzten hinabbeugen, um sich mit ihr zu unterhalten, als sie jetzt gemeinsam die lange Steintreppe hinunterschritten.

Ich warf meine Zigarette weg und stieg eilig aus dem Wagen. Der Verkehr rauschte an mir vorbei, als ich vorne um den Wagen ging. Ich hörte Cecilia Nussbaums schwere, klobige Absätze über den Stein klackern, als ich die Treppe des Gerichtsgebäudes hinaufkam, um sie abzufangen. Ich hörte Wallys tiefe Stimme, als er ihr etwas ins Ohr murmelte, was ich wegen des Verkehrslärms nicht verstehen konnte.

Ich baute mich vor den beiden auf der Treppe auf. Nussbaum blieb stehen, als sie mich sah, und hob den Blick. Cartwright blieb ebenfalls stehen und sah verächtlich grinsend auf mich herab.

«Ich rieche Scheiße», sagte er. Er hatte einen rollenden Bariton und sprach in einem ländlichen Singsang. Ich grinste zurück und fragte mich, ob Patricia recht gehabt hatte, als sie heute morgen von meinen Problemen mit Autoritätspersonen gesprochen hatte. Es war jedenfalls ziemlich offensichtlich, daß ich besser die Finger von Cartwrights Sekretärin gelassen hätte.

«Hi, Wally», sagte ich.

«Dies ist kein besonders günstiger Zeitpunkt, Everett», sagte Cecilia Nussbaum. Ihre Stimme war noch tiefer als die von Cartwright, tonlos und rauh. «Wir haben es eilig.»

Sie stieg eine weitere Stufe hinunter, als wollte sie durch mich hindurchgehen.

«Warten Sie», sagte ich, «es ist dringend.»

Cartwright fuhr seine Hand aus und packte meine Schulter. Es war eine große Hand, eine sehr große Hand. «Das ist ein schlechter Zeitpunkt», knurrte er und schubste mich zur Seite, so daß ich eine Stufe hinabstolperte.

Mir war, als hätte Cecilia Nussbaum still in sich hineingelächelt, als sie an mir vorbeigehen wollte.

«Cecilia, wenn ich es Ihnen sage», bedrängte ich sie.

Cartwright, der hinter ihr stand, beugte sich über sie hinweg und bohrte einen Wurstfinger in meine Brust. «Paß auf . . .»

«Ach Scheiße.» Ich schlug seine Hand weg und knurrte in seine Rabenaugen. «Du bist ein beschissener Bezirksstaatsanwalt, und ich bin Reporter», sagte ich. «Willst du mich schlagen, oder willst du deinen Job behalten?»

Der Affe hatte sich schon in ein recht gelungenes süffisantes Grinsen hineingesteigert, was jetzt jedoch abrupt erstarb. Ich strich mein Hemd glatt.

«Was meinst du, wo wir hier sind, im Scheißkino, oder was?» murmelte ich. «Schlag mich, und ich prozessier dich um Kopf und Kragen.»

Die Bezirksstaatsanwältin war jetzt eine Stufe unter mir doch stehengeblieben und tat offensichtlich einen tiefen Seufzer, wenn man danach ging, wie sie ihre Schultern hob und wieder senkte. Sie drehte sich zu Cartwright um. «Warum holst du nicht schon mal den Wagen, Wally», krächzte sie.

«Ja, warum holst du nicht schon mal den Wagen, Wally», sagte ich wütend.

Er schwebte noch einen Moment lang drohend über mir. Kein schöner Anblick, ein verächtlich grinsender Betonblock, der über einem schwebt. Dann richtete er sich auf und drohte mir mit seinem großen Finger.

«Wir könnten uns ja mal privat treffen, wenn du verstehst, was ich meine», sagte er. «Nur wir beide.»

«O ja, tolle Idee», sagte ich. «Ich werde es in Erwägung ziehen. Meine Leute setzen sich mit deinen Leuten in Verbindung. Hältst du mich für einen Idioten, oder was? Leck mich am Arsch!» rief ich ihm nach, weil er bereits polternd die Steintreppe hinabstapfte, wie ein Monster auf seinem Weg zurück in die Unterwelt.

«New-Yorker-Arschloch!» dröhnte er, als er versank.

Ich rieb meine Brust an der Stelle, wo er seinen Finger hineingebohrt hatte, und kam eine Stufe tiefer, um neben Cecilia zu stehen.

«Wirklich erstklassiges Personal, Cecilia», sagte ich. «Der Typ ist ein wandelnder Briefbeschwerer.»

«Was wollen Sie, Everett?» sagte sie mit ihrer toten Froschstimme.

«Auf einen Sprung in Ihr Büro», murmelte ich.

«Ich muß los. Bevor ich ins Gefängnis fahre, habe ich noch einige Termine. Was wollen Sie?»

Ich atmete tief ein, um meine Wut abzukühlen. Währenddessen betrachtete mich Cecilia aus den schlammbraunen Augen in ihrem faltigen Gesicht. An diesen Augen, an diesem Gesicht war nichts Dummes, absolut nichts Dummes, aber auch nichts Gütiges oder Freundliches. Bei ihr gab es keine zweiten Chancen.

«Also gut», sagte ich, noch immer verärgert. «Frank Beachum. Der Fall Amy Wilson.»

Sie beobachtete mich ungeduldig, ohne etwas zu sagen.

«Wer war sonst noch da?» fragte ich sie.

Sie rührte sich nicht und sagte auch keinen Ton. Sie betrachtete mich weiter. Heute nacht würde sie mit denselben Augen die Hinrichtung betrachten, dachte ich. Sie würde mit demselben Ausdruck Frank Beachum auf seiner Liege betrachten. Hinterher würde sie im Besucherraum mit den anderen Würdenträgern Weißwein aus Pappbechern nippen. Sie würde sich Witze über die lokale Politik anhören, und wenn die Person, die den Witz gemacht hatte, wichtig genug war, würde sie lachen und ihre schiefen Zähne zeigen. Während Beachums Leiche durch den Lieferanteneingang zum Leichenwagen gebracht wurde, würde sie lachen. Sie war eine verdammt gute Anklägerin.

«Was wollen Sie?» krächzte sie noch einmal.

«Ich will wissen, wer an dem Tag, an dem Amy Wilson erschossen wurde, sonst noch in diesem Pocum's Lebensmittelladen war», sagte ich. «Da waren Porterhouse und draußen Nancy Larson und Beachum. Und wer noch? Jemand kam angefahren, als Beachum den Laden gerade verließ und Nancy Larson den Wagen zurücksetzte. Deswegen hat sie zurückgesetzt, um den Neuankömmling hereinzulassen. Wenn sie direkt von dem Getränkeautomaten zurückgesetzt hätte, wäre sie von rechts auf Beachum zugekommen. Aber sie kam von links. Sie kam rückwärts von der Einfahrt, weil ihr jemand den Weg versperrte, der auf den Parkplatz einbog, als sie ihn gerade verlassen wollte.»

Es entstand eine lange Pause. Da waren ihre Augen, ihre Falten. Da waren die Zikaden, deren Gezirpe die windstille Luft erfüllte, und dann sprang die Ampel an der Ecke auf Grün, und der Verkehr donnerte und brauste wieder vorbei. Eine lange Pause.

«Welchen Unterschied macht das schon?» sagte Cecilia Nussbaum schließlich. Und ich wußte, ich hatte recht.

Ich machte einen halben Schritt auf sie zu. Ich war so angespannt, daß sich meine Haut eine Nummer zu klein anfühlte. «Er ist der Schütze, Cecilia», sagte ich. «Wer immer es war, er hat Amy Wilson erschossen. Nicht Beachum. Er war es.»

Unten hupte es zweimal. Wally Cartwright war in einem braunen Dienst-Cadillac vorgefahren. Er parkte hinter meinem Tempo und sah, die Stirn grimmig gerunzelt, zu uns hoch.

Cecilia Nussbaum warf ihm einen langen, trägen Blick zu, bevor sie sich wieder mir zuwandte. Ihr Froschkrächzen war so leidenschaftslos wie zuvor. «Sie stehen im Parkverbot.»

«Wer war es, Cecilia? Kommen Sie schon.»

«Was soll das?» sagte sie. «Was für einen Artikel wollen Sie schreiben? Der Fall ist wasserdicht.»

«Ja, nur daß der Verurteilte unschuldig ist.»

«Wenn Sie das schreiben, liegen Sie falsch. Wenn Sie sich irgendeine Verschwörungstheorie zusammenphantasieren . . .»

«Nein, nichts dergleichen.»

«Ich schicke keine Unschuldigen in die Todeskammer.»

«Das weiß ich. Bestimmt», sagte ich. «Aber auch Sie machen Fehler.»

Cartwright hupte erneut. Diesmal sah Nussbaum gar nicht hin.

«Der Typ hat nur Steaksauce gekauft», sagte ich. «Das war es, was die Larson in seiner Hand gesehen hat. Das Ganze ist erst passiert, als sie schon weg war. Deswegen hat sie auch den Schuß nicht gehört.»

«All das wurde im Rahmen des Prozesses erörtert. Lesen Sie die Protokolle. Ein Zeuge hat gesehen, wie Beachum aus dem Laden gestürzt ist. Es ist alles wasserdicht, Everett.»

«Der Zeuge hat ihn nicht gesehen.» Die Anspannung ließ meine Stimme einen Tick lauter werden. Ich zwang mich, sie wieder zu senken. Es war keine gute Idee, Cecilia anzubrüllen. «Seine Sicht war durch ein Regal mit Kartoffelchips verdeckt. Ich war dort. Ich habe es gesehen.»

«Wann?»

«Heute.»

«Das Ganze ist vor sechs Jahren passiert. Egal, der Zeuge ist den Gang hinuntergegangen. Von dort aus konnte er es sehen. Es steht alles im Protokoll.» Jetzt schlich sich auch Ungeduld in ihre Stimme.

«Aber er hat es *nicht* gesehen», sagte ich, so kontrolliert wie möglich. «Ich habe mit ihm gesprochen. Er hat es nicht gesehen, Cecilia.»

«Wollen Sie behaupten, er hätte das gesagt.»

«Nein. Aber ... ich konnte es an seinem Gesicht erkennen. Ich weiß es einfach.»

Als ich das sagte, wich sie zurück. All ihre ledrigen Falten schienen sich zu einem Ausdruck der Verachtung zusammenzuziehen. «Sie haben gar nichts», meinte sie knapp.

«Es *war* noch jemand dort. Oder nicht?»

«Sie haben nichts und wieder nichts.»

«Er hat es nicht und wieder nicht getan, verdammt noch mal!»

Ich biß mir auf die Lippe und versuchte, meinen Zorn zu zügeln. Cecilia betrachtete mich noch einen oder zwei Momente länger, bevor sie sich abwandte und die Treppe hinunterging.

Ich lief ihr nach. «Cecilia. Bitte.»

Ihre Absätze hämmerten auf die Stufen.

«Es war noch jemand da, oder nicht?» sagte ich.

«Ein Jugendlicher», krächzte sie, ohne sich umzudrehen. «Er

hat sich an dem Automaten eine Cola gezogen. Er ist nicht mal reingegangen.»

«Er hat sie erschossen.»

«Wir haben ihn befragt. Ich kann mich daran erinnern. Wir haben eine Beschreibung seines Wagens herausgegeben, und er hat sich freiwillig gemeldet. Er hat nichts gesehen.»

Sie hatte den Bürgersteig erreicht und ging auf den Wagen zu. Ich stolperte hinter ihr her. «Sie hatten Beachum bereits verhaftet. Sie haben ihn nur als Zeugen befragt», sagte ich. «Er war kein Zeuge. Er war der Täter!»

Wally Cartwright öffnete die Fahrertür und stieg aus. Er musterte mich finster über das Wagendach. Cecilia griff nach der Klinke der Beifahrertür.

Ich stellte mich vor sie. «Sagen Sie mir seinen Namen. Lassen Sie mich mit ihm reden.»

«Ich weiß seinen Namen nicht. Er hat nichts damit zu tun.»

«Er steht in Ihren Akten, Ihren Unterlagen, Ihren Notizen. Irgendwo. Er ist der Mörder, Cecilia.»

Sie öffnete die Tür. «Mein Büro ist für heute geschlossen. Rufen Sie mich morgen an. Ich werde sehen, ob ich ihn finden kann.»

Sie wollte einsteigen. Ich spürte, wie mich eine rohe Wut packte. Ich griff nach der Tür des Caddys und riß sie, samt Cecilia, zurück. Ihre Augen und sämtliche Falten fuhren zu mir herum. Ich knurrte sie mit zusammengebissenen Zähnen an.

«Wenn Sie damit bis morgen warten, dann schlafen Sie heute nacht besser gut», sagte ich. «Denn ab morgen werde ich Sie jagen, meine Dame. Ich werde Ihr Schreckgespenst sein.»

Daraufhin ließ die Bezirksstaatsanwältin die Tür los, drehte sich ganz zu mir um und sah mich direkt an. Ihre kleine Gestalt verharrte fast regungslos, doch ihr Blick war umwölkt und abgründig.

Idiot, dachte ich. *Dummes Großmaul.*

Cecilia Nussbaum sprach leise, ein ausdrucksloses Froschquaken. «Ich bin nicht Wally», sagte sie.

Ich schloß die Augen.

«Ich bin sehr viel größer als Wally», sagte sie. «Und wenn Sie mir noch einmal drohen, können Sie Ihre Einzelteile in der Gosse auflesen oder das, was davon noch übrig ist.»

Ich stand ganz still, die Augen geschlossen. *Idiot*, dachte ich, *dummes Großmaul*. Derweil nahm Cecilia Nussbaum auf dem Beifahrersitz Platz und zog die Tür hinter sich zu. Sie fiel mit einem schweren Klicken ins Schloß. Als ich die Augen wieder öffnete, fädelte sich der Cadillac gerade in den fließenden Verkehr ein und fuhr über die Market Street davon.

2

Ich betrat die Redaktion, und Bob Findley lächelte. Ein schlechtes Zeichen, dieses Lächeln. Es war mehr ein gepreßtes, zufriedenes Anspannen der Lippen, ein Aufblitzen in seinen stillen blauen Augen. Ich konnte es quer durch den Raum erkennen, bevor er sich wieder den Papieren auf seinem Schreibtisch zuwandte.

Ich wußte, was dieses Lächeln zu bedeuten hatte. Luther Plunkitt hatte die Zeitung angerufen, um sich zu beschweren. Ich hatte das Beachum-Interview vermasselt. Beruflich gesprochen, hätte ich Bob genausogut eine Axt überreichen können.

Ich hielt den Atem an, ging an meinen Schreibtisch, setzte mich und schaltete den Computer ein. Ich gab meinen Namen ein, und auf dem Bildschirm leuchtete die Nachrichten-Anzeige auf. Ich lehnte mich in meinen Stuhl zurück und rief die Nachrichten nacheinander ab. Ein Typ aus dem Büro des Bürgermeisters, ein Bulle, mit dem ich zu tun gehabt hatte, eine Frau vom Statistischen Bundesamt in Washington. Artikel, an denen ich arbeitete. Nichts, was nicht warten konnte, bis Frank Beachum tot war.

Auf dem Weg in die Zeitung hatte ich mir ein Sandwich gekauft. Jetzt holte ich es aus der Papiertüte und legte es neben die Tastatur. Ich betrachtete das senftriefende Brötchen. Mein

Magen brannte. Seit meinem Gespräch mit Porterhouse hatte ich nichts mehr gegessen, und mir war auch jetzt nicht danach. Trotzdem nahm ich das Sandwich in eine Hand, während ich mit der anderen meine Schreibtischschublade aufzog und das Telefonbuch hervorzog. Ich knallte es auf den Tisch, als ich in das Brötchen biß.

«Hey, Ev.»

Das war Mark Donaldson, mein Reporter-Kumpel. Sein hageres, spitzes, zynisches Gesicht beugte sich über meinen Monitor und versuchte vertraulich verschwörerisch auszusehen. Kauend hob ich das Kinn.

«Also was geht ab zwischen dir und Bob?» fragte er leise. «Er hat schon den ganzen Tag den bösen Blick für dich.»

Ich würgte meinen Bissen hinunter. «Ich hab seine Alte gebumst, und jetzt ist er sauer», sagte ich.

«Ha, ha. Sehr witzig. Nicht, daß ich es dir verdenken könnte.»

«Irgendwas Neues von Michelle?»

Donaldson nickte. «Sieht schlimm aus. Die Ärzte raten den Eltern, den Stecker rauszuziehen.»

Der nächste Bissen des Sandwiches schmeckte auf einmal teigig und fade. Mein Magen blubberte und dampfte. «Das ist übel», sagte ich.

«Ja», sagte Donaldson. «Das arme Mädchen. Jetzt tut es mir richtig leid, daß ich sie mal Rotznase genannt habe.»

«Vergiß es. Sie war eine Rotznase. Aber sie war eine von uns.»

«War sie das?»

«Ja.»

«Eine Schande», sagte er. Dann beugte er sich noch weiter über meinen Bildschirm und machte mir mit der Hand ein Zeichen, ein kleines aufmunterndes Winken mit den Fingern wie ein Verkehrspolizist, der Fußgänger über eine belebte Straße winkt. «Also komm schon», sagte er. «Was ist mit dir und Findley?»

Ich schüttelte den Kopf. «Es ist privat.»

«Ah!» sagte er angewidert. «Seit wann hast du ein Privatleben?»

Ich schluckte den Klumpen aus Teig, Fleisch und Senf hinunter. Er fiel in meinen brodelnden Magen wie ein Stein in einen Vulkan.

«Ich hatte auch mal ein Privatleben», sagte Donaldson. «Meine Frau hat es mir zu Weihnachten geschenkt. Ich hab es gegen eine Krawatte eingetauscht.» Er hielt seine Krawatte hoch. «Was meinst du?»

«Ich denke, daß du ein weiser Mann bist. Ist Rossiter noch da?»

«Ich weiß nicht. Warum?»

«Ich wollte versuchen, sie zu überreden, mir ein bißchen Kleinscheiß abzunehmen. Die Frau von heute ist doch selbstbewußter geworden, oder nicht?»

«Ich glaube, sie ist nach Hause gegangen. Wahrscheinlich, um sich aufzuhängen.»

Ich lachte müde. «Und wie selbstbewußt bist du?»

Donaldson zuckte die Schultern. «Ich hol dir einen Becher Kaffee, wenn du mir einen bläst.»

«Könntest du ein paar Anrufe für mich erledigen?»

«Sicher, das läßt sich machen.»

«Sieh zu, ob du irgendeinen von den Detectives aufspürst, die den Fall Beachum bearbeitet haben. Ich will wissen, ob irgend jemand etwas von einem anderen Zeugen weiß, der ebenfalls am Tatort war. Ein junger Kerl, ein Jugendlicher. Ist bloß vorbeigekommen, um sich eine Cola zu ziehen oder so. Hat nichts gesehen. Ich brauche nur seinen Namen und seine Adresse.»

«Okay.»

«Und könntest du mir einen Becher Kaffee holen?»

Er warf mir eine Kußhand zu und ging.

Ich legte das halbgegessene Sandwich zur Seite. Mehr konnte mein Magen wirklich nicht vertragen. Ich zog das Telefonbuch heran und schlug die Seite mit «Behörden» auf. Gerichtsarchiv, Abteilung Todesstrafe.

Ich hatte die Nummer gerade gefunden, als ich aus dem Augenwinkel eine Bewegung wahrnahm, die ich gleich darauf auch in meinem Magen spürte wie einen heißen, beißenden

Schlag. Es war Alan, der seine Bürotür aufgemacht hatte und hinaussah, in meine Richtung. Bob erhob sich von seinem Platz, bereit, sich der Attacke anzuschließen. Sie kamen, um mich zu holen.

Ich schnappte mir rasch den Hörer und tippte die Nummer. Den Hörer am Ohr drehte ich mich zu Alan um und winkte ihm zu. Alan sah Bob an. Bob sah Alan an. Alan zog sich in sein Büro zurück. Bob nahm wieder Platz.

«Puuh», sagte ich.

«Gerichtsarchiv», sagte ein Mann am Telefon, der Stimme nach zu urteilen, ein junger Mann. Ein sehr müder, junger Mann.

«Hier ist Steve Everett von der *News*», sagte ich. «Wer kann mir über Beachum Auskunft geben?»

«Alle», sagte er schläfrig. «Jeder hier.»

«Wie wär's dann mit Ihnen? Sie sind gerade da.»

«Ja.»

«Okay, Nancy Larson», sagte ich, «die Zeugin von dem Parkplatz.»

«Ja, ja, ja.»

«Als sie den Parkplatz gerade verlassen will, kommt jemand an. Ein anderer Kerl, ein Jugendlicher, ein weiterer Zeuge.»

«Nein.»

«Was soll das heißen, nein?»

«Davon steht nichts in den Akten», sagte der junge Mann mit einem erschöpften Seufzer. «Nichts», murmelte er schläfrig. «Gar nichts . . .»

«Sind Sie sicher? Wie können Sie sich da so sicher sein?»

Er stieß einen Laut aus, ein Lachen, glaube ich. Irgendein Geräusch wie ein Lachen. «Weil ich mir sicher bin, Mr. Everett», sagte er. «Selbst wenn ich nie zuvor von dem Fall gehört hätte, hätte ich im Laufe der letzten zwei Wochen sämtliche Akten auswendig gelernt. Es gibt nichts dergleichen. Es gibt keine anderen Zeugen.»

Ich zögerte. Ich lauschte dem Schweigen in der Leitung. «Danke», sagte ich schließlich und legte wieder auf.

Mit einem nervösen Blick zu Alans Tür stand ich auf und ging den Gang hinunter zu Donaldsons Schreibtisch. Er hing noch immer am Telefon. Als ich mich über seinen Monitor beugte, sah er mich an und schüttelte den Kopf.

«Scheiße», sagte ich.

Die Tür zu Alans Büro ging wieder auf, und Alan kam heraus.

«Scheiße», sagte ich.

Donaldson legte auf. «Das war Benning. Er war damals bei den Ermittlungen dabei. Er sagt, er könne sich vage erinnern, weiß jedoch keine Namen mehr. Er meinte, es hätte nichts zu bedeuten gehabt.»

«Scheiße», sagte ich.

«Und Ardsley, der die Ermittlung geleitet hat, ist mittlerweile im Ruhestand. Irgendwo in Florida.»

«Scheiße», sagte ich. «Was ist mit den Ermittlungsakten?»

«Er sagt, sie sind alle im Büro des Bezirksstaatsanwalts.»

«Scheiße», sagte ich.

«Everett!» Alan rief mich quer durch den Raum. Bob erhob sich wieder von seinem Schreibtisch.

«Everett, kommen Sie mal in mein Büro.»

«Scheiße», sagte ich.

Donaldson zog einen Mundwinkel hoch. «Komm schon, Mann, was ist los?»

Ich ließ ihn sitzen und ging langsam quer durch den Raum auf Alan zu.

Bob stand jetzt neben ihm an der Tür. Alan winkte mich in sein Büro. «Hier entlang, Mr. Everett.» Bob folgte mir und schloß die Tür. Er lächelte wieder dieses Lächeln.

«Du könntest wenigstens versuchen, nicht so verdammt glücklich auszusehen», erklärte ich ihm.

«Ich bin nicht glücklich», sagte er leise. «Warum sagst du so etwas?»

Alan nahm auf seinem Chefsessel Platz und massierte sich die Stirn. «Ich sollte längst zu Hause sein und mit meiner Frau tanzen», sagte er.

Ich griff nach meinen Zigaretten und stopfte eine davon in den

Mund. «Paß auf, ich hab keine Zeit für das hier. Plunkitt ist also sauer. Das ist Pech.» Ich zündete die Zigarette an und zog heftig daran.

«O ja», sagte Bob mit glänzenden Augen. «Und ob er sauer ist. Außerdem ist das Rauchen in diesem Gebäude verboten.»

Alan stieß einen tiefen Seufzer aus. «Kinder, Kinder, Kinder. Kommt schon. So geht das nicht. Da draußen sind zehn Reporter, die nichts anderes tun, als euch zu beobachten, während sich kein Mensch um die restliche Stadt kümmert. Everett, sag, daß es dir leid tut. Und du, Bob, verpaß ihm eine und knips ihm die Lichter aus. Laß uns die Sache hinter uns bringen.»

Bob wirkte überrascht. «Also, es geht hier nicht um eine private Angelegenheit.» Seine Stimme klang ruhig und vernünftig. «Das war eine wichtige Story.»

«Ja, ja, ja.»

«Das ist mein Ernst, Alan. Ich habe Steve sehr genaue Anweisungen gegeben. Ich wollte ein kurzes Feature, das den menschlichen Aspekt herausstellt, sonst nichts, das ist alles. Die Zeitung hat Plunkitt versprochen . . .»

«Der Typ ist unschuldig!» sagte ich und deutete mit der Zigarette auf ihn.

«Oh . . .» Bob verdrehte grinsend die Augen und wandte sich ab.

Ich spürte, wie mein Blut in Wallung geriet. «So ist es aber!» sagte ich zu seinem Rücken. «Bob. Das ist kein kurzes Feature! Es ist eine beschissene Kreuzigung, Mann! Was hätte ich deiner Meinung nach zu ihm sagen sollen? ‹Wie ist das Wetter da oben, Mr. Christus?›» Ich zog den Notizblock aus meiner Gesäßtasche und knallte ihn auf Alans Schreibtisch. «Hör zu, ich hab den ganzen persönlichen . . . Mist, den du wolltest. Er glaubt an Gott. Er ist glücklich wie ein Schwein, das sich in der Scheiße suhlt, okay? Er kann es gar nicht erwarten, abgespritzt zu werden. Das kannst du alles in deinem Feature mit dem menschlichen Aspekt benutzen.»

Bob senkte den Kopf, als wäre er traurig. «Das ist nicht der Punkt.»

«Da kannst du einen drauf lassen, daß das nicht der Punkt ist.»

«Nun», sagte Alan zu ihm, «dann ziehen wir Everett von der Hinrichtung ab. Okay? Everett, vergiß die Story. Wir setzen Harvey auf die Hinrichtung an. Das wolltest du doch von Anfang an, oder nicht?»

«Ja», sagte Bob, «aber das ist noch immer nicht der Punkt.»

«Ja, also gut, wir wissen alle, was der Punkt ist», sagte Alan.

Bob fuhr wieder herum, die Wangen erneut gerötet, doch die Augen waren unergründbar verschlossen. Man konnte nur ihre Oberfläche sehen, flach und hart. Er sprach jetzt sehr besonnen, ohne jede Spur von Leidenschaft oder irgendeinem anderen Gefühl. «Der Punkt ist der», sagte er langsam, «daß ich nicht mehr mit dir zusammenarbeiten kann, Steve. Wir hatten von Anfang an Probleme miteinander, aber jetzt wird es einfach zu viel. Vielleicht bist du manchmal ein guter Reporter. Alle sagen das. Aber es gibt auch andere gute Reporter, und die haben nicht deine Einstellung und befolgen Anweisungen. Ich kann nicht mit dir zusammenarbeiten.» Er sah erst Alan, dann mich an. Das war alles, was er sagte.

Es entstand ein Schweigen. Alan stöhnte brummend. Ich zog an meiner Zigarette und betrachtete den Fußboden. Ich spürte, wie die Sekunden verstrichen. Bob betrachtete mich kühl, ohne sich zu rühren. Er hatte seinen Zug gemacht. Er hatte gesagt, was er sagen mußte. Wenn er Alan wirklich zwang, sich zwischen uns beiden zu entscheiden, war ich meinen Job mit Sicherheit los.

Mein Magen brodelte schwarz. Was für ein Chaos, dachte ich. Was für ein Chaos hatte ich angerichtet. Und wie spät war es überhaupt? Laut der Uhr auf Alans Schreibtisch fast Viertel vor sieben. Cecilia Nussbaum würde jetzt ihre Treffen haben, wahrscheinlich mit den Leuten des Gouverneurs in irgendeinem Hotel oder im Wainwright Building. Danach würden sie vermutlich alle gemeinsam zum Gefängnis fahren. Plunkitt würde Mrs. Beachum bitten, die Beobachtungszelle zu verlassen, und es würde ein großes Heulen und Zähneklappern geben. Der

Koch würde die letzte Mahlzeit des Verurteilten zubereiten. Mein Gott, dachte ich, was für ein Chaos.

«Alan . . .», sagte ich.

Aber Bob schnitt mir das Wort ab. «Nein. Nein. Ich finde, wir sollten uns zuerst damit auseinandersetzen. Ich kann nicht mit dir zusammenarbeiten, Steve. Ich kann nicht mehr mit dir zusammenarbeiten.»

Ich biß die Zähne aufeinander, reckte das Kinn in seine Richtung und atmete aus Mund und Nase Zigarettenqualm aus. «Warum schlägst du mich nicht?» forderte ich ihn auf. «Warum schlägst du mich nicht einfach k. o., verdammt noch mal? Ich hab es verdient, Mann. Ich werde zu Boden gehen und bluten. Es wird dir gefallen. Es wird bestimmt ganz toll.» Danach hätte ich die Klappe halten sollen, aber ich konnte mich nicht bremsen. «Dann kannst du nach Hause gehen und auch deine Frau schlagen», murmelte ich. «Sie mag es.»

Ich sah, wie sein Kopf zurückschnellte, als er den Schlag einsteckte. Einen Moment glaubte ich, er würde mir tatsächlich eine verpassen. Jedenfalls hoffte ich es fast. Doch seine Oberlippe kräuselte sich nur ein wenig, während sein Blick eisig blieb.

«Ich nehme an . . .», sagte er leise. «Ich nehme an, wir können nicht alle in deiner Phantasiewelt leben, Steve. Ich werde niemanden schlagen, ganz egal, was sie wollen. Wenn Patricia eine andere Art von Beziehung braucht, wird sie sie für sich finden müssen. Wenn sie mit mir daran arbeiten will, daß wir zusammenbleiben, bin ich dazu bereit. Aber was auch immer geschieht, meine Ehe geht dich, verdammt noch mal, nichts an. Das einzige, was du im Moment von mir wissen mußt, ist, daß ich dich für einen ordinären, sexistischen, gedankenlosen und geistig unausgewogenen Menschen halte, mit dem ich nicht länger zusammenarbeiten kann.»

Alan stöhnte erneut und hielt sich die Hände vor die Augen.

Ich wandte mich verzweifelt an ihn, beugte mich zu ihm vor und stemmte meine Fäuste auf seinen Schreibtisch. Warum war mir nicht aufgefallen, wie dringend ich einen Job brauchte, bis ich im Begriff war, meinen zu verlieren?

«Alan, hör mal», sagte ich. «Ich habe den Schützen.»

Er ließ die Hände sinken. «Du hast was?»

Bob machte seine bevorzugte Handbewegung, diese Ganz-ruhig-bleiben-Geste, und verfiel in seinen schulmeisterlich belehrenden Ton. «Ich denke, wir sollten hier nicht zwei Themen durcheinanderbringen . . .»

«Ich weiß, wer er ist», unterbrach ich ihn.

«Wer?» fragte Alan.

«Der andere, der wahre Täter. Der Mörder von Amy Wilson.»

«Du hast den Schützen?»

«Also, selbst wenn er weiß, wer Kennedy ermordet hat . . .», sagte Bob.

«Halt's Maul, Bob», sagte Alan, während er mich stirnrunzelnd musterte. «Wie sicher hast du ihn?»

Ich richtete mich auf und führte die Zigarette zum Mund. Ich hatte sie so fest gepackt, daß sie unterhalb des Filters aufgeplatzt war, so daß ich hart ziehen mußte, um den Rauch zu inhalieren.

«Ich weiß, wer er ist», sagte ich.

«Also gut. Wer ist es?»

«Häh?»

«Der Schütze? Wer ist es?»

«Er ist . . . er ist ein Typ, ein Typ, der auch da war.»

Alan hielt die Luft an und kniff sich in die Nase. Er schloß die Augen und öffnete sie wieder. «Du willst also sagen, der Schütze war ein Typ, der auch da war? Ich muß schon sagen, Steve, echt gute Arbeit. Aber wir sollten keine voreiligen Schlüsse ziehen. Ich möchte das von zwei weiteren ungenannten Quellen bestätigt bekommen, bevor ich die Druckpressen anhalte, um die Titelseite auszutauschen.»

«Wenn ich es dir sage!» rief ich mit erhobenen Händen. «Die Bezirksstaatsanwältin hat seinen Namen. Sie will ihn mir nur nicht geben.»

«Was ist mit der Verteidigung?»

«Das ist absolut lächerlich», sagte Bob.

«Nein», sagte ich. «Es ist nicht in ihren Unterlagen.»

«Und die Bullen?»

«Die können sich nicht mehr erinnern. Oder sie sitzen drauf.»

«Hast du es schon mal mit den Gelben Seiten versucht, unter S?» fragte Bob.

Ich stieß ein Geräusch aus, das selbst mich überraschte, ein kehliges Knurren wie von einem in die Enge getriebenen Tier. Ich ging zur Wand und drückte meine Zigarette am Rand des Papierkorbs aus. Ich blieb, ihnen den Rücken zugewandt, stehen und starrte auf eine Auszeichnung der Associated Press für herausragende journalistische Leistungen. Es sah nicht gut aus für unseren Helden oder in diesem Fall für mich.

Hinter mir seufzte Bob müde und traurig. «Alan», sagte er, «es tut mir leid. Wirklich. Ich weiß, daß das für alle Probleme bereitet. Aber ich möchte, daß das ganz klar ist. Ich bin bereit zu gehen. Ich habe dir viel zu verdanken, und ich liebe diese Zeitung, aber ich werde mein Arbeitsleben nicht in einem Klima verbringen, das für mich unerträglich geworden ist.»

Alan stöhnte.

Woraufhin ich eine plötzliche Eingebung hatte. Ich fuhr mir gerade durch das Haar und spürte den Schweiß, der an meiner Hand kleben blieb. Ich dachte an Barbara und was ich ihr sagen sollte, wenn ich wieder ohne Job nach Hause kam. Ich fragte mich, wie lange es dauern würde, bis sie die Wahrheit herausgefunden hatte. Fünf Minuten? Zehn? Ich konnte sie schon im Türrahmen stehen sehen, streng in die Ferne weisend. Während ich, meine Habseligkeiten in ein Taschentuch gewickelt und an einen Stock gebunden, den ich über der Schulter trug, elend und einsam ins Schneetreiben hinausstapfte. Draußen waren es fünfunddreißig Grad, aber bei meinem Glück würde es demnächst todsicher schneien.

Und dann kam mir die Eingebung. Einfach so. Wie ein Halleluja. Glocken läuteten, Chöre sangen. Der Staatshaushalt war wieder ausgeglichen. Im Osten ging leuchtend die Sonne auf und warf ihre gütigen Strahlen über unser großartiges Land. Oho, dachte ich. Ohoho. Es gibt keine Sackgasse, keine verschlossene Tür und keine Straße ohne Wiederkehr für einen Mann, der verzweifelt um seinen Job kämpft.

Ich drehte mich wieder um. Bob neigte den Kopf und sah mich an. Wenn Haß ein Laserstrahl wäre, hätte er durch meine Stirn hindurch in die Ecke des Zimmers sehen können.

«Es tut mir leid, Steve», sagte er freundlich. «Es tut mir wirklich leid.»

«Was ist mit meiner Kündigungsfrist, Alan», sagte ich.

«Kündigungsfrist?» fragte Alan und stöhnte.

«Es steht in meinem Vertrag. Du kannst mich nicht einfach so feuern. Ich habe eine Kündigungsfrist.»

Nicht einmal die ruhige Leere in Bobs Miene, nicht einmal die Eisvorhänge vor seinen Augen reichten aus, das Strahlen des Triumphes zu verbergen, das aus ihm leuchtete. Er hatte gewonnen.

«Wieviel Kündigungsfrist möchtest du denn haben, Steve?» fragte er sanft.

Auf dem Weg zur Tür sah ich auf meine Uhr.

«Fünf Stunden und sieben Minuten», sagte ich.

3

Die Sonne hatte noch nichts von ihrer Intensität verloren, ihr Licht war noch immer gleißend weiß, obwohl sie sich schon gen Westen neigte und tief über der Salzwüste von Osage stand. In den flimmernden Hitzestreifen, die vom Highway aufstiegen, bewegten sich die dunklen Gestalten der Staatspolizisten in kleinen Gruppen um ihre Autos. Außer ihnen und den Streifenwagen, die in der Umgebung patrouillierten, bewegte sich nichts. Der große quadratische Komplex des Gefängnisses wirkte völlig ruhig. Man mußte nahe genug herankommen, um die Männer in ihren Wachttürmen zu sehen, die ihren Blick langsam über die weite Ebene wandern ließen.

Innerhalb der Mauern war es ebenfalls ruhig. Man hatte den

Gefangenen ein frühes Abendessen serviert und sie für die Nacht in ihre Zellenblöcke eingeschlossen. Eine Doppelschicht Wärter bewachte jeden Block. Die Wachen drehten grimmig und argwöhnisch ihre Runden. Sie konnten hören, wie die Gefangenen in ihren Zellen miteinander sprachen, ein rauhes Knurren, unterbrochen von gelegentlichen wütenden Ausbrüchen. Und neben dem Gemurmel, dem stetigen Rauschen der Bewegung von Menschen und Maschinen, ertönte schwungvolle Musik aus den Fernsehern entlang der Mauern. Auf den Bildschirmen begaben sich Michael J. Fox und Christopher Lloyd zum drittenmal *Zurück in die Zukunft*. Den ganzen Abend würden Videos gezeigt werden. Arnold McCardle hatte den Soft-Porno für später vorgesehen, damit er die Männer im eigentlichen Moment der Hinrichtung von Frank Beachum ablenken würde.

Im Besucherzentrum ging es lebhafter zu. Dort war das Küchenpersonal bei der Arbeit. Sie wischten Böden und Tische, die sie nebeneinander aufstellten. Sie arbeiteten schnell, damit sich der Geruch von Desinfektionsmittel noch verzog, bevor die Würdenträger und Zeugen eintrafen. Dann würden sie auf den langen Tischen Erfrischungen servieren: Kaffee, Mineralwasser und Chips vorher, Wein und Schnittchen hinterher für diejenigen, die Appetit hatten.

Auch das Hauptbesprechungszimmer des Gefängnisses war voller Menschen. Luther, Arnold, Reuben Skycock – das gesamte Exekutionsteam – war versammelt. Ebenso die Ingenieure, die sich um die Telefone und die Maschine kümmern würden, der Arzt, der den Herzschlag des Gefangenen per Monitor überwachen sollte, die Krankenschwester, die den Katheter setzen, und die Wärter, die den Gefangenen festschnallen sollten. Alle, die in irgendeiner Form an der letzten Prozedur beteiligt waren, saßen um den Konferenztisch versammelt oder standen an die Wand gelehnt und lauschten stumm, als Luther sie ein letztes Mal über ihre Pflichten informierte.

Sie hörten konzentriert zu, und Luther war froh zu sehen, daß ihre Gesichter ernst wurden. Selbst Reuben Skycock hielt sich mit seinen berüchtigten Witzen der Situation entsprechend zurück. Luther ließ den Blick über ihre Gesichter wandern. Er wußte, was sie empfanden, jeder einzelne. Sie waren aufgeregt, und sie schämten sich dafür, und sie hatten Angst, und sie schämten sich dafür. Er sah einige unter ihnen, die das hier zum erstenmal mitmachten, und er wußte auch, wie sie sich fühlten. Wie sie es vor den Altgedienten gut machen wollten. Wie sie verzweifelt hofften, nicht zu versagen, nicht das schwache Glied in der Kette zu sein. Luther sprach weiter. Sein Blick ruhte einen Moment lang auf Maura O'Brien, der einzigen Frau im Raum. Ihr pausbäckiges Gesicht war konzentriert und ernst wie alle anderen, ihre blassen Lippen ein schmaler Streifen. Luther mochte es nicht besonders, Frauen dabei zu haben, doch er kannte Maura und bewunderte ihren Mut. Sie hatte sich von den Männern hier nie irgendwelchen Mist angehört, und sie sah nicht aus, als ob sie vorhatte, jetzt schwach zu werden.

Luthers Blick wanderte beim Reden weiter. Schließlich war er sich sicher, daß sie ihn alle ansahen. Das gesamte Exekutionsteam verließ sich auf seine gelassene Art, sein durch nichts zu erschütterndes Lächeln. Aus seiner ruhigen Führungsstärke zogen sie ihre Kraft. Also achtete er darauf, so zu wirken wie immer – unerschütterlich. Er sprach in seinem gemessenen Singsang, hatte sich in seinem Stuhl zurückgelehnt, die Beine ausgestreckt, gestikulierte unaufgeregt mit einer Hand – und lächelte. Dieses nichtssagende Lächeln. Als ob er eine Geschichte vom Fischen in Quenton's Brook erzählte, wo ihn doch im letzten Juni eine Forelle überlistet hatte. Das war es, was sie brauchten, und das war es, was er ihnen gab. Er konnte es sich nicht leisten – niemand konnte es sich leisten, das gesamte Rechtssystem des Staates Missouri konnte es sich nicht leisten –, daß der Mann an der Spitze zur elften Stunde schwach wurde.

Also redete Luther Plunkitt weiter und ließ sich rein gar nichts anmerken von dem Gewicht, das mittlerweile unbarmherzig an seinem Innern zog, oder davon, wie schwer und quälend es inzwischen geworden war.

In dem kleinen quadratischen Hof direkt vor dem Krankenhausblock war niemand. Nichts bewegte sich. Die Luft war zäh und heiß. Der kleine Fleck Himmel über dem Hof war klar und gnadenlos. Grillen sangen in ihren Ritzen im Mauerwerk, Zikaden zirpten in den kargen, verdorrten Grasbüscheln, die aus dem Asphalt wucherten. Doch die Insekten zeigten sich nicht, nichts rührte sich.

Jenseits der Tür im Flur des Krankenhausblocks waren keine Patienten und auch sonst niemand. Eine einzelne Krankenschwester bewegte sich hinter dem kugelsicheren Glas stumm durch die Station. Der Wärter in der Kabine am Ende des Flurs beobachtete träg seinen Überwachungsmonitor. Es war ein neuer Wärter, der nur für die eine Stunde Dienst hatte, in der im Konferenzzimmer die Besprechung stattfand.

Vor der Tür der Beobachtungszelle hatte ebenfalls ein neuer Wärter Posten bezogen, genau wie in der Zelle selbst, weil auch Benson an der Einsatzbesprechung teilnahm. Der neue diensthabende Beamte war ein weißhaariger Bodybuilder namens Len. Len war froh gewesen, die halbe Schicht mit Überstundenzulage zusätzlich einschieben zu können. Er brauchte das Geld, weil sein neuer Lover ein ziemlicher Szenegänger war, der fast jedes Wochenende in die teuren Lederclubs von St. Loo wollte. Die Schicht erwies sich als recht bequemer Dienst. Er mußte nur an dem langen Tisch unter der Uhr an der Wand sitzen und alle Ereignisse in einem chronologischen Bericht festhalten. Und es passierte praktisch nichts. Der Gefangene und seine Frau machten einen netten, ruhigen Eindruck. Und das war Len nur recht.

Genaugenommen hatten sich Frank und Bonnie in der letzten halben Stunde fast überhaupt nicht bewegt. Sie saßen an ihrem Tisch hinter den Gitterstäben des Käfigs. Sie saßen sich gegenüber, hielten einander an den Händen und sahen sich in die Augen. Ein tiefes Gefühl der Stille hatte sie ergriffen. Sie wußten, daß Bonnie bald gehen mußte, und das ließ sie innerlich ganz ruhig werden. Sie empfanden eine Art bleiernes Staunen, fast Ehrfurcht, ob ihrer bevorstehenden Trennung. Und sie fühlten sich einander sehr nah, so nah wie schon seit langem nicht mehr.

Das Paar sprach ununterbrochen miteinander, mit gedämpften, heiseren Stimmen. Sie mußten nicht darüber nachdenken, was sie sagen wollten, die Worte kamen ihnen einfach so.

«Worüber ich mir Sorgen mache», murmelte Frank in die Augen seiner Frau, «worüber ich mir am meisten Sorgen mache, ist Gail.»

«Sie liebt dich, Frank. Sie liebt ihren Vater», sagte Bonnie.

«Ich möchte nicht, daß sie denkt, du weißt schon . . .»

«Das würde sie nie denken. Sie kennt dich.»

«Laß sie das nie glauben. Du mußt es ihr sagen, ja?»

«Ich werde es ihr sagen, Liebling, ich schwöre es.»

«Du wirst es ihr immer wieder sagen.»

«Bestimmt.»

«Ich mache mir Sorgen, weißt du», sagte Frank leise und nahm ihre Hände zwischen seine. «Manchmal wollen die Menschen etwas nicht mehr hören. Selbst wenn es wahr ist. Irgendwann haben sie es satt, immer wieder dieselbe alte Geschichte zu hören.»

«Sie würde nie glauben . . .»

«Vor allem Kinder. Man erzählt ihnen was . . .»

«Das weiß ich.»

«. . . und nur weil sie es immer wieder hören, glauben sie, daß es nicht wahr ist.»

«Ich weiß. Aber sie würde nie glauben, daß du jemandem weh tun könntest, Frank. Sie liebt ihren Daddy über alles.»

Er nickte stumm und kämpfte gegen den Drang an, zur Uhr zu blicken. Bald würde es soweit sein, mehr brauchte er nicht zu wissen. Bald würden sie kommen, um sie abzuholen. Er sah ihr unverwandt weiter in die Augen.

«Ich habe ihr einen Brief . . .» Er schluckte.

«Was?»

«Ich habe ihr einen Brief geschrieben, weißt du. Etwas . . . ich dachte, daß sie vielleicht irgendwas in der Hand haben wollte. Ich wollte ihn ihr eben geben, als sie noch da war, aber . . .»

«Er wird ihr kostbar sein. Er wird ihr kostbarster Besitz sein.»

«Aber dann kam es mir so erbärmlich vor, verstehst du. Wie sie mich angesehen hat, als sie sie weggebracht haben. Es ist nur ein lausiger Brief.»

«...kostbar...» war alles, was seine Frau hervorbringen konnte.

«Weil ich doch für sie dasein wollte, verstehst du.»

«Ich weiß.»

«Ich wollte, daß sie das weiß.»

«Das wird sie.»

Er preßte die Lippen zusammen. «Wünsche und schlechte Karten», sagte er. «Jetzt kommt es nur darauf an, das hier durchzustehen.»

«Hab keine Angst, Liebling. Ich werde bei dir sein. Und Jesus wird bei dir sein.»

«Tut mir leid, daß du das mitansehen mußt.»

«Ich werde bei dir sein.»

Er nickte. «Wenn ich dich nur sehen kann, ja...? Wenn ich dein Gesicht sehen kann...»

«Du wirst mich sehen.»

«Das hilft bestimmt.»

«Ich sorge dafür.»

Er faßte ihre Hände fester. Er sah nicht auf die Uhr. Es würde bald soweit sein. Als er jetzt in ihre Augen sah, sprudelten die Worte aus ihm heraus. «Ich wollte dir das ganz bestimmt nicht antun, Bonnie.»

«Ich weiß, ich weiß.»

«Ich meine, das hatte ich ganz bestimmt nicht für uns geplant.»

«Ist schon gut, Frank.»

Er schüttelte leicht den Kopf. «Mann. Mann. Ich sag dir. Ist total schiefgelaufen, was? Schwer zu begreifen, das schwör ich dir, Bonnie. Schwer zu begreifen, was für einen Sinn das alles hatte, ich meine, wozu das alles gut war. Das einzige, was in meinem Leben je einen Sinn gehabt hat, bist du und Gail. Dadurch hatte auf einmal alles einen Sinn. Es war zu kurz. Verstehst du? Vielleicht ist das alles, was man verlangen kann, ich weiß nicht, vielleicht sollte ich dankbar sein, wahrscheinlich, ich weiß nicht. Ich meine, ich dachte nur ganz sicher, daß ich diesmal alles richtig gemacht hätte. Ich hatte gerade endlich alles richtig gemacht. Und dann diese verdammte Sache.»

«Für mich war auch nie etwas anderes wichtig, nichts außer dir und Gail. Bis ich dich zum erstenmal sah, habe ich nie jemanden wirklich geliebt», sagte Bonnie.

«Diese verdammte Sache. Und ich meine, *wozu* das alles?»

«Du mußt Vertrauen haben, Frank. Du mußt. Ich weiß einfach, daß Gott einen Plan hat. Ich weiß, daß es in seinem Plan irgendwas zu bedeuten hat.»

«Schwer zu erkennen, ich meine, echt schwer zu erkennen. Ich wünschte, ich hätte Zeit, mehr Zeit. Es kommt mir vor, als hätten wir kaum genug Zeit füreinander gehabt.»

«Nein. Nein. Ich liebe dich doch so, Frank. Ich liebe dich so sehr. Wir werden für immer zusammensein, das schwöre ich dir.»

«Diese verdammte Geschichte. Wie eine Art Witz oder so. Echt schwer zu begreifen.»

«Du mußt Vertrauen haben. Jesus wird dich nicht verlassen.»

«Ich weiß.» Er seufzte.

Und dann ging die Zellentür auf.

Bonnies Atem stockte. Sie umklammerte seine Hände und wandte den Blick nicht von ihm ab. Er versuchte, sich an ihr, an ihrem Blick festzuhalten, doch schließlich drehte er sich um und sah Luther an der Tür stehen. Hinter ihm betrat Benson die Zelle.

Der Direktor hob entschuldigend die Hand. Auch sein Lächeln wirkte entschuldigend. «Tut mir leid, Frank, aber wir müssen Mrs. Beachum jetzt bitten zu gehen.»

Frank nickte. «Geben Sie uns noch eine Minute, okay?»

Auch Luther nickte. «Sicher», sagte er.

Frank wandte sich wieder Bonnie zu. In ihren Augen standen jetzt Tränen, und ihre Lippen zitterten.

«O Gott», sagte sie.

«Nein, nein, nein», flüsterte er.

«Ich schwöre, ich weiß nicht, wie ich...» Sie ließ den Satz unvollendet und drückte seine Hände.

«Später werde ich keine Gelegenheit mehr haben, ich meine, auf Wiedersehen zu sagen», sagte er.

Sie konnte nur den Kopf schütteln.

«Paß gut auf unsere Kleine auf, Bonnie.»

«Das werde ich. Das weißt du.»

Er nahm den Brief, den er geschrieben hatte, aus der Tasche und drückte ihn seiner Frau in die Hand. «Gib ihr den. Ich meine, wenn sie älter ist. Ich weiß nicht, wozu es gut ist...»

«Ich werde ihn ihr geben. Er wird ihr alles bedeuten.»

«Paß gut auf sie auf, Bonnie.»

«Versprochen.»

«Und auf dich auch. Paß gut auf dich auf, Bonnie.»

Sie schluchzte, und Tränen rollten über ihre Wangen. Frank glaubte nicht, es noch länger ertragen zu können.

«Wir sehen uns wieder, Baby», sagte er. «Und dann für immer. Wir sehen uns wieder.»

Bonnie versuchte zu sagen: «Ich weiß.»

«Du kannst mit mir reden», sagte er. «Ich werde dasein. Ich höre dir zu. Du mußt mir erzählen, wie es meinen Mädels geht.»

«Das mach ich. Versprochen.»

Er stand, noch immer ihre Hände haltend, auf und stieß den Stuhl mit seinem Körper zurück. Er zog auch sie hoch. Sie standen da und sahen sich an, hatten die Hände zwischen sich umklammert.

«O mein Gott, Frank», sagte Bonnie. «Wie konnte uns das nur passieren?»

Frank spürte, daß er dabei war, die Fassung zu verlieren, er zog sie rasch an sich und drückte sie fest, damit sie nicht sah, wie seine Augen feucht wurden.

«Gott segne dich», flüsterte er ihr ins Ohr. «Gott segne dich, Bonnie. Du hast mir das einzige Leben geschenkt, das überhaupt etwas wert war.»

Sie flüsterte immer wieder, daß sie ihn liebte, während Frank, ihren Kopf an seiner Schulter, über ihr Haar strich.

Vor dem Käfig nickte Luther Benson zu, der trat vor, steckte seinen Schlüssel in das Schloß an der Wand, und das Gitter glitt zurück.

Frank ließ seine Frau los. Weinend betrachtete sie sein Gesicht, ließ ihre Augen über jeden Zentimeter wandern. Frank biß sich auf die Unterlippe, damit sie nicht zitterte. Dann nahm er ihren Arm und führte sie zum Gitter. Er spürte, wie ihr Ärmel durch seine Finger glitt, als sie hinaustrat. Dann fiel das Gitter zwischen ihnen zu.

Luther und Benson traten respektvoll beiseite, um Bonnie durchzulassen. Sie ging mit gesenktem Kopf bis zur Zellentür. Dann drehte sie sich noch einmal zu ihm um. Doch sie schaffte es nicht, ihm auf Wiedersehen zu sagen.

«Auf Wiedersehen, Bonnie», sagte er.

Luther und der weißhaarige Bodybuilder folgten ihr nach draußen.

Benson blieb zurück. Er sah Frank einen Moment lang an und wandte dem Käfig dann still den Rücken zu.

Frank starrte durch die Gitterstäbe auf die Zellentür. Er verspürte eine wilde, grauenhafte Erleichterung. Es war vollbracht, dachte er. Er hatte für sie getan, was er konnte.

Er ließ den Kopf sinken, bedeckte das Gesicht mit beiden Händen und begann, unkontrolliert zuckend, laut und qualvoll zu schluchzen.

4

Währenddessen brach ich in Michelle Zieglers Wohnung ein. Es war nicht leicht. Ich war schon ein paarmal dort gewesen und wußte, daß es nicht leicht werden würde. Michelles Theorien über männliche Gewalt hatten sie nervös gemacht, und sie hatte ihre Wohnung in eine Festung verwandelt. Drei Riegel, eine Kette und ein Sicherheitsschloß an der schweren Tür zu ihrem Loft. Nachdem ich den Wagen vor dem *Globe*-Gebäude geparkt hatte, durchforstete ich den Kofferraum des Tempo und bewaffnete mich mit einem Kreuzschlüssel.

Die Außentür – schon die verglaste Außentür des großen, weißen Lagerhauses – hielt mich etliche Minuten auf. Zuerst versuchte ich es mit Klingeln. Den Trick hatte ich im Fernsehen gesehen. Wenn jemand zu Hause war, hatte er den Trick leider auch im Fernsehen gesehen. Niemand drückte auf.

Also versuchte ich das Schloß mit einer Kreditkarte zu öffnen, die ich zwischen Schloß und Türrahmen schob, während ich gleichzeitig immer wieder durch das obere Türfenster spähte und ein Auge auf den Verkehr auf dem Boulevard hinter mir hatte. Ich versuchte hektisch die ganze Umgebung im Blick zu behalten wie irgendein Eierdieb, der ich vermutlich auch war. Die Straße wurde langsam dunkler, vielleicht hatte die Hitze ein wenig nachgelassen, doch die Luft war nach wie vor schwül. Während ich mit der Plastikkarte in dem Schlitz herumfummelte, hatte ich rasch mein Hemd durchgeschwitzt. Schließlich hörte ich ein Klicken. Es war meine Visa-Karte, die in der Mitte durchgebrochen war. Ich zog sie heraus und betrachtete ihre ramponierten Ränder, bevor ich sie angewidert in die Hosentasche steckte.

Keuchend sah ich mich erneut um. Dann zertrümmerte ich mit dem Kreuzschlüssel das obere Fenster. An sich hatte ich vorgehabt, ein sauberes, kleines Loch in das Glas zu schlagen, doch die ganze Scheibe zersplitterte beunruhigend laut wie ein ganzes Xylophon-Orchester, das vor einem großen Auftritt die Instrumente stimmt. Mit pochendem Herzen griff ich hinein und öffnete die Tür. Ich war im Haus. Glasscherben knirschten unter meinen Sohlen, als ich den kleinen Flur entlang zur Treppe lief.

Ich nahm jeweils zwei Stufen auf einmal. Drei Absätze. Obwohl ich dreimal pro Woche im Fitneßstudio trainierte, ging mein Atem pfeifend, und in meiner Lunge brodelte der Teer einer zehn Jahre alten Zigarette. Als ich vor Michelles Tür stand, lehnte ich mich keuchend an die Wand. Den Kreuzschlüssel in meiner schweißnassen Hand, musterte ich finster die Batterie robuster Schlösser. Das Sicherheitsschloß war das unterste, und ich machte mir wenig Hoffnung, es knacken zu können. Doch ich war entschlossen, wenn es sein mußte, die ganze Tür aus den Angeln zu heben. Ich mußte es zumindest versuchen, und ich hatte keine Zeit zu verschwenden.

Noch immer schwer atmend, stieß ich mich von der Wand ab und setzte den Kreuzschlüssel grunzend am Türrahmen an. Die Tür ging langsam auf.

Ich stolperte über die Schwelle und blieb verdutzt stehen. Michelle hätte ihre Wohnung nie so offen stehenlassen. Dafür war sie viel zu sehr davon überzeugt, daß überall Gewalt lauerte: Sie las zuviel Zeitung. Ich stand also, den Kreuzschlüssel gepackt, in der offenen Tür und starrte fragend in den großen schattigen Raum.

Es dauerte ein paar Sekunden, bis sich meine Augen an das Licht gewöhnt hatten. Die Jalousien vor den großen Fenstern waren heruntergelassen. Aus den grauen Schatten und der lähmenden Hitze schlug mir ein staubiger Geruch entgegen. Dann konnte ich die Umrisse der Kartons und Papierstapel überall auf dem Boden ausmachen, den wackeligen Tisch mit ihrem Laptop an der Wand, eine offene Küche mit einer Pyramide aus schmutzigem Geschirr und Topfstielen, die aus dem Spülbecken ragte. In einer Ecke auf der anderen Seite des Raumes einen tragbaren Minifernseher, die Badezimmertür und ihr Bett an der Wand zu meiner Rechten – eine riesige runde Matratze, die mit Bergen von Kissen übersät war.

Und auf der Bettkante saß ein Mann. Ein alter Mann.

Ich konnte ihn deutlich erkennen. Er war vor dem Hintergrund der Jalousien ins sterbende Licht der Sonne gemeißelt, das durch die Schlitze hereinfiel. Ich konnte seinen hängenden Kopf und seine herabsackenden Schultern erkennen, die Arme, die zwischen den Knien baumelten, die gefalteten Hände. Seine Anwesenheit erklärte zumindest, warum die Tür nicht abgeschlossen war, doch für einen Moment konnte ich seiner Gegenwart keinen anderen Sinn abgewinnen.

Dann sah er mich an. Langsam, ohne den Kopf zu heben, wandte er sich um. Zusammengesackt, gebeugt und niedergeschlagen blickte er durch das Dunkel in meine Richtung.

«Dann stehlen Sie schon», sagte er.

O Scheiße! dachte ich, als mir die Antwort kam. «Mr. Ziegler?»

Ich erhielt keine Antwort. Der Mann seufzte und ließ sein Kinn wieder auf die Brust sinken. Ich machte einen weiteren Schritt in den Raum und stieß vorsichtig die Tür hinter mir zu. Die erstickende Atmosphäre des Lofts umfing mich und klebte zäh und faulig an meiner Haut.

«Ich bin kein Dieb, Mr. Ziegler», sagte ich, noch immer schwer atmend und jetzt auch schwitzend, während ich nach frischer Luft schnappte. «Ich bin ein Freund. Ein Freund von Michelle. Wir arbeiten zusammen bei der Zeitung.»

Er hob seine Schultern und ließ sie wieder sinken. «Sie müssen mir den Fehler schon verzeihen», sagte er mit belegter Stimme. «Aber meine Freunde klopfen immer an.»

«Richtig. Tut mir leid.» Ich bückte mich und legte den Kreuzschlüssel auf den Boden. Dann stand ich da, sah ihn an und kratzte mir den Kopf. *Was jetzt?* dachte ich. «Das mit Michelle tut mir leid», sagte ich. «Ich mochte sie – ich mag sie – sehr gerne. Kann ich, ähm . . .?»

Ich ging zur Wand und fand im Halbdunkel den Lichtschalter. Eine nackte Birne, die an einem Kabel von der Decke hing, leuchtete auf. Ein greller Lichtkranz fiel auf die Glatze des alten Mannes. Die Schatten fielen von ihm ab und verzogen sich in die Ecken des Zimmers.

Mr. Ziegler wandte erneut den Kopf und sah mich an. Es war unmöglich zu sagen, wie alt er war – siebzig, vielleicht achtzig, vielleicht auch jünger und vorzeitig gealtert, in den letzten vierundzwanzig Stunden oder Jahren. Bis auf einen spärlichen Haarkranz war er völlig kahl. Sein kleines rundes Gesicht hinter einem grauen Schnurrbart war verrunzelt. Schweißtropfen – oder Tränen – sammelten sich in den tiefen Falten auf seinen Wangen. Seine Augen waren wäßrig und fahl.

«Sie waren . . .», sagte er heiser, «ein Freund?»

«Ja. Ja», sagte ich. «Wir waren Kollegen. Bei der Zeitung. Ist sie . . .? Gibt es . . .? Ich meine, ist irgendwas Neues passiert?»

Wieder seufzte er, seine kleine Gestalt reckte sich und sank wieder in sich zusammen. Er schüttelte den Kopf. «Die Maschinen. Sie halten sie am ...» Seine Stimme erstarb.

«Verstehe», sagte ich. «Verstehe. Das ist sehr traurig.»

Er blickte jetzt quer durch das Zimmer auf den Geschirrhaufen in der Küche und sagte lange Zeit nichts mehr. Ich widerstand dem Drang, auf die Uhr zu sehen. Ich wollte etwas sagen, ohne zu wissen, was, als der alte Mann erneut seine Stimme erhob und in einem leisen, grübelnden Ton wie zu sich selbst sprach.

«Jetzt ... müssen wir entscheiden – ihre Mutter und ich müssen entscheiden –, ob wir sie abschalten sollen. Die Maschinen.»

Gott im Himmel, dachte ich. «Ah ja», sagte ich. *Hier komme ich nie wieder raus.*

«Also entscheide ich», sagte Mr. Ziegler. «Ich sitze hier und entscheide.»

Er verfiel wieder in Schweigen und starrte wie zuvor in die Küche. Beim Warten war mir, als würde das Tageslicht hinter den Jalousien verblassen. Mein Blick wanderte über den Boden, und ich sah die Papierstapel, die sich aus den Staubschichten erhoben, die Kartons, die von Zetteln und Notizblöcken überquollen. Sie waren überall, standen in jeder Ecke, an jeder Wand. Fünf Stunden, dachte ich. Um ein einzelnes Blatt, einen einzelnen Namen zu finden, der vielleicht nicht einmal dort war. Und das in dieser Affenhitze.

Ich hielt den Kopf gesenkt, und der Schweiß floß über meine Brillengläser. Ich nahm die Brille ab und versuchte sie am Innenfutter meiner Hosentasche trockenzuwischen.

«Es tut mir leid», sagte ich noch einmal – ich redete schon, bevor ich wußte, was ich eigentlich sagen wollte. «Sie jetzt, in einem solchen Moment, zu behelligen, zu stören.»

Der alte Mann nickte vage.

«Michelle war eine wirklich großartige Reporterin», sagte ich. Diesmal verbesserte ich meine Vergangenheitsform nicht. Ich setzte meine Brille wieder auf, und mein Blick verschwamm hinter dem verschmierten Glas. «Eine Spitzenreporterin», improvisierte ich weiter. «Wenn sie eine Story recherchiert hat, hat sie . . . nun ja, sie hatte immer alles, jedes Detail. Verstehen Sie? Und sie hat alles aufbewahrt. Und es gibt da einen Mann – einen unschuldigen Mann –, der hingerichtet werden soll. Verstehen Sie? Und ich glaube, daß sich hier zwischen diesen Papieren vielleicht etwas findet, was ihm das Leben retten könnte.»

Zu meiner Überraschung schien das sein Interesse zu wecken. Er erwachte aus seiner Trance und betrachtete mich genauer. «Etwas, was Michelle getan hat?»

«Ja», sagte ich. «Ja. Ich bin hergekommen, um danach zu suchen. Deswegen . . .» Ich wies auf die Tür hinter mir.

Er schien das zu überdenken, seine schlaffen Lippen bewegten sich, sein verschrumpelter Kopf wippte, den Blick vage ins Leere gerichtet, auf und ab. Ich glaubte, meine Uhr ticken zu hören – dabei hat sie eine Batterie; sie tickt nicht.

«Na», sagte er schließlich, «dann suchen Sie.»

«In Ordnung», sagte ich. «Gut. Danke.»

Ich machte mich an die Arbeit. Ich spürte, wie er mich beobachtete, während ich mich in die Staubflocken kniete. Zunächst verwirrte mich die schiere Anzahl von Stapeln und Kartons, ich wandte mich hierhin und dorthin auf der Suche nach einem Punkt, an dem ich anfangen konnte. Am Ende schnappte ich mir einfach den nächstbesten Zeitungsstapel und begann, ihn durchzublättern. Soweit ich es erkennen konnte, waren sie ungeordnet, waren es einfach nur alte Zeitungen. Ich schob sie zur Seite. Wieder liefen Schweißtropfen über meine Brille. Ich nahm sie ab und steckte sie in die Brusttasche meines Hemds. Ich wischte mir mit dem Ärmel übers Gesicht, als weitere Schweißperlen auf den Staubfilm über dem Fußboden tropften. Ich zog einen Karton zu mir heran und durchkramte ihn, zog Notizblöcke heraus, blätterte sie durch, betrachtete Michelles kleine, eckige, aber leserliche Handschrift. Die meisten Notizen bezogen sich auf einen alten Mordprozeß, eine Frau, die ihren Mann in den Hinterkopf geschossen hatte, als er schlief. Ich erinnerte mich daran. Michelle hatte darauf beharrt, daß es Notwehr war. Sie hätte mir fast den Schädel eingeschlagen, als ich sie auslachte. Ich stopfte die Notizbücher zurück in den Karton und schob ihn zu den alten Zeitungen. Mein Gesicht war klatschnaß, und meine Lungen brannten, als ich auf allen vieren über den Boden krabbelte, so daß Staubflocken vor mir aufwirbelten und als schmutziger Film an meinen Händen klebten.

Und die ganze Zeit spürte ich den alten Mann in meinem Rücken, der mich mit diesen feuchten, gelblichen Augen musterte.

Ich griff nach einem weiteren Karton.

Er räusperte sich. «Sie sind ihr Freund», sagte er dann. «Sie sagten . . . daß Sie ihr Freund sind.»

Ich sah zu ihm hoch. Ohne meine Brille konnte ich nur eine verschwommene Gestalt ausmachen. «Ja. Ich mag sie sehr gern.» Ich ließ den Blick sinken und widmete mich wieder dem Karton.

«Das ist nett», sagte er nach einer Weile. «Sie scheinen ein netter Mann zu sein. Manche von den Männern, mit denen sie ausgegangen ist . . .»

«Nein, wir sind nicht miteinander ausgegangen.» Der Karton schien eine willkürliche Ansammlung von Zeitungsschnipseln über diverse Grausamkeiten zu enthalten, Grausamkeiten der US-Regierung an anderen Ländern, Grausamkeiten von Weißen an Schwarzen, Grausamkeiten von Männern an Frauen. «Wir hatten nie etwas miteinander.» Ich stopfte die Grausamkeiten wieder in ihren Karton und schob sie beiseite.

Er wirkte beeindruckt. «Sie sind einfach nur . . . ein Freund, meinen Sie.»

«Ja.» Ich packte einen weiteren Stapel Zeitungen, den ich nur kurz durchsah, bevor ich ihn zu den anderen schob. Mir wurde langsam ein wenig schwummrig. Ich mußte das Fenster öffnen und frische Luft hereinlassen, doch ich wollte keine Zeit verschwenden. Ich rückte näher zu dem Bett, auf dem der alte Mann saß.

«Es ist schön, daß sie einen Freund hat», sagte er. «So ein kluges Mädchen, so ein hübsches Mädchen, aber sie hatte nie . . . Sie hatte nicht viele Freunde.»

Ich wollte gerade sagen, daß jeder sie mochte – wie man das

eben so sagt – ganz automatisch. Doch die Lüge blieb mir im Hals stecken, so daß ich mir statt dessen einen neuen Karton vornahm.

«Mir ist sie immer», sagte Mr. Ziegler langsam, «so – so *wütend* vorgekommen.»

Ich hielt inne und hustete Staub. Aus der Nähe konnte ich ihn jetzt deutlicher erkennen. Ich sah, wie er mich durch die schreckliche Last, die sein Gesicht zeichnete, drängend ansah.

«Ja», sagte ich. Ich nahm an, er suchte nach einer Bestätigung für diese Wahrheit. «Ja, sie war wohl ziemlich wütend.»

Ich wischte mir erneut über das Gesicht und vertiefte mich wieder in den Karton.

«Warum?» sagte er. «Warum war sie die ganze Zeit so ... *wütend*?»

«Also, sie hatte jede Menge Theorien, wissen Sie. Ich nehme an, sie hat geglaubt, die Welt müsse ein besserer Ort sein.»

«Wie kam sie darauf?»

«Ich weiß nicht, Sir. Ich fand die Welt immer ungefähr so gut, wie sie es verdient.» Der Kram in dem Karton sagte mir nichts. Wahllose Notizblöcke und Zettel. Ich stopfte sie wieder zu dem Rest und schnappte mir den nächsten Karton.

«Jeder ... jeder scheint heutzutage so wütend zu sein», sagte der alte Mann traurig.

«Finden Sie?»

«Ja, jeder.»

«Vermutlich haben Sie recht. Aber vielleicht sind es auch nur die Zeitungen. Man darf nicht alles glauben. Wir schreiben gerne über wütende Menschen. Das ist aufregend, verstehen Sie, es ist kontrovers.» Der nächste Karton war voller Bücher, hauptsächlich feministisches Zeug, jede Menge Bände mit *Syndrom* oder *Falle* im Titel. Ich nahm ein paar Bücher heraus und entdeckte am Boden des Kartons einen Plastikbeutel voll Marihuana. Ich legte die Bücher rasch wieder hinein, um ihn zu verstecken. «Ich glaube, die meisten Leute versuchen einfach irgendwie durchzukommen.» Ich schüttelte den Kopf, doch das Schwindelgefühl blieb. Die Wände um mich herum zogen sich auseinander und schoben sich wieder zusammen wie ein Akkordeon. Ich rappelte mich auf die Füße. «Ich muß ein Fenster aufmachen», sagte ich.

Einen Moment stand ich schwankend da, während das Blut aus meinem Kopf strömte, bis ich Angst hatte, ohnmächtig zu werden. Ich taumelte durch das Zimmer und zog die Jalousie des mittleren Fensters hoch. Kein blendendes Licht fiel plötzlich ins Zimmer. Der Himmel über den flachen Gebäuden gegenüber hatte eine satte indigoblaue Farbe angenommen. Die Sonne ging unter. Die Nacht rückte heran.

Ich stemmte das große Fenster auf. Luft und Verkehrslärm strömten ins Zimmer. Im Vergleich zu der angestauten Hitze in dem Raum war die Luft beinahe kühl. Sie fühlte sich frisch an auf meinem Gesicht und trocknete den Schweiß auf meiner Haut. Der Schwindel legte sich, als ich sie einatmete. Ich nahm die Brille aus der Tasche, hielt sie ins Licht, zog mein Hemd aus der Hose und wischte sie mit einem Zipfel sauber, bevor ich sie wieder aufsetzte. Ich hätte verdammt gern eine Zigarette geraucht, doch es erschien mir irgendwie respektlos, jetzt eine anzuzünden.

Hinter mir räusperte sich Mr. Ziegler laut. «Ich glaube nicht . . .», sagte er. «Ich glaube nicht, daß sie Männer mochte. Manchmal hat sie solche Sachen geschrieben. Sie hat sie an ihre Mutter geschickt. Ich glaube nicht, daß sie Männer mochte.»

Mein Gott, dachte ich, *was will er von mir?* Ich fuhr mir mit beiden Händen durch mein triefnasses Haar. «Ja, also», sagte ich zu dem offenen Fenster. «Mann und Frau. Sie wissen ja, wie das ist. Sie war wütend. Sie hatte, wie gesagt, eine Menge Theorien. Sie war einfach noch immer sehr jung.»

Ich drehte mich um und ließ meinen Blick über die noch immer entmutigend zahlreichen Stapel und Kartons wandern.

«Wenn Mädchen . . . wenn sie die Männer so hassen, wenn sie sie alle so über einen Kamm scheren», sagte Mr. Ziegler, sich selbst zunickend, «dann reden sie doch in Wirklichkeit bloß über ihre Väter, oder nicht?»

«Ähm . . . Himmel.» Ich lachte matt. Glauben Sie, ich wäre

Journalist geworden, wenn ich irgendwas über die menschliche Natur wüßte, wollte ich ihm sagen. Statt dessen sagte ich: «Ach ... die Menschen, wissen Sie. Diese ständigen Verallgemeinerungen. Alles Unsinn. Glauben Sie mir, Sir, ich verdiene meinen Lebensunterhalt damit, solches Zeug zu schreiben. Alles Mist.»

Auf eine vage Idee hin warf ich einen Blick auf den Tisch zu meiner Rechten. Sofort fiel mir die Schlagzeile ins Auge. *Beachum soll sterben.*

Natürlich: Es war die Story, an der sie gearbeitet hatte; sie befand sich in dem Karton direkt neben ihrem Arbeitsplatz. Er stand neben dem Tischbein, das Netzkabel des Laptop wand sich an seiner Seite entlang. Von dort, wo ich vorher gehockt hatte, hätte ich ihn nie entdeckt. Aber vom Fenster aus war die Überschrift über dem Artikel, der aus dem Karton herausragte, deutlich zu lesen.

Als ich sie entdeckte, war mir auf einmal wieder zittrig und flau. Ich ging langsam durch den Raum, kniete mich vor den Karton und wühlte ihn mit beiden Händen durch. Es war alles da. Der ganze Beachum-Kram: Zeitungsausschnitte, Notizblöcke, lose Zettel, Kopien von Pressemitteilungen. Und direkt daneben ein weiterer Karton gleichen Inhalts.

Diese Michelle, dachte ich. Sie hatte alles. Sie hatte alles aufbewahrt. Sie wäre eine von den guten geworden.

Ich hockte mich auf den Boden, fing an, die Blätter herauszuziehen, und überflog sie aufmerksam, bevor ich sie zur Seite legte. Am liebsten hätte ich alles gelesen, alles durchgesehen, nach Indizien gesucht, doch ich hatte keine Zeit. Ich konnte meine Augen nur jeweils ein paar Sekunden lang über jeden Zettel, jedes Notizblockblatt, jedes Memo und jeden Zeitungsartikel fliegen lassen, konnte sie nur hungrig verschlingen auf der Suche nach einem Namen, der Michelle nicht einmal aufgefallen wäre und den ich nicht kannte.

Ich arbeitete mich Schicht für Schicht durch den ersten Karton, als Mr. Ziegler plötzlich aufschrie. Das heißt, er ballte die Fäuste vor dem Körper und stieß ein abgerissenes Keuchen aus, als ob ihm ein Gedanke geradezu physisch entrissen worden wäre.

«Wie können sie einen Vater auffordern . . . ?» sagte er.

Ich sah ihn an. Wieder sammelte sich Schweiß auf meiner Stirn, und ich wischte ihn mit dem Ärmel ab, um meine Brille trocken zu halten. *Verdammt, verdammt*, dachte ich. *Er bricht zusammen. Ich werde hier nie fertig.* Doch gleich darauf ließ er die Fäuste wieder auf die Schenkel sinken, und sein Kopf fiel nach vorn. Ich wandte mich wieder dem Karton zu. Ich fuhr mit meiner Arbeit fort, zog einen weiteren Notizblock heraus.

«Man versucht alles richtig zu machen», erklärte er hinter mir. Er schien jetzt mit einem unsichtbaren Gegenüber zu streiten. «Woher soll man wissen, was sie brauchen? Glauben Sie, die kommen mit einer Gebrauchsanweisung auf die Welt?» Dann wurde seine Stimme leise. «Stellen Sie die Maschinen ab, sagen sie einem», murmelte er. Ich sah ihn nicht an, sondern ging weiter die Papiere durch. «Ihrem eigenen Vater.»

Danach war er lange still. Das Rauschen und Dröhnen des Verkehrs drang durch das offene Fenster. Papier raschelte, als ich in den Tiefen des Beachum-Kartons wühlte und Zettel für Zettel überflog.

Trotzdem, trotz meiner Gründlichkeit hätte ich ihn fast übersehen. Es wäre ganz leicht gewesen. Er war hastig auf die Rückseite eines Notizblocks gekritzelt. Wahrscheinlich etwas, was Michelle aus irgendeiner Polizeiakte kopiert hatte. Wahrscheinlich hatte sie nicht einmal vorgehabt, der Sache nachzugehen. Sie schrieb eben alles auf, was sie fand, immer. So war sie eben. Meistens hatte sie erst mal gar keine Ahnung, worauf sie in Wahrheit gestoßen war.

Aber ich. Ich wußte es. Er war es. Es war der Schütze.

Warren Russel. 17 Jahre alt. 4331 Knight Street. Vern. am 7. Juli auf eigene Bitte. Stop bei Pocum's wg. Cola, als NL gerade wegfuhr. Hat nichts gesehen.

Ein paar Sekunden lang kniete ich einfach da und hielt den Notizblock umklammert, bis der Schweiß an meinen Fingern die Tinte am Rand der Seiten zerfließen ließ.

Michelle, verdammt noch mal, dachte ich. *Du Idiot. Du dumme, blöde Schnalle. Du wärst so gut geworden. Du wärst eine der besten geworden.*

Dann las ich die hingekritzelte Notiz noch einmal. Warren Russel. Siebzehn Jahre. Das war er, garantiert. Er mußte es sein. Sonst war niemand dagewesen. Wenn Frank Beachum unschuldig war, mußte Russel den Laden betreten haben, als Beachum schon weg war, und den Abzug gedrückt haben. Ich starrte einen Moment auf das Blatt, und die Schrift verschwamm vor meinen Augen. Warren Russel, dachte ich. Warren Russel. Ich hatte ihn gefunden. Ich hatte den Dreckskerl gefunden, der Amy Wilson niedergeschossen hatte.

Ich atmete tief durch, um mich zu beruhigen. Die Luft war voller Staub. Ich spürte, wie er sich auf meine Lungen legte. Ich versuchte, klar zu denken. Knight Street, dachte ich. Knight Street. In der Nähe von Olivette. Ich konnte in einer Viertelstunde, maximal zwanzig Minuten dort sein.

Ich ließ meine Hand langsam sinken. Mein Blick wanderte ziellos durchs Zimmer, bis er auf Mr. Ziegler traf. Er saß wieder mit hängendem Kopf und eingefallenen Schultern, die Hände zwischen den Schenkeln gefaltet, zusammengesunken auf der Bettkante. Seine Lippen bewegten sich stumm. Er redete mit sich selbst. Ich starrte ihn an, ohne ihn wirklich zu sehen.

Und was dann? dachte ich. Wenn ich in der Knight Street bin. Was würde ich dann tun?

Die Polizei anzurufen, kam überhaupt nicht in Frage. Ich hatte zwar ein paar Freunde bei der Truppe, aber sie würden bestimmt nicht für mich ihren Job riskieren. An eine solche Sache würden sie sich ohne die ausdrückliche Anweisung der Bezirksstaatsanwaltschaft nicht herantrauen. Aber alleine dort hinzugehen, diesen Typen zu stellen, einen schießwütigen Killer, allein? Was wollte ich machen? Ihm mit dem Finger drohen und sagen: «Komm schon, alter Junge, fair ist fair.» Außerdem war die Adresse sechs Jahre alt. Wie viele Siebzehnjährige wohnen schon sechs Jahre unter derselben Adresse?

Ich kämpfte mich auf die Füße, den Notizblock noch immer

fest in meiner Faust. Egal, sagte ich mir. Egal was, ich muß es versuchen. Was hätte ich sonst tun sollen? Ich mußte hingehen und hoffen, daß er noch da war, hoffen, daß er mich nicht erschießen würde, und hoffen, daß er gestand. Oder so.

Es war fast halb acht. Mir blieben nur noch viereinhalb Stunden, nicht genug Zeit, um noch groß kreativ zu werden. Ich mußte es versuchen.

«Ich hab's gefunden», wollte ich sagen, doch ich brachte kaum einen Ton heraus.

Trotzdem hob Mr. Ziegler den Kopf. «Ist das zu viel verlangt?» sagte er, sein stummes Zwiegespräch laut fortführend. «Mit all ihren tollen Doktortiteln und Apparaten. Die großen medizinischen Kapazitäten. Wenn sie nur machen könnten, daß sie mich eine Minute lang hört. Damit ich es ihr *sagen* könnte.»

Ich nahm meine Brille ab und massierte meine Stirn. Jetzt bekam ich auch noch Kopfschmerzen. «Ich muß los», sagte ich.

Alle Energie schien plötzlich aus ihm herauszuströmen. Sein Kopf fiel wieder nach vorn.

Ich ging zur Tür, blieb stehen und bückte mich im Hinausgehen nach meinem Kreuzschlüssel. Dann richtete ich mich auf und drehte mich noch einmal halb zum Bett und dem alten Mann um. Ich wußte nicht, was ich sagen sollte. Ich wedelte mit dem Notizblock.

«Ich habe gefunden, was ich brauchte», erklärte ich ihm. Er antwortete nicht. «Ich wußte, daß sie es haben würde. Eines Tages wäre sie eine große Reporterin geworden, sie . . .» Meine Stimme erstarb, und ich stand einfach nutzlos da. Ich blickte zur Decke und sah den rissigen, schmutzigen Putz. *Mein Gott*, dachte ich.

Und dann dachte ich an Luther Plunkitt. Auf dem Parkplatz vor dem Gefängnis. Mit diesem festgefrorenen Lächeln im Gesicht und dem schrecklichen Wissen in den Augen. Niemand weiß je so ganz genau, was richtig ist, aber irgend jemand muß auf den Knopf drücken. So ist das nun mal.

«Ich glaube, sie würde es verstehen, Mr. Ziegler», sagte ich schließlich. Die Worte schmeckten wie Asche in meinem Mund –

woher wollte ich das wissen? – doch es war alles, was mir zu seinem Trost einfiel. «Ich glaube, sie würde es verstehen.»

Der alte Mann atmete nur geräuschvoll aus. «So *wütend*», murmelte er, die Augen gesenkt. «Dinge passieren im Leben. Wir können nicht alles kontrollieren, Michelle.»

Ich setzte an, noch etwas zu sagen, doch ich glaube nicht, daß er mir noch zuhörte. Also sagte ich nichts, und nach einem weiteren Moment ließ ich ihn allein.

Siebter Teil

Frank Beachums Geständnis

1

Plötzlich war das Todeshaus voller Leben. Männer rannten die Flure vor der Zelle des Gefangenen auf und ab. Sie betraten und verließen den Hinrichtungsraum, wo die Krankenliege bereitstand. Drinnen drängten sich genau wie in der angrenzenden Vorratskammer die Mitarbeiter. In der Kammer überprüfte Arnold McCardle, der den Raum problemlos alleine bevölkert hätte, die Telefone. Es waren vier Stück, die auf einem Regal an der Rückwand der Kammer standen. Jedes hatte eine andere Farbe und war mit einem beschrifteten Klebeband versehen. Das rote Telefon war eine Amtsleitung nach draußen, das weiße eine Direktleitung zur Strafvollzugsbehörde, das braune eine Verbindung zur Zentrale des Gefängnisses. Das schwarze Telefon war eine Direktleitung zum Amtssitz des Gouverneurs. Am Ende des Regals stand eine Gegensprechanlage, die mit einem Funkgerät im Hinrichtungsraum verbunden war.

Arnold hob rasch jeden der vier Hörer ab, blähte seine fetten Wangen wie ein Tubaspieler und flüsterte eine entsprechend tubahafte Melodie in die Sprechmuscheln. Doch das gewohnte humorvolle Funkeln in seinen Augen war verschwunden. Sein Blick war konzentriert und klar. Er sprach ein paar Sekunden lang in jeden Hörer, überprüfte die Leitung, legte dann auf und nahm den nächsten ab.

Hinter ihm kümmerte sich Reuben Skycock um das Zuführungsmodul der Injektionsmaschine, das sich in einem Metallschrank an der Wand der Vorratskammer befand. Die Schranktür stand offen und gab den Blick auf drei Spritzen frei, die jeweils an einer Metallhalterung befestigt waren und in einen Schlauch mündeten, der durch ein Loch in der Betonmauer in den Hinrichtungsraum führte. Reuben überprüfte gerade das mechanische System, das zweite Reservesystem für den Fall, daß sowohl die Stromversorgung vom Netz als auch die Ersatzbatterie versagten. Das war in Osage noch nie vorgekommen, doch Reuben verrichtete seine Arbeit trotzdem mit stiller Intensität. Er zog die Stifte heraus, die die Kolben arretierten, und kontrollierte anhand einer Stoppuhr, wie die Kolben langsam nach unten glitten. Jedesmal wenn er einen Metallstift herauszog, gab es ein lautes Klacken, und jedesmal wenn es ertönte, drehte sich Arnold zu Reuben um, einen Hörer am Ohr, die fetten Wangen zu seiner Tubamelodie gebläht.

Pat Flaherty stand neben Reuben vor dem Einwegspiegel. Er sprühte Glasreiniger auf die Scheibe und wischte sie mit einem Papiertuch sauber. Das hatte er auch schon gestern getan. Das Glas war blitzblank, genau wie der Spiegel auf der anderen Seite.

Durch die Scheibe hatte man klare Sicht in den Hinrichtungsraum. Dort waren zwei Männer des Anschnallteams damit beschäftigt, die Gurte an der Liege noch einmal nachzuziehen. Rechts von ihnen war das Fenster zum Zeugenraum. Man hatte die Jalousien vorübergehend hochgezogen, so daß man durch die Scheibe zwei weitere Wärter erkennen konnte, die die Plastikbänke aufstellten, auf denen die Zeugen sitzen würden. Zwei Bänke auf dem Boden direkt vor dem Fenster, zwei weitere dahinter auf einem Holzpodest.

Vor der Liege stand Plunkitt und sprach mit Haggerty, der Posten vor der Tür zum Hinrichtungsraum beziehen würde. Luther gestikulierte gelassen mit einer Hand, die andere hatte er in der Hosentasche. Er lächelte nichtssagend. «An der Tür kontrollierst du alles noch einmal gründlich», sagte er. «Achte darauf, daß das Laken richtig liegt, damit die Zeugen die Gurte nicht sehen müssen.» Luthers Augen waren marmorhart und ausdruckslos. Er dachte an Frank Beachum und stellte sich vor, wie jener, auf die Liege geschnallt, zu ihm aufblickte. *Unschuldig*, dachte er.

Er gab dem Wärter einen aufmunternden Klaps auf die Schulter und wandte sich anderen Pflichten zu.

2

Frank Beachum aß sein letztes Mahl. Steak und Pommes frites. Dazu einen großen Pappbecher Bier. Er hörte, wie die Schritte vor seiner Zelle zunahmen, und blickte zur Uhr an der Wand.

Es war schon nach sieben. Er hatte keine fünf Stunden mehr zu leben. Er aß weiter. Das Steak war dick und nicht ganz durch, aber in der Mitte sehnig und zäh. Die Pommes frites waren nicht gar. Er schmeckte nichts davon, kaute nur mechanisch, den stumpfen Blick auf seinen Teller gerichtet. Nur das Bier war ihm ein Trost. Es war nicht richtig kalt, aber kühl genug und schaumig. Der Geschmack erinnerte ihn an Sal's Kneipe in Dogtown. Dort hatte er manchmal nach der Arbeit noch kurz vorbeigeschaut. Als das Bier über seine Lippen rann, konnte er das dunkle Holz von Sals Tresen und die Farben der Flaschen auf den Regalen fast vor sich sehen, den Zigarettenqualm riechen und Countrymusik hören, leise, aber bestimmt. Er fand das tröstlich und wollte nicht, daß sein Bier leer wurde.

Ansonsten waren seine Gedanken ein einziges Durcheinander. Erinnerungsfetzen zerrissen von Angst. Angst, deren kaltes und stetiges Vibrieren in seiner Brust seine Aufmerksamkeit forderte. Jedesmal wenn er seine Gedanken schweifen ließ, warf ihn die Angst auf sich selbst zurück, zwang ihn, wieder zur Uhr zu blicken, deren Minutenzeiger die volle Stunde immer weiter hinter sich ließ, bis es ihm die Kehle zuschnürte. Dann starrte er wieder auf sein Mahl und aß, während vor seinem inneren Auge Bilder auftauchten, Erinnerungen.

Also aß er und dachte an seine Mutter. Wie sie zu Hause Zigarettenqualm auf den Küchentisch hustete. Frank nahm an, daß sie wußte, was mit ihm geschah. Nach seiner Verurteilung hatte sie ihm eine Postkarte geschickt, doch danach hatte er nie wieder von ihr gehört. Er erwartete nicht, jetzt von ihr zu hören ... Er blickte wieder zur Uhr.

Er aß einen weiteren Bissen und dachte an seinen Vater. Wie

er damals aus der Haustür ins Schneetreiben von Michigan gestürmt war. Er hätte gerne gewußt, was aus ihm geworden war, wünschte sich sehnlichst, es zu wissen. Er versuchte, es sich auszumalen . . . bis ihn wieder die Angst packte. Er blickte zur Uhr.

Er schluckte hart und wandte sich wieder seinem Essen zu. Und dann dachte er an mich. Den Reporter, der ihm auf der anderen Seite des Gitters gegenübergesessen hatte. Meine Worte gingen ihm durch den Kopf. *Jesus Christus interessiert mich einen Scheiß. Genauso wie Recht oder Unrecht in diesem Leben oder im nächsten. Oder richtig und falsch.* Nachdem ich gegangen war, hatte Frank Bonnie erklärt, daß er lieber hier in seinem Käfig sitzen würde, als so zu leben wie ich. Jetzt spürte er vage, tief in seinem Herzen, daß das eine Lüge war. Er blickte zur Uhr.

Er hatte mich beneidet. Er aß weiter. Die Pommes waren weich und geschmacklos in seinem Mund. Er wußte, daß es in Wirklichkeit so war: Er hatte mich beneidet – um meine Freiheit, meine Gleichgültigkeit, mein Leben. Kein schwarzes, glasiges Auge Gottes beobachtete mich, kein steter Blick. Über meinem Kopf schwebte keine andere Welt voller absoluter Gerechtigkeit. Die andere Welt, Gottes hohes, unbekanntes Land, kam Frank in seiner Zelle manchmal so real vor, so präsent wie diese . . . Er blickte zur Uhr. Zwanzig nach sieben. Die Zeiger bewegten sich so schnell. Er schüttelte sich.

Als er jetzt wieder schlucken wollte, bemerkte er, daß sein Mund trocken war. Er führte den Pappbecher an die Lippen und starrte über den Rand; die Betonblöcke an der gegenüberliegenden Wand verschwammen, die Uhr verschwamm. Ja, dachte er. Er hatte mich beneidet. Er hatte sich gewünscht, ich zu sein. Weil ich da draußen war und er hier drinnen. Weil ich morgen noch leben würde und er nicht. Ganz sicher. Und weil es mir egal war.

Er spürte auch das, obwohl er es nicht in Worte fassen konnte. Er hatte mich beneidet, weil mir die Dinge, die ihn quälten, egal waren. Weil ich mich nicht wie er aus Rücksicht auf die Gefühle seiner Frau zerrissen hätte, Stärke zu zeigen. Ich hätte die Qual guten Benehmens nicht ertragen. Ich hätte geschrien, ich hätte gekämpft, ich hätte geweint – glaubte Frank. Ich hätte mir nicht das Hirn zermartert, die Botschaft Gottes in diesem elenden, sinnlosen Tod zu erkennen. Ich hätte mich auch nicht bemüht, diesem Gott zu gefallen, der ihm ungerührt dabei zusah, wie er seiner eigenen Vernichtung entgegenrollte. Diesem Gott, der nicht eingreifen wollte. Ich hätte mich diesem Gott nicht so unterworfen, dachte Frank, ich hätte hier nicht heilig und still und brav vor diesen Wärtern und Direktoren und Anwälten gehockt, diesen Männern, die kühl dem Geschäft seiner Ermordung nachgingen, diesen Schweinen, die ihn sein ganzes Leben lang *gelinkt* hatten und die ihn jetzt wieder *linkten*, direkt bis ins Grab.

Und wer von uns beiden war nun besser dran, fragte er sich, er oder ich? Er trank sein Bier. Fast zuckend führte er den Becher an die Lippen. Er nahm einen tiefen Schluck, und wieder beschwor der Geschmack in ihm die Atmosphäre von Sal's Kneipe herauf: das dunkle Holz des Tresens, die Farben der Flaschen auf den Regalen, den Zigarettenrauch und leise Country-Melodien. Die trostlose Erleichterung.

Er stellte den Pappbecher ab und blickte zur Uhr.

Wer von uns beiden war besser dran? Er wischte sich mit der Hand über seine rauhen Lippen. Himmel, dachte er, hier im Gefängnis – und draußen auf der Straße – gab es Männer, die wimmernde Kleinkinder ermordet und Frauen vergewaltigt und gefoltert hatten ohne mehr Gefühlsregung als ein verträumtes Lächeln – und *sie* waren besser dran als er. Sie waren nicht hier. Einige von ihnen waren nicht einmal verurteilt, hierherzukommen. Manche würden ihr Leben lang frei sein und in der Freude ihrer Grausamkeiten sterben. Und es würde ihnen egal sein. Wie es mir egal war.

Und was, wenn ich...? dachte Frank. Und bevor er den Gedanken zu Ende gedacht hatte, geschah etwas mit ihm. Etwas Schreckliches, Heftiges und Erleuchtendes. Er spürte es so, als ob es ihn fast physisch getroffen hätte.

Als er so dasaß, die Hand um den Pappbecher, war ihm, als ob das Auge Gottes geblinzelt hätte. Nur für eine Sekunde war es verschwunden. Vielleicht für ein paar Sekunden. Doch in dieser kurzen Zeitspanne hatte Frank seine Abwesenheit mit Sicherheit gespürt. Und er hatte gleichzeitig das Gefühl, als wäre er aus dunklem Wasser ans Tageslicht getaucht. Für diese paar Sekunden sah er die Dinge ganz klar. Er sah, daß er . . . *hier* war – so *hier* – so unwiderlegbar *hier*. Und er war allein hier, in diesem Käfig, in dieser irrsinnigen Zwangslage, ohne einen Zeugen außer lauter egoistischen Menschen, die kein anderes System kannten, ihn zu beurteilen als das, das ihn ungerechterweise zum Tode verurteilt hatte. Es gab keinen Gott, der seine Leiden gutmachen, keinen Himmel, in dem alles gerichtet werden würde. Für diese paar Sekunden nahmen die glitzernden Gitterstäbe, die matten Betonblockwände, die Uhr mit ihrem unaufhörlich kreisenden, roten Sekundenzeiger eine harte, glänzende Klarheit an – sie waren *hier* – und wie sie *hier* waren – diese Gitterstäbe, diese Mauern, diese Uhr. Das waren die Tatsachen, die einzigen Tatsachen seines Lebens. Das waren die Dinge, die geschehen waren. Und sonst gab es nichts.

In jenen Sekunden konnte er all das mit einemmal erkennen wie in einer Vision. Und er konnte noch mehr sehen. Er konnte auch die Dinge sehen, die noch geschehen *würden*. Er konnte sehen, wie sie ihn abholen kamen. Diese Wärter, diese Männer, die ihn für ihr täglich Brot festschnallen und Gift in seinen Arm spritzen würden, während er hilflos dalag. Und kein Gott würde zusehen. Sie würden ihn ausknipsen wie eine Lampe, ganz und gar. Und seine Frau, seine liebe Bonnie, würde nicht besser dran sein, wie er es sich eingeredet hatte. Sie würde arm sein und vor der Zeit gealtert. Sie würde gebückt durch die Welt schlurfen, duldsam, ratlos und griesgrämig, hektisch den Herrn preisend wie eine benommene Wahnsinnige, um sich vor der Ahnung zu bewahren, daß der Herr gar nicht da war, daß nichts von all dem zählte, daß alles nutzlos war. Und ihre Tochter: Sie würde keinen Frieden finden. Sie würde für immer gezeichnet sein. Sie würde ihren Vater nur in ihrer Verbitterung lebendig erhalten.

Verletzt und wütend würde sie ihre Kinder mit ihrer Wut verletzen, die ganze desinteressierte Welt. Und im Endeffekt würden natürlich auch *sie* sterben – Bonnie und Gail, alle beide –, sie würden sterben, und alles würde der Vergessenheit anheimfallen bis auf die Narben, die sie anderen zugefügt hatten wegen der Narben, die ihnen zugefügt worden waren, und so weiter und so weiter . . .

Und es ist alles schwarz auf weiß niedergeschrieben, dachte Frank. *Nichts wird es je auslöschen. Es ist alles schwarz auf weiß niedergeschrieben.*

Und dann war die Vision vorbei.

Die Sekunden waren verstrichen. Das Auge Gottes über ihm tat sich wieder auf. Der gesamte mentale Vorgang war kaum bis zu seinem Bewußtsein vorgedrungen, als er von einem Zucken des Ekels geschüttelt wurde – und mit diesem Zucken war die Vision niedergerungen. Sofort hallten in seinem Kopf laute Selbstermahnungen wider. *Halte durch, Junge. Du fängst an zu spinnen, sonst nichts. Bleibe stark. Halte dich an deinen Glauben. Um Bonnies willen. Für Gail. Spiel jetzt nicht verrückt. Halte durch. Halte durch.*

Aber natürlich war es nicht dasselbe wie vorher. Wenn man einmal etwas erkannt hat, kann man diese Erkenntnis nicht ungeschehen machen. Franks Vision lebte weiter, tief vergraben unter seinen Selbstanfeuerungen glomm sie mit einer blauweißen Glut aus Klarheit und Verzweiflung weiter.

Als Frank Beachum das Bier an seine Lippen führte, zitterte seine Hand. Er trank und setzte den Becher unsicher ab. Er starrte auf den Tisch. Er dachte an seine Frau. Wie sehr, wie sehr er sie geliebt hatte . . .

Er blickte zur Uhr.

3

Was Katastrophen angeht, bin ich abergläubisch. Ich glaube, daß Katastrophen einen immer unvorbereitet treffen. Daraus folgt, daß man geschützt ist, solange man sich alle denkbaren Formen von Katastrophen ausmalt. Wenn man die Katastrophe erwartet, jede nur mögliche Katastrophe, bleibt kein Raum für Überraschungen, also bleibt die Katastrophe aus. Diese Methode hat sich schon oft als wirksam erwiesen, und bei den häufigen Malen, in denen sie nicht funktioniert hat, schreibe ich mir die Schuld selbst zu, weil ich die Umstände beschönigt und wider besseres Wissen gehofft habe. Diese Methode wandte ich auch jetzt an, als ich zur Knight Street fuhr, um den Mann zu treffen, der Amy Wilson ermordet hatte.

Es war mittlerweile Abend geworden – oder doch zumindest jene lange Sommerabenddämmerung, wo sich der kristallklare Himmel so dunkel und dicht über die Häuser des Landes legt, daß man fast das Gefühl hat, die ersten Sterne, die darauf warten, aus dem Dunkel zu brechen, in der Luft schmecken zu können. Die Hitze war endlich nicht mehr so drückend, und ich hatte alle Fenster des Tempo geöffnet, so daß der Wind angenehm über meine Haut wehte, mein Hemd und mein Gesicht trocknete und mich wieder befreit atmen ließ. Nach dem Dampfbad in Michelles Wohnung stank ich und hatte das Gefühl, eine Dreckkruste würde auf meiner Haut kleben. Doch der Fahrtwind fühlte sich prima an, und meine Kopfschmerzen ließen ein wenig nach, sogar mein Magen beruhigte sich, und ich konnte langsam wieder klar denken.

Ich fuhr an den Straßencafés in den Backsteinhäusern vorbei, den von Bäumen gesäumten breiten Boulevard hinunter – denselben Boulevard, den Michelle am Morgen dieses Tages hinuntergefahren war. Mit halbem Ohr lauschte ich dem Nachrichtensender im Radio, um Neuigkeiten über Frank Beachum mitzubekommen. Ansonsten malte ich mir alle möglichen Katastrophenszenarios aus in der Hoffnung, eine Überraschung zu vermeiden.

Er würde nicht da sein, sagte ich mir. Das war am wahrscheinlichsten. Warren Russell – mein Hauptverdächtiger – würde weggezogen sein, ohne eine Nachsendeadresse zu hinterlassen. Oder niemand würde mir sagen, wo er war. Oder er *war* da und weigerte sich, mit mir zu reden. Oder er *redete* mit mir, zog bei meiner ersten sachdienlichen Frage eine AK-47 aus dem Gürtel und schickte mich, von der Stirn bis zum Bauchnabel mit Kugeln durchlöchert, die Treppe hinunter. Und wenn ich dann tot auf der Straße lag, würde er – und ich füge das nur aus Gründen der Dramatik hinzu – auf meinen Kadaver spucken und verächtlich grinsend die Tür wieder hinter sich zuschlagen.

Oder er war unschuldig. Das war eine weitere Möglichkeit. Er erzählte mir, was er der Polizei vor sechs Jahren auch schon erzählt hatte, und ich erkannte ebenso klar wie sie, daß er an jenem Tag wirklich einfach nur auf den Parkplatz von Pocum's Laden gefahren war, um sich eine Cola zu ziehen, und das war's.

O ja, dachte ich, als ich mich der Kreuzung mit dem Highway näherte, ich hatte die Situation in jeder Beziehung im Griff. Ich hatte jeden möglichen Blickwinkel bedacht. Die Katastrophe mußte verdammt früh aufstehen, wenn sie Mr. Steven Everett überraschen wollte.

Ich erreichte die Knight Street, eine lange, alte Straße am Rand des Highways. Genaugenommen waren es die letzten bröckelnden Überreste eines Viertels, das der Highway untergepflügt hatte, was ich hier sah. Eine Straße am Rand der Grube, so kam es mir vor, und die erbärmlichen roten Backsteinkästen wirkten wie die Grabsteine einer Gemeinde, die unter dem sechsspurigen Asphalt begraben lag. Ruß- und abgasgeschwärzte Fenster blickten trübselig auf den vorbeidonnernden Verkehr. Gesichter in den Fensteröffnungen spähten herab; alte Gesichter, schwarze, reglose Gesichter. Auch die Wäsche an den Leinen zwischen den Häusern hing bewegungslos in der Luft, weil es windstill war. Und darunter neigten sich weiße Gartenzäune um schmuddelige, mit leeren Bierdosen und Scherben übersäte Höfe, als würden sie gnadenlos zur Erde gezogen.

Ich parkte den Tempo im Müll der Gosse und stieg aus. Zwei

Jungen, die sich auf dem Bürgersteig einen Basketball zuspielten, drehten sich um und beobachteten, wie ich die Straße überquerte. Die Nummer 4331 war wie die anderen Gebäude in der Nachbarschaft: vier Stockwerke roter, verdreckter Backstein. Eine angeschlagene Treppe führte zu einer Haustür aus Holz, deren Scheibe gesprungen war.

Ich stieg die Stufen hoch und las die Namen auf den Briefkästen. Meine Nerven – mein schmerzender Kopf, mein Magen –, alles flackerte auf, als ich es sah: *Russell*, mühsam in blauer Tinte geschrieben, halb verdeckt von einem Strich brauner Farbe, mit dem irgend jemand ein Graffito über die ganze Reihe von Namen geschmiert hatte.

Es würde niemand aufmachen, dachte ich, noch immer bemüht, die Katastrophe zu überlisten. Oder es war ein anderer Russell. Oder jemand hatte vergessen, das Namensschild zu ändern, als er weggezogen war. Ich wollte fast, daß es so war. Dann hätte die Anspannung, der grausame Nervenkitzel ein Ende. Ich hätte einen Vorwand, diesen von Anfang an unter schlechten Vorzeichen stehenden Wettlauf gegen die Uhr zu beenden. Ich drückte auf die Klingel und wartete.

Kurz darauf hörte ich eine Frauenstimme über mir.

«Wer ist da?»

Ich mußte ein paar Schritte zurückgehen, ein paar Stufen hinabsteigen, bevor ich sie sah. Ihr breites Gesicht stierte aus einem Fenster im zweiten Stock auf mich herab, suchte das Halbdunkel mit ihren großen, leicht vorstehenden Augen ab. Sie runzelte die Stirn, als sie mich entdeckte: ein Weißer im Hemd, der in der Dämmerung freudlos von einem Fuß auf den anderen trat. Auch das Ticken des Basketballs auf dem Bürgersteig hatte aufgehört, und ich konnte spüren, wie die beiden Jungs mich ebenfalls beobachteten.

«Ja?» sagte die Frau über mir.

«Mrs. Russell?»

«Ja-a?» wiederholte sie mißtrauischer.

«Mrs. Russell, mein Name ist Steve Everett. Ich bin Reporter bei der *St. Louis News*. Ich suche Warren Russell.»

Sie schien ein Stück zurückzuweichen. «Warren?»
«Ja, Ma'am, ist er zu Hause?»
Sie antwortete nicht, jedenfalls nicht sofort. Irgendwo hinter mir tippte der Basketball einmal auf den Bürgersteig, dann war es still.
«Augenblick», sagte die Frau. «Ich komme runter.»
Sie zog ihren Kopf zurück und war verschwunden.
Ich steckte die Hände in die Taschen und drehte mich so beiläufig wie möglich um, um einen kurzen Blick auf die beiden Kids in meinem Rücken zu werfen. Sie waren ein Stück näher gekommen und standen jetzt in der Nähe der Treppe. Sie starrten mich unverhohlen an, musterten kühl jeden Zentimeter an mir. Zwei Jungs in weiten Shorts und T-Shirts, neun, vielleicht zehn Jahre alt. Der rechte hielt den Basketball an die Hüfte gepreßt, der andere, der linke, hatte die Waffe. Sicher sein konnte ich natürlich nicht, doch die Art, wie seine Hand auf der Tasche seiner bauschigen Shorts lag, gefiel mir nicht, die Art, wie sein Körper kaum merklich vorgebeugt war, um im Zweifelsfall schneller ziehen zu können. Ich hatte das ganze Wochenende über Opfer von Schießereien berichtet, und ich sagte mir, daß mir das in den Kopf gestiegen war. Trotzdem hätte ich ihm, wenn er mich nach Kleingeld für Süßigkeiten gefragt hätte, ohne große Diskussionen meine Barschaft ausgehändigt.
Hinter mir ging die Tür auf, und ich drehte mich wieder um, um Mrs. Russell anzusehen, die auf dem Treppenabsatz über mir stand. Sie war eine stämmige Frau – Mitte Fünfzig, vermutete ich, obwohl ich das bei Schwarzen manchmal schwer einschätzen kann. Sie hatte große, kräftige Arme und Beine wie Säulen, beides nackt. Genaugenommen kam sie mir im ganzen irgendwie nackt vor – einschüchternd groß und nackt. Sie trug ein formloses, geblümtes Hauskleid, das an den Schultern und Knien endete: Slipper an den Füßen, keine Ringe an den Fingern, ihr einziger Schmuck ein goldenes Amulett in Herzform, das sie um den Hals trug – und das Haar so streng nach hinten gebunden, daß ihr Gesicht riesig wirkte und sich vor mir aufzutürmen schien. Sie bot einen beeindruckenden Anblick, die Stirn noch

immer gerunzelt, während hinter ihren hervorstehenden Augen ein Sturm aus wütenden Blitzen tobte. Trotzdem strahlte sie eine Art schroffe, muskulöse Anständigkeit aus. Hoffte ich jedenfalls. Ich hoffte, daß ich mich darauf verlassen konnte.

«Haut ab», sagte sie.

Ich machte den Mund auf, um etwas zu sagen, als ich begriff, daß sie die Jungs hinter mir meinte.

«Steht hier nicht rum und glotzt den Mann an. Es ist Abendbrotzeit, geht nach Hause.»

Ich riskierte einen Blick über meine Schulter. Die beiden Jungs zogen sich unter finstersten Blicken in meine Richtung langsam zurück. Ich stieg die restlichen Stufen hinauf, bis ich vor der Frau in der Tür stand. Überrascht stellte ich fest, daß sie einen halben Kopf kleiner war als ich.

«Sind Sie Mrs. Russell?» fragte ich.

«Angela Russell», sagte sie leise.

«Und Warren ...»

«Mein Enkel. Was will die Zeitung denn auf einmal von ihm?»

«Mrs. Russell, es ist sehr wichtig, daß ich mit ihm spreche», sagte ich. «Es ist dringend. Ich muß ihn noch heute abend sehen.»

Sie schnaubte einmal verächtlich durch ihre platte, breite Nase. «Was könnte denn für Sie so dringend daran sein, Warren zu sprechen?»

Ich zögerte. Diese wilden, hervorstehenden Augen sahen mich donnernd an. Mit ihrem kräftigen Arm hielt sie die Tür auf, und ihr massiger Körper versperrte den Weg. Ich vermutete, daß es sehr viel schwieriger sein würde, an ihr vorbeizukommen, als ein Geständnis aus ihrem schießwütigen Enkel herauszupressen.

«Ich denke», sagte ich langsam, «ich denke, das würde ich ihm lieber persönlich sagen.»

Das breite Gesicht wiegte hin und her, als sie den Kopf schüttelte. «Sie müssen schon mit mir reden.»

«Mrs. Russell ...»

«Sie müssen schon mit mir reden, Mister.»

Ich hob protestierend die Hand. «Ich dachte bloß . . .»

«Warren ist tot», sagte die Frau kategorisch. «Warren liegt jetzt schon fast drei Jahre in seinem Grab.»

4

Warren Russell war tot. Daran hatte ich nicht gedacht. Mit zitternder Hand tastete ich nach einer Zigarette. Vor drei Jahren mußte er zwanzig gewesen sein. Der Gedanke, daß er tot sein könnte, war mir nicht gekommen. Ein positiver Beweis für meinen Aberglauben, aber trotzdem ein schwerer Schlag. Ich zückte mein Plastikfeuerzeug und brauchte drei Anläufe, bevor es aufflammte. Ich hielt die Flamme fest an das Ende meiner Zigarette, um nicht zu zittern.

Wir saßen mittlerweile in Mrs. Russells Wohnung. Vor den offenen Fenstern war es Abend geworden. Stehlampen tauchten den karg möblierten Raum in ein sparsames Licht. Ein Eßtisch neben einer uralten Anrichte, ein Lampenständer, behängt mit gerahmten Fotografien, und an den weißen, von einem Labyrinth aus Rissen durchzogenen Wänden mit Klebeband befestigte Fotos und Postkarten.

Ich saß auf einem schlammfarbenen Kissen auf einem gefederten roten Sofa. Ich saß auf der Sofakante über ein altes Oval von einem Teppich gebeugt, der wie der Bezug des Sofas makellos sauber war, aber abgescheuert und hauchdünn. Ich sog gierig an meiner Zigarette.

Auf einem Beistelltisch neben mir hatte Angela Russell eine Tasse Kaffee serviert, auf den Rand der Untertasse hatte sie sorgfältig einen Butterkeks drapiert. Daneben stellte sie nun einen Aschenbecher, zog sich zurück und setzte sich mit ihrer eigenen Tasse an den Eßtisch. Sie streckte sich in ihrem Stuhl aus und nippte an ihrem Kaffee. Sie musterte mich kühl und abwartend. Ihr Enkel war tot. Wie sollte ich jetzt Beachums Unschuld beweisen? Wie sollte ich dieser Festung von Frau meinen Verdacht erklären?

Ein kleiner Wecker auf der Anrichte in der Küche tickte laut. Es war zehn nach acht.

«Also, ähm ... wie ...?» brachte ich zwischen zwei Zigarettenzügen heraus.

Sie neigte ihren Kopf zur Seite. «Drogen, wissen Sie. Sie haben ihn eines Nachts erschossen. Drüben im Park. Die Polizei war hier, um es mir zu sagen. Haben mir das Foto aus seinem Führerschein gezeigt. ‹Ist das Ihr Junge?› Als ob sie einen entlaufenen Hund gefunden hätten. Ich wußte, daß irgendwas war. Ich hatte gehofft, er wäre verhaftet worden. Aber sie haben ihn drüben im Park erwischt.»

All das sagte sie mit tonloser Stimme, so schwer von Kummer, dachte ich, daß sie bar jedes Ausdrucks war. Sie schüttelte den Kopf und blickte zu Boden.

«War er ... ich meine, hat er Drogen genommen?» sagte ich.

Sie schnaubte erneut und rutschte auf ihrem Stuhl hin und her. Dann blickte sie zur Seite, als ob sie mit einem unsichtbaren Zuschauer über einen Witz lachte, den ich nicht mitbekommen hatte.

«Ja», sagte sie – *du bleichgesichtiger Trottel*, hätte sie hinzufügen können. «Ja. Er hat Drogen genommen.»

Die Zigarette im Mund, die Augen gegen den Qualm zusammengekniffen, griff ich nach meiner Kaffeetasse auf dem Beistelltisch. Ich ließ meinen Finger durch den Henkel der Tasse gleiten und ertappte mich dabei, wie ich so sitzenblieb und vollkommen entrückt meine Hand am Henkel der Tasse anstarrte. Wie ich das Muster der Sprünge in dem weißen Billigporzellan anstarrte. In meinem Kopf war es düster und still. Hin und wieder blitzten Gedankenfunken auf, doch ich war zu müde, sie weiterzuverfolgen und ein Licht daraus zu entfachen. *War er auf Drogen? Besaß er eine Waffe? Wo war er am 4. Juli vor sechs Jahren?* Woher sollte sie das wissen? Und was nützte es mir ohne den Mann selbst, der die Geschichte bestätigen konnte? Vielleicht könnte man irgendwann ein gutes Interview daraus machen, irgendwann später vielleicht, als Hintergrund für einen investigativen Artikel. Ich könnte ihn für die Seite mit den Hintergrundberichten schreiben, und Bonnie Beachum konnte ihn sich für ihre Sammlung ausschneiden. Sie konnte ihn in die Fernsehkameras schwenken, wenn sie eine Petition beim Gouverneur einbrachte, den Namen ihres Mannes zu rehabilitieren. Posthum.

Wo waren Sie? hatte sie mir zugerufen, an die Gitterstäbe des Käfigs im Todeshaus geklammert. *Jetzt ist es zu spät. Wo waren Sie die ganze Zeit?*

«Ich glaube, Ihr Enkel hat eine Frau getötet», hörte ich mich sagen, während ich auf die Tasse starrte. Ich pflückte die Zigarette von meinen Lippen und rieb mir die Augen. «Ich glaube, er hat vor sechs Jahren eine Frau getötet.»

Als ich erneut aufblickte, hatte sich Mrs. Russell nicht bewegt. Sie saß noch immer zusammengesunken auf ihrem Stuhl, einen Arm auf dem Tisch, den anderen in ihrem Schoß. Sie beobachtete mich, höhnisch grinsend, so kam es mir vor, obwohl sich ihre Lippen kaum gekräuselt hatten.

«Ein Mann sitzt in der Todeszelle», erklärte ich ihr. «Er soll heute abend hingerichtet werden für den Mord an einer Kassiererin in einem Lebensmittelladen. Einer Frau namens Amy Wilson. Ich glaube, Ihr Enkel hat es getan.»

Sie lächelte jetzt müde, hob ihre Schultern und ließ sie wieder sinken. Ihre Stimme war jetzt nicht mehr tonlos, sondern triefte vor Ironie. «Und wie kommen Sie auf so einen Gedanken?»

«Weil er die einzige andere Person am Tatort war», sagte ich, wohlwissend, daß das eine Lüge war, eine Lüge, auch das wußte ich schon, bei der ich ertappt werden würde. «Und ich glaube, der Mann, den sie töten wollen, ist unschuldig.»

«Und ich könnte fast wetten», sagte Mrs. Russell langsam. «Sagen Sie mir, wenn ich falsch liege, aber ich könnte wetten, daß dieser unschuldige Mann weiß ist.»

Ich seufzte. Auch das hatte ich kommen sehen – wie den ganzen Rest. «Ja», sagte ich. «Er ist weiß.»

«Und außer diesem unschuldigen Weißen und meinem Warren war an dem Tag niemand im Laden?»

Ich nickte – dann gab ich auf und schüttelte den Kopf. «Zwei Zeugen. Es gab noch zwei Zeugen.»

«Aber die waren auch weiß.»

«Wahrscheinlich. Bei dem einen weiß ich es. Er ist Steuerberater.»

«Oh. Ein Steuerberater.»

«Die andere war eine Hausfrau.»

«Und die bringen keine Leute um.»

«Im allgemeinen überfallen sie keine Lebensmittelläden, nein.»

«Aber schwarze Jungs schon», sagte Mrs. Russell.

«Hören Sie, ich . . .»

«Aber schwarze Drogensüchtige – die tun praktisch den ganzen Tag nichts anderes.»

Ich spreizte die Hände. «Ich weiß, wie es sich anhört.»

«Nun, das ist gut. Dann wissen wir es beide.»

«Was kann ich sagen?»

«Keine Ahnung, Mr. Everett. Was *können* Sie sagen?» Sie legte die Stirn erneut in Falten, tiefere diesmal, und obwohl sie den Blick abwandte, konnte ich die Stürme sehen, die hinter ihren hervorstehenden Augen tobten.

Trotzdem versuchte ich es aufs Geratewohl. «Besaß Ihr Enkel eine Waffe?» fragte ich sie.

Sie antwortete schnell und spitz. «Oh, sie haben alle eine Waffe, Mr. Everett. Wußten Sie das nicht? Alle diese halbwüchsigen schwarzen Drogensüchtigen haben Waffen.»

Ich schwieg.

«Darf ich *Sie* mal was fragen?» sagte sie. «Haben Sie irgendeinen Beweis. Haben Sie irgendeinen Beweis, daß Sie es wagen, hierherzukommen und mir diese Sachen über den armen toten Jungen einfach so ins Gesicht sagen?»

Ich wollte etwas antworten – und hielt inne. «Nein», sagte ich dann. «Keinen Beweis. Nicht wirklich.»

«Nicht wirklich», wiederholte sie langsam, während sie mit

dem Fingernagel über den Rand ihrer Kaffeetasse strich und mir ihre breiten leeren Gesichtszüge direkt zuwandte. «Was dann? Hat der weiße Mann sie angerufen. Hat er gesagt, ich bin unschuldig.»

«Nein. Ich habe mit ihm gesprochen. Ich bin im Gefängnis gewesen.»

«Sie sind im Gefängnis gewesen.»

«Ja. Heute nachmittag.»

«Und Sie haben diesen Mann angesehen. Ist es das? Sie haben sein Gesicht gesehen.»

«Ja.»

«Sie haben sein Gesicht gesehen, und es sah aus wie Ihr Gesicht. Also haben Sie gedacht, dieser Mann muß unschuldig sein. Muß irgendein Schwarzer gewesen sein.»

«Ich wußte gar nicht, daß Ihr Enkel schwarz ist, bis ich hierhergekommen bin. Es ist nur, daß es Ungereimtheiten gibt – die Geschichte ist voller Ungereimtheiten.»

Diesmal lachte sie laut auf, ein düsteres, flaches Lachen. «Ich hatte einen Cousin, der letztes Jahr unten in Florida auf dem elektrischen Stuhl gestorben ist, Mr. Everett. In *der* Geschichte gab es auch alle möglichen Ungereimtheiten.»

Ich schloß die Augen, öffnete sie wieder und drückte meine Zigarette in dem Aschenbecher aus. «Schon möglich. Es war nicht meine Story. *Dieser* Mann ist unschuldig.»

«Hm», sagte Mrs. Russell. «Das war nicht Ihre Story. Das war die Story von niemandem.» Sie nahm ihre Hand aus dem Schoß und strich sanft und wehmütig über das Amulett um ihren Hals. Im Licht der Lampe konnte ich die in den goldenen Deckel eingravierten Initialen erkennen, liebevoll verschnörkelt und von einer Schmuckborte wie aus Spitze umrankt. «Aber in das *Gesicht* von meinem Enkel haben Sie auch nicht gesehen, oder? Und wenn, hätte sein Gesicht auch nicht ausgesehen wie Ihres. Das ist alles. ‹Ist das Ihr Junge?› Als ob sie irgendeinen Köter auf der Straße gefunden hätten.» Sie umschloß das Amulett fest mit ihrer Hand. «Nun, ich will Ihnen mal was sagen, Mr. Everett. Er war ein lieber Junge. Mein Warren. Ich habe schon alle möglichen Kinder gesehen, und mein Warren war ein *liebes* Kind.» Sie verzog das Gesicht, ließ das Amulett wieder auf ihre Brust fallen und die Hand in den Schoß sinken. Sie betrachtete den Teppich zwischen uns. «Und haben Sie mir heute abend sonst noch was zu sagen?»

Ich saß einfach da, auf der Sofakante, und spürte, wie sich eine defekte Feder in meinen Hintern bohrte. *Hatte* ich sonst noch was zu sagen?

«Dann gehen Sie jetzt besser zu Ihrer Zeitung zurück», sagte Mrs. Russell. «Die Gegend hier kann nachts ziemlich gefährlich werden.»

Einen Moment lang blieb ich weiter so sitzen. Ich bedeckte Mund und Nase mit beiden Händen und atmete hinein. Ich roch den Zigarettenqualm in meinem Atem. Ich war müde. In meinem Kopf war es noch immer still und finster, und ich war müde, und ich wußte nicht, ob ich noch etwas zu fragen oder zu sagen hatte. Ich stieß mich von meinen Knien ab und stand auf. Mrs. Russell hing in ihrem Stuhl, die Füße mit den Slippern ausgestreckt. Ich nahm eine Visitenkarte aus der Brieftasche und legte sie auf den Tisch neben ihre Untertasse. Sie rührte sich nicht und sah weder mich noch die Karte an.

«Er ist . . . ein anständiger Kerl, glaube ich», sagte ich. «Falls das von Belang ist für Sie. Er hat eine Frau und ein Kind. Ich glaube nicht, daß er es getan hat. Ich glaube, daß Ihr Enkel es vielleicht getan hat. Wenn ich recht habe, dann könnten Sie es, glaube ich, wissen. Wenn Sie es wissen, können Sie es nicht einfach geschehen lassen.»

Sie hob ihren Blick, und der Sturm hinter ihren Augen tobte. «Gehen Sie nach Hause, Mr. Everett», sagte sie.

«Sie werden ihn heute um Mitternacht töten. Er ist unschuldig, Mrs. Russell. Meine Nummer steht auf der Karte.»

Ich ging Richtung Tür.

Hinter mir sagte Mrs. Russell: «Jeder ist schuld an irgendwas.»

«Oh, um Gottes willen!» Ich fuhr herum und sah sie an. «Um Gottes willen», sagte ich.

Als ich die Hand auf die Klinke legte, hörte ich noch einmal ihre Stimme, wieder tonlos, flach von dem Gewicht, das auf ihr lastete. «Und überhaupt, ich habe in dieser Gegend schon viele unschuldige Menschen sterben sehen», sagte sie. «Aber Sie habe ich komischerweise noch *nie* hier gesehen.»

5

Als ich über den Boulevard Richtung City fuhr, dachte ich an all die Sachen, die ich ihr hätte sagen sollen. Ich hätte ihr von den Kartoffelchips erzählen sollen und meinem Gefühl, daß Porterhouse log. Ich hätte ihr erzählen sollen, daß der Wagen, mit dem Beachum zusammengestoßen war, von links kam. Ich hätte ihr eine Karte aufmalen und es ihr zeigen sollen. Manchmal muß man auf seine Gefühle hören, hätte ich sagen sollen. Und was die Sünden der Gesellschaft angeht, schwarz und weiß und Bigotterie und Ungerechtigkeit . . . ich weiß nur die Sachen, die passieren, hätte ich ihr sagen sollen. Jemand hat eine Waffe gezogen, jemand hat den Abzug gedrückt. Das waren die Tatsachen. Amy Wilson war ermordet worden, und der Falsche sollte dafür sterben. Das war alles, was ich wußte. Das hätte ich ihr sagen sollen.

Ich fuhr jetzt durch Universal City, kreuzte ziellos durch die Dunkelheit. Ich fuhr langsam, zumindest für meine Verhältnisse, nur knapp über der zulässigen Höchstgeschwindigkeit. Das Radio war an, der Nachrichtensender, ich lauschte dem wichtigtuerischen, leisen Gemurmel des Nachrichtensprechers. Ich kam an dem McDonald's vorbei, wo – wie ich später aus dem Polizeibericht erfuhr – Michelle Ziegler an jenem Morgen ihren Becher Kaffee getrunken hatte, wo sie gesessen und über eine lausige Nacht geheult hatte, bevor sie Richtung Todeskurve losgefahren war.

Ich hätte *irgendwas* sagen sollen, dachte ich, als ich an der Stelle vorbeikam. Ich hätte sagen sollen, was mir gerade in den

Sinn kam. Wahrscheinlich hätte es keinen großen Unterschied gemacht, aber jetzt blieb mir, so wie die Dinge lagen, nichts mehr zu tun übrig. Niemand, mit dem ich noch reden, keine Spur, die ich noch verfolgen konnte. Es war nach acht. Keine vier Stunden vor der Hinrichtung hatte ich kein einziges Beweisstück, das ich Mr. Lowenstein, dem Verleger, präsentieren konnte, nichts, was ihn ans Telefon gehen und beim Amtssitz des Gouverneurs hätte anrufen lassen, um für Beachum ein wenig Zeit herauszuschinden, genug Zeit.

Vermutlich hätte ich daran arbeiten sollen. Mir das Hirn zermartern, um einen neuen Aspekt, einen neuen Hinweis zu finden. Doch das tat ich nicht. Ich konnte nicht. Es steckte nicht mehr in mir. Ich konnte nicht einmal mehr zusammenhängend denken. Jedesmal wenn ich es versuchte, wanderten meine Gedanken sonstwohin. Zu meinem Job, beispielsweise. Wie konnte ich es schaffen, daß Bob mich in Ruhe ließ, ohne diese Story zur Stärkung meiner Aktien? Wie sollte ich ihn davon überzeugen, mir meinen Posten zu lassen. Und Barbara. Sie würde die Wahrheit erfahren, wenn sie mich feuerten. Sie würde die Wahrheit so oder so erfahren. Dann würde sie weg sein. Und Davy mit ihr. Und ich liebte Davy, wenn ich überhaupt jemanden liebte, und ich wollte nicht alleine alt werden. Wenn ich nur diese Story gekriegt hätte, dachte ich immer wieder. Wenn ich nur überzeugend den Helden hätte spielen können, hätte ich die Sache vielleicht noch herumreißen können, hätte ich sie vielleicht überzeugen können. Die Zeitung. Und meine Frau. Vielleicht. Irgendwie.

Das Licht der Laternen entlang des Boulevards huschte über mich hinweg. Ich kam an dem Park vorbei und dem endlosen Abschnitt mit flachen Garagen, Fast-food-Restaurants und Parkplätzen. Ich erreichte die Stadtgrenze und sah die Todeskurve vor mir. Ich fuhr langsam im Fluß des spärlichen Montagabendverkehrs in die langgezogene Kurve und warf durch das Seitenfenster einen kurzen Blick auf die Tankstelle. Michelles demolierter roter Datsun war weggeschleppt worden, doch an der weißen Mauer waren die Spuren des Aufpralls noch deutlich zu sehen. Ich konnte sie im Neonlicht der Tankstelle erkennen. Auf dem Asphalt glitzerten noch die Scherben.

«Blöde Gans», murmelte ich und spürte ein Stechen im Herz, für sie, für Beachum und für mich selbst.

Ich kam gerade aus der Kurve, als ich seinen Namen hörte, Beachums Namen. Ich hörte ihn von dem Nachrichtensprecher im Radio. Ich drehte lauter und hörte zu, während sich vor mir die lange Gerade des Parkways auftat.

«Frank Beachum aus St. Louis», sagte der ernste Nachrichtensprecher, «der heute nacht durch eine tödliche Injektion hingerichtet werden soll, hat, wie soeben gemeldet wird, das ihm zur Last gelegte Verbrechen gestanden.»

6

Ich hielt am Straßenrand.

Der Nachrichtensprecher fuhr fort. «Wie der Fernsehsender KSLM aus der Umgebung des Gouverneurs erfuhr, erklärte Beachum, daß er den Mord an der schwangeren Amy Wilson, die er vor sechs Jahren erschossen hat, bereut.»

Mit offenem Mund klammerte ich mich ans Steuer und beugte mich vor, bis meine Stirn auf das harte Plastik des Lenkrads drückte.

«Die Quelle dieser Information will ungenannt bleiben, und das Geständnis ist von den zuständigen Strafvollzugsbehörden in Osage bisher noch nicht bestätigt worden. Doch der Informant teilte KSLM mit, daß Beachum bedauert, der Familie des Opfers Leid zugefügt zu haben. Amy Wilsons Vater Frederick Robertson erklärte, Bedauern sei nicht genug.»

Ich stützte mich auf das Steuer und starrte blind auf den Boden. Im Radio sprach Frederick Robertson. «Sicher tut es ihm leid. Jetzt, wo er seiner gerechten Strafe entgegensieht, tut es ihm verdammt leid. Aber das bringt meine Tochter auch nicht zurück. Und auch ihr Baby nicht, mein Enkelkind.»

«Der Gouverneur», fügte der Nachrichtensprecher hinzu, «hat bereits erklärt, daß er die Hinrichtung nicht aufschieben oder absagen will.»

Ich hob den Kopf und sah mich benommen um. *Gestanden?* Die Tankstelle, bei der Michelle Ziegler verunglückt war, lag direkt hinter mir. Im Rückwärtsgang fuhr ich über die Böschung auf den Parkplatz. Mir war schwindelig und übel. Ich fühlte mich, als würde schwarzer Schlamm durch meinen Körper sikkern. Verzweiflung und Ekel durchströmten mich. Und noch etwas anderes. Erleichterung. Ich gestand es mir nur ungern ein, doch ich empfand Erleichterung. Der Mann hatte gestanden. Es war vorbei, mein Wahn hatte ein Ende.

Ich hielt hinter einer Reihe parkender Autos. Der Nachrichtensprecher war zu weiteren Wichtigkeiten übergegangen. Ich schaltete das Radio ab, saß, das Steuer umklammert, kopfschüttelnd da und schluckte mein halb verdautes Essen wieder hinunter. *Gestanden*, dachte ich. Gestanden. Es war vorbei.

Ich steckte mir eine Zigarette in den Mund in der Hoffnung, meinen Magen zu beruhigen. Merkwürdigerweise glaubte ich die Geschichte vollkommen, glaubte sie ganz und gar, sobald ich sie hörte. Beachum hatte gestanden. Er war schuldig. Auf einmal schien alles einen Sinn zu ergeben, als ob die Einzelteile eines langen Tages sich plötzlich zu einem Bild formten. Es gab keinen Unschuldigen im Todestrakt. Es gab keinen Wettlauf um Gerechtigkeit in letzter Minute. Es war ein Traum gewesen. Ich hatte, tief drinnen, die ganze Zeit gewußt, daß es ein Traum war. Aber ich hatte weitergeträumt. Und jetzt hatte er gestanden.

Ich schlug mit der Hand aufs Lenkrad. Wie hatte ich mich so täuschen können? Wie hatte ich mich in dem Bewußtsein, daß ich mich täuschen könnte, trotzdem so getäuscht? Doch auch die Antwort auf diese Frage wußte ich schon. Ich konnte sie klar durch den Tag zurückverfolgen. Angefangen hatte es mit Bobs Anruf, seinem Anruf bei Patricia. Von dem Moment an hatte ich gewußt, was kommen würde: das Ende meines Jobs, das Ende meiner Ehe. Es war genau wie in New York, nur schlimmer. Und ich wollte verzweifelt verhindern, all das noch einmal durchmachen zu müssen. Ich hatte mich sofort auf die Story gestürzt – die Beachum-Story –, als sie mir in die Hände fiel. Ich hatte mich wie ein Verrückter daran geklammert, in der wilden Hoffnung, mich retten zu können. Belanglose Details – unsinnige Details – der Schuß, den Nancy Larson nicht gehört hatte, das Regal mit Kartoffelchips, der selbstzweiflerische Blick des Steuerberaters, ein schwarzer Junge, der auf dem Parkplatz vor dem Laden eine Cola kauft – ich hatte mich auf all das gestürzt und daraus in meiner Phantasie ein klassisches Drama gemacht. Ich hatte sie in einen Traum verwandelt, den Traum einer Rettung, einer Begnadigung in letzter Minute für uns beide, Beachum und mich.

Doch jetzt hatte ich ausgeträumt. Er hatte gestanden. Ich sah die ganze Geschichte auf einmal deutlich vor mir. Ich sah, daß ich nichts hatte. Ich hatte nicht das Geringste, um auch nur anzudeuten, daß Beachum unschuldig war. Wie sollte ich auch? In einem Tag? Nach einer polizeilichen Ermittlung? Nach ausführlicher Presseberichterstattung. Nach einem Prozeß und sechsjährigem Revisionsverfahren. Konnte irgend jemand – konnte jemand, der nicht ganz so verzweifelt war, sein eigenes erbärmliches Leben zu retten, wie ich – konnte irgend jemand irgendwo glauben, daß das amerikanische Rechtssystem einen tödlichen Fehler begehen würde, der so simpel war, daß ihn ein einzelner Mann an einem Tag korrigieren konnte?

Ich lachte darüber. Ich mußte lachen. Ich zündete meine Zigarette an und lachte. Ich war doch ein Arschloch. Seit fünfunddreißig Jahren auf dieser Welt und noch immer so voller Illusionen über das Leben wie ein Greenhorn.

Ich schaltete den Motor ab, trat die Tür auf, stieg aus und schlug die Tür wieder zu. Ich ging über den Parkplatz zu einer Telefonzelle vor der Tankstelle.

Zuerst rief ich die Zeitung an, aber Alan war schon gegangen. Ich rief ihn zu Hause an. Atemlos nahm er das Telefon ab. Im Hintergrund sangen Louis Armstrong und Ella Fitzgerald *Stompin' At The Savoy*. Ich konnte hören, wie Alans Frau aus Leibeskräften mitsang. «Was?» sagte Alan keuchend.

«Ich bin's, Everett.»

«Ev! Du dummes Stück Scheiße! Er hat gestanden.»

«Ich hab es gerade gehört.»

«Sogar Bob hat gelacht.»

«Ich hoffe, du hast Fotos gemacht.»

«Hör mal», sagte er hustend, während er langsam wieder zu Atem kam. «Vielleicht ist alles gar nicht so schlimm. Mrs. Bob hat angerufen, nachdem du weg warst. Bob ist nach Hause gegangen. Vielleicht bekrabbeln sie sich wieder. Vielleicht verzeiht er dir.»

Ich blies Rauch gegen die Scheibe der Telefonzelle. «Ich glaube nicht, daß Bob je irgend jemandem irgendwas verziehen hat.»

«Ach ja. Guter Einwand», sagte Alan. «Na, tut mir leid. Dann bist du am Arsch.»

«Vermutlich.»

«Ich kann es mir nicht leisten, ihn zu verlieren.»

«Nein.»

«Lowenstein liebt den Typ. Jeder liebt ihn.»

«Sicher.»

«Vielleicht kannst du Beschwerde einlegen oder so. Ich meine, also, wir wissen schließlich alle, daß es eine persönliche Sache ist. Er bläst die Sache mit dem Beachum-Interview nur künstlich auf.»

«Nein, nein. Dann würde nur alles breitgetreten», sagte ich. «Das will ich Barbara nicht antun.»

Es entstand eine Pause. «Nun denn, mein Freund . . .»

«Mach dir deswegen keine Sorgen.»

«Ich gebe dir einen Monat Kündigungsfrist und werde ein paar Freunde bei anderen Zeitungen anrufen. Ich werde tun, was ich kann.»

«Ich weiß, Kumpel. Tanz weiter.»

«Amen, Bruder.»

Ich unterbrach die Leitung, warf eine weitere 25-Cent-Münze ein und rief meine Frau an. Sie antwortete wie immer, kurz angebunden, verärgert, als ob sie mitten in ihren Millionen Pflichten gestört worden wäre.

«Ich bin's», sagte ich. «Ist der Kleine schon im Bett?»

«Noch nicht», sagte sie barsch. «Ich wollte ihn gerade fertig machen.»

«Laß ihn noch eine Viertelstunde auf, ja? Damit ich ihm noch gute Nacht sagen kann.»

Einen Moment lang sagte sie nichts, und in der Stille war mir, als würde mein Herz von einer Faust zerquetscht.

«Also gut», sagte sie dann leise. «Eine Viertelstunde. Wirst du auch da sein?»

«Ganz bestimmt», erwiderte ich. «Ich bin fertig. Ich bin durch. Ich komme nach Hause.»

7

Als Reverend Stanley B. Shillerman Luther Plunkitts Büro betrat, saß der Direktor in seinem ledernen Chefsessel hinter seinem Schreibtisch. Unwillkürlich wanderte Luthers Blick an dem Mann hinab, von seinem glückseligen Gesicht zu dem offenen weißen Hemd und den Jeans bis zu den braunen Halbschuhen. Luther musterte ihn mit stählernen Augen.

Der Direktor war kein Mann, der viele Menschen haßte. Er war stolz auf seine Toleranz, seinen lakonischen, nachsichtigen Blick auf das Leben, diese menschliche Komödie. Wenn man über einen ausgeprägten Sinn für Recht und Unrecht verfügte, konnte man, wie er für sich entdeckt hatte, gelassen seinen Weg von der Wiege bis zur Bahre gehen, wenn man sich anstrengte. Man tat seinen Job, kümmerte sich um seine Belange und überließ Schurken und Narren am besten sich selbst. Das war seine Philosophie. Deshalb überraschte ihn die lodernde Wut selbst, die in ihm aufwallte und ihm die Kehle zuschnürte. Er spürte, wie sie an die Oberfläche stieg, wie Licht durch die Poren seiner Haut glänzte und in Wellen von ihm abperlte. Er stellte sich diese Wellen vor, wie sie sich an seinem Gegenüber brachen, über ihm zusammenschlugen, ihn verschluckten und in die

Tiefe rissen. Er wußte nicht, wann er das letzte Mal so wütend gewesen war.

«Reverend», sagte er, beugte sich vor und faltete seine Hände auf der Schreibtischunterlage.

Shillerman trug einen Ausdruck ernsten Wohlwollens zur Schau, doch als ihre Blicke sich begegneten, sah Luther, wie die weichen Wangen des Predigers leicht anliefen. Die schwabbeligen Hautfalten glänzten feucht, was Luther freute. Auch Shillerman konnte die Wutwellen spüren, die von dem Direktor ausgingen. Plunkitt lächelte nichtssagend.

«Wie läuft's denn so, Luther?» sagte Shillerman – ein wenig heiser. «Kann ich irgendwas für Sie tun? Ich habe Besuche bei den Gefangenen gemacht, müssen Sie wissen, habe ihren Sorgen mein Ohr geliehen, wie man so sagt. Wenn der Verurteilte nach mir verlangt oder einer der Männer meint, er könnte einen geduldigen Zuhörer gebrauchen – ich bin ihr Mann. Hier bin ich.»

Shillerman sprach leise, aber schnell, und seine Stimme zitterte kaum merklich.

Luther nickte, noch immer lächelnd. «Reverend», sagte er, «meines Wissens ist im Fernsehen ein Bericht gelaufen, in dem es hieß, Beachum habe gestanden. So weit ich weiß, stammt die Information aus der Umgebung des Gouverneurs.»

Der Reverend hob das Kinn. Er verlagerte sein Gewicht auf den rechten Fuß und beugte das Knie. Er öffnete den Mund, machte eine Handbewegung – und sagte nichts. Luther beobachtete ihn lächelnd, während er spürte, wie die Wutwellen aus seiner Mitte strömten und konzentrische Kreise bildeten.

Schließlich räusperte sich Shillerman. «Nun, natürlich, also wissen Sie, hin und wieder wenden sich die Berater des Gouverneurs in Fragen, die von persönlichem Interesse für den Gouverneur sind, auch an mich.»

Das hieß, Sam Tandy, sein Schwager, fragte telefonisch seine Spitzelberichte ab. Luther nickte und lächelte, die Hände vor sich auf den Tisch gefaltet.

«Und natürlich», fuhr Shillerman fort, «betrachte ich das als

Teil einer wichtigen Vermittlerrolle, die ich – für alle Beteiligten – spielen kann, und in Zeiten wie diesen, wo viele, ähm, viele, viele Menschen ihn um Gnade oder was weiß ich ersuchen, könnte, ähm, jede Information, die die Entscheidung des Gouverneurs persönlich beeinflußt, am Ende den entscheidenden Unterschied machen.»

Luther nickte. Luther lächelte. Die nächste Wutwelle breitete sich aus. Shillerman fuhr sich mit der Zunge über die Lippen und fuhr fort.

«Und wenn ich durch meine seelsorgerische Tätigkeit und meine theologischen Gespräche mit einem Gefangenen – natürlich ohne das besondere Vertrauensverhältnis zu brechen, das versteht sich von selbst –, aber wenn ich zum Informationsstand des Gouverneurs beitragen kann, ist das meines Erachtens ein wichtiger Aspekt meines, ähm, pastoralen Amtes als Gefängnis – ähm . . .»

Luthers Kopf wippte auf und ab. Sein Lächeln blieb unverändert, seine Augen waren hart wie blaue Diamanten, unglaublich funkelnd und glitzernd.

«Ich finde es jedoch keineswegs richtig, daß derartige Informationen an die Presse durchsickern!» sagte Stanley Shillerman rasch. «Nicht daß ich . . . also wenn ich einen . . . wenn ich etwas, was der Gefangene mir im Rahmen eines seelsorgerischen Gesprächs mitgeteilt hat, mißverstanden haben sollte . . . aber wenn er zu mir sagt, das heißt, der Gefangene, wenn er sagt, es tut ihm leid, und das unter solchen extremen Bedingungen, und wenn sich dann ein Berater des Gouverneurs im Namen des Gouverneurs *persönlich* an mich wendet in der Erwartung, daß ich – wie es meine Pflicht ist, wie Sie ja selbst wissen – im seelsorgerischen Gespräch mit dem Mann stehe, so daß ich dem Gouverneur mitteilen kann, was er zu diesem Zeitpunkt, wo Menschen zu ihm kommen, notwendig, ja dringend wissen muß, dann . . .» Die Gesichtszüge des Reverend liefen noch ein wenig dunkler an. «Aber wenn ich da etwas mißverstanden haben sollte, ist es natürlich . . . wenn ich geahnt hätte, daß irgendein Schaden . . .», sagte Shillerman, «wenn ich geglaubt hätte, daß es, ähm, dem

Wesen nach, ähm ... Und falls *Sie* den Eindruck haben sollten –» Er machte eine ausladende Geste über den Schreibtisch in Luthers Richtung. «Falls *Sie* den Eindruck haben sollten – irgend etwas, was ich getan habe ... Oder wenn das, was ich verstanden habe, in irgendeiner Weise nachteilig ...» Shillerman schluckte. Seine Hand war in der Luft stehengeblieben und hatte zu zittern begonnen. Er ließ sie sinken und drückte sie fest auf das rechte Bein seiner Jeans. «Ich weiß, daß der Gouverneur nicht glücklich wäre, wenn Sie ... Vielleicht verstehen Sie, daß sich Äußerungen bei der Art seelsorgerischem Kontakt zwischen mir und einem Gefangenen gerade in Ausnahmesituationen vielfältig deuten lassen, und wenn ... Ich wollte natürlich nicht, daß, ähm ...» Shillerman versuchte freundlich zu glucksen und schüttelte den Kopf. Er schwitzte. Luther beobachtete ihn, nickte und lächelte sein nichtssagendes Lächeln. «Also, keine Sekunde, so viel ist sicher», sagte Shillerman. «Und wenn Sie in irgendeiner Form den Eindruck haben sollten, weil, verstehen Sie, diese Aufgabe ist mir und meiner Familie sehr wichtig, und ich habe weiß Gott ... ich meine, weiß *Gott*, Luther ... versucht, mit der Art Elementen, die hierherkommen, zu kommunizieren, aber natürlich – wie Sie wissen – ist das hier ein Gefängnis – und ich möchte ganz bestimmt nicht, daß Sie den Eindruck haben, daß meine *diesbezügliche* Pflichterfüllung so war, daß Sie sie gegenüber irgend jemandem, der mir schaden könnte, als mangelhaft bezeichnen würden. Wenn ich Sie *diesbezüglich* also bitten dürfte, dann wäre es mir bestimmt unangenehm, wenn Sie der Presse oder den Mitarbeitern des Gouverneurs oder dem Gouverneur selbst oder irgendeinem zukünftigen Arbeitgeber, also jedenfalls möchte ich doch ganz gewiß hoffen, daß es Ihnen möglich ist, diesen Menschen in aller Güte und Barmherzigkeit, verstehen Sie, Luther, zu sagen, daß hier jemand ist, der Ihrem Verständnis nach ein aufrechter Mensch ist, und daß wir das dergestalt in Betracht ziehen müssen, daß Sie am Ende, natürlich mit gutem Gewissen, sagen können, nun, wie gesagt, hier ist ein Mensch. Ähm. Hier ist einfach nur ein Mensch ...»

Woraufhin Shillerman in Schweigen verfiel. Er fuhr sich erneut mit der Zunge über die Lippen, und sein Mund blieb offenstehen, doch es kam nichts mehr heraus. Sein Gesicht war jetzt dunkelrot und naß, Schweißtropfen perlten von seiner Stirnlocke auf die Brust seines Hemdes und den Boden. Er verlagerte sein Gewicht wieder auf den anderen Fuß und starrte Luther über den Schreibtisch glasig an. Luther sah, daß der Mann am ganzen Körper vom Kopf bis zu den Zehen zitterte. Und Luther war froh.

Lange Zeit sagte der Direktor nichts. Er lächelte weiter nichtssagend. Er würde den Amtssitz des Gouverneurs anrufen müssen, dachte er, um die Sache aufzuklären. Ein Dementi für die Presse herausgeben, mitteilen, daß es kein Geständnis gegeben hatte. Daß es kein Geständnis geben würde. Luther konnte den lieben Gott nur anflehen, daß es ein Geständnis geben würde, doch das würde es nicht. Ein Teil von ihm wußte, warum er so wütend war: weil es kein Geständnis geben würde. Nicht von Beachum. Nie und nimmer. Noch immer strömten Wutwellen von ihm aus.

Gleich morgen früh, dachte er, würde er diesen Mistkerl loswerden. Sam Tandy oder nicht, er würde dafür sorgen, daß dieser Reverend Stanley B. Shillerman im hohen Bogen rausflog und nie wieder in einer anderen Strafvollzugsanstalt zwischen dem San-Andreas-Graben und Jupiter einen Job bekam.

Er nickte und lächelte sein nichtssagendes Lächeln. «Das wäre dann für den Augenblick alles, Reverend», sagte er.

8

Ich fuhr nach Hause, das Radio abgeschaltet. Ich war müde und meiner selbst überdrüssig. Doch ich war auch froh, daß der Wettlauf, Frank Beachums Leben zu retten, endgültig vorüber war.

Achter Teil

Philosophische Gespräche

1

Davy-Davy-Davy-Davy, Davy-Davy-Davy-Dave», sang ich zur Melodie der Wilhelm-Tell-Ouvertüre. «Davy-Davy-Davy-Dave. Davy-Davy-Davy-Davy-Davy-Davy-Dave . . .» Und so weiter und so fort. Beim Singen trug ich den kleinen Jungen vor mir her, hielt ihn von hinten um die Taille gepackt, neigte ihn nach links und rechts, während ich mit ihm durchs Wohnzimmer, den Flur hinunter, einmal durch unser Schlafzimmer, wieder in den Flur und in sein Kinderzimmer bis zu seinem Bett lief. Er kreischte und kicherte.

«Ich gehe in mein Bett!» rief er fröhlich.

Und ich hievte ihn über das Gitter und ließ ihn mit einem kleinen Plumpser auf die weiche Matratze fallen. Dann beugte ich mich über ihn und drückte ihn ein paarmal fest in die Kissen. Mein Herz war wie Stein, schwer wie Stein.

«Betti-Zeit, mein Kleiner», sagte ich.

Er packte quiekend meinen Arm. Ich zog ihn hoch und ließ ihn wieder fallen. Sein Lachen verlor sich in wortlosem Gemurmel. Er klammerte sich an mich und betrachtete lächelnd meinen Unterarm. Er umklammerte ihn mit seinen beiden kleinen Händen und streichelte nachdenklich über die feinen Härchen.

«Warum bist du da?» fragte er.

Ich grinste wie ein Idiot. *Mein Gott*, dachte ich, *mein Gott*. «Wo sollte ich denn sonst sein, du Dussel?» sagte ich mit einem gezwungenen Lachen. Er dachte auch darüber nach und ließ meinen Arm los. «Ich gehe jetzt schlafen», erklärte er. Dann drehte er sich auf die Seite und schloß die Augen.

«Schlauer Plan», sagte ich und hätte mich beinahe an den Worten verschluckt.

An der Tür blieb ich noch einen Moment lang stehen und betrachtete ihn. Er drehte den Kopf und spähte in meine Richtung. Als er sah, daß ich noch da war, lächelte er.

«Schlaf jetzt, du Monster», sagte ich.

Ich machte das Licht aus.

Vor seiner Tür im Flur blieb ich erneut stehen, todmüde, mein Herz wie Stein, mein Magen pechschwarz, mein Kopf bleischwer. Ich stand mit gesenktem Kopf und massierte meine Schläfen. Was hatte ich getan? Was hatte ich angerichtet? Ich konnte jetzt alles ganz deutlich vor mir sehen.

Es war ziemlich beängstigend, sich den ganzen Tag so getäuscht zu haben. Und jetzt auf einmal klar zu sehen. Beängstigend, leer. Die Beachum-Story. Die Mission der Stunde hatte sich in Luft aufgelöst, die heldenhafte Anstrengung nichts als eine Bagatelle, der Gral nur eine Illusion – und der Job *dahin*. Der Job und garantiert auch die Ehe *dahin*. Und mir blieb nichts außer der schimmernden Erinnerung daran, den ganzen Tag herumgerannt zu sein in dem Versuch zu beweisen, daß ein Regal mit Kartoffelchips einen Schuldigen in der Stunde seines Todes unschuldig machte.

Ich atmete tief durch und ging den Flur hinunter.

Meine Frau saß am Eßtisch, einem ovalen Tisch. Sie hatte das Abendbrotgeschirr von sich und Davy abgeräumt und saß am Kopfende vor einer leeren Tasse Kaffee. Sie rieb sich mit den Fingern der linken über ihre rechte Hand.

Ich schlurfte zum Tisch und setzte mich ihr gegenüber. Ich trommelte mit den Fingern auf das Holz. *Das mit dem Zoo tut mir leid*, dachte ich. *Das mit heute tut mir leid. Unser ganzes Leben, so wie es war, tut mir leid.* Meine Finger trommelten auf das Eichenholz. *Tut-mir-leid, tut-mir-leid, tut-mir-leid.*

Barbara sah mich nicht an. Ihre vornehmen Gesichtszüge wirkten entschlossen und traurig. Sie wand ihre linke Hand zwischen den Fingern ihrer rechten hin und her. So zog sie langsam ihren Ehering über den Fingerknöchel und nahm ihn ab.

Sie legte den schlichten goldenen Ring auf den Tisch – streckte den Arm aus, um ihn so weit wie möglich von sich weg zu mir hin zu schieben. Dann lehnte sie sich zurück. Sie führte die leere Tasse an den Mund, damit ich nicht sah, wie ihre Lippen zitterten. Dann setzte sie sie mit zittriger Hand wieder ab, so daß die Untertasse klirrte.

Sie wies mit dem Kopf auf den Ring. «Wenn das eine Kugel wäre, wärst du jetzt tot», sagte sie. Ich glaube, es war der einzige spontane Witz, den ich sie je habe machen hören.

Ich saß eine Weile wortlos da, meine Augen schmerzten. Ich sah zu, wie der goldene Ring vor meinen Augen verschwamm, und beobachtete die Lichtreflexe, die kreisförmig von ihm abstrahlten und verblaßten. Ist das alles? dachte ich, und meine trommelnden Finger verfielen ebenfalls in Schweigen. Ist es das, wovor ich den ganzen lebenslangen Tag Angst gehabt habe? Sie einfach nur zu verlieren. Wo ich sie nicht einmal liebte. Und von Davy wegzuziehen, den ich kaum sah? War das der ganze neurotische Schwung hinter der Beachum-Phantasie? Hatte diese lange, halluzinatorische Verzögerungstaktik nur dazu gedient, diesen Moment zu vermeiden?

Wir starrten beide auf den Ring, auch Barbara. Als ich sie schließlich ansah, starrte sie noch immer darauf. Den Rücken gerade, den Kopf zurückgeworfen, ihre aristokratischste Miene im Gesicht. Das war etwas, was sie sehr ernst nahm, dieser Ring, das Abstreifen dieses Ringes. Andererseits nahm sie so ziemlich alles sehr ernst. Das hatte sie schon immer getan.

«Also gut», sagte ich schließlich. Meine Hand lag reglos auf der Tischkante. «Laß mich raten – was? – Bob hat dich angerufen?»

Sie schnaubte leise. «Welchen Unterschied macht es, wer mich angerufen hat?»

Ich schüttelte den Kopf.

«Sie hat mich angerufen, wenn du es wirklich wissen willst. Deine Patricia.»

«Gut», sagte ich. «Sicher, klar.» Genau wie Beachums Geständnis fand ich auch das sofort vollkommen logisch. Natürlich hatte Patricia angerufen. Sie hatte gewollt, daß ich sie leiden ließ, und jetzt zahlte sie mir heim, wonach sie verlangt hatte. Und ich verdiente es auch, was wahrscheinlich das Seltsamste war.

«Sie hat versucht, dich über deinen Pieper zu erreichen», sagte Barbara.

«Hm», sagte ich. Ich hatte vergessen, ihn nach meinem Besuch im Gefängnis wieder aus dem Handschuhfach zu nehmen.

«Sie hat geweint. Sie wollte dich wissen lassen, daß alles vorbei ist. Und daß es ihr leid tut, daß Bob dich von deinem Posten vertreiben will.»

Ich lachte. «Nett von ihr, eine Nachricht zu hinterlassen.»

Von ihrer moralischen Überlegenheit herab musterte Barbara mich von Kopf bis Fuß. «Hast du wirklich geglaubt, ich hätte es nicht gewußt?»

Nun ja, ich hatte tatsächlich gedacht, sie würde total im dunkeln tappen. Doch ich entschied, das lieber nicht zu sagen. «Diese verrückte Patricia», murmelte ich statt dessen.

«Ich habe ihr gesagt, sie soll sich keine Sorgen machen», fuhr Barbara fort. «Ich habe ihr erklärt, daß das so deine Art ist. Es ist genau das, was du immer machst.»

«Klar. Sicher.»

«Obwohl ich eins beim besten Willen nicht begreife: Besonders viel Spaß scheinst du dabei nicht zu haben.»

Ich hob eine Schulter. Spaß war auch eine ernste Sache für Barbara.

Nachdem wir wieder eine Weile geschwiegen hatten, streckte ich den Arm aus und nahm den Ring. Ich hielt ihn zwischen Zeigefinger und Daumen, drehte ihn hin und her und beobachtete, wie sich das Licht des kleinen Kronleuchters über dem Eßtisch darin spiegelte. Auf der Innenseite war etwas eingraviert. Einfach nur ihr Name: *Barbara Everett.* Damals war es ihr neuer Name, und das Ganze war uns sehr romantisch vorgekommen.

Ich schloß meine Faust um den Ring. «. . . hart für den Kleinen», sagte ich. Ich räusperte mich. «Ist das nicht irgendwie hart für den Kleinen?»

Sie zog die Brauen hoch. «Das fällt dir ja früh ein.»

Ich versuchte ihr zu antworten, doch dieser Stein, mein Herz – irgendein Sisyphus rollte ihn immer wieder bis zu meinem Hals hinauf, um ihn dann von da oben wieder auf meine Brust fallen zu lassen. Der arme Davy, dachte ich elend. Der arme kleine Kerl. Mit Barbara ständig als Glucke um ihn herum, liebevoll, ernst und gut. Wer würde ihm beibringen, wie man herumalbert? Wie man nicht gehorcht? Wie man heimlich furzen und alle glauben machen konnte, der Nebenmann wäre es gewesen? Wer würde ihm erklären, daß man mit einem Rabauken am besten fertig wurde, indem man seine Unsicherheiten begriff und ihm dann blitzschnell mit dem Ellenbogen eins auf die häßliche Nase gab? Oder wie man Frauen zunickte, wenn sie einem vornehm kommen wollten, damit man ohne allzu großes Palaver schnell in ihre Höschen kam? Wie würde er lernen, daß man Verlierer manchmal auch abschütteln und wann man sich über das menschliche Leid ins Fäustchen lachen mußte? Der arme kleine Knopf. Barbara mit ihren hehren mitmenschlichen und moralischen Gefühlen, mit ihrer großen Seele – ohne mich an der Seite würde sie ihn unter all diesem Müll begraben.

«Hör mal», sagte ich mit zitternder Stimme. «Sind es bloß die Mädchen? Sind es bloß die Frauen, die dich so stören?»

Sie sah mich verwundert an.

«Ich meine, sieh mal, wir müssen ja keine Ehe führen wie andere Leute. Du könntest auch manchmal Typen haben», sagte ich. «Ich würde sie umbringen, aber vorher könntest du sie haben. Ich meine, verdammt noch mal, seit Jesus Tod sind zweitausend Jahre vergangen, wir können doch jetzt unsere eigenen Regeln aufstellen.»

Ihr gegenüber ein geradezu törichter Vorschlag . . . «Vielleicht ist das deine Vorstellung von einer Ehe, Ev», sagte sie, wie ich es mir hätte denken können. «Aber es ist bestimmt nicht meine.»

«Warum nicht, zum Teufel?» erwiderte ich verzweifelt. «Es ist schließlich nicht so, als ob du mich lieben würdest.»

Immer noch zeigte ihr Gesicht einen Ausdruck der Verwunderung, doch ihre Augen waren jetzt glasig geworden, und ihre Lippen zitterten wieder.

«Gott, du bist so dumm», sagte sie leise. «Du weißt überhaupt nichts über die Menschen in deiner Nähe. Du erfindest sie in deinem Kopf und beschließt, was sie denken, und egal was sie tun, du stopfst alles bloß in das Raster, das du dir für sie ausgedacht hast. Und du weißt gar nichts.»

«Oh», sagte ich.

«Und jetzt verschwinde hier. Bitte.»

Doch ich blieb noch eine Weile sitzen. Ich löste meine Faust und ließ den Ring auf meiner Handfläche hin und her rollen. Ich preßte meine Lippen aufeinander, damit sie nicht zitterten.

Schließlich ließ ich den Ring in die Brusttasche meines Hemdes gleiten und stand auf, um zu gehen.

2

Ich nehme an, es war etwa zwanzig nach neun, als ich meine Wohnung verließ. Später erklärte mir Mark Donaldson, daß er genau zu dieser Zeit angerufen hatte. Vermutlich hat das Telefon geklingelt, als ich düster die Treppe hinunterstapfte, aber ich habe es entweder nicht gehört oder ihm keinerlei Beachtung geschenkt. Auch Barbara nahm nicht ab.

Schließlich legte Donaldson auf. Er hatte es schon über meinen Pieper versucht, doch der lag noch immer im Handschuhfach meines Wagens. Er lehnte sich in seinen Stuhl zurück und seufzte.

Zu diesem Zeitpunkt hatte er bereits einen vollen Arbeitstag in der Redaktion hinter sich – und mußte noch immer einen Artikel schreiben. Er handelte von einer wütenden Ehefrau, die die Comic-Sammlung ihres Mannes in Brand gesteckt hatte und dabei ums Leben gekommen war. Donaldson hatte es eilig, den Artikel fertig zu kriegen, damit er es noch rechtzeitig nach Hause schaffte, um seine Frau zu vernaschen, bevor sie eingeschlafen war. Er war nicht in der Stimmung, weiter nach mir zu suchen, und fragte sich ohnehin, ob sich die Mühe gelohnt hätte.

Der Grund für seinen Anruf war folgender:

Er hatte an seinem Schreibtisch gesessen und den Vorspann

für den Comic-Artikel geschrieben, als vom Tisch des Lokalchefs ein Telefonat zu ihm durchgestellt wurde. Bob war schon nach Hause gegangen, und Anna Lee Daniels, die Chefin vom Dienst für die Nachtschicht, war da.

«Mark», flötete sie quer durch den großen Raum, «irgendein besoffener Schwachkopf auf Leitung drei.»

«Danke», sagte Donaldson und nahm ab.

Eine kehlige Stimme rülpste seinen Namen. «Issa Donaldson?»

«Ja?»

«Wurd auch Zeit, daß einer von euch Arschlöchern das mit dem Nigger schnallt.»

Donaldson klemmte sich den Hörer bequem zwischen Wange und Schulter und tippte an seinem Artikel weiter. Er mochte es, wenn Verrückte anriefen; es ergab manchmal witzige Geschichten.

«Nun, vielen Dank, daß Sie diese Einsicht mit mir teilen wollen», sagte er. «Wovon genau reden wir eigentlich?»

«Bissu nich der Typ, der Benny wegen dem – äääahhhm – Beachum-Fall angerufen hat?» sagte der Kerl am Telefon.

Donaldson hörte auf zu tippen und lehnte sich in seinen Stuhl zurück. «Ja», meinte er. «Und wer sind Sie?»

«Ich? *Ich?* Ich bin Arsley, verdammt noch mal, dachtes du denn?»

«Arsley wer?»

«*Lieutenan'* Arsley. Ich hab damals die poli-dingsda geleitet. Die polisseilichen Ermittlungen. Ich bin jetzt im Ruhestand.» Letzteres hörte sich an wie «Ruhschta» und wurde gefolgt von einem Anfall schleimlösenden Hustens.

«Ardsley», sagte Donaldson. «In Florida?»

Der Mann am Telefon ließ ein paarmal seinen pfeifenden Atem hören, bevor er sagte: «Sarasota, ja. Also habt ihr geschnallt, daß es der Nigger war, häh. Habt ihr ja lange genug für gebraucht.»

Donaldson griff nach einem Notizblock und einem Stift. Sein Gesicht nahm diesen schläfrigen Ausdruck an, seine Lider wurden schwer, wie immer, wenn er ernsthaft sauer wurde. Er glaubte nicht, daß dieser Anruf eine besonders komische Geschichte hergeben würde, weswegen er tendenziell fand, dieser eklige, lallende Mistkerl solle zur Hölle fahren.

«Wir sprechen über den Beachum-Fall», sagte er leise.

«Ja, ja, ja, dieser Drecksnigger, Scheißdrogi. Warn Ruzzel. Erwars.»

«Was?»

«Erwars!» brüllte Ardsley. «Bissu taub oder was?»

Erwars, wiederholte Donaldson still für sich. «Er war's?»

«Ja, warum denkssu, ruf ich an? Um ssu fragen, wie's geht, oder was? Warn Russel.»

«Warn wer?»

«Russel. Warn. So heißt er. Der Scheiß-Drogi-Nigger.»

«Sie wollen sagen, daß er derjenige war, der – wie hieß sie noch gleich? – diese Frau in dem Laden erschossen hat?»

«Ja, ja. Erschossen. Sicher hat er sie erschossen. Was denkst du denn? Ich wußte es gleich, als er reinkam. Aber die Staatsanwältin hat ein Riesentheater gemacht, verstehst du, weil sie diesen Weißen hatte, um zu zeigen, wie gerecht sie ist. Weil zu viele Nigger abgespritzt werden. Sagen die Arschlöcher vom obersten Gericht. Mußte es durchziehen. Weil sie schon mit der – äääääähhhm – Presse geredet hatte. Großer Auftritt im Gerichtsgebäude. Dred Scott.» Ardsley ließ Donaldson seine Imitation einer jammernden Frau zuteil werden. «‹Ich muß die Todesstrafe kriegen. Ich bin ja so tough. Wegen der Gerechtigkeit. Ja, ja, ja.› Dann kommt dieser Russel rein, und ich sage: ‹Er war's! Er war's!› Sie sagt: ‹Was redest du da?› Ich sage: ‹Er war's!› Sie sagt: ‹Wo sind die Beweise?› Ich sage: ‹Guck ihn dir an! Den Drecksnigger, Scheißdrogi.› Ich meine, ich bin kein Rassist oder so, er war's einfach. Das is' alles. Sie sagt: ‹Blödsinn.› Sie sagt: ‹Für Leute wie dich ist bei der Polizei kein Platz.› Die Hexe. Ich sage: ‹Fein›, sage ich, ‹leck mich doch, alte Hexe. Bringt von mir aus den Falschen um. S'deine Beerdigung.› Pffffft.» Letzteres Geräusch war wahrscheinlich eine Art Lachen, gefolgt von einem weiteren gurgelnden Husten. Dann veränderte sich die Stimme des Ex-Polizisten auf einmal. Er wurde ernster, ja, er klang regelrecht besorgt. «Ich muß Schluß machen.»

«Was? Warten Sie.»

«Oha. Ich muß Schluß machen.»

«Warten . . .» Doch Donaldson hörte, wie der Hörer am anderen Ende mehrfach aufgeknallt wurde, während Ardsley versuchte, die Gabel zu finden. Dann ertönte das Freizeichen.

«Ach», sagte Donaldson. Er legte seinen Hörer auf und wischte sich die Hand an seinem Hemd ab. «Hey, Anna Lee?»

Die Chefin vom Dienst hob das Kinn. Ah, Anna Lee. Sie war eine verdammt elegante Erscheinung, groß und schlank in ihrem modischen Kostüm, mit kurzem schwarzen Haar und einem elfenhaften Gesicht. Ich hatte schon seit Monaten versucht, sie ins Bett zu kriegen, aber sie hatte irgendein Vorurteil gegen verheiratete Männer. Sie war gattenfeindlich.

«Dieser Typ in der Todeszelle?» sagte Donaldson. «Beachum. Hat er nicht heute gestanden oder so was?»

«Ähm, ja», sagte Anna Lee. «Warte mal.» Ihre langen, bewundernswert weißlackierten Fingernägel klackerten sich durch die Agenturmeldungen in ihrem Terminal. «Nein, hier, warte», sagte sie. «Es wurde zurückgezogen. Das Büro des Gouverneurs hat erklärt, man wüßte nicht, woher die Information stamme, aber sie dementieren, etwas davon zu wissen.»

«Na toll. Der Bulle, der die Ermittlungen gegen Beachum geleitet hat, hat gerade angerufen und erklärt, Beachum wäre unschuldig.»

«Wow!» Anna Lees Kopf schnellte hoch. «Klang er verläßlich?»

Donaldson imitierte Ardsleys betrunkenes Lallen. «Er sagt, es muß irgendein Drecksnigger gewesen sein.»

Anna Lee ließ den Kopf wieder sinken. «Super. Stoppt die Titelseite.»

«Ja», meinte Donaldson. «Die Nummer eins in St. Loo!»

Doch er rief mich trotzdem an. Erst über meinen Pieper, dann bei mir zu Hause. Als er niemanden erreichte, lehnte er sich in seinen Stuhl zurück und betrachtete den blinkenden Cursor am Ende seines Artikels über die verbrannte Ehefrau.

Weil er nicht der Typ war, der es damit hätte gut sein lassen. Sicher, er wollte nach Hause und vögeln. Und er glaubte, daß Lieutenant Ardsley ein mieser Wichtigtuer war, von dem man nicht einmal eine verdrehte Version der Wahrheit erwarten konnte. Doch er wußte, daß das Leben eines Mannes auf dem Spiel stand, und überlegte, ob es nicht klüger wäre, Bob zu Hause anzurufen, um ihm die Sache vorzutragen. Er dachte sogar daran, die Geschichte selbst weiterzuverfolgen.

Doch dann hörte er, wie Anna Lee anfing zu weinen.

Er blickte zu ihrem Schreibtisch und sah sie mit der Hand am Telefon dasitzen, als hätte sie gerade aufgelegt. Ihr sonst so gefaßtes, ironisches und elfenhaftes Gesicht war verschmiert und verzerrt. Mit der anderen Hand bedeckte sie ihre Augen, darunter strömten Tränen hervor und hinterließen schwarze Mascarastreifen auf ihren Wangen.

Als Donaldson aufsprang, waren bereits zwei andere Reporter der Nachtschicht zu ihr unterwegs, ebenso der stellvertretende Nachtchef und ein Filmkritiker von der anderen Seite des Raumes. Es gab niemanden, der Anna Lee nicht mochte.

Die Belegschaft versammelte sich um ihren Schreibtisch und sah zu, wie ihre Chefin weinte. Bis auf Harriet McConnel von der Regionalseite waren es nur Männer, und sie standen lange beschämt da und sahen zu, wie Anna Lees Körper von Schluchzern geschüttelt wurde.

Schließlich sah Donaldson Harriet ärgerlich an.

«Himmel noch mal, Harry, frag sie, was los ist», sagte er.

«Was ist los, Anna Lee?» fragte Harriet McConnel.

Es dauerte noch einen weiteren Moment, bis die Lokalchefin vom Dienst aufhören konnte zu weinen, die Hand sinken ließ – und die Beachum-Geschichte vollständig aus Donaldsons Bewußtsein fegte, indem sie einfach sagte: «Michelle ist tot.»

3

Fünf Jahre zuvor hatte ein kleiner Funktionär der Demokratischen Partei von Missouri Reverend Harlan Flowers in der South City Church angesprochen, wo er sich damals gerade einen Namen als junger Aufwiegler machte. Der Funktionär war ein kleiner, glatzköpfiger Mann mit rosigem Gesicht, einem feuchten, roten Lächeln und einem freudlosen Glucksen, das Flowers besonders unsympathisch gewesen war. Der Funktionär erklärte ziemlich unverblümt, daß er Flowers Gemeinde eine nicht unerhebliche Spende zukommen lassen wollte. Als Gegenleistung für diese Gabe erwarte man nichts weiter von Flowers, als dafür zu sorgen, daß sich die Mitglieder seiner Gemeinde als demokratische Wähler registrieren ließen, am Wahltag zu den Urnen gekarrt und ermutigt wurden, von der Gouverneurs- bis zur letzten Kommunalwahl stramm demokratisch durchzuwählen. Der Funktionär – der die ganze Zeit mit einem Taschentuch hektisch an seinem Lächeln herumwischte – betonte, daß Flowers seinen Leuten – den Schwarzen – damit gleich zweimal dienen würde: einmal, indem er Spenden annahm, die er für soziale Projekte in seinem Viertel verwenden könnte (oder auch nicht, das stand ganz in Flowers Ermessen), und ein zweites Mal, indem er sie ermahnte, die Partei zu wählen, die «beim Kampf Ihres Volkes historisch stets an vorderster Front mitgekämpft hat». Trotz dieses doppelten Anreizes lehnte Flowers die Spende ab. Um sowohl den Demokraten als auch dem Reverend gerecht zu werden, sei noch hinzugefügt, daß nur drei Tage später ein republikanischer Funktionär auftauchte, der substantielle Summen in Aussicht stellte, wenn Flowers seine Gemeinde dazu bewegen könnte, gar nicht wählen zu gehen, und ebenfalls zurückgewiesen wurde. Schließlich erschienen eine Reihe von Flowers Amtsbrüdern, die ihrer Meinung Ausdruck verliehen, daß Flowers naive Vorstellungen von der Politik hätte und überdies einer ziemlich guten Sache im Wege stünde. Als Flowers ihnen erklärte, daß er es für unmoralisch hielt, seine

Stimme zu verkaufen, ganz zu schweigen von denen seiner Gemeindemitglieder, zogen die anderen Geistlichen mit fürwahr sehr ernsten Mienen von dannen.

Etwa sechs Wochen nach der Wahl verkündete einer dieser Pastoren in einem Ton donnernden Bedauerns von seiner Kanzel herab, daß ihm entmutigende Neuigkeiten zu Ohren gekommen seien. Vorwürfe waren erhoben worden, wonach ein ganz bestimmter Diener Gottes aus der Nachbarschaft so weit vom rechten Pfad abgewichen sei, daß er kirchliche Gelder veruntreut, diverse örtliche Lokalitäten der Sünde aufgesucht und das Vertrauen zumindest eines jungen Mädchens mißbraucht habe, das sich um seelsorgerischen Rat an ihn gewandt habe. Mit für manche Beobachter geradezu auffälligem Eifer wurde das junge Mädchen präsentiert, die Presse alarmiert und sowohl städtische wie kirchliche Ermittler auf den Fall angesetzt. Und der Reverend Harlan Flowers steckte bis zum Hals in Problemen.

Der nachfolgende Skandal war für Flowers nicht etwa weniger schmerzhaft, weil er sich keiner Schuld bewußt war. Der Anblick seines Namens in den Zeitungen im Zusammenhang mit finanziellen Machenschaften, deren Planung ihm dem Wesen nach fremd war, sowie mit sexuellen Verfehlungen, die zu begehen er nicht einmal im Traum erwogen hätte, nagten an ihm wie ein räuberischer Marder, der an jedem erbärmlichen Tag ein Stück seines Herzens verschlang. In jener Zeit gab es Nächte, in denen Flowers Gott auf Knien anflehte, ihm den Gnadentod zu gewähren. Es gab Tage, an denen er aufwachte und fast zum Heiden wurde, weil seine Gebete wieder nicht erhört worden waren und er weiter mit einem wachen Bewußtsein gestraft war.

Am Ende wurde ihm die Katastrophe einer öffentlichen Anklage durch unsere froschige Freundin Cecilia Nussbaum erspart. Die Bezirksstaatsanwältin kam schon bald hinter den wahren Grund für die Vorwürfe und pfiff nicht nur die lokalen Bluthunde sofort zurück, sondern reiste auch persönlich nach Jefferson City, wo mancher politische Hintern so lange bearbeitet wurde, bis er aussah wie ein Footballfeld nach einem besonders regnerischen Sonntag. Was die Reporter anging, so kam ihnen, als Flowers etwa zum fünftenmal erklärt hatte, daß er seiner Frau in den siebzehn Jahren ihrer Ehe absolut treu gewesen sei, der Gedanke, daß dies für eine Figur des öffentlichen Lebens eine ziemlich originelle Verteidigung war, die im Grunde genommen so grotesk war, daß sie möglicherweise sogar der Wahrheit entsprach. Und nachdem sich die Unzuchtsvorwürfe in Luft aufgelöst hatten, erschienen die finanziellen Nachlässigkeiten, die man in den Büchern der Kirche entdeckt hatte, wundersamerweise als genau das, was sie waren: das Ergebnis von Flowers' schlampiger und gleichgültiger Buchführung. Mit ein paar selbstkritischen Leitartikeln zur Flankierung des eigenen Rückzugs ließen die Medien den Fall Flowers fallen.

Es dauerte ein ganzes Jahr, bis Flowers in der Gemeinde in Florissant wieder Fuß gefaßt hatte, wo Bonnie ihn traf. Doch schließlich wuchs seine Gemeinde stetig, und die Funktionäre beider politischen Parteien beschlossen aus Angst, der Nussbaum erneut in die Quere zu kommen, ihre Wähler anderswo zu sammeln.

Doch auch wenn der Skandal seiner Karriere keinen dauerhaften Schaden hatte zufügen können, so hatte er doch eine nachdrückliche und bleibende Wirkung auf seine Persönlichkeit gehabt. In seiner alten Gemeinde im Süden der Stadt war er ein entschlossener und emsiger Agitator gewesen, ein Kämpfer gegen örtliche Drogenbosse, eine lästige Fliege für den Bürgermeister und ein häufiger Gast in den lokalen Nachrichtensendungen, wo er der Regierung des Staates und der Stadt in den Ohren lag, mehr Geld für Hilfsprogramme in den Slums zur Verfügung zu stellen. In seiner Gemeinde im Norden, nach dem Skandal, wandte er sich von den großen Themen ab, und manche sagten, daß er den Mut zum Kampf verloren habe. Er wurde zu der ernsten und ruhigen Gestalt, die Bonnie kannte. Wenn er nicht in seiner Kirche war, besuchte er Krankenhäuser und Kliniken, hielt Beerdigungen, tröstete die Trauernden und ging regelmäßig in die Gefängnisse, die verschiedenen Söhnen und Ehemännern aus seiner Gemeinde zum zweiten Wohnsitz geworden waren. Er hörte auf, gegen das Übel des Verbrechens und der Armut anzuwettern und gab seinen Guerillakampf gegen die Ungerechtigkeiten der Gesellschaft ganz auf. Ja, er schien überhaupt jedes Vergnügen an moralischen Urteilen verloren zu haben und konzentrierte sich darauf, jeden, der zuhörte, daran zu erinnern, daß sich Gott um die geringsten ihrer Sorgen kümmerte wie um die kleinsten der Lebewesen. Die Medien hatten natürlich jedes Interesse an ihm verloren. Und so war er für die meiste Zeit, auch wenn er die Unterstützung und Zuneigung seiner kleinen Gemeinde gewann, aus dem Blickfeld einer größeren Öffentlichkeit verschwunden.

Ich erwähne all das hier nur, um seine Haltung zu Frank Beachums Unschuld zu erklären, oder seine Nicht-Haltung. Er dachte nie darüber nach – oder wenn er es tat, waren es müßige Spekulationen, denen er keine Bedeutung zumaß. Im Laufe der Zeit war ihm Frank keineswegs gleichgültig geblieben, er mochte ihn sehr – genau wie Bonnie, obwohl er spürte, daß sie ihm – schwarzen Menschen überhaupt – mit Unbehagen begegnete. Er hoffte, daß Frank sich nicht wegen des Mordes an Amy Wilson vor Gott verantworten mußte, doch am Ende war das eine Sache zwischen Frank und Gott. Seine Aufgabe war es, Bonnie und Gail zu helfen, in dem bescheidenen Maße, in dem er es vermochte, und dafür zu sorgen, daß Frank nicht alleine, ohne menschlichen Beistand, in den Tod ging.

Aus diesem Grund betrat er um fünf Minuten vor zehn die Todeszelle zu seinem letzten Besuch bei Frank. Er erkannte sofort, daß es dem Gefangenen schlechtging. Frank hockte vornübergebeugt auf der Kante seiner Pritsche, starrte zu Boden und knetete seine Hände zwischen den Knien. Sein Mund arbeitete, sein Gesicht war fahl, und seine Augen leuchteten unnatürlich. Der Anblick war ein kleiner Schock für Flowers, der Frank zuletzt gesehen hatte, als er Gail abgeholt hatte. Da hatte der Gefangene zwar tief deprimiert, aber aufrecht, gefaßt und innerlich stark gewirkt. Jetzt strahlte diese gebeugte und verzerrte Gestalt nichts als Panik, Erbärmlichkeit und Angst aus. Der Pastor ahnte sofort, was geschehen war: Frank hatte all seinen Willen zusammengenommen, um Bonnie und dem Kind Stärke vorzuspielen; und jetzt, wo sie weg waren, durchlitt er die unvermeidliche Gegenreaktion.

Beachum sprang auf, als sich die Gittertür öffnete: Er hatte Flowers nicht kommen hören. Aus seinen Träumen geschreckt, schoß sein Blick sofort zur Uhr, dann schluckte er und atmete weiter: Nein, noch nicht, es war noch nicht so weit.

Als Benson die Käfigtür wieder schloß, ging Flowers zur Pritsche und blieb vor dem Verurteilten stehen. Beachum fuhr sich mit den Fingern durchs Haar, und Flowers sah, daß sein Haar feucht vor Schweiß war.

«Wird langsam spät, was?» sagte Frank mit einem nervösen Lachen. Er blickte auf, als hoffte er, Flowers würde ihm widersprechen. Dann wandte er den Blick wieder ab. «Spät. Ja.»

Als er auf Franks gesenkten Kopf und das dünne Haar blickte, empfand der Reverend auf einmal eine schreckliche, bleierne Trauer für Frank. Und für Bonnie und das kleine Mädchen. Für alle drei: eine schreckliche Last des Mitleidens. Andererseits empfand er das dieser Tage sehr oft – Mitleid und Trauer. Empfand es für so viele verschiedene Menschen, daß es weniger ein spontanes Gefühl als eine feststehende Weltsicht war, ein Filter vor seiner Wahrnehmung. Er empfand sogar Trauer für das eigene Gefühl der Dankbarkeit und Lebendigkeit: dieser Schwall kleingeistiger Erleichterung, den er auf einmal verspürte, weil er *nicht* Frank war, weil er nicht um Mitternacht sterben sollte. Es erging ihm nicht anders als jener kleinen Meise auf dem Zweig, die dachte: «Gott ist gut, heute war Gott gut zu mir», nachdem ihr kleiner Bruder von einem Habicht davongetragen worden war. Flowers empfand Selbstmitleid darüber, daß er eine so kleine und erbärmliche Kreatur war.

«Jetzt wird es langsam schlimm, was, Frank?» sagte er.

«Schlimm! Ja, schlimm, es ist schlimm!» Und mit diesen Worten sprang Beachum auf und ging rasch bis ans Gitter und zurück. Auf diesem kurzen Weg durchlief er ein ganzes Repertoire nervöser Gesten: Er fuhr sich durchs Haar, rieb sich die Hände, wischte sich über den Mund, sah zur Uhr und wieder weg und wieder hin. Vor der Pritsche blieb er abrupt stehen und starrte Flowers mit seinen leuchtenden Augen an, als hätte er den Reverend jetzt zum erstenmal wahrgenommen. «Ich meine, ich hab nichts *getan*», sagte er. «Ich schwöre bei Gott, Harlan, ich habe nichts . . .» Er machte auf dem Absatz kehrt, trat wieder ans Gitter, umfaßte matt mit beiden Händen die Stäbe und ließ den Kopf sinken. «Tut mir leid», sagte er. «Tut mir leid. Ich halte mich wohl nicht besonders gut.»

Flowers trat hinter ihn und legte seine Hand auf Franks Schulter.

«Es ist furchtbar, dem entgegenzusehen.»

«Hey, sagen Sie bloß, Reverend», fuhr Frank ihn an. «Sie müssen ja nicht.»

Flowers sagte zunächst gar nichts. In Gesprächen wie diesem verließ er sich meist auf seinen Instinkt. Er versuchte, nicht zu viel nachzudenken, und hoffte, daß Gott ihm die richtigen Worte eingeben würde. Auch jetzt schien Gott zu ihm vorzudringen. «Am Ende müssen wir uns dem alle stellen», fiel ihm ein zu sagen. Doch er sagte es nicht, die Worte blieben ihm im Hals stecken. Offenbar fand Gott, daß dies nicht der rechte Zeitpunkt war, verlogen und salbungsvoll zu werden. Flowers und Frank wußten beide genau, wer welche Meise auf dem Zweig war, und sie wußten auch beide, daß Flowers nicht anders konnte, als darüber froh zu sein.

«Nein», sagte der Reverend schließlich. «Das muß ich nicht.»

Beachum schlug seinen Kopf gegen die Gitterstäbe. Nur schwach, doch es ließ Flowers zusammenzucken. «Tut mir leid», sagte er noch einmal. «Tut mir leid, tut mir leid.»

«Komm, setz dich, Frank. Komm.»

Flowers rüttelte sanft an Franks Schulter. Matt und mit hängenden Armen wandte sich der Verurteilte vom Gitter ab, schlurfte zu seiner Pritsche zurück und setzte sich. Flowers zog sich einen Stuhl heran, nahm ihm gegenüber Platz, beugte sich vor und suchte den zu Boden gewandten Blick Beachums. Er wartete darauf, daß jener etwas sagte. Das allein war schon schwer: still zu bleiben, zu beobachten, wie die Angst sein

Gegenüber förmlich zerriß, während er sich innerlich in seiner relativen Sicherheit wiegte. Neben Trauer und Mitleid schwang in diesen Momenten noch so viel anderes mit, so viele weniger verzeihliche Gefühle. Nicht nur die ununterdrückbare Freude am Dasein, sondern auch der Stolz, Gutes zu tun, die Selbstzufriedenheit und die Aufregung, Zeuge eines Dramas zu werden, als sähe man ein Fernsehspiel und nicht das Leiden eines Mitmenschen. Neben der Trauer, derer er sich ständig bewußt war, hatte Flowers in diesen vergangenen fünf Jahren – vielleicht auch schon länger – mit einem anderen Gefühl gelebt, das er gut vor sich selbst verborgen hatte und das sich nur in säuerlichen Schüben bemerkbar machte, die in ihm den Drang weckten, sich von seiner eigenen Seele abzuwenden: Er spürte, daß tief in ihm etwas Verdorbenes schlummerte, etwas Verdorbenes und Niedriges. Etwas Unwürdiges.

«Mann, es ist schlimm», stieß Frank hervor und blickte kopfschüttelnd zu Boden. «Mann . . .!»

«Für Bonnie warst du sehr stark», sagte Flowers.

«Ja, ja. Für Bonnie und für Gail.»

«Und jetzt sind sie weg.»

«Ja. Weg.» Frank schüttelte erneut den Kopf und fing wieder an, sich die Hände zu reiben, bis die Handflächen rot und wund wurden. «Das sind sie. Niemand zu Hause außer uns beiden Feiglingen», sagte er mit einem weiteren schrecklichen Lachen.

Flowers streckte die Hand aus und drückte den Arm des Verurteilten. «Was ist mit Gott, Frank? Hast du auch Schwierigkeiten, zu Gott vorzudringen?»

«Ich hab ihn verloren!» rief Frank wie ein Kind – es war wie ein unterdrückter Schrei. Er warf frustriert die Hände in die Luft. «Ich hatte ihn. Ich hatte ihn, und er ist einfach . . .»

Flowers beugte sich näher und redete, ohne nachzudenken, seinem Instinkt gehorchend. «Aber Gott hat dich nicht verloren, Frank. Er hat dich nicht aus den Augen verloren.»

Mit einem wütenden Laut sprang Frank wieder auf, ging wieder ans Gitter, sah wieder zur Uhr und weg. Er schlang die Arme um sich. Diesmal aber blieb er, nachdem er so weit gegangen war, wie er konnte, regungslos stehen. Er sah zu der Neonleuchte an der Decke und schloß die Augen.

«Jeder will irgendwas von mir», flüsterte er, doch seine Stimme wurde stetig lauter. «Sogar jetzt noch. Mein Gott, mein Gott, was mache ich bloß hier? Ich sterbe. Ich sterbe, verdammt noch mal, und jeder muß was haben von mir.»

Flowers blähte die Nüstern, als er heftig einatmete. Er hatte schon verstanden, was Frank meinte, und er konnte die Wahrheit darin spüren – ein weiterer Vorwurf gegen sich selbst.

«Gail», sagte Frank mit erstickter Stimme. «Ich muß für Gail lächeln – glauben Sie, ich sehe nicht, was mit ihr los ist? – und ich muß lächeln und sagen: ‹Schönes Bild, Gail. Dein Daddy liebt dich, mein Schatz.› Damit sie einen Fetzen von irgendwas hat, verstehen Sie, damit sie kein hoffnungsloser Fall wird, was sie sowieso wird. Mein Gott! Und Bonnie. O ja, sei stark für Bonnie, laß sie nicht sehen, wie schlimm es ist. Weil sie es nicht ertragen könnte, was für ein schwarzes Loch das ist. Himmel Herrgott!» Er drehte sich, die Arme noch immer um den Körper geschlungen, zum Reverend um, den Mund verzerrt, mit flammendem Blick. Flowers spürte die Hitze, die von diesen Augen ausging, und er spürte seinen Selbstekel bitter in sich aufsteigen. «Der Direktor kommt zu mir», sagte Frank. «Der Direktor, ich schwöre bei Gott – er kommt hier rein, und ich sehe ihn an. Ich weiß, was er von mir hören will. ‹Oh, ich vergebe Ihnen, Herr Direktor, Sie tun nur Ihren Job, Herr Direktor. Nichts für ungut, Herr Direktor.› Nichts für ungut. Und der Reporter will seine gottverdammte Story ...» Frank drehte den Kopf zur Seite, damit er sich den Mund abwischen konnte, ohne seine Selbstumklammerung zu lösen. Er preßte seine Lippen weiter gegen seine Hand. «Und jetzt kommen Sie, Harlan. Tut mir leid, aber Sie kommen hierher. Und ich muß auch Ihnen etwas geben.»

Flowers hatte es kommen sehen, doch es traf ihn dennoch wie ein Schlag. «Nein», sagte er und hatte das Gefühl zu lügen.

«Ja, ja, ja. Sie wollen auch was von mir. Ich soll sagen: ‹O ja, Harlan, o ja, Reverend, ich glaube.› Oder etwa nicht? ‹Ich glaube an Jesus, den Herrn, und daran, daß ich in den Himmel komme, daß wir alle in den Himmel kommen.›» Frank preßte sein Gesicht in seine Hand und drückte seine Augen zu. «Damit *Sie* keine Angst haben müssen», sagte er. «Deswegen. Ich muß es sagen, damit *Sie* keine Angst haben müssen. Ich muß mich festschnallen und in den Injektionsraum rollen lassen mit Hymnen und Lobpreis auf den Lippen, damit Sie nachts in Ihrem Bett meine Stimme nicht hören müssen, die Ihnen tief im Herzen sagt: ‹Da ist gar nichts, Mann. Meine ganze Familie ist ruiniert, mein ganzes Leben, ich war gut, ich habe nichts *getan*, Herrgott noch mal, und es zählt einen Scheißdreck.›»

Jetzt mußte Flowers sich zwingen, seine ernsten Gesichtszüge – diese Gesichtszüge, die die älteren Damen aus seiner Gemeinde so bewunderten – ausdrucks- und reglos zu halten. Er saß da, die Ellenbogen auf die Knie gestützt, die Hände gefaltet und still, die ernsten Augen auf Beachum gerichtet. Er ließ sich nichts anmerken – achtete peinlich darauf, sich nichts anmerken zu lassen – von dem kalten Schauer, der ihn durchfuhr, als der Verurteilte sprach. Weil er genau wie Beachum mit dem Auge Gottes über sich lebte. Dieses allzeit wachsame Auge – so lange er sich erinnern konnte, hatte er es gespürt, schon als Kind. Ein unsichtbares Publikum, ein höherinstanzliches Urteil über jede Tat und jeden Gedanken. Und was, wenn es wie bei Frank verschwinden würde, wenn er mit all seiner Trauer auf dieser öden Erde allein gelassen würde, ohne einen Zuschauer? Vielleicht würde sich der Würgegriff der Schuld lösen, die Stimme seines Gewissens verstummen, damit er sich wieder so rechtschaffen und stark fühlen konnte wie früher oder wie er glaubte, sich früher gefühlt zu haben. Aber diesen Handel einzugehen, das gegen nichts als Einsamkeit und kosmisches Gelächter einzutauschen ... Frank hatte recht, der Gedanke kam ihm schrecklich vor, obwohl er es sich nicht wirklich vorstellen konnte. Und vielleicht hatte Frank auch darin recht, daß er gekommen war, seinen Glauben in den Augen des Todgeweihten bestätigt zu sehen.

Flowers fühlte sich auch nicht viel besser, als er vor diesen Augen in der Heiligen Schrift Zuflucht suchte.

«Weißt du, Frank, Jesus hat genauso empfunden», sagte er

mit sehr viel mehr Gewißheit in seiner tiefen Stimme, als er fühlte. «Er hat sich niedergekniet und gebetet, daß der Kelch an ihm vorübergehen möge, im Garten Gethsemane, als sie kamen, um ihn zu holen, als sie kamen, um ihn zu seiner Hinrichtung zu führen genau wie dich jetzt.»

«Ja, schon, aber er durfte wiederkommen», murmelte Frank, «und das ist ein verdammt wichtiger Unterschied.»

«Mag sein. Doch das hat ihn nicht davon abgehalten, Blut zu schwitzen. Genau so steht es in der Bibel. Jesus weinte, und sein Schweiß wurde wie Blutstropfen, die zur Erde fielen, und er war bis in den Tod hinein ängstlich und verzagt. Was ich sagen will, ist, daß er nicht bloß *irgendwie* weiß, wie du dich fühlst, Frank. Er weiß ganz genau, wie du dich fühlst.»

Frank stand da wie zuvor, zusammengesunken, die Arme um seinen Körper geschlungen. Flowers nahm die Bewegung des Uhrzeigers aus dem Augenwinkel wahr, bemühte sich jedoch, es Frank nicht merken zu lassen. Er wünschte, es wäre ein anderer Mann hier an seiner Stelle, ein besserer, ein weiserer Mann. Warum hatte Gott ihn zum Wort geführt, wenn er doch nicht gut genug war, es zu verkünden?

Beachum ließ seine eigenen Schultern los, als hätte er nicht mehr die Kraft, sie weiter zu halten. Er breitete matt die Hände aus. Sein Körper zuckte, als würde er lachen, er öffnete den Mund und kniff die Augen zusammen, als würde er lachen. «Hey», sagte er, «ich sage alles, was Sie wollen. Ich hab so eine Scheißangst, Mann. Ich pfeife *Glory, Halleluja* auf meinem Arschloch, wenn Sie wollen, aber bei Gott, ich hab solche Angst.» Er gab einen Laut von sich, ein Knurren, ein gedämpftes Stöhnen, preßte seine Hände gegen die Stirn und biß die Zähne aufeinander. «Was nutzt mir all das, zum Teufel noch mal? Wozu ist irgendwas davon gut?»

Er ging wieder zur Pritsche und sank darauf nieder, aber Flowers bewegte seinen Kopf nicht, sondern blickte weiter dorthin, wo Frank gestanden hatte, auf die Gitterstäbe und jetzt auf die Uhr jenseits davon. Jesus weinte, dachte er. Um elf würden sie ihn herausbitten, gegen elf, noch fünfundvierzig

Minuten. Fünfundvierzig Minuten. Und Jesus weinte, wie sehr er darauf *wartete*. Wie er *wünschte*, daß sie kommen würden, wünschte, daß das hier vorbei war, daß die Hinrichtung vorbei war, und Bonnies Tränen und die langen Stunden ihrer Trauer und diese Schuld, dieses Wissen um seine Unzulänglichkeit. Er sehnte sich nach dem Moment, wo er zu Lillian, seiner Frau, nach Hause gehen und ihr erzählen konnte, wie traurig alles war. Wie er mit ihr auf dem Sofa ein Glas Brandy trinken und lebendig sein konnte, und sein Selbstekel würde wieder sein Geheimnis sein. Er würde weit weg von diesem verurteilten Mann sein und seinem Leiden, das ihm zur immer schwereren Last wurde.

Und natürlich ließ ihn dieser Wunsch um so stärker empfinden, was für eine erbärmliche Kreatur er war, was für ein Versager als Pastor dazu. Und die Trauer darüber, daß er so klein war, daß alle hier so erbärmlich und unbedeutend und klein waren, war fast erdrückend.

«Du mußt nicht *Glory, Halleluja* für mich singen, Frank», sagte er, während er jetzt seine rosigen Handflächen betrachtete. «Ich höre, was du mir sagen willst.»

Beachum stöhnte erneut und rieb sich seine Handflächen wund und rot.

«Und du hast recht», sagte Flowers. «Denn was du glaubst, ist nur das, was du fühlst, das ist alles. Und vielleicht ist es so, wie du sagst, und ich will nur, daß du es auch glaubst, damit es mir realer vorkommt oder so. Ich weiß nicht. Doch ich habe kein Recht, das von dir zu verlangen, das ist wahr.» Flowers atmete tief durch. Er fühlte sich müde. Seine Gedanken waren umwölkt und wirr. Er wußte nicht einmal, ob das, was er sagte, einen Sinn ergab, doch er hatte das Gefühl, daß er dem armen Mann *irgend etwas* sagen sollte. «Aber nicht zu glauben, ist auch nur ein Gefühl. Was du jetzt empfindest, ist genau das, was Jesus empfunden hat, was jeder empfinden würde, verstehst du. Weil du, wie du sagst, Angst hast, weil sie dich holen kommen. Wenn sie jetzt diese Gittertür öffnen und dir sagen würden: ‹Los, geh nach Hause, Frank, du bist frei›, würdest du vielleicht zu mir sagen: ‹Wer hätte das gedacht, Reverend, es gibt *doch* einen Gott. Sehen Sie, er hat meine Kastanien aus dem Feuer geholt. Es muß ihn geben.› Die Tatsachen bleiben so oder so dieselben. Sie lassen dich laufen, und irgendwo, es muß nicht einmal in Amerika sein, vielleicht in Afrika oder im Iran, macht ein anderer genau dasselbe durch wie du, steht an der Wand für nichts und wieder nichts, wird für nichts und wieder nichts erschossen. Denn ich will dir eins sagen, Frank: Das Leben ist *traurig*, Mann. Es ist nicht nur traurig, wenn es traurig ist, es ist auch traurig, wenn es fröhlich ist, es ist *immer* traurig. Ich meine, wenn du Gott wiederfinden willst, wenn du an Gott glauben willst, dann mußt du an den Gott dieser *traurigen* Welt glauben. Dieser häßlichen Welt mit all ihrer Ungerechtigkeit und ihrem Schmerz. Denn das ist in *jedem* Herzen, das schlägt, Frank. Ungerechtigkeit, Häßlichkeit und Schmerz. Das ist in jedem Herzen und in jeder Hand. Und es war gestern so, und es ist heute so, und es *wird* morgen so sein, auf der ganzen Welt, immerdar.»

Worauf Frank antwortete: «Ich will nicht sterben, Harlan», und anfing zu weinen. Er vergrub sein Gesicht in den Händen und zitterte. Tränen quollen zwischen seinen Fingern hervor. «Sie dürfen nicht zulassen, daß die mich umbringen, Mann. Ich habe nichts *getan*. Bei Gott, ich will nicht sterben.»

Reverend Flowers nahm den weinenden Mann in die Arme und legte seine Wange an Franks feuchtes Haar. Er schloß die Augen und betete zu Gott, er möge Beachum Kraft und Ruhe und Frieden geben. Er wünschte, daß er selbst stärker wäre, mehr in sich ruhen würde, um die Aufgabe zu bewältigen, wie es von ihm erwartet wurde.

Und er wünschte, daß diese Nacht vorüber sein möge. Er haßte sich dafür, aber Gott kannte die Wahrheit, und er wünschte wahrhaftig, diese Nacht wäre vorbei.

4

Ich für meinen Teil betrank mich. Ungefähr zur gleichen Zeit, so gegen zwanzig nach zehn. Ich hatte meinen Hintern unverrückbar wie einen Baumstamm auf einen Barhocker bei Gordon's gepflanzt und kippte mir die Kurzen hinter die Binde, als ob die Wiedereinführung der Prohibition unmittelbar bevorstünde. Es brauchte nicht viel, um mich zum Schweben zu bringen. Ich hatte den ganzen Tag fast nichts gegessen. Nach der Hälfte meines vierten doppelten Whiskeys hatte ich das Gefühl, die Kneipe würde unter mir hin und her schwingen wie das Pendel einer alten Standuhr.

Gordon's war ein Bar-Restaurant im Schatten einiger Bäume an einer Kreuzung der Euclid Avenue. Eine ausgebleichte Backsteinfassade unter grünen Markisen; die gemütliche, ganz in Holz gehaltene und von Lampions beleuchtete Inneneinrichtung sowie eine große Auswahl Biersorten hatten das Lokal zu einem angesagten Treffpunkt für junge Anzugträger und die Art Frauen gemacht, die sie abzuschleppen hofften. Es war oft voll, und manchmal konnten einen die Dart-Spieler und die Atmosphäre sexueller Anmache, die in der Luft hing, beim ernsthaften Trinken stören. Doch heute war es Montagabend und Sommer, also ziemlich ruhig; aus dem Restaurant drang leises Gemurmel herüber, die Bar selbst war leer bis auf mich und einen Typ, der auf einem Fernseher über dem anderen Ende des Tresens ein Spiel der Cardinals verfolgte.

«Neil!» rief ich und klopfte mit dem Glas auf das Eichenholz. «Neil-o! Neil-o-rama!»

Neil war der Besitzer, aber seine wahre Berufung war es, hinter der Bar zu stehen, und genau das tat er an diesem Abend. Er war ein hagerer, blasser Mann mit fein geschnittenem Gesicht. Mit seiner Nickelbrille sah er ein bißchen aus wie Sartre, nur daß er einen Pferdeschwanz und ein geblümtes Hemd trug. Er verließ seinen Posten unter dem Fernseher und griff auf dem Weg zu mir nach der Flasche Johnnie Walker.

«Wenn du das Eis klirren hörst, mußt du sofort kommen, Mann, schon aus schlichter Barmherzigkeit», sagte ich.

Er hielt die Flasche über mein Glas und schenkte mir großzügig ein. «Du willst es heute aber wissen, Ev», sagte er mit seiner ruhigen, gelassenen Stimme. «Ich hoffe, du hast dein Auto zu Hause gelassen.»

«Hey», sagte ich und schwenkte das volle Glas unter meiner Nase hin und her. «Ich bin der beste Fahrer auf dem Kontinent.»

«Aha.»

«Auf jedem Kontinent.»

«Ich rede mit einem Toten», sagte Neil. «Würdest du mir deine Briefmarkensammlung vermachen?»

Ich trank, stellte das Glas ab und legte einen Finger auf den Rand der leeren Schüssel vor mir. «Wildere Musik und mehr Salzbrezeln», sagte ich und trank noch einen Schluck.

Er nahm die leere Schüssel weg und ersetzte sie durch eine volle. Ich nahm eine Handvoll Brezeln.

«Hab den ganzen Tag noch nichts gegessen», sagte ich.

Neil blickte sehnsüchtig in Richtung des Spiels auf dem Bildschirm. Dann ergab er sich seinem Schicksal, lehnte sich an den Tresen und mühte sich nach Kräften, mir seine volle Aufmerksamkeit zu widmen.

«Ich war zu beschäftigt, deswegen», erklärte ich ihm. «Zu beschäftigt damit, meine Liebe zu ruinieren, ich meine, mein Leben. Mein Leben *und* meine Liebe. Und meine Karriere.»

«Alles an einem Tag? Da warst du ja echt beschäftigt.»

«Eine Tragödie sollte an einem einzigen Tag innerhalb der Mauern einer einzigen Stadt spielen», erklärte ich ihm. «Aristoteles hat das gesagt.»

«Ja, er hängt hier ständig rum und sagt das. Der verrückte alte Aristoteles, wie wir ihn nennen, der verrückte Ari.»

«Das Leben imitiert die Kunst.»

«Ja. Es hat auch eine ziemlich gute Sophie-Tucker-Parodie drauf.»

«Genau», sagte ich. Ich hatte keine Ahnung, worüber wir beide eigentlich redeten, aber ich nickte bedeutungsvoll. Dann zündete ich mir eine Zigarette an und trank noch einen Schluck Scotch. «Hast du das Eis klirren hören?»

«Nee.»

«Mir war, als hätte ich ein kleines Klimpern gehört, ein klitzekleines ... Na ja, vielleicht auch nicht. Was wollte ich gerade sagen?»

«Du wolltest mir gerade erklären, daß Frauen und Männer grundverschieden sind.»

«Ah ja. Frauen und Männer, Mann – total verschieden.»

«Wirklich?» sagte Neil. «Das habe ich ja noch nie gehört.»

«Aber es ist wahr», sagte ich. «Absolut.» Ich machte eine vage Geste mit meiner Zigarette, um anzudeuten, wie verschieden sie waren. «Ein Mann, verstehst du, wenn sein Schwanz steht, schaltet sich sein Kopf ab. Das ist alles, was ihn interessiert. Rein und raus. Schluß. Aus. Aber eine Frau, siehst du, eine Frau denkt immer, es würde etwas bedeuten.»

«Wahrscheinlich weil sie die Kinder kriegen», sagte Neil und unterdrückte hinter vorgehaltener Hand ein Gähnen.

«Es ist wegen der Kinder», sagte ich und zeigte mit der Zigarette auf ihn. «Deswegen machen sie sich ständig Sorgen. Deswegen denken sie, alles müßte auf eine ganz bestimmte Art geregelt sein. Richtig und falsch, gut und schlecht. Welchen Unterschied macht das schon? Am Ende sterben wir sowieso alle. Wir sollten unseren Spaß haben. Vielleicht sind wir morgen schon tot.»

Mit einem Blick auf den Fernseher nickte Neil. «Du bist ein echt tiefsinniger Typ, Ev. Ich hab die meiste Zeit meines Lebens hinter einer Bar gestanden, und das hat mir seit halb zehn niemand mehr gesagt.»

«Also ich hab die Tochter von meinem Boss gebumst – nein, diesmal war es seine Frau. Nein, warte, seine Toch– ja, seine Frau, ja. Und was soll das heißen? Soll das heißen, daß ich meinen Job verlieren muß? Soll das heißen, daß meine Frau mich rausschmeißen muß?»

«Ähm, ja.»

«Neeeeee», sagte ich. «S'alles Ansichts ... sache.» Ich leerte mein Glas und knallte es auf den Tresen, damit das Eis klirrte. «Aber diesmal.»

«Ja, ich hab's gehört.» Er nahm ein Schäufelchen Eis aus dem Eiseimer hinter der Bar und gab es in mein Glas, während er die Scotchflasche kippte. Ich hielt meine Zigarette an die Lippen und beobachtete die Operation durch den sich kräuselnden Rauch.

«Ansichtssache», sagte ich noch einmal. «Jeder sagt, das ist richtig, das ist falsch. Du hast jemanden umgebracht, also mußt du abgespritzt werden. Du hast jemanden gebumst, also mußt du gefeuert werden. Alles Blödsinn. Alles Blödsinn, Neil-o. Macht alle nur unglücklich. Nichts ist an sich gut oder schlecht. Nur die Gedanken machen es dazu. William Shakespeare. Das hat der alte Billie-Boy höchstpersönlich gesagt.»

«Der hatte schon Ahnung.»

«Richtet nicht, auf daß ihr nicht gerichtet werdet. Das war Jesus Christus, Herrgott noch mal, oder nicht?»

«Der alte Mr. J. Hab ihn in letzter Zeit kaum noch hier gesehen.»

«Weißt du, das war das Problem mit meinen Eltern. Meinen Adoptiveltern», sagte ich. «Große Anwälte, große liberale Wichtigtuer, hohe Tiere. Wußten immer, was richtig war, wußten immer, wer der Böse und wer der Gute war. Immer auf der Seite der Engel. Und woher wußten sie es? Verstehst du, was ich sage? Was ist richtig, was ist falsch? Woher wollen sie das wissen? Wer hat es ihnen gesagt?»

«Ähm, Plato vielleicht.»

Ich wieherte wie ein Pferd.

«War bloß geraten», sagte Neil. «Plato hatten wir noch nicht.»

Ich gab mir einen weiteren Nikotinschub, obwohl es mir keinen Spaß mehr machte. Er versengte mir die Kehle, und ich drückte die Zigarette kraftlos in dem Glasaschenbecher aus, so daß sie verbogen weiter vor sich hinqualmte. Ich beugte mich über mein Glas und betrachtete die Eisstückchen, die in der bernsteinfarbenen Flüssigkeit trieben. Ich nickte ihnen ernst zu. Ich hatte jenen Trunkenheitsgrad erreicht, in dem man anfängt, große Ideen über das Leben zu haben, das Leben an sich und Ideen an sich. Ich hatte jenen Zustand erreicht, in dem sich all diese Ideen auf einmal zu einer Kette perfekter Sinnhaftigkeit aneinanderreihen oder in dem die in der Schmiede der Schöpfung gegossenen Glieder durch den Schleier von Zeit und Sterblichkeit kenntlich werden. Oder so. Na ja, jedenfalls kam mir – als ich so dasaß, den Nacken steif, das Kinn kaum merklich über dem leeren Schlund meiner Kehle wippend – die leuchtende Eingebung, daß das Leben an sich eine ziemlich schäbige Angelegenheit war, in der ein ehrlicher Kerl wie ich kaum je eine Chance bekam. Zufälle, seit Generationen in Vergessenheit geraten, zu einer unbekannten, unbewußten Geschichte verbunden, kommen im Moment der Empfängnis zu einem Uhrwerk der Unvermeidlichkeit zusammen. Was einem wie Entscheidungen, Meinungen, Erkenntnis und Wachstum vorkommt, ist in Wirklichkeit nur das Ticken des Räderwerks, das lediglich unterbrochen wird von gelegentlichen Zufällen – wenn es denn Zufälle *sind*. Und über allem hängt drohend die stets gegenwärtige Ahnung, daß es unmöglich ist, die Maschinerie des Schicksals aufzuhalten. Na ja, in dem Moment erschien es mir jedenfalls ungeheuer einleuchtend. Melancholisch und tiefsinnig. Und als ich die Geschehnisse meines Lebens nun durch den Filter dieser Idee sah – wie man diese Ereignisse immer durch den Filter irgendeiner Idee sieht –, konnten die Ereignisse nicht anders, als mit der Idee übereinzustimmen, so daß alles einen perfekten Sinn zu ergeben schien.

Also rülpste ich elendig. Ich führte das Scotchglas an meine Lippen und saugte den Alkohol laut schlürfend ein. «Aaaaaah», sagte ich und ließ das Glas wieder auf den Tresen sinken. «Wozu mußten sie mich überhaupt adoptieren? Wer hat sie darum gebeten? Wo haben sie mich überhaupt her, Himmel noch mal?» Meine Augen füllten sich mit Tränen, und ich fragte mich – beziehungsweise meine imaginäre Zuhörerschaft –, ob es irgendwo auf der Welt einen Menschen gab, dem es noch erbärmlicher erging als mir? «Ständig haben sie mir ihre Sachen – ihre Ansichten aufgedrückt. Mir erzählt, was richtig und falsch ist.

Sanfte kleine Belehrungen.» Mit Daumen und Zeigefinger deutete ich an, wie winzig klein die moralischen Belehrungen meiner Eltern gewesen waren. «Klitzekleine Vorlesungen über jeden Scheiß. Sei nett, sei gerecht, sei gut. O Gott, was für ein unerträglicher Mist. Man konnte ihnen praktisch von den Augen ablesen, welches blöde Buch sie gerade wieder gelesen hatten, welchen blöden Artikel in welcher blöden Zeitschrift. Wer hat sie überhaupt darum gebeten, mich zu adoptieren? Wo war mein richtiger Vater? Häh? Das möchte ich mal gerne wissen. Was mache ich überhaupt hier? Wo ist mein Scheißvater? Kann mir das bitte mal jemand sagen, warum sagt mir das keiner?!»

«Mein Gott, Everett», seufzte Neil Gordon. «Sieh zu, daß du nach Hause kommst, verdammt noch mal, ja?»

Ich lachte ach so bitterlich und hob meinen schweren Kopf. «Ich hab kein Zuhause, Neil-o», sagte ich. «Neil-o-rama. Ich hab kein beschissenes Zuhause mehr.» Unter beträchtlichen Schwierigkeiten griff ich in meine Hemdtasche und zog Barbaras Ehering hervor. Ich hielt ihn ins trübe Licht der Bar und ließ ihn zwischen den Fingern hin und her rollen. «Siehst du? Und jetzt hat mein Sohn auch keinen Vater mehr. Mein Junge, mein armer Junge, mein armes, kleines Baby, mein Kleiner . . . Was soll er tun, verdammt noch mal? Sein Leben ist ruiniert. Das ist sein Schicksal, verstehst du, davon rede ich die ganze Zeit. Es ist nicht seine Schuld . . .»

Ich schniefte mitleiderregend. Neil kräuselte die Nase, als habe er etwas Widerliches gerochen. Ich hielt ihm den Ring hin.

«Siehst du das?» sagte ich. «Auf der Innenseite? Das ist ihr Name. Unser Name. Barbara Everett. Angeblich sind wir . . . eine Familie! Angeblich sind wir . . . zusammen. Das ist das Ding, das ist der Kern von . . . allem. Ein Name. Man nimmt einen gemeinsamen Namen an. Zusammen. Eine Familie.» Der Ring schien mir plötzlich zu schwer, um ihn hochzuhalten. Ich ließ meine Hand auf die Theke fallen, woraufhin meine andere Hand wie bei einer Art mechanischer Puppe, bei der alle Teile miteinander verbunden sind, hochfuhr und das Glas wieder an meine Lippen führte. Ich atmete eine beißende Whiskeyfahne aus und starrte in die schwankenden Abgründe von Neils blumengemustertem Hemd. Ich glaubte nicht, die Tränen noch länger zurückhalten zu können. «Ich hab den Namen eingravieren lassen . . .», sagte ich mit erstickter Stimme. «Damit er da ist für . . . damit er da ist . . .»

Und so saß ich da, den Mund offen und verzerrt, die Augen voller Tränen, und blinzelte dümmlich in einen schwindelerregenden Strudel gedruckter Blumen. Und als ich so dasaß, schien sich der sterbliche Schleier erneut zu heben oder zumindest trunken beiseite zu wehen, um – verschwommen, verwackelt, gleichzeitig näher kommend und sich entfernend – die verborgene Kette der Sinnhaftigkeit hinter den Ereignissen zu enthüllen. Ich klappte meinen Mund noch weiter auf. Meine Zunge versuchte verzweifelt Worte zu bilden, die meiner Erleuchtung Ausdruck verleihen konnten.

«Daaaaaah . . .», sagte ich.

Neil schüttelte den Kopf und warf erneut einen wehmütigen Blick zum Fernseher.

«Amulett», brachte ich schließlich hervor.

«Hm?» sagte Neil, kaum interessiert, wenn überhaupt.

«Daaaaah», sagte ich. «Das Amulett. Das Amulett.»

Mit dieser Bemerkung rutschte ich von meinem Barhocker, verfing mich mit meinem Ellenbogen an der Kante des Tresens, wo ich einen Moment, das Kinn direkt über dem Holz, hängenblieb, bevor ich mich wieder in eine aufrechte Position hochkämpfte. Dieser Ruck hatte meinen Verstand durchgeschüttelt, hatte ihn für ein paar Sekunden ein wenig klarer gemacht. Ich ließ meinen Blick über die glänzenden Flaschen gleiten, über die roten Trikots auf dem Spielfeld im Fernseher und wieder zurück, zurück zu den kühlen, braunen Augen hinter Neils Brille, während ich verzweifelt versuchte, durch meine eigene Brille irgend etwas zu erkennen.

«Verstehst du denn nicht?» fragte ich ihn. «Sie trägt noch immer das Scheißamulett.»

«Wer, Mann? Von wem reden wir jetzt?»

«Miss Russel. Warrens Großmutter. Kann das sein? Ist das

wahr?» Ich fuhr mir mit der Hand übers Gesicht und rieb mir heftig die Augen. Ich starrte Neil an. Ich streckte die Hand aus und ergriff seine Schulter. «Das Amulett, Neil-o! Verdammt, verdammt!»

«Immer mit der Ruhe, Ev.»

«Ich muß los. Ich muß los. Wo bin ich?»

«Warte, warte, du bist betrunken.»

«Himmel, ich weiß, daß ich betrunken bin. Ich bin doch nicht blöd, Mann. Ich bin sturzbesoffen. Aber deswegen hat er sie nicht erschossen, verstehst du?»

«Warrens Großmutter?»

«Amy Wilson!»

«Was?»

«Begreifst du denn nicht? Ich hab ihn *gesehen*. Ihren Vater. Im Fernsehen. Er hat gesagt – er hat gesagt, der Mörder hätte ihr das Amulett vom Hals gerissen, das er ihr zum sechzehnten Geburtstag geschenkt hat. Das hat er gesagt.» Ich war wie vom Donner gerührt. Ermattet ließ ich die Schulter des Barkeepers los und sank wieder auf meinen Hocker. «Das ist passiert», sagte ich. «Sie hatte Russel das Geld schon gegeben, doch er wollte das Amulett, und deswegen hat er ihr in den Hals geschossen. Es paßt alles zusammen. Das müssen sie einsehen. Wie spät ist es? Wo will ich, verdammt noch mal, eigentlich hin?»

«Warte eine Sekunde, ich bring dir einen Kaffee.»

«Nein, nein, nein!» rief ich und fuchtelte wild mit dem Arm. «Neil. Mein Gott. Hör doch. Hör doch! *Es ist alles wahr.*»

«Sicher, alter Freund. Alles ist wahr. Alles eine Frage der Sichtweise.»

«Ja, aber das hier ist sozusagen *wahr*wahr.» Ich schüttelte verwundert den Kopf. Nicht einmal ich konnte glauben, was ich da sagte. Ich versuchte den Gedanken logisch zu Ende zu denken, um sicherzugehen, daß es nicht nur wieder ein Hirngespinst meiner Verzweiflung war. Doch es fiel mir ungewohnt schwer, logisch zu denken. Die Bar schwankte hin und her, und mein Magen schwankte mit. «Er hat den Laden überfallen, okay? Und sie hat ihm das Geld gegeben», sagte ich zu niemand

Bestimmten. «Doch dann hat er ihr Amulett gesehen, er wollte ihr Herzamulett mit den eingravierten Initialen. Für seine Großmutter, klar? Weil es ihre Initialen waren, die gleichen Initialen. Angela Russel. Und Amy sagte: ‹Nein, bitte nicht das!› Nicht das Amulett. Porterhouse hat sie gehört. Und Russel hat sie erschossen – in den Hals, weil er mit der Pistole auf das Amulett gezeigt hat.» Ich rappelte mich wieder auf die Füße. «Und sie trägt das verdammte Amulett immer noch. Die Großmutter. Für ihn, für Warren, zum Andenken. Verdammt. Wie spät ist es?»

«Fünf vor elf.»

«*Verdammt!* Setzt mich in meinen Wagen!»

Ich machte einen Schritt und stolperte über irgendwas – ein dickes Stück Luft, glaube ich –, und als nächstes hockte ich auf allen vieren, meine Brille baumelte schräg vor meinem Gesicht, und mein Bauch brodelte wie zähflüssige Lava. Neil kniete neben mir, und der andere Typ war auch da – der, der ferngesehen hatte. Die beiden hatten meine Schultern gepackt und zogen mich hoch.

«Es war ihr Geburtsname», murmelte ich. Speichelfäden tropften aus meinen Mundwinkeln. «Ihr Vater hat ihn ihr zu ihrem sechzehnten Geburtstag geschenkt. Mr. Robertson. Es war ihr Geburtsname. A. R. Und Russel wollte es für seine Großmutter.»

Nachdem mich die beiden Männer aufgerichtet hatten, klammerte ich mich mit beiden Händen an Neil.

«Mit dem Amulett könnte ich es schaffen, Neil», sagte ich. «Das könnte ich Lowenstein zeigen. Wenn ich beweisen könnte, daß es Amys ist, wenn ich beweisen könnte, daß Warren es seiner Großmutter geschenkt hat. Das würde reichen. Das würde gerade eben reichen.»

«Schon gut, alter Freund, aber erst mal mußt du dich hinsetzen.»

Neil hatte meinen rechten Arm gepackt, und der andere Typ meinen linken. Der Boden unter meinen Füßen kam mir vor wie ein offener Abfluß, in den die ganze Bar hinuntergespült wurde.

Trotzdem gelang es mir, mich loszureißen. Meine heftige

Bewegung hatte sie überrascht, meine trainierten Muskeln hatten ihren Griff gesprengt. Ich stolperte bis in die Mitte des Raumes und drehte mich dann zu ihnen um. Die beiden Männer kamen langsam näher, sprungbereit. Ich bewegte mich rückwärts zur Tür.

«Alles wahr», sagte ich atemlos.

«So kannst du nicht fahren, Mann», sagte Neil.

«Ich muß es versuchen», erwiderte ich.

«Du wirst dich umbringen.»

«Unschuldig. Der Typ ist unschuldig. Die bringen ihn um, Neil-o», sagte ich. «Ich muß. Ich muß.»

«Ev, hör mal . . .», sagte Neil und kam auf mich zu. Der andere Typ wollte meinen Arm packen, doch ich wich ihm aus.

«Sonst bin ich nichts», sagte ich. «Sonst bin ich einfach nur nichts.»

Ich drehte ihnen den Rücken zu und war mit zwei langen Schritten an der Tür. Ich packte den Messingknauf und riß sie auf. Die Türkante schlug gegen meine Stirn.

«Au, Scheiße!» bemerkte ich und faßte mir, rückwärts taumelnd, an die Stirn.

«Ev!» brüllte Neil.

Doch ich war schneller. Wieder nahm ich die Tür in Angriff, eine Hand an meiner Stirn, die andere am Türknauf.

Ich spürte, wie das Blut klebrig und warm zwischen meinen Fingern hindurchsickerte, als ich über die Schwelle in die Nacht hinausstolperte.

Neunter Teil

«Und ob ich
schon wanderte im
finstern Tal . . .»

1

Vier Wächter brachten die Liege bis zur Tür der Beobachtungszelle. Luther Plunkitt ging voran. Vor der Tür blieb er stehen und machte ihnen ein Zeichen zu warten. Auch die Wärter blieben stehen, zwei auf jeder Seite der Liege. Es waren kräftige Männer, jeder trug einen schwarzen, an den Unterarm geschnallten Plastikschild und einen langen Gummiknüppel am Gürtel. Man nannte sie das Festschnallteam. Sie hatten dafür zu sorgen, daß Beachum sich umzog, dann mußten sie ihn auf die Liege legen, mit Gurten fixieren und ihn in die Todeskammer rollen.

Einer der Wärter trug ein in braunes Papier eingeschlagenes Paket. Luther wies mit dem Kopf auf die Tür und klopfte ihm auf die Brust. Dann nickte er dem diensthabenden Wärter vor der Zelle zu, und die Tür wurde geöffnet. Luther und der Wärter mit dem Paket betraten die Zelle. Die anderen drei warteten draußen bei der Liege.

Beachum hockte mit hängendem Kopf auf dem Rand seiner Pritsche. Reverend Flowers saß auf dem Stuhl daneben, lehnte sich zu Beachum hinüber, schwebte förmlich über ihm, und murmelte mit leiser, trauriger Stimme ununterbrochen auf ihn ein.

«Du mußt deine Hand in Gottes Hand legen», sagte der Reverend. «Gott ist bei dir, denk an Jesus, dann hast du die Kraft, diese Sache durchzustehen. Er wird bei dir sein, er wird mit dir gehen in die Ewigkeit . . .» Er murmelte gedankenlos vor sich hin, die Worte brodelten nur so aus ihm heraus, aus seinem pechschwarzen Inneren, eine geistlose Litanei, mit der es ihm fast gelungen war, sich selbst zu hypnotisieren.

Beachum fuhr sich immer wieder mit der Hand über seine trockenen Lippen, ließ sie wieder zwischen die Beine sinken, um sich kurz darauf erneut an den Mund zu fassen. Er starrte kopfschüttelnd zu Boden. «Ich schwöre bei Gott, ich habe nichts getan, Harlan», wiederholte er ständig. «Gar nichts. Ich schwöre es. Das müssen Sie denen sagen. Mein Gott. Gail. Mein kleines Mädchen. Und ich habe nicht einmal etwas *getan*.»

Sie hatten beide schon vor längerer Zeit die Grenzen der Vernunft hinter sich gelassen.

Als die Tür aufging, stieß Beachum einen kleinen verängstigten Laut aus und richtete sich kerzengerade auf, als ob ein Stromstoß durch seinen Körper geschossen wäre. Sein Blick zuckte zwischen der Uhr und der Tür hin und her, als Luther Plunkitt hereinkam. Elf, es war erst elf, es war noch nicht soweit, dachte er panisch. Er hatte noch immer eine Stunde – eine ganze Stunde zu leben.

Mit einem kurzen Nicken in Bensons Richtung näherte sich Luther dem Käfig. Sein Schritt war fest, und er hatte sein nichtssagendes Lächeln aufgesetzt. Er war entschlossen, er kannte seine Pflicht, und sein Verstand war in einen Zustand eingetreten, in dem es nur noch Aktion gab. Darauf konnte er sich unter Umständen wie diesen verlassen, in der Schlacht, unter dem Druck der Verantwortung. In den nächsten gut sechzig Minuten würde er nur das sein, was er sagen, was er tun mußte. Er würde eins werden mit seiner Aufgabe, und er würde sie erledigen.

Er trat nah an das Gitter. Er sah, wie Frank aufstand und auch der Reverend sich neben ihm erhob. Er sagte, was er zu sagen hatte, in einem Ton mitfühlender Notwendigkeit, den er als Stimme des Staates Missouri für angemessen hielt.

«Frank. Ich muß den Reverend jetzt für ein paar Minuten hinausbitten, damit Sie sich umziehen und ein paar Vorkehrungen treffen können. Dann darf er wieder reinkommen.»

Und er nickte dem Reverend mit einem nichtssagenden Lächeln zu. Doch in einem abgeschotteten Teil seines Gehirns registrierte er die vor Panik glänzenden Augen des Gefangenen, seinen Mund, der arbeitete wie der eines Insekts, den abgestumpften, eigenartig schicksalsergebenen Ausdruck, den er noch bei jedem Toten gesehen hatte. Und er war sich auch vage der eigenen Angst bewußt, die in den dunklen Nischen seines Verstandes leise vor sich hin brodelte. Doch geübt im Verdrängen, schenkte er ihr keine Beachtung.

Die Gittertür ging auf. Flowers drückte Beachums Schulter. «Ich warte gleich draußen vor der Tür, Frank. Sobald man mich läßt, komme ich wieder rein.» Seine Stimme klang fest, doch er wußte kaum, was er sagte.

Beachum fuhr zu ihm herum wie ein Blinder, der sich nur am Klang der Stimme orientiert. Die Augen des Verurteilten waren so hell, so voller verzweifeltem Flehen, daß es fast den Anschein hatte, als wollte er Flowers durch die schiere Kraft seines Blickes am Gehen hindern. Flowers konnte es kaum erwarten, die Zelle zu verlassen, nur für eine Minute, nur um eine Minute frei zu atmen.

Er ging rasch zur Tür und mußte sich regelrecht zwingen, noch einmal stehenzubleiben, sich umzudrehen und Frank aufmunternd zuzulächeln. Dann wurde die Tür geöffnet, und er trat hinaus.

Aus der Zelle zu kommen, war wie aus dem eigenen Grab wieder an die Erde zu steigen, so immens war seine Erleichterung. Doch in dem Moment, in dem er auf den Flur trat, sah er die Liege mit den breiten Ledergurten, spürte ihre erstickende Gegenwart, sah die Wärter des Festschnallteams, entspannt, professionell und unerbittlich. Also konnte er sich nicht gehenlassen oder gierig die freiere Luft im Flur einsaugen. Reverend Flowers zwang sich, mit aller ernsten Würde, die er noch aufbringen konnte, an den Männern vorbeizugehen.

Er ging den Flur entlang bis zum nächsten vergitterten Kontrollpunkt, wo ihm erlaubt wurde, die medizinische Abteilung zu betreten. Dort bat er, eine Toilette benutzen zu dürfen, und eine Krankenschwester zeigte ihm den Weg.

Erst als er vor dem Pissoir stand, konnte er die Anspannung

aus sich herausströmen lassen. Er lehnte den Kopf an die Betonwand, hielt seinen Schwanz in der Hand, schloß die Augen und atmete durch den offenen Mund. «Gott, o Gott, o Gott», flüsterte er. «Warum läßt du zu, daß wir uns das gegenseitig antun?»

Im Käfig ließ der Wärter sein braunes Paket auf den Tisch fallen. Frank kam der Aufprall sehr laut vor, und er fuhr zusammen. Er wich in fast mystischem Horror vor dem Paket zurück und starrte auf das glatte braune Papier, als hätte er Angst, das Päckchen könnte explodieren.

Der Direktor sprach mit ihm. Für Frank war es nur ein Geräusch, ein unverständliches Gemurmel, wie das Summen und die Bewegung der Uhr, die ihn stubsten, den nächsten Schritt der Prozedur zu machen. Er hatte nichts getan, und doch wollte es einfach nicht aufhören.

«Frank», sagte der Direktor, «wir haben Ihnen frische Kleidung mitgebracht, wie ich es Ihnen angekündigt habe. Ich möchte Sie bitten, diese Kleidung anzuziehen, einschließlich der hygienischen Spezialunterwäsche. Das ist Vorschrift, und ich muß Sie fragen, ob Sie uns deswegen irgendwelche Schwierigkeiten machen wollen.»

Der Sinn der Worte schien bei Frank erst geraume Zeit nach ihrem Verklingen anzukommen wie bei einer Simultanübersetzung über Kopfhörer. Als er ihren Sinn begriff, spulten sich in seinem Kopf so viele mögliche Antworten, so viele mögliche Reaktionen ab, daß eine einzige Sekunde nicht auszureichen schien, sie alle zu denken, wie in Träumen, wo die Zeit komprimiert ist. Er sah sich aufbegehren, schreien, sich auf den Wärter stürzen und ihn vielleicht sogar töten. Oder er zwang die Wärter, ihn mit brutaler Gewalt zu entkleiden, vielleicht konnte er ihnen sogar entkommen und in die Nacht hinausrennen, um Bonnie zu finden, um Hand in Hand mit ihr zu fliehen . . . Und genau wie in einem Traum fühlte er sich gleichzeitig zu schwach, sich zu bewegen oder auch nur etwas zu sagen. Seine Muskeln waren taub vor Angst, seine Willenskraft verdorrt und saftlos. Und trotzdem trat er jetzt schon, noch bevor er entschieden hatte, was er tun würde, noch bevor er das Gefühl hatte, die Kraft dazu aufbringen zu können, einen Schritt nach vorne und griff nach dem Paket. Er sollte sich ja nur umziehen, das war alles; es war noch nicht die Sache selbst, die Sache an sich . . .

Also griff er nach dem braunen Papier mit dem Gefühl, einen stillen Pakt mit dem nächsten Schritt geschlossen zu haben, nur diesem nächsten Schritt, nur umziehen. Er würde es tun, weil er den darauffolgenden Schritt, den nächsten Schritt nach dem nächsten, nicht tun würde. Er wußte – ohne es sich einzugestehen –, daß es von jetzt an so weitergehen würde: Er würde sich nie der ganzen Prozedur ergeben, sondern immer nur dem nächsten Schritt, Schritt für Schritt, in der Hoffnung, daß der nächste Schritt Rebellion oder Rettung bringen würde, während er in Wirklichkeit wußte, daß alle Entscheidungen längst getroffen waren. Und so würde es bis zum Ende weitergehen.

Er nahm das Paket und starrte es weiter an.

«Gut», hörte er den Direktor sagen.

Es war das Äußerste, was Luther Plunkitt tun konnte, das mindeste und das meiste. Das offizielle Protokoll verlangte, daß zu diesem Zeitpunkt bereits alle vier Wärter des Anschnallteams den Käfig betraten und sich um den Gefangenen aufbauten, um sicherzugehen, daß er die frische Kleidung und die Hygienewindel anzog. Die Botschaft sollte unmißverständlich und überwältigend sein: Entweder du ziehst dich selbst an, oder wir machen es für dich. Doch Luther gefiel diese Vorgehensweise nicht. Er fand, daß man einem Menschen einen Rest Würde lassen mußte, selbst wenn es ein Sicherheitsrisiko darstellte. Man sollte einem Menschen nach Möglichkeit erlauben, seine eigenen Entscheidungen zu treffen. Aus seiner ganzen Berufserfahrung heraus war Luther zu der Einschätzung gekommen, daß Beachum sich am Ende entscheiden würde, die Sache mannhaft durchzustehen, und tun würde, was er tun mußte.

Jetzt sprach Luther erneut; nicht mechanisch, aber doch flüssig, und ohne groß über die Worte nachzudenken, sagte er, was er als nächstes zu sagen hatte: «Es wäre vielleicht klug, wenn Sie die Gelegenheit nutzen, noch einmal zur Toilette zu gehen. Nur zu Ihrer eigenen Bequemlichkeit, weil später möglicherweise keine Gelegenheit mehr dazu ist.»

Das Paket in der Hand, starrte Frank ins Leere und nickte.

Luther machte dem Wärter des Anschnallteams ein Zeichen. Der Wärter verließ den Käfig, und die Gittertür fiel zu.

«Ich warte draußen», sagte Luther. «Der Wärter wird mich rufen, wenn Sie fertig sind.»

Frank Beachum saß auf der Stahltoilette in der Ecke seines Käfigs. Seine Hose hing um seine Knöchel: Er hatte sie nicht ganz ausgezogen, weil er sich dann zu nackt und hilflos vorgekommen wäre. Und er wollte sich auch nicht selbst sehen. Sogar der Anblick seines eigenen Penis bereitete ihm leichte Übelkeit. Er war zur Größe eines Daumengliedes zusammengeschrumpft. Sein Hodensack war so angespannt, daß seine Hoden darunter fast unsichtbar waren, ein Anblick, der Selbsthaß in ihm aufsteigen ließ.

In Osage kursierten alle möglichen Geschichten, in den Zellen, auf dem Hof, daß man in der Beobachtungszelle eine Frau ficken durfte. Wenigstens lassen sie dich noch mal ran, bevor du gehst, sagten die Gefangenen. Frank wußte nicht, ob das stimmte oder nicht. Selbst als Bonnie noch dagewesen war, hatte er in seinem ganzen Leben nie weniger Lust auf Sex gehabt. Und jetzt war ihm der Trieb vollständig abhanden gekommen. Wo einst seine rote Glut stetig geglommen hatte, war jetzt nichts als graues Eis. Er konnte sich noch gut daran erinnern, aber so, als wäre es einem anderen Mann passiert, seine eigene Vergangenheit, die schweißnassen Gesichter fremder Frauen, grau-weiße Falten in schmutzigen Laken, die Kopfteile fremder Betten, die Farben der Wände. Er konnte sich daran erinnern, wie er mit übermütiger Lust in ein Cowgirl aus Kansas eingedrungen war, wie er mit wilder Wut ein Flittchen aus den Badlands durchgebumst hatte, wie er sich über Bonnie erhoben hatte, ein schützender Baldachin, so daß nichts auf sie herabregnen und ihr weh tun konnte. Und ihm war, als ob alles gut gewesen war, weil es das Leben war, und das Leben war gut. Und jetzt war alles weg, alles Greifbare verloren. Der Anblick seines verschrumpelten Schwanzes löste Selbsthaß in ihm aus, weil er es nicht mehr in sich hatte, weil er ein kränkliches, kraftloses, kastriertes Stück Fleisch war, das willenlos, Schritt für Schritt, seinem eigenen Tod entgegenschlurfte. Selbst seine Phantasie hatte ihre Kraft verloren. Den Geruch oder Geschmack einer Möse heraufzubeschwören – früher eine seiner liebsten Beschäftigungen –, überstieg einfach seine Kräfte, und das machte ihn krank wie ein Fieber, ein Ekelgefühl der Hilflosigkeit. So wie die Pisse aus ihm heraustropfte und -spritzte, das sagte alles – es machte ihn vor seinen eigenen Augen zum Verdammten, und er fühlte sich noch erbärmlicher.

Wie ein vom Fieber Geschüttelter stand er matt auf und zog seine Hose hoch, riß sich sein Hemd über den Kopf und entfaltete das gebügelte weiße T-Shirt aus dem Paket auf dem Tisch. Er streifte es über und zog seine Hose aus. Er mußte seinen Ekel und die Erniedrigung herunterschlucken, als er die Plastikunterwäsche anlegte. Zuletzt zog er die weiten grünen Hosen so hastig über, daß er sich verhedderte und fast gestolpert wäre. Er wollte die Windel so schnell wie möglich bedecken. Doch auch nachdem er die Hose angezogen hatte, spürte er das Plastik auf der Haut, eine Erinnerung daran, wie zusammengeschrumpft und kindlich und hilflos er war, seiner Männlichkeit beraubt.

Als er sich fertig umgezogen hatte und mit hängenden Schultern, gesenktem Kopf und halboffenem Mund zu Boden starrte, ging die Zellentür auf, und der Direktor kam wieder herein. Er trat ans Gitter und nickte dem Gefangenen zu.

«Gut», sagte er noch einmal.

Gegen Viertel nach elf verließ Luther die Zelle und erklärte Flowers, er könne jetzt wieder hineingehen. Flowers stand auf dem Flur hinter der Liege und versuchte, sie nicht anzusehen. Doch von Zeit zu Zeit tat er es doch und empfand einen makaberen, abscheulichen Kitzel. Er ging um die Liege herum zur Tür und begegnete auf der Schwelle Luther. Der große Pastor mit seinem schwarzen, massiven Kopf, seiner monumentalen Schwere, sah den kleineren Mann mit traurigen, gelben Augen an, das silberne Haar, das faltige Gesicht und die kleinen tiefliegenden marmorgrauen Augen. Der Direktor erwiderte seinen Blick, und in diesem Moment fühlte sich Flowers Plunkitt näher als Beachum, näher als irgend jemandem sonst. Er erkannte in ihm einen Leidensgenossen, sah im Gesicht des Anstaltsleiters das Empfinden, das er aus seinem eigenen Herzen wiedererkannte: Gott sei Dank, sie hatten es beinahe geschafft. Es war fast vollbracht.

Flowers hatte die Bibel aus seiner Jackentasche gezogen und setzte sich jetzt vor Beachums Pritsche, um ihm vorzulesen.

«Der Herr ist mein Hirte», sagte er mit seinem tiefen, rollenden Bariton. «Mir wird nichts mangeln. Er weidet mich auf einer grünen Aue und führet mich zum frischen Wasser. Er erquicket meine Seele . . .»

Wie so oft fand er es erstaunlich, wie sehr ihn dieser Psalm tröstete. Manchmal dachte er, es müsse der bloße Rhythmus sein, der Klang der Worte ebenso sehr wie deren Bedeutung. Wenn er diesen Psalm las, badete seine Seele in warmem Wasser, das Brennen in seinem Magen ließ nach. Er las mit echtem Gefühl: «Und ob ich schon wanderte im *finstern* Tal, fürchte ich kein *Unglück*; denn du bist *bei* mir . . .» Mit diesem Trost versuchte er den Raum zwischen seinen Lippen und dem Ohr des Verurteilten auszufüllen. Diesen kleinen endlosen Raum.

Beachum war froh, die Worte zu hören, eine menschliche Stimme zu hören, obwohl die ganze Aufmerksamkeit seiner Seele auf seine Zigarette gerichtet war. Sein langes, abgespanntes Gesicht wandte sich ihr zu, so daß eine müde Strähne in seine Stirn fiel, ohne sie zu berühren. Zischend sog er an dieser Zigarette, sog ihren Rauch ein wie Honigwein. Als sie heruntergeraucht war, zündete er an ihrer Glut eine neue an und rauchte sie mit derselben Intensität. Er wollte nicht, daß einer dieser letzten Augenblicke ohne dieses Vergnügen verstrich.

Dabei sah er die ganze Zeit zur Uhr, hob den Kopf in immer kürzer werdenden Abständen, weil er nicht wollte, daß bis zum nächstenmal zu viel Zeit vergangen war. Er hatte Angst, überrascht zu werden, doch beim Anblick des sich drehenden Sekundenzeigers wurde ihm übel.

Als er den Blick dann doch abwandte, verlor er sich eine Weile in einem Tagtraum aus der Vergangenheit: der Geruch des frisch gemähten Rasens kam ihm in den Sinn, die Hitze der Sonne auf seiner Haut, das glückliche Baby in der Sandkiste, seine Frau an der Verandatür mit der Flasche Steaksauce in der Hand. Aber nicht lange. Er wollte sich nicht zu lange verlieren. Die Uhr lief schneller, wenn er nicht aufpaßte. Also blickte er wieder auf, zog an seiner Zigarette und dachte, daß er nichts getan hatte, daß er ihnen das irgendwie verständlich machen mußte, und dann verlor er sich über den einlullenden Psalmversen wieder in seinem Tagtraum.

Der Rauch, das Gebet, der Traum, die Uhr.

Um halb zwölf rollten sie die Liege herein.

Natürlich begriff Luther die Bedeutung der Liege. Sie war das wichtigste Detail der Prozedur. Bei den Sitzungen, in denen es um das Protokoll gegangen war, hatte er als erster angeregt, daß der Gefangene schon in seiner Zelle festgeschnallt und in die Todeskammer gerollt wurde, anstatt ihn selbst dorthin gehen zu lassen, um ihn dann an Ort und Stelle zu fixieren. Der Moment, in dem der Gefangene die Liege mit den breiten Ledergurten zum erstenmal sah, war der schwierigste für ihn. Der Moment, in dem er am wahrscheinlichsten zurückweichen und in Panik geraten würde. Bis zu diesem Punkt empfand sich ein Verurteilter nicht als völlig hilflos. Das war etwas, was er sich einfach nicht vorstellen konnte. Er konnte noch immer träumen, daß er entkommen oder Widerstand leisten und «jemanden mitnehmen» würde. Erst der Anblick der Liege mit ihrem Metallrahmen, den Gurten und den breiten Rädern ließ ihn die volle

Realität seiner Lage begreifen. Und er wußte, wenn er erst einmal lag, hatte er keine Wahl mehr. Niemand würde ihn bitten, sich anzuziehen oder hierhin und dorthin zu gehen. Er würde einfach von Ort zu Ort gerollt werden – den Flur hinunter und in die allerletzte Kammer – so leicht wie man einen Einkaufswagen schiebt. Er würde nicht einmal mehr den Arm wegziehen können, wenn die Spritze in seine Vene stach.

Luther wußte, daß man einen Mann so schnell wie möglich durch diesen ersten Moment des Begreifens bringen mußte. Es mußte in einem abgeschlossenen Raum geschehen, unter starker Präsenz der Wärter.

Wenn man ihn dann erst einmal festgeschnallt hatte, war der schlimmste Teil der Prozedur überstanden.

Also ging alles sehr schnell und lautlos vonstatten.

In dem Moment, in dem die Liege in die Zelle gerollt wurde, ging auch schon die Käfigtür auf.

Beachum blieb kaum Zeit aufzuspringen und panisch zur Uhr zu sehen – da stand das Ding bereits neben ihm im Käfig, drängte sich zwischen ihn und Flowers, drückte ihn an die Wand. Und die Wärter umzingelten ihn und drängten ihn vorwärts, auf die Liege zu.

Und trotzdem gab es in der komprimierten Zeit seiner Träume einen unendlich langen Augenblick, bevor ihn der Kreis der Wärter berührte, in dem Frank sich noch immer ausmalte, daß alles möglich wäre: der Ausbruch in die Freiheit, die Ermordung des Wärters, die lange geplante, bis zu diesem überraschenden Moment aufgeschobene Flucht. Oder er würde einfach in seinem Bett aufwachen mit dem Duft des letzten kühlen Morgentaus in der Nase, der unter den sommerlichen Bäumen aufstieg und durch das Fenster wehte.

Und wieder tat er, noch bevor er eine Wahl getroffen hatte, noch bevor er beschlossen hatte, sich zu ergeben, genau das, er drehte sich um, um sich auf die Liege zu setzen, nur ganz sanft unterstützt von der Hand eines Wärters. Und noch als er sich auf die rauhe Decke sinken ließ und in das kalte Neonlicht starrte, dachte er: Das ist es noch nicht, es ist nur die Liege, es ist noch nicht die Sache selbst – während die Ledergurte rasch und fachmännisch über seinen Körper gelegt und festgezurrt wurden.

2

Komm schon, du *beschissene Blechkiste!»* brüllte ich derweil. *«Fahr zu, du klappriger Haufen verrostete Scheiße!»* Doch der arme Tempo konnte nichts dafür. Der Vergaser würgte an Jahre altem Dreck, sein Öl war schwarz wie die Reue, während die Zündkerzen mit dem Timing einer viertklassigen Revuetanztruppe vor sich hin stampften. Trotzdem schoß der Wagen mit quietschenden Reifen durch die Stille der Nacht. Aber die verdammte Straße, die verdammte Straße schwankte vor meinen Augen, zerfloß, wurde breiter und verschwamm hinter dahintreibenden Fetzen von Whiskey-Nebel. Manchmal verschwand sie auch ganz, wenn meine Augen zufielen und mein Kopf nach vorn sackte. Und wenn ich die Augen dann wieder aufriß und in meinem Sitz hochschreckte, schlingerte der Tempo gerade auf die Böschung zu, schrammte mit den Reifen am Straßenrand entlang oder holperte über den Grünstreifen, bis ich die Maschine auf die Fahrbahn zurückriß und mein dahinschießendes Gefährt unter Fluchen und Brüllen für eine Weile wieder auf gerade Spur lenkte, bevor ich erneut wegdämmerte.

So betrunken. Ich war so betrunken. Es war jetzt fast elf, und ich war so verdammt betrunken, daß ich mich kaum wach halten konnte. Ein bleischwerer Amboß schien mich gnadenlos zu Boden zu ziehen. Fast elf. Hilflose Panik quoll aus mir heraus. Und ich war so verdammt betrunken.

Ich raste durch den Forest Park, donnerte unter den Lichtseen der Straßenlaternen dahin, während sich um mich herum rollende Hügel der Dunkelheit ausbreiteten. Ich spürte, wie mir die Zeit davonlief und wie hoffnungslos das alles war. Manchmal sah ich in den Höhlen und Nischen meines Whiskey-Dunstes Gruppen von schwarzen Jugendlichen, die die Augen aufrissen, wenn der Tempo auf sie zutrudelte. Ich hörte ihr johlendes Gelächter, wenn er im letzten Moment abdrehte und weiter die Straße entlangschlingerte. Ihr Lachen schien mir zu folgen und sich um mich herum auszubreiten, während mein Kopf nach vorn sackte. Warum mußte es nur so spät sein? Warum mußte ich so verdammt betrunken sein. Hoffnungslos, hoffnungslos.

Vor mir lag jetzt die Brücke über den gewundenen See des Parks, die für mich fast das Ende, fast eine üble Sackgasse geworden wäre. Abgelenkt durch die im Licht der Laternen glitzernden Wellenkämme im Wasser, nahm ich die Kurve zu steil und wäre fast gegen das Geländer der Brücke gerast. Für den grimmigen Bruchteil einer Sekunde richtete ich mich kerzengerade auf und steuerte mein Gefährt durch die schmale Gasse – bei der Geschwindigkeit und in meinem Zustand ein Unterfangen, als würde man versuchen, mit einem Düsenflugzeug eine Nadel einzufädeln.

Doch dann ging es auf der anderen Seite bergab, das Wasser blieb wie ein Flügelschlag zurück, und die nächtliche Straße wand sich vor mir wie eine Peitschenschnur, während ich mich elend ans Steuer klammerte, sabbernd und rumrandalierend. *«Los, komm schon, los, komm schon, du Miststück!»*

Dann – oder irgendwann – sah ich den Expressway, rote Rücklichter, die vor mir auftauchten und im Vorbeifahren verschwammen. Das Licht schmerzte in den Augen, und die Platzwunde an meiner Stirn, wo mich die Kneipentür getroffen hatte, pulsierte. Mit zusammengekniffenen Augen und aufeinandergebissenen Zähnen tastete ich mich über die Kreuzung, die durch eine Ampel gesichert war. Ich drehte den Hals hierhin und dorthin, mein Kopf brummte. Irgendwo hupte und kreischte jemand, doch dann war ich durch, schoß quietschend über die Kreuzung und drang in das tiefere Dunkel von Dogtown vor.

«Gott, betrunken, spät, Fairmount», murmelte ich.

Fairmount Road. Das hatte die Frau in Pocum's Laden mir erzählt. Als ich am Mittag dorthingefahren war und die Kartoffelchips gesehen hatte. Die Familie hat in der Fairmount Road gewohnt, sagte sie; sie wohnen noch immer dort. Und ich mußte sie sehen. Die Robertsons. Ich mußte Amy Wilsons Vater sehen. Ich wußte nicht, ob ich das Amulett bekommen würde; ich wußte nicht, ob ich es noch rechtzeitig zu Lowenstein bringen konnte. Aber wenn, mußte ich beweisen können, daß es Amys war. Nur dann würde es reichen. Vielleicht. Vielleicht so gerade eben.

Ich mußte jetzt langsamer fahren, aber nur unwesentlich. Die geparkten Autos entlang der Straßen von Dogtown schienen von beiden Seiten auf mich zuzudrängen. Als ich um die Ecke bog, spürte ich, wie meine alte Karre vorne und hinten rechts abhob. Ich wurde zur Seite gerissen, der Amboß in meinem Kopf bekam ebenfalls Schlagseite und ließ die Wunde an meiner Stirn anschwellen. Mann, dieser Schmerz, dieser Schwindel. Ich schaffte es nicht. Ich wußte, daß ich es nicht schaffen würde, und ich wollte vor Wut und Verzweiflung laut schreien und heulen.

Und dann dachte ich: Fairmount Road. O Gott, betrunken, übel, betrunken. Keine Zeit. Elf. Schon nach elf jetzt. Minuten nach . . .

Dann sah ich das Haus. Ein adrettes, zweistöckiges, holzverkleidetes, weißes Haus mit einem kleinen abschüssigen Vorgarten. In der Einfahrt stand ein Chevy. Vor der Tür stand ein großer Polizist.

Und noch andere Menschen standen dort draußen in der Nacht, eine kleine Gruppe auf dem Bürgersteig direkt vor dem Haus: Kameraleute, Reporter, Fotografen. Als ich mit quietschenden Reifen in Sichtweite kam, schnellten alle Köpfe herum. Zwei Reporter, die tratschend auf der Straße gestanden hatten, sprangen zur Seite, die anderen drängten sich zusammen und musterten mich argwöhnisch, als ich auf sie zugeschlingert kam.

Ans Lenkrad geklammert, trat ich auf die Bremse. Die Reifen blockierten. Der Tempo schleuderte auf die geparkten Wagen zu, und ich wurde nach vorn gegen das Steuer gedrückt. Und dann kam der Tempo zum Stehen.

Ich rülpste.

Ich parkte nicht, sondern ließ den Wagen einfach mitten auf der Straße stehen. Ich fiel aus der offenen Wagentür, rappelte mich auf die Füße und stolperte erst drei Schritte zur Seite, bevor ich es schaffte, mich aufzurichten.

Ich hörte die Journalisten feixen, als ich durch die schwüle Luft auf sie zustolperte. Ich sah blitzende Zähne in grinsend geöffneten Mündern und einen Lichtreflex auf Kameralinsen und Brillen. «Hey, Ev», rief jemand, «has zutins Glaschau?» So hörte es sich jedenfalls für mich an, doch die anderen lachten.

Ich stolperte direkt auf sie zu. Ich spürte den Druck ihrer Körper gegen meinen, roch das Parfüm irgendeiner Frau, erregend und widerlich zugleich.

«Ich muß mit den Robertsons reden», sagte ich und drängte mich zwischen ihnen hindurch.

«Sie empfangen niemanden», erwiderte eine Frau.

«Mich empfangen sie», sagte ich.

«Wow, Ev!»

Ich bahnte mir einen Weg durch die kleine Menge. Ich spürte, wie die fremden Hände von meinen Ärmeln abfielen, als ich auf den Vorgarten zusteuerte.

«Sie haben gesagt, sie würden eine Erklärung für die Presse abgeben, wenn es vorbei ist», rief mir irgend jemand nach.

«Sie empfangen mich jetzt», sagte ich und stapfte durch den Vorgarten auf das Haus zu.

Als ich auf den Polizisten zukam, versuchte ich so gerade zu gehen wie möglich. Seine dunkle Silhouette wurde größer und dunkler, als ich weitermarschierte. Natürlich war ich betrunken, aber ein Teil von mir kämpfte verzweifelt dagegen an. Eine Stimme sagte sehr fest und sehr laut: Nur diesen einen Schritt, sagte sie, nur diesen nächsten Schritt, das ist alles. Mann; so betrunken, entgegnete ich. Weniger als eine Stunde. Schaffe es nicht, schaffe es nicht in weniger als einer Stunde. Wenn du nur diesen nächsten Schritt schaffst, sagte die Stimme, kannst du dich ein bißchen ausruhen. Die bringen ihn um, ich kann es nicht aufhalten, die bringen ihn um, sagte ich. Pause vorbei, jetzt kommt der nächste Schritt ... Und dann stand ich vor dem Polizisten.

Oder besser, ich stand unter ihm. Weil er auf der Stufe vor dem Haus stand und sehr groß war und vor mir aufragte. Ein stämmiger schwarzer Soldat mit einem geschniegelten Schnurrbart und einer kräftigen Hand, die auf dem Knüppel an seinem Gürtel ruhte.

«Ich muß die Robertsons sprechen», sagte ich – mit möglichst fester Stimme und deutlich artikuliert. Doch ich klang zu beherrscht, zu artikuliert, wie ein Betrunkener eben.

Der Beamte hob seine großen Arme zu einer freundlichen Geste. «Sie empfangen im Moment niemanden.»

«Esch – es – ist ein Notfall.» Ich hatte begonnen zu schwanken. Und dann fing ich, weil es mir plötzlich wie eine gute Idee vorkam, auf einmal laut zu schreien an. *«Ein Notfall! Notfall!»* Ich formte mit meinen Händen einen Trichter um meinen Mund und brüllte in Richtung der erleuchteten Fenster. *«Ich muß die Robertsons sprechen! Es ist ein Notfall!»*

«Hey», sagte der Bulle und hob seine Hand jetzt zu einer nicht mehr ganz so freundlichen Geste. «Geh zurück zu deinen Freunden. Die Robertsons werden gleich rauskommen und eine Erklärung abgeben.»

«Hören Sie», sagte ich, schwer atmend und heftig blinzelnd. Ich trat noch einen Schritt näher, während er mich kopfschüttelnd betrachtete. «Ich weiß, daß Sie mit mir reden würden, wenn ...» Und dann nutzte ich meine Chance, huschte an ihm vorbei, sprang auf die Stufe, streckte die Hand aus, drückte auf die Klingel und brüllte: «Notfall! Notfall! Mr. Robertson!»

Der Polizist riß mich zurück, drückte seinen Unterarm gegen meine Brust und gab mir einen Stoß. Mit rudernden Armen suchte ich nach Halt, stolperte ich zwei Schritte rückwärts die Stufe hinunter. Als ich mein Gleichgewicht wiedergefunden hatte, richtete ich mich auf – und da war der Bulle. Er setzte mir nach.

Am Rand des Vorgartens hatte er mich eingeholt und bohrte seinen Finger sanft in meine Brust.

«Laß uns ein kleines Quiz veranstalten», sagte er leise. Seine braunen Augen waren klar und ruhig. «Ich bin ein Polizist und du bist ein besoffenes Arschloch. Wer, meinst du, wird sich weh tun, wenn wir aneinandergeraten?»

«Ich muß die Robertsons sprechen!» brüllte ich, die Hände erneut um den Mund gelegt.

«Willst du es als Multiple-Choice-Frage?»

«Hören Sie...», sagte ich keuchend. Ich schwankte noch immer ein wenig, aber der Aufruhr hatte mich ein wenig klarer im Kopf gemacht. «Ich sehe, daß Sie ein guter Mensch sind. Aber uns bleibt keine Zeit für...»

Dann ging die Haustür auf, und Mr. Robertson blickte hinaus. Ich erkannte ihn von der Talk-Show wieder, die ich mittags im Fernsehen gesehen hatte. Das Studio-Make-up und die Krawatte waren verschwunden – er trug ein hellblaues Polohemd, das über seinem Bauch spannte –, doch ich erkannte das faltige Granitgesicht unter dem spitzen Haaransatz.

Das Geräusch der Tür ließ den Bullen herumfahren, und ich ergriff die Chance, an ihm vorbeizutauchen. Ich war so schnell auf der Stufe vor dem Haus, daß Robertson zurückwich und die Tür zudrückte, bis sie nur noch einen Spalt weit offenstand.

Doch ich bekam meinen Fuß dazwischen, bevor er sie ganz schloß, und wir standen uns auf der Schwelle gegenüber.

«Bitte», sagte ich. Er kräuselte die Nase, als er meine Alkoholfahne roch. «Beschreiben Sie das Amulett.»

«Was? Was, zum Teufel, wollen Sie?»

«Amys Amulett. Das der Mörder gestohlen hat. War es ein Herz? Aus Gold? Mit den Initialen AR und einer Schmuckborte?»

Er sah mich ausdruckslos an, offenbar überrascht. «Ja, ja», sagte er automatisch. «Und auf der Innenseite die Buchstaben AW. Sie hat die Initialen ihres Ehenamens eingravieren lassen.»

«Sie...» Mein Mund stand offen, doch es kamen keine Worte heraus. AW auf der Innenseite. Sie hatte die Initialen ihres Ehenamens eingravieren lassen. Dann wußte es Mrs. Russel. Warrens Großmutter – sie mußte es wissen. Und wenn sie es vorher nicht gewußt hatte, dann wußte sie es jetzt, nachdem sie mit mir gesprochen hatte.

Eine kräftige Hand packte meine Schulter. «Tut mir leid, Mr. Robertson», hörte ich den Polizisten hinter mir sagen. Er begann, mich vom Haus wegzuzerren.

«Frank Beachum hat Ihre Tochter nicht ermordet, Mr. Robertson», sagte ich.

Augenblicklich verfinsterte sich das Gesicht des Mannes – ich konnte beinahe sehen, wie die Schatten auf sein Gesicht fielen wie eine Axt. «Was reden Sie da?»

«Er hat es nicht ...»

«Bockmist. Blödsinn», sagte er. «Wer sind Sie? Machen Sie, daß Sie hier wegkommen, zum Teufel noch mal. Schaffen Sie dieses besoffene Schwein aus meinem Vorgarten.»

Der Polizist zerrte heftiger. Ich klammerte mich an den Türrahmen und starrte in Robertsons harte Augen. «Wenn ich es Ihnen sage ...», erwiderte ich.

Mit einem kurzen abrupten Stoß knallte er die Tür zu – auf meine Finger – und riß sie sofort wieder auf. Ich schrie und drückte meine Hand an die Brust. Dann packte der Polizist noch kräftiger zu, und ich wurde von der Stufe gerissen.

Diesmal stolperte ich und fiel. Ich spürte die Erschütterung in meinem Schädel, spürte das taufeuchte Gras kalt durch mein Hosenbein. Binnen Sekunden war ich wieder auf den Füßen, so schnell ich konnte. Ich preßte die Hand an meinen Körper. Mein Kopf war jetzt klar genug. Ich war hinreichend ernüchtert.

«Lecken Sie mich am Arsch!» rief Robertson mir mit ausgestrecktem Finger von der Türschwelle zu. Dann wurde er von der Gestalt des Bullen verdeckt, der auf mich zukam.

«Schon gut», sagte ich. «Schon gut, ich geh ja schon.»

Gebückt, auf dem Sprung, die Hand am Knüppel kam der Bulle näher.

«Ich sagte doch, ich gehe. Aber er ist unschuldig.»

«Machen Sie, daß Sie hier wegkommen, verdammt noch mal», brüllte Robertson.

Ich wandte beiden den Rücken zu und lief durch den Vorgarten. Vor mir sah ich die Journalistenschar. Ihre großen Gesichter beobachteten mich mit aufgerissenen Augen. Eine Kamera wurde über ihre Köpfe gereckt. Ein Blitzlicht leuchtete vor dem dunklen Nachthimmel auf. Blaue Punkte wirbelten durch mein Blickfeld, als ich auf sie zuging.

Ich hörte, wie der Bulle mir etwas nachrief – er brüllte nicht, sondern sprach noch immer gelassen und ruhig.

«Dann sind Sie Ihren Wagen los, Mister», sagte er. «Wenn Sie sich betrunken ans Steuer dieses Fahrzeugs setzen, hetze ich Ihnen die gesamte Polizei von St. Louis auf den Hals.»

Ich fuhr achtlos herum und brüllte: *«Fliegen die Düsenjets, Kumpel? Weil sie mich nämlich sonst nicht erwischen werden!»*

Und ich taumelte, zunächst noch orientierungslos, auf die Ansammlung der Journalisten zu und bahnte mir zwischen ihnen hindurch einen Weg zu meinem Wagen.

«Was ist denn mit dem, ist der verrückt, oder was?» hörte ich den Bullen sagen. «Er fährt einen beschissenen Tempo.»

Ich ging weiter, warf den Kopf in den Nacken und lachte wie ein Wahnsinniger.

3

Die Namen der Henker habe ich nie erfahren. Aus Sicherheitsgründen wurden sie nicht veröffentlicht. So weit ich weiß, waren es zwei Beamte der Strafvollzugsbehörde. Freiwillige, die in der Bedienung der Injektionsmaschine ausgebildet waren. Einer – nennen wir ihn Frick – war irgendein Büroangestellter: Er hatte einen Buckel, einen Bürstenhaarschnitt, vorstehende Augen und eine wahnsinnige, aber intellektuelle Ausstrahlung. Angeblich neigte er dazu, ziemlich pedantische Vorträge über die Todesstrafe zu halten – ihre Geschichte, Methoden und die jeweiligen medizinischen Folgen –, die jedoch von einer gewissen hechelnden Inbrunst begleitet wurden, die er offenbar nie ganz zu unterdrücken vermochte. Die anderen Mitglieder des

Exekutionsteams schienen ihn zu verachten, obwohl niemand je etwas Schlimmeres über ihn sagte als, er sei «schon eine Marke für sich». So war Frick.

Henker Frack hingegen war mehr nach dem allgemeinen Geschmack. Ich würde vermuten, ein ehemaliger Wärter. Ein großer, ausgelassener Mann Mitte Fünfzig, der mit den Jungs für gewöhnlich über Baseball plauderte, bevor er auf den Knopf drückte. «Ich habe deswegen keine Gewissensbisse», war seine einzige Bemerkung auf entsprechende Fragen. «Es ist, als ob man einen Fehler ausradieren würde.»

Die beiden waren von Reuben Skycock an der Maschine ausgebildet worden, der seinerseits vom Hersteller eingewiesen worden war. Ihre Aufgabe bestand in der Hauptsache darin, auf einen Knopf zu drücken, aber ganz so einfach war es doch nicht. Auf dem Kontrollmodul der Maschine befanden sich zwei Knöpfe. Wenn es soweit war, mußten beide Männer ihren Daumen auf einen Knopf legen. Auf ein Kopfnicken Luthers hin würde Frack laut bis drei zählen. Bei drei würden beide Männer gleichzeitig auf den Knopf drücken, bis ein Klicken anzeigte, daß sie wieder loslassen mußten, damit die Knöpfe zurückschnappten. In Wirklichkeit jedoch löste nur einer der beiden Knöpfe die zeitgesteuerte automatische Sequenz aus, bei der die Chemikalien von einem Zuführungsmodul an der Wand mit Kolben aus rostfreiem Stahl in den IV-Schlauch injiziert wurden, der zu Frank Beachums Vene führte: das Natriumpentothal, dann eine Minute später das Pancuroniumbromid und noch eine volle Minute später das Kaliumchlorid. Ein Zufallsgenerator im Computer wählte aus, wer den Vorgang startete, ohne daß die beiden Henker je erfuhren, welcher Knopf das Werk am Ende vollbracht hatte.

Genau um halb zwölf – als Frank gerade in seiner Zelle festgeschnallt wurde – führte der stellvertretende Vollzugsleiter Zachary Platt die beiden Männer in die Todeskammer am Ende des Flurs. Dr. Smiley Chaudrhi und Schwester Maura O'Brien waren bereits anwesend, ebenso zwei Wärter, die nicht zum Festschnallen eingeteilt waren. Alle vier blickten auf, als Platt mit den beiden Henkern hereinkam, wandten den Blick aber genauso schnell wieder ab und sahen auf ihre Unterlagen, elektrische Anschlüsse oder die weißen Wände. Platt führte Frick und Frack rasch durch den Raum in den Nebenraum, in dem sich die Tötungsvorrichtung befand.

Drinnen stand Arnold McCardle an dem Regal mit den Telefonen. Der fette Mann nickte den anderen zu, als sie hereinkamen, doch er lächelte nicht oder streckte ihnen die Hand zum Gruß entgegen. Reuben Skycock hatte Posten neben dem Zuführungsmodul in dem stählernen Wandschrank bezogen. Er schüttelte den Henkern die Hand. Henker Frick, der Intelligente, ließ seine feuchte Hand aus Reubens Griff gleiten und faltete seine Hände vor dem Körper – dabei lächelte und nickte er albern, während er die ganze Zeit nach einer passenden Gesprächseröffnung suchte. Henker Frack schlug seine Pranke in die von Skycock, drückte sie einmal fest und sagte: «Reuben. Wie geht's? Hast du die Cards gesehen?»

Skycock, dessen schnurrbärtiges Gesicht im Laufe der letzten Stunde kalkweiß geworden war, nickte nur knapp. Dann wandte er beiden wieder den Rücken zu.

Danach standen Henker Frick und Henker Frack nebeneinander in einer Ecke der Vorratskammer und schwiegen, da niemand mit ihnen reden wollte und sie einander nichts zu sagen hatten.

Ungefähr zur selben Zeit bog ich wieder in die Knight Street ein. Es war eine Wahnsinnsfahrt gewesen. Mein Motor hatte Meilen gefressen, grüne und rote Lichter waren über mir aufgeblitzt und verschwunden. Mit meinem Bleifuß hatte ich alle anderen Autos um mich herum einfach weggezaubert, in Luft verwandelt, während mein ganzes Wesen auf die Nacht jenseits der Windschutzscheibe konzentriert war, durch schiere Willenskraft auch vor den Augen der Polizei geschützt.

Und so schaffte ich es. Ich bog in die Knight Street ein. Mir war jetzt auch noch übel. Ich war erschöpft. Taumelig und matt. In meinem Kopf pulsierte ein permanenter Schmerz. Meine rechte Hand war steif und geschwollen, und ich konnte die Augen kaum offenhalten. Trunkenheit überfiel mich in grünlichen Wellen, die mir die Galle hochsteigen ließen. Trotz allem dachte ich jetzt klarer als zuvor, erkannte die Dinge deutlicher. Es gibt doch nichts Besseres, als sich die Hand in einer Tür einklemmen zu lassen, wenn man schnell wieder zu Verstand kommen will.

Ich bog ab, bremste scharf und fuhr im Schrittempo in das im Schatten liegende Slumviertel. Die Straßenlaternen waren kaputt, und die Front der schmutzigen Backsteinhäuser schien sich vom Highway ins Dunkel zurückgezogen zu haben. Papier und Blechdosen knirschten unter meinen Reifen, als ich am Straßenrand hielt.

Ich schaltete den Motor ab. Die Straße war völlig leer, aber deswegen nicht weniger bedrohlich. Tiefe, schwarze Hinterhöfe und Gassen. Aus den oberen Stockwerken dröhnten Preßlufthammer-Rhythmen. Ich spürte, daß von irgendwo – aus einem der Fenster – jemand auf mich herunterstarrte. Und ich hörte Stimmen aus einer Nebenstraße, junge Männerstimmen, die heiser, heimlich und wütend lachten. Spuren flüsternder Zusammenrottungen. Und hier waren alle außer mir schwarz, und ich hatte Angst.

Ich blickte auf die Uhr am Armaturenbrett. Es war halb zwölf. Lowenstein lebte ganz in der Nähe von meiner Wohnung in einer Villa an der Washington Terrace. Zwanzig Minuten entfernt für einen normalsterblichen Ford, fünfzehn, vielleicht sogar nur zehn, für mich und den Tempo. Mein Magen brannte, meine Gedanken rasten, waren panisch und verzweifelt. Ich sagte mir, daß ich ihn anrufen konnte, wenn es sein mußte. Ich konnte mir von Alan die Geheimnummer geben lassen, Lowenstein anrufen und meinen Fall darlegen. Ich mußte fast selber lachen: Ihn auf mein bloßes Wort hin dazu zu bringen, seine Freundschaft mit dem Gouverneur aufs Spiel zu setzen, ihn zu bewegen, um einen Vollstreckungsaufschub zu bitten – ich wußte, all das würde nicht passieren, wenn ich nicht mit dem Amulett und möglichst auch noch mit Mrs. Russel vor seiner Haustür stand.

Ich beugte mich vor und blickte durch das Beifahrerfenster auf das Haus, in dem sie wohnte. Im ganzen Gebäude brannte kein einziges Licht.

Ich nahm all meine Kraft zusammen. Mein Körper kam mir vor wie ein totes Gewicht, das auf den Schultern meines Willens getragen wurde. Dieses Gewicht warf ich gegen die Wagentür und stieg aus.

Zu diesem Zeitpunkt, um halb zwölf, war Bonnie Beachum vermutlich schon dem Wahnsinn nahe. Sie saß allein in einem Besucherzimmer – einem nackten weißen Raum im Hauptgebäude des Gefängnisses –, saß auf einem der Rohrstühle, die um einen langen Holztisch standen. Sie hatte die Hände im Schoß gefaltet, und ihre eingesunkenen, hohlen Augen starrten ins Leere.

Nachdem sie Franks Zelle am frühen Abend verlassen hatte, hatte sie die meiste Zeit betend auf ihrem Motelzimmer verbracht. Zuerst hatte sie laut gebetet, sich gegen das Bett gelehnt, die Ellenbogen auf der Matratze, die roten Hände unter dem Kinn gefaltet. Sie hatte gebetet, bis ihre Stimme heiser geworden war, und dann hatte sie flüsternd weitergebetet. Um elf war sie wieder zum Gefängnis gefahren und hatte nur noch ihre Lippen zu einem unhörbaren Gebet bewegt. Und während sie jetzt so regungslos dasaß, den Blick weit weg, hatte sie sich in eine Art Hysterie gesteigert, eine Art Wahnsinn, eine stumme Raserei des Flehens.

Später als alles vorbei war, als sie sich mehr oder weniger von dem nachfolgenden emotionalen Zusammenbruch erholt hatte, konnte sie sich kaum noch an diese letzten Minuten erinnern. Ihr war, als wäre sie körperlos über gewaltige Entfernungen hinweg getragen worden auf einem rauschenden Strom wilder Worte. Manchmal war sie wieder ein Kind gewesen an den Orten ihrer Kindheit, hatte sich kichernd im hohen Gras um die Farm versteckt, hatte mit ihrer stets sorgenvollen Mutter in der Küche gearbeitet, in dem Baumwollkittel ihrer Mädchentage oder nackt unter dem Himmel von Missouri und der heiligen blutroten Sonne, zu der sie betete. Dann wieder – oder war es gleichzeitig – stand sie fast bis auf die Knochen nackt vor der wolkigen Schranke des Himmels, wo grimmige Patriarchen über ihr schwebten, zu denen sie mit primitiven, kehligen Lauten aufschrie. Als sie so dasaß, fuhr ihre Hand unwillkürlich an ihre Brust und kratzte sanft zwischen ihren Brüsten, weil sie sich in ihren Gedanken ihren Leib mit beiden Händen aufriß, um sich ihre Seele als Ehefrau aus der Brust zu zerren und auf den Altar des Herrn zu schleudern, der ihren Mann ganz bestimmt nicht töten, nicht sterben lassen würde, wenn er *das* sah, wenn er *das* wußte, wenn er es nur wüßte ...

Dann war auf einmal wieder alles ganz schwarz, ein leises, bittendes Wimmern, beinahe friedlich und doch beängstigend, weil sie sich dann der verstreichenden Zeit bewußt wurde. Und manchmal sah sie mit einer trägen, tödlichen Klarheit die Uhr, die echte Uhr an der Wand. Elf. Zwanzig nach elf. Drei vor halb zwölf. Und dann fing sie wieder an zu beten – wenn es Gebete waren –, und sie wurde fortgetragen in jenes Land, das nicht unser Land ist, jene Welt, die nicht unsere Welt ist, wo Liebe und Unschuld Argumente zugunsten eines besseren Lebens sind.

Als Tom Weiss, einer von Franks Anwälten, den Warteraum um 23 Uhr 31 betrat, ließ ihn ihr Anblick schaudern. Sein Mund wurde trocken. Er hatte sie seit sechs Wochen nicht gesehen, und die Veränderung traf ihn wie ein Schock. Sie war verhärmt, ausgezehrt und zutiefst aufgewühlt – all das erkannte er sofort.

Weiss war ungefähr so alt wie ich, Mitte Dreißig, doch er hatte eine Glatze mit einem silbernen Haarkranz. Sein Gesicht sah aus wie für das Alter geschaffen: weiche, herabhängende Gesichtszüge und schlaffe, feuchte Lippen. Er legte seine zittrige Hand auf Bonnies Schulter. Sie blickte zu ihm auf. Er versuchte zu schlucken, doch er konnte nicht. «Blindlings» war das Wort, das ihm in den Sinn kam.

«Wie geht es Ihnen, Bonnie?» fragte Weiss.

Sie wandte den Blick ab, und wenn sie antwortete, dann nicht ihm.

Weiss war fast erleichtert, als um 23 Uhr 35 ein Wärter kam und sie aufforderte, sich in den Zeugenraum vor der Todeskammer zu begeben.

Da überquerte ich gerade die menschenleere Straße, stieg die Treppe zu Mrs. Russels Haustür hoch und stand wieder vor dem Graffiti-verschmierten Briefkasten mit dem von einem braunen Spritzer verdeckten, fein säuberlich in blauer Tinte geschriebenen Namen. Ich drückte auf die Klingel und starrte blinzelnd und dumpf vor mich hin. Irgendwo weiter weg wummerte ein wütendes Bass-Riff aus einem Radio. Ich drückte erneut auf die Klingel. Obwohl ich von dort, wo ich stand, die Fenster gar nicht sehen konnte, starrte ich an der dreckdüsteren, nachtdunklen Fassade hoch. Ich drückte noch einmal auf die Klingel und noch einmal, preßte meinen Daumen fest auf den Knopf. Wieder und wieder, schwerer und schwerer atmend. Und dann packte mich plötzlich die Wut. Ich pochte gegen die Tür, schlug einmal mit meiner geschwollenen Hand gegen das Holz. Der Schock des Schmerzes schoß durch meinen Arm bis in den Nacken. Ich fluchte und wurde noch wütender. Ich trat gegen die Tür, bevor ich mit dem Ballen der linken Hand erneut dagegen hämmerte. «Komm schon!» knurrte ich. Dann trat ich wieder zu, hämmerte mit meiner geschwollenen Faust gegen das Holz, ohne die Schmerzen zu beachten, trat und schlug mit Händen und Füßen, bis ich schließlich meinen ganzen Körper gegen den Rahmen warf, das Gesicht verzerrt, die Zähne gebleckt, die Schreie ohnmächtiger Wut im Hals erstickt zu einem hilflosen kehligen Keuchen, während ich weiter auf das verdammte Ding eintrat und -schlug. Das verdammte Scheißding ...

Ich sank vor der Tür zu Boden. Meine Wut war verkocht und hatte sich in der warmen Nachtluft aufgelöst. Wozu das alles? Ich lehnte mich gegen die Tür und ließ meine Schultern sacken. Meine Beine wurden schlaff. Ich lehnte meine Stirn gegen den Türrahmen und fühlte den Druck auf meiner Wunde, auf dem trocknenden zähflüssigen Blut. Ich spürte das rauhe, zersplitterte Holz auf meiner Haut. Und so blieb ich hocken, schwer atmend, die Augen fest geschlossen. Ich stöhnte. Eine einzelne Träne löste sich von meinem Lid, kullerte über meine Wange und fiel zu Boden. Ich schluchzte einmal kurz auf – mehr als alles andere aus Frust – und blieb einfach so hocken, zusammengesunken, die Augen geschlossen, gegen die Tür gelehnt.

Ich war am Ende, und ich wußte es.

Weil ein Mann eben nicht mehr tun kann. Oder nicht? Gibt es nicht einen Punkt, wo man an seine Grenzen stößt? Wo man mit allem Willen der Welt, allem Willen der Verzweiflung, der einen antreibt, nicht mehr weiterkommt. Ist eine Sache – ist nicht alles – irgendwann einfach zu Ende? Wenn man sein Bestes getan hat? Wenn einem niemand mehr einen Vorwurf machen kann? Einen Vorwurf machen? Was sollten sie schon sagen? Hey, du hattest noch immer fünfundzwanzig Minuten? Du hättest noch eine andere Spur verfolgen oder einen anderen Verdächtigen finden müssen? Ich meine, es war eigentlich gar nicht meine beschissene Story, Mann. Eigentlich war es mein freier Tag, Scheiße noch mal. Ich meine, wenn dir meine Arbeit nicht gefällt, kannst du mich ja, verdammt noch mal, rausschmeißen, du Arsch! Du Mistkerl! Ich weiß nicht mal, wie ich hierhergekommen bin, Scheiße noch mal, oder was ich hier eigentlich mache! Es war alles ein Unfall! Eine Frau in einem Auto! Zu schnell! Eine üble Kurve.

Mit einem weiteren unterdrückten Schluchzer hob ich erneut den Arm, schlug noch einmal gegen die Tür und ließ meine Hand dann einfach wieder fallen.

Es war eigentlich gar nicht meine beschissene Story.

«Wer unter dem Schirm des Höchsten sitzt und unter dem Schatten des Allmächtigen bleibt . . .»

Reverend Flowers ging hinter der Liege den Flur hinunter. Er trug die Bibel mit beiden Händen aufgeschlagen vor sich her, konnte die Worte jedoch nicht lesen und sprach sie auswendig.

«. . . der spricht zu dem Herrn: Meine Zuversicht und meine Burg, mein Gott, auf den ich hoffe. Denn er errettet dich vom Strick des Jägers und von der verderblichen Pest. Er wird dich mit seinen Fittichen decken, und Zuflucht wirst du haben unter seinen Flügeln. Seine Wahrheit ist Schirm und Schild.»

Der Psalm und sein Rhythmus trösteten ihn schon lange nicht mehr, waren untergegangen in der Übelkeit, die in ihm wütete und sich nicht mehr beruhigen ließ. Nicht genug, dachte er zunehmend drängend, während er hinter der Liege herging. Es ist nicht genug. Und es blieb keine Zeit mehr. Keine Zeit.

Vor ihm eskortierten die vier Wärter die Liege. Zwei gingen voran, zwei schoben von hinten. Sie bewegten sich schnell und geübt. Luther Plunkitt führte den Zug rasch auf die offene Tür der Todeskammer zu.

«Daß du nicht erschrecken mußt vor dem Grauen der Nacht, vor den Pfeilen, die des Tages fliegen», sagte Flowers, «vor der Pest, die im Finstern schleicht, vor der Seuche, die am Mittag Verderben bringt. Wenn auch tausend fallen zu deiner Seite und zehntausend zu deiner Rechten, so wird es doch mich nicht treffen.» Es war nicht genug.

Als er von dem Buch aufblickte, konnte er Frank Beachum zwischen den Wärtern sehen. Er war bis zum Kinn mit einem Laken bedeckt, um die Gurte, die ihn festhielten, zu verbergen. Nur sein Gesicht war zu sehen, das schmale, längliche Gesicht kam ihm jetzt noch dünner vor, die Wangen eingefallen und ausgezehrt, die Augen weit, weiß und hervorquellend. Sie zuckten hin und her, als die Liege auf die Tür zugerollt wurde. Sie wanderten von den Neonleuchten an der Decke über die Betonwände, suchten den Blick der Wärter und des hinter ihnen gehenden Pastors. Als Beachums Blick Flowers begegnete, merkte der Geistliche, wie das Drängen in ihm verzweifelt aufloderte und seine Stimme lauter wurde.

«Du wirst es mit eigenen Augen sehen und schauen, wie den Gottlosen vergolten wird. Denn der Herr ist deine Zuversicht, der Höchste ist deine Zuflucht.»

Vor der Tür blieb Direktor Plunkitt stehen, um die Liege an sich vorbeizulassen. Mit einem nichtssagenden Lächeln nickte er einem der vorausgehenden Wärter zu.

«Begleiten Sie den Pastor in den Zeugenraum», sagte er.

Der Wärter löste sich aus der Prozession und ging auf Flowers zu.

«Es wird dir kein Übel begegnen . . .», rief Flowers laut – und dann brach seine Stimme, und er blickte auf. Blickte auf und sah den Wärter auf sich zukommen. Die Liege war jetzt an der Tür. Es war vorbei. Seine Zeit war vorüber. Es blieb keine Zeit mehr, und es war nicht genug. Die Erkenntnis breitete sich in ihm aus, hüllte ihn von innen in schwarze Dunkelheit. Er hatte versagt – er hatte vollkommen versagt. Was immer seine Mission gewesen war, sein geistliches Amt an diesem Ort, es war nicht getan, es blieb unerledigt. Und das war seine Schuld, seine schmerzliche Schuld, er hatte nicht genug getan. Voll reuiger Verzweiflung starrte er auf den Mann, der da festgeschnallt auf seiner rollenden Liege lag.

Und bevor er wußte, was er tat, streckte er die Hand aus und griff nach den Umrissen von Franks Fuß unter dem Laken.

«Richte ihnen von mir aus, Frank», sagte er mit belegter Stimme, «richte ihnen aus, daß ich versuchen werde, den Weg zu gehen!»

Der Wärter faßte ihn sanft am Arm. Beachums Fuß entglitt seinem Griff, als die Liege durch die Tür der Todeskammer rollte.

Und die Tür ging auf. Ich hörte das Klacken des Riegels und richtete mich ein wenig auf, bevor sie von innen geöffnet wurde. Ich stand auf der Treppe und starrte ins Dunkel des Hausflurs.

Im Flur stand Mrs. Russel und starrte zurück.

Ihr eindrucksvolles, breites Gesicht war tränenüberströmt. Mit einer Hand umklammerte sie das Amulett an ihrem Hals, mit der anderen hielt sie die Tür auf. Sie trug noch immer das formlose Hauskleid, das ihre kräftigen Arme und Beine nackt ließ. Sie musterte mich stirnrunzelnd durch die Dunkelheit, Stürme tobten hinter ihren Augen, ihre ganze stattliche Erscheinung schien vor Erregung zu zittern.

Ich stand vor ihrer Tür wie ein Bettler, mit hängenden Schultern, feuchten Wangen, den Mund kraftlos geöffnet.

Sie sprach mit harter, fester Stimme, ohne jedes Zittern.

«Ich hatte gehofft, daß Sie zurückkommen», sagte sie. «Ich schwöre bei Gott, ich habe gehofft, daß Sie wiederkommen.»

Ich hob meine Hand. Meine Stimme war nicht so fest wie ihre, sie war kaum mehr als ein Flüstern. «Dann kommen Sie», sagte ich. «Wir haben nicht mehr viel Zeit.»

Sie trat vor, ohne mich anzusehen. Sie starrte an mir vorbei, als sie mich ihren Arm nehmen ließ. Ich spürte die rauhe Haut an ihrem Ellenbogen, als ich sie die Treppe hinunterführte.

Unerschrocken, fast wild entschlossen, den Blick stur geradeaus gerichtet, ging sie neben mir auf den Wagen zu. Ich hielt ihr die Tür auf, und sie nahm auf dem Beifahrersitz Platz. Ich schloß die Tür und ging um den Wagen herum.

Ich war nicht ganz so unerschrocken. Meine Knie waren weich, mein Herz pochte wie wild. Nur zu atmen, schien unendlich viel Kraft zu kosten. Ich öffnete die Fahrertür und ließ mich hinter das Steuer fallen.

Mrs. Russel saß sehr steif und gerade und völlig regungslos neben mir. Sie starrte nach vorn durch die Scheibe. Einmal hob und senkte sie ihre Schultern, während weiter Tränen über ihr Gesicht flossen.

«Um zwölf Uhr werden sie diesen Mann umbringen», sagte sie leise. «Wie, glauben Sie, sollen wir jetzt noch etwas daran ändern?»

Ich steckte den Zündschlüssel ins Schloß und drehte ihn. Spuckend und stampfend sprang der Motor des Tempo an.

«Schnallen Sie sich an», sagte ich.

Zehnter Teil

Siebenundneunzig gottverdammte Sekunden zu spät

1

Luther Plunkitt beobachtete, wie Frank Beachum in die Mitte der Todeskammer gerollt wurde. Er nickte, und zwei der Wärter verließen den Raum. Luther schloß die Tür hinter ihnen. Jetzt befanden sich insgesamt sechs Leute in dem kleinen Raum. Da war zum einen der letzte Wärter, ein wettergegerbter, rothaariger Mann mittleren Alters namens Highgate, der, die Hände vor dem Körper gefaltet, seinen Posten in einer Ecke des Raumes bezog. Da war zum anderen Luthers Stellvertreter, Zachary Platt, der mit einem Kopfhörer und einem Mikrofon in einer Ecke auf der anderen Seite stand. Hinter einem weißen Paravent in der gegenüberliegenden Ecke standen Dr. Smiley Chaudrhi und Schwester Maura O'Brien mit dem EKG-Monitor. Da der amerikanische Ärzteverband die Teilnahme von Ärzten an Exekutionen nicht erlaubte, würde Chaudrhi die ganze Zeit hinter dem Paravent bleiben und nur über den Monitor Beachums Herzschlag überwachen, bis er aussetzte. Am Fuß der Liege stand Luther, darauf lag Frank unter den Neonleuchten, bis auf das Gesicht mit einem Laken bedeckt, und seine weit aufgerissenen Augen zuckten unruhig hin und her.

Niemand sagte ein Wort, in Abwesenheit menschlicher Stimmen klang jedes andere Geräusch doppelt so laut. Luther konnte sein eigenes Herz schlagen hören. Er konnte das Rauschen auf Platts Kopfhörern hören und Highgates schweren Atem. Jetzt trat Schwester O'Brien hinter dem Paravent hervor, und Luther konnte das leise Quietschen ihrer weichen Sohlen auf dem Boden hören. Ihr rundes sommersprossiges Gesicht war von grimmiger Ausdruckslosigkeit, als sie auf die Liege zuging. Sie arbeitete mit knappen, raschen Bewegungen. Luthers Atem stockte, als sie das Laken bis zu Franks Hüfte zurückschlug. Er sah, wie sich der Körper des Gefangenen verkrampfte, und spürte, wie auch sein eigener Körper sich anspannte. Sein Herz schlug lauter. Er sah, wie Franks Blick zum Gesicht der Schwester zuckte.

«Das ist nur für das EKG», erklärte Maura ihm kühl. Sie schob ihre weißen Hände in den V-Ausschnitt von Franks T-Shirt und befestigte die Dioden auf seiner Brust. Die Drähte verliefen entlang der Liege und weiter über den Boden bis zu dem Monitor hinter dem Paravent. Dann machte die Schwester mit denselben knappen Bewegungen einen Schritt zurück und griff nach dem Infusionsständer. Die Räder klapperten so laut über den Boden, als sie ihn zur Liege heranzog, daß Luther unbehaglich von einem Fuß auf den anderen trat. Es gab ein lautes metallisches Klicken, als Maura den Ständer am Ende der Liege befestigte.

Dann verschwand sie wieder hinter dem Paravent. Luther wirkte gefaßt, doch ihm war, als hätte er Säure geschluckt. Die Schwester schien ewig zu brauchen. In Wirklichkeit tauchte Maura sehr schnell wieder auf. Zwischen Daumen und Zeigefinger hielt sie vorsichtig einen Wattebausch. Geschickt nahm sie die Infusionsnadel von ihrem Haken. Luther hörte das Papier knacken, als sie die Nadel durch die Verpackung stieß. Sie beugte sich über Franks Arm, Frank wandte den Blick ab und starrte mit zitternden Mundwinkeln an die Decke. Die Schwester tupfte rasch seine Armbeuge ab – um eine Infektion zu verhindern. «Es wird leichter gehen, wenn Sie eine Faust machen», sagte sie.

Luther fuhr sich mit der Zunge über seine trockenen Lippen, als er sah, wie Frank seine Hand unter dem Hüftgurt zu einer Faust ballte. *Kommen Sie schon, Schwester*, dachte er, *machen Sie zu*. Im stillen dankte er Gott für Mauras Geschick, mit der sie die Nadel in die blaue Vene unter Franks Haut stach. Von der Nadel lief ein Schlauch zunächst zu dem Infusionsständer und einem Beutel mit Salzlösung und von dort wieder nach unten zu einem Loch in der Betonwand. Als die IV-Nadel festsaß, richtete Maura sich auf. Luther war, als hätte sie einen deutlichen Seufzer der Erleichterung von sich gegeben. Sie schob den Wattebausch in die Tasche ihrer Schürze und zog aus derselben

Tasche eine Rolle mit Klebeband. Es machte ein feucht knirschendes Geräusch, als sie zwei Streifen abriß, die sie kreuzweise über die Nadel in Franks Arm klebte, um sie zu fixieren. Nachdem sie ihre Arbeit erledigt hatte, zog sie das Laken wieder züchtig bis zu Franks Kinn hoch. Frank wandte ein wenig den Kopf und blickte mit seinen leuchtenden Augen zu ihr hoch. Er sah aus wie jeder verängstigte Patient auf einer Liege, der trostsuchend zu seiner Krankenschwester aufblickt. Maura wandte den Blick rasch ab, ihre Mundwinkel zeigten nach unten. Luther glaubte zu sehen, wie ihre Knie ein wenig weich wurden, als sie hinter den Paravent zurückeilte.

Doch der Direktor atmete tief ein. Das wäre also geschafft. Das war gut. Er blickte zur Uhr an der Wand. Es war erst 23 Uhr 38. Luther mußte fast lachen. Mann, dachte er, es gibt nichts, was so langsam vergeht wie das hier. Nicht einmal das Warten vor einer Schlacht. Nichts im Leben dauerte so lange. Luther spürte die summende Anspannung des Schweigens, das Vibrieren, das in dem kleinen Raum in der Luft lag, der sich von einem Moment zum nächsten verklemmt zu haben schien. Und er spürte, wie seine innere Anspannung mit der äußeren korrespondierte, als wäre sein Körper nicht eine eigene physische Gestalt, sondern eine Art Verdichtung der allgemeinen Atmosphäre, der Spannung um ihn herum. Trotzdem war er mental in Ordnung – rasch überprüfte er sich selbstkritisch und fühlte sich völlig klar im Kopf. Seine angespannten Nerven würden ihm helfen, seine Aufgabe besser zu erledigen. Er würde wacher sein, reaktionsschneller.

Er nickte unmerklich. Er meinte in der tiefen Stille das Schrammen der Plastikbänke auf dem Boden zu hören, als hinter den Jalousien des schalldichten Fensters die Zeugen in den Zeugenraum geführt wurden.

Ja. Das hatte als nächstes zu passieren.

Alles lief völlig reibungslos.

Wir fuhren schnell – ich weiß nicht, wie schnell, schnell jedenfalls. Meine Augen waren starr auf die Straße vor mir gerichtet, mein Fuß trat das Gaspedal durch. Bremsen tat ich nicht. Ich hielt auch nicht an roten Ampeln. Ich fuhr mit quietschenden Reifen im Slalom durch den schnellen Verkehr, glutrote Rücklichter wechselten sich mit dem blendenden Weiß der Scheinwerfer entgegenkommender Fahrzeuge ab. Hupen dröhnten und verklangen hinter mir in der Ferne. Der Boulevard glitt als verschwommenes Farbband an mir vorbei. Und der Motor sang einen einzigen Ton, ein endloses, schrilles Pfeifen, als wären all seine Sehnen zum Zerreißen gespannt. Der Wind, der durch das offene Fenster hereinwehte, war ein Tosen, doch ich konnte dieses schrille Jaulen trotzdem die ganze Zeit hören, das und das dumpfe Pochen meines Pulsschlags, das durch meinen ganzen Körper zu dröhnen schien.

Mrs. Russel saß noch immer stocksteif auf dem Beifahrersitz wie ein dunkles, überhängendes Kliff. Sie hatte ihre Hände neben dem Körper zu Fäusten geballt, ihre Augen waren wie Laternen, die durch die Scheibe leuchteten. Sie wandte nicht den Kopf, um durch das Seitenfenster im Vorbeifahren einen Blick auf den Park, die Backsteintürme und Parkplätze zu werfen. Es war, als wären wir ein Wesen geworden, beide Teil des dahinrasenden Wagens. Ich konnte sie spüren – ihr Entsetzen, ihre Panik – oder ich bildete es mir zumindest ein, denn ich konnte sie nicht von meiner eigenen unterscheiden. Ich war mir ihrer Anwesenheit als einer von mir getrennten Person kaum bewußt, bis sie, als wir durch das Zentrum von University City kamen, die Stimme erhob.

«Ich kenne den Jungen, der ihm die Waffe verkauft hat», sagte sie.

«*Was*?» brüllte ich, ans Lenkrad geklammert, über das Tosen des Fahrtwindes und das Jaulen des Motors hinweg.

Jetzt schrie auch sie. «Ich kenne den Jungen, der sie ihm verkauft hat. Er sitzt im Gefängnis. Vielleicht sagt er aus, wenn man ihm einen Teil seiner Strafe erläßt.»

Vor mir hielt ein Volkswagen vor einer roten Ampel. Autos kreuzten meinen Weg. Ich hielt nicht an, ich bremste nicht einmal. Ich schoß in die Lücke zwischen einem Jaguar und einem

Van. Ich hörte kreischende Bremsen und Hupen. Dann waren sie verschwunden, und der Tempo entfernte sich heulend.

Die Waffe, dachte ich und trat noch fester aufs Gaspedal. *Ja, das ist genug. Das wird reichen.*

Und dann wurde die Welt auf einmal rot – rot und weiß – wildes Geheul erfüllte die Luft – eine Sirene, die den Mond anheulte wie ein Wolf – die das Jaulen des Motors und den Wind und mein eigenes Zeitgefühl übertönte. Die alles übertönte bis auf das angstvolle Heulen, das sich als Antwort in mir erhob.

Ich konnte nicht in den Rückspiegel sehen. Ich wagte es nicht, meine Augen von der Straße zu nehmen. Doch am Rande meines Blickfelds konnte ich die flackernden Lichter erkennen, in meinem Spiegel, in den Fenstern und überall um mich herum.

Und ich wußte, die Bullen waren hinter mir her.

Plötzlich wurde Luther bewußt, daß der Augenblick gekommen war. Der Augenblick, der ihm den ganzen Tag bevorgestanden hatte. Er stand am Fuß der Liege. Es war 23 Uhr 39 und 42 Sekunden. Es schien schon seit ungefähr eineinhalb Stunden 23 Uhr 39 und 42 Sekunden zu sein. Der Sekundenzeiger schien in dem grauen Zwischenraum zwischen zwei schwarzen Strichen auf dem Zifferblatt steckengeblieben zu sein. Schlimmer noch, der Raum, dieser durch weiße Betonmauern von der Außenwelt abgetrennte, vollgestopfte, rechteckige Kasten schien sich irgendwie aus seiner Verankerung an diesen Planeten gerissen zu haben. Luther wußte, daß Arnold McCardle nur einen Raum weit entfernt saß und die Vorgänge durch den Spiegel zu seiner Rechten beobachtete. Er wußte, daß sich hinter den Jalousien vor dem Fenster direkt vor ihm die Zeugen versammelten. Und doch hatte er das Gefühl, daß sie sich mit dem übrigen Krankentrakt, dem übrigen Gefängnis und dem Rest der Welt abgekoppelt hätten von diesem Ort hier, daß die Todeskammer davontreiben und losgelöst durchs All taumeln würde. Ihm wurde schwindlig, und er hatte ein flaues Gefühl im Magen, als der

Raum so dahintrudelte. Und er fühlte sich einsam. Um 23 Uhr 39 und 42 Sekunden. Ganz allein mit dem Verurteilten, allein mit Frank Beachum.

Er sah sein Gesicht. Davor hatte er Angst gehabt, davon hatte er geträumt. Er blickte in das Gesicht des Mannes auf der Liege, und der tatsächliche Anblick überraschte ihn trotz all seiner Ängste. Es war nicht, was er erwartet hatte. Es war irgendwie noch viel schrecklicher. Er hatte sich vorgestellt, daß er den Mann sehen würde, so wie er in den letzten sechs Jahren gewesen war – obwohl er es eigentlich besser wußte. Er hatte sich vorgestellt, die kräftigen, traurigen, beherrschten Gesichtszüge zu sehen, die nachdenklichen Augen, den schmalen, ausdrucksvollen, intelligenten Mund – das Gesicht, das ihm während dieser ganzen Zeit mit träger Beharrlichkeit das Undenkbare mitgeteilt hatte. Er hatte sich vorgestellt – hatte befürchtet –, daß er dieses Gesicht sehen würde, diesen Mann, der ihn mit seiner offenkundigen Unschuld anklagte. Doch dieses Gesicht, dieser Mann war vollkommen verschwunden.

Der Mann auf der Liege war nur noch eine Hülle, ein Gefäß in Menschengestalt, randvoll mit Angst. Sie ließ seine Mundwinkel herabhängen und hatte die Falten auf seinen Wangen und seiner Stirn ausradiert. Seine Haut war fast so glatt und sauber wie die eines Säuglings. Unterhalb des Haaransatzes bewegten sich Franks Augen hin und her, als wären sie von seinem übrigen Körper abgetrennt, und alles, was noch von ihm übrig war, war in diesen Augen, seine ganze rohe Kraft, seine rohe Angst.

Doch seltsamerweise war es das Haar, das Luther auf eigenartige Weise am schrecklichsten traf: die muntere, männliche Strähne auf seiner Stirn, während er festgeschnallt dalag und bis zum Kinn zugedeckt war. Man konnte sich vorstellen, wie er sich morgens das Haar bürstete, wie er die Strähne mit einer Kopfbewegung aus der Stirn warf und lachte – und jetzt wirkte diese Strähne auf seltsame Weise fehl am Platz, so als ob ihm jemand eine Perücke aufgesetzt hätte, um ihn in seiner Hilflosigkeit zu verspotten.

So kam es, daß der Anblick von Franks Gesicht Luther

Plunkitt trotz all seiner Erfahrungen und Erwartungen unvorbereitet traf. Es erschütterte ihn, bohrte sich durch den Panzer seiner dienstlichen Funktion und Routine bis in die Schichten seines menschlichen Mitgefühls. Er kam sich vor wie ein völlig in seine Rolle vertiefter Schauspieler, der plötzlich merkt, daß das Theater in Flammen steht. Er hatte das Gefühl, mit sich reden zu müssen, von Direktor zu Mensch, um sich aufrecht zu halten, um dieses Gefühl taumelnden Schwindels loszuwerden.

Also, dachte er, und seine Lippen zuckten, während er auf den Mann hinunterblickte. *Da war auch ein Mädchen, ein schwangeres Mädchen, das von Menschen geliebt wurde. Ein Vater, eine Mutter, ein Ehemann – die sie geliebt hatten. Sie trug ein Kind in sich – eine Tochter, einen Sohn, ein Enkelkind –, das in ihren Armen und an ihrer Brust gelegen und zu ihrem Gesicht aufgeblickt hätte. Und dieser Mann – dein Frank hier, der gute alte Frank – hat sie getötet, er hat all das getötet. Hat sie in den Hals geschossen und sie röchelnd sterben lassen. Für ein bißchen Geld, für ein paar Dollar Schulden – ganz egal, warum. Ganz egal, wie sein Leben vorher war oder in was für einem Geisteszustand er sich damals befunden hat. Er hatte kein gottverdammtes Recht dazu. Er ist ein Mensch wie ich. Er hatte eine Wahl wie ich. Er mußte es nicht tun, und er hat es getan. Das ist am Ende das, was einen Menschen ausmacht. Ein Mensch ist ein Wesen, das nein sagen kann. Ein Mensch . . . verdammt noch mal.*

Zu seinem Entsetzen bemerkte Luther, daß seine rechte Hand auf seinem Hosenbein zu zittern begonnen hatte. Das war ihm noch nie zuvor passiert. Er steckte sie in die Tasche. Offenbar hatte sein kleiner Vortrag aus irgendeinem Grund alles nur noch schlimmer gemacht. Er mußte jetzt den Mund öffnen, um zu atmen. Er hatte das Gefühl, daß der Raum sich um ihn herum drehte, in endlose Tiefen davontrudelte. Seine Finger ballten sich in der Tasche zur Faust, während er versuchte, sich festzuhalten, den ganzen Raum festzuhalten, die ganze Prozedur zusammenzuhalten, indem er gebetsmühlenartig und entschlossen gegen das Schwindelgefühl anredete:

Ein Mensch ist ein Wesen, das ‹nein› sagen kann.

«Neeeiiiin!» kreischte ich, als die Streifenwagen näher kamen.

Es waren jetzt zwei, der zweite war vom Parkplatz eines McDonald's gekommen, als hätte der erste ihn alarmiert. Sie waren beide hinter mir und schoben sich von links und rechts näher heran. Ich trat das Gaspedal so fest durch, daß mein Oberkörper in den Sitz gepreßt wurde und ich das Lenkrad mit ausgestreckten Armen fassen mußte.

Mein Gesicht muß ausgesehen haben wie ein Totenschädel, so spannte sich meine Haut voll fassungsloser Verzweiflung und Angst über meinen Knochen. Der Verkehr vor mir verschwand, weil die anderen Fahrzeuge links und rechts am Straßenrand hielten, um der heulenden Sirene und dem flackernden Licht aus dem Weg zu gehen. Der Tempo flog über den schwarzen Highway wie eine Kugel. Und trotzdem kamen die Mistkerle immer näher.

«*Stopp! Um Gottes willen, halten Sie an*!» rief Mrs. Russel. «*Die können uns doch helfen*!»

Aber ich glaubte nicht, daß sie uns helfen würden – es blieb keine Zeit, ihnen alles zu erklären –, und deshalb bremste ich nicht.

Ich fuhr weiter, und eine ganze Zeit lang war da nichts außer dem Geheul der Sirenen und dem flackernden Licht und der Kühlerhaube des Tempo, die endlos durch die Mauer der Dunkelheit brach.

Die Tonhöhe der einen Sirene veränderte sich, als einer der Streifenwagen links ausscherte und mich überholte.

«Halten Sie an! Halten Sie sofort an!»

Die Stimme aus dem Lautsprecher des Streifenwagens klang wie die eines zürnenden Gottes. Ich blickte zur Seite und sah, wie der Zwischenraum zwischen unseren Kotflügeln immer enger wurde. Ich versuchte, ihn abzuhängen, doch er beschleunigte genau wie ich und schnitt mir von links den Weg ab. Wenn ich versuchte, mit einem gewagten Manöver auszuweichen, würde ich die Kontrolle über den Wagen verlieren und sterben. Ich hatte keine Wahl. Ich nahm den Fuß vom Gas.

Sofort verlor der Tempo an Fahrt. Der Streifenwagen überholte mich und tauchte meine Windschutzscheibe in flackerndes rotes Licht. Ich sah die Bremslichter des Streifenwagens vor mir aufleuchten und blickte in den Rückspiegel. Der zweite Streifenwagen hielt dich hinter mir am Straßenrand.

«Gott sei Dank», sagte Mrs. Russel mit einem Seufzer der Erleichterung.

Da riß ich das Steuer nach links und trat aufs Gaspedal. Der Tempo schoß nach vorn. Die vordere Stoßstange löste sich von der hinteren des voranfahrenden Streifenwagens. Ich tauchte in die nächste Lücke und glitt links an dem Polizeiwagen vorbei. Die Straße saugte uns ein, ich fuhr wieder voran und bretterte in die Dunkelheit.

«*Scheiße, Sie sind verrückt, Mann*!» brüllte Mrs. Russel.

Ich trieb den Tempo wieder auf volle Touren. Die Streifenwagen fuhren ruckend an und nahmen mit heulenden Sirenen die Verfolgung auf.

«Sie sind wahnsinnig!»

«Die werden uns aufhalten!» schrie ich.

Und drehte mich, ohne nachzudenken, zu ihr um.

Sie hatte sich so fest in ihren Sitz gedrückt, als versuche sie mit ihm zu verschmelzen. Ihr angespanntes Gesicht, vom flackernden Licht der aufholenden Streifenwagen erleuchtet, war zu einem spitzen, schrillen Schrei verzerrt.

«Vorsicht, Vorsicht, Vorsicht!» kreischte sie.

Ich blickte wieder nach vorn und folgte der weißen Linie ihrer angstvoll aufgerissenen Augen. Dieser Schwenk schien eine Ewigkeit zu dauern.

Ich spürte die Drehung meines Halses und das dumpfe Pochen in meinem Kopf, das Gewicht des Alkoholfilms auf meinen Gehirnzellen, die Schlaffheit meiner Arme und Beine und den Schmerz hinter meinen Augen – ich konnte all das im Bruchteil einer Sekunde spüren.

Ich bemerkte auch den ersten Streifenwagen, der sich wieder neben mich geschoben hatte, während der andere sich von hinten heranarbeitete.

Ich sah das grelle, blendende Licht vor mir. Ich hörte, wie Mrs. Russell einen besinnungslosen Schrei ausstieß.

Und dann erreichte der Tempo mit Höchstgeschwindigkeit das Ende des Boulevards und bog mit quietschenden Reifen in die Todeskurve.

2

Es wäre nett, sich vorzustellen, daß Frank Beachum am Ende irgendeine Vision hatte. In, sagen wir, jener letzten Viertelstunde, in der der Minutenzeiger den Kreis bis zur vollen Stunde schloß. Es wäre nett zu glauben, daß ihm irgendeine Offenbarung zuteil wurde, irgendein tiefes Verständnis. Vielleicht hätte er mit ausgebreiteten Armen unter dem Neonlicht schweben können oder so. Die Himmel hätten sich auftun und Engel hätten singen können. Oder, glaubhafter, in jenen letzten fünfzehn Minuten, im Angesicht des Todes, wäre eine unbegreifliche, aber vollkommene Ruhe der Gewißheit und des Verständnisses über ihn gekommen wie eine Welle warmen Badewassers. Obwohl ihn dann vermutlich jemand hätte lächeln sehen.

Vielleicht erlebte er auch eine modernere, literarischere Vision des Ganzen, obwohl Frank weder ein moderner noch ein literarischer Mensch war. Sie wissen trotzdem, was ich meine: Die Augenblicke hätten sich ausdehnen können, bis er begriff, daß alles Leben unvergänglich war, oder das Dasein an sich hätte sich ihm in makelloser Klarheit offenbaren können, bis er erkannte, daß alles perfekt und im Sinne einer höheren Ordnung geregelt war, wenn man nur Augen hatte zu sehen. Ich weiß nicht, was sonst noch; der übliche Stuß halt, den man in Büchern so liest.

Doch wenn sie an den Eindrücken dieses Reporters interessiert sind – und davon gehe ich aus, wenn Sie bis hierhin gekommen sind –, würde ich sagen, daß keine Visionen und letzten Bilder dieser Art in seinen Augen geschrieben standen, daß nichts dergleichen in seinem Kopf vor sich ging. Ich glaube, er hatte am Ende ein Stadium der Angst erreicht, in dem jedes Ich-Bewußtsein verschwunden und der ganze Körper – und wenn man will, auch seine Seele – zu einem Organ der Wahrnehmung geworden war, Sinneseindrücke, die sich gegenseitig anstießen und in Schwingung versetzten. Frank war nicht verrückt geworden oder so. Das Leben war nicht gnädig genug, ihn verrückt werden zu lassen. Aber er dachte auch nicht, nicht so, wie wir uns Denken vorstellen. Er nahm lediglich wahr, sah die rauhen Fugen zwischen den Betonblöcken in der weißen Wand, sah die Uhr und das Kreisen der Zeiger, die über ihm schwebenden Gesichter, Luther, Maura, den Wärter, die Salzlösung, die durch den durchsichtigen Schlauch unsichtbar in seinen Arm floß – er ließ seinen Blick von einem zum anderen wandern, ohne irgendwo zu verharren, weil jeder neue Anblick ihm einen instinktiven Stoß der Angst versetzte. Also war alles, was er sah und fühlte, Angst, dort auf der Liege in dem kleinen weißen Raum. Gleichzeitig oder in den winzigen Abständen dazwischen erinnerte er sich – nicht in Worten oder zusammenhängenden Bildern, sondern in kleinen Explosionen der Sinneswahrnehmung: der Duft von Rasen, die Sorgenfältchen um Bonnies Mund, der Schwall von Blut und Materie, mit dem Gail aus dem Leib ihrer Mutter gepreßt worden war, die Hitze des Sommers, der Geschmack von Bier – diese Erinnerungen blitzten in seinem Kopf auf und verschwanden wieder, und mit jeder Erinnerung tauchte er in neue bodenlose Tiefen der Traurigkeit, eine endlose Unterwasserebene aus Einsamkeit und Trauer.

Und das war alles. Nach einem kurzen Wort an den Wärter verließ der Direktor den Raum, um die Zeugen hinter dem Fenster zu begrüßen. Sein Stellvertreter Zachary Platt stand in der Ecke und murmelte in sein Mikrofon. Der Wärter stand mit vor der Brust verschränkten Armen und sah nachdenklich auf den Verurteilten unter seinem Laken herab. Und Frank lag da und wartete, während der Kreis der Stunde seiner Vollendung entgegenstrebte, mit zuckenden Augen, sein Körper unter den breiten Lederriemen regungslos. Wie verzweifelt er einst versucht haben mochte, sein Leben und seinen Tod zu verstehen, es war vorüber. An jenem Montagabend um Viertel vor zwölf gab es für Frank Beachum nichts als Erinnerung, Angst und Trauer – und das, was geschah.

Für Mr. Lowenstein hingegen gab es Debussy. *Claire de Lune*, ein Stück, für das er stets eine Schwäche gehabt hatte. Er hatte sich die CD aufgelegt, und das leise, muntere Plätschern des Klaviers erfüllte das kleine Wohnzimmer, in das er sich abends gerne zum Arbeiten zurückzog, mit leisem Wohlklang. Es war ein guter Arbeitsplatz. Er hatte den mit einem dezenten Blumenmuster gepolsterten Ohrensessel und die flache antike Ottomane, auf die er seine in Pantoffeln steckenden Füße legen konnte. Auf dem Boden lag ein angenehm ausgeblichener Perser, und beim Fenster stand ein zierlicher Sekretär mit Fächern für seine Schreibutensilien. Außerdem gab es Bücher – die wunderbar gedämpften Farben alter Buchrücken an jeder Wand. Und Mrs. Lowenstein war auch da, sie saß in einem altmodischen Nähstuhl ohne Lehne über ihre Handarbeit gebeugt, still, aber gesellig.

Der Besitzer und Verleger der *St. Louis News* war ein großer, rüstiger Mann Mitte Sechzig mit vollem wohlfrisiertem silbernem Haar. Er hatte ein ernstes, kluges und attraktives Gesicht, das zerfurcht war, aber nicht unfreundlich. Er saß in seinem Ohrensessel und schrieb mit einem Montblanc-Füller auf einen gelben Notizblock. Er hatte in seinem ganzen Leben kein Textverarbeitungssystem benutzt und hatte nicht vor, jetzt noch damit anzufangen. Er schrieb einen Brief an seine Angestellten, in dem er ihnen seine Gedanken und sein Bedauern über den tragischen Tod von Michelle Ziegler mitteilte, die eine von ihnen gewesen war. Er hatte schon einen Brief an die Familie und ein paar Worte des Gedenkens für die Kommentarseite geschrieben. Für beides hatte er lange gebraucht.

Und auch dieser Brief war keine leichte Aufgabe. Mr. Lowenstein war ein skrupulös ehrlicher Mann und hatte Michelle nicht besonders gemocht. Er hatte sie – genau wie übrigens mich – in der Redaktion behalten, weil Alan sie verteidigt hatte, und er traute Alan bis ins Mark. Er selbst fand, daß sie eine arrogante und unangenehme Person gewesen war, viel zu eingenommen von sich für ihr Alter. Gleichzeitig hatte er das Gefühl, daß seine persönlichen Sympathien und Antipathien jetzt, nach allem, was geschehen war, nicht mehr viel zählten. Also wählte er seine Worte mit Güte und Großzügigkeit, wenn auch nach wie vor mit einem pedantischen Wahrheitssinn.

Claire de Lune half ihm beim Denken, genau wie seine attraktive, stille Frau, die von Zeit zu Zeit aufblickte und ihm zulächelte.

Doch seit etwa einer Minute bereitete ihm irgend etwas Unbehagen, drang in sein Bewußtsein und unterbrach seinen Gedankenfluß.

Sirenen. Es dauerte eine Weile, bevor er von seinem gelben Block aufblickte und das Geräusch erkannte. Er sah zu der antiken Standuhr in der gegenüberliegenden Ecke. Es war Viertel vor zwölf, und seit gut einer Minute heulten Sirenen, dem Geräusch nach zu urteilen, waren es mindestens ein Dutzend, und sie kamen näher.

«Muß irgendwas los sein», murmelte er und sah seine Frau über den Rand seiner Lesebrille an.

«Vielleicht ein Feuer», sagte sie und beugte sich wieder über ihre Arbeit. «Oder wieder ein Unfall oben an der Kurve.»

Mr. Lowenstein hielt den Kopf erhoben. Er war kein echter Journalist – er hatte sein Geld im Hotelgewerbe gemacht –, doch nachdem er sich nun eine Zeitung gekauft hatte, sah er sich selbst gerne als Journalist, also lauschte er noch eine Weile mit dem, was er für journalistische Neugier hielt.

Er wollte sich gerade wieder seinem Brief zuwenden, als er neben den Sirenen noch ein anderes Geräusch wahrnahm, das näher und näher kam, lauter und lauter wurde. Es war ein rumpelndes, schepperndes Geräusch mit einer Art leisem Knistern. Er konnte sich beim besten Willen nicht vorstellen, was das sein konnte.

«Hmp», sagte Mr. Lowenstein.

Er legte den Block auf ein Tischchen neben seinem Sessel. Er stand auf und zog seinen portweinroten Bademantel enger um seinen seidenen Pyjama. Er trat ans Fenster neben dem Sekretär und beugte sich vor, um über den dunklen Vorgarten auf die leere Straße vor dem Haus zu spähen.

Während die Sirenenbegleitung langsam verklang, wurde das andere Geräusch immer lauter. Das Rumpeln wurde zum Dröhnen, das Scheppern zu einem höllischen metallischen Klirren, das Knistern zu einem schlangenhaften Zischen. Und dann sah Mr. Lowenstein, den Hals gereckt, die Lesebrille auf der äußersten Nasenspitze, was dieses Geräusch verursachte.

Es war ein Wagen, der sich mit hoher Geschwindigkeit näherte. Der Auspuff war abgefallen und wurde hinterhergeschleift, so daß zu beiden Seiten des Fahrzeugs helle Funken aufstoben.

Oder, um genau zu sein, es war der Tempo.

Die armen Bullen. Sie hatten keine Chance in der tödlichen Kurve. Man sollte an der Stelle wirklich bald was unternehmen.

Wir waren alle gleichzeitig hineingefahren. Die beiden Streifenwagen mit ihren flackernden Lichtern rechts und links neben mir. Nur daß mir klargeworden war, daß wir es nie schaffen würden. Also versuchte ich es gar nicht erst. Ich nahm meinen Fuß vom Gas und hielt ihn über der Bremse, ohne sie zu treten. Sobald die beiden Streifenwagen an mir vorbei in die Kurve geschossen waren, steuerte ich vorsichtig gegen und versuchte die Schleuderbewegung abzufangen. Ich kurbelte und kurbelte, Reifen quietschten, der Wagen drehte sich einmal um die eigene Achse. Durch die Windschutzscheibe sah ich die Welt wie auf einem Karussell verschwimmen, während Mrs. Russell neben mir schrie. Ich hörte Bremsen im Todeskampf und wütende Hupen, während der Tempo sich drehte und drehte und seitwärts auf die Böschung zuschleuderte. Jetzt trat ich vorsichtig auf die Bremse, um den Wagen unter Kontrolle zu bekommen. Aus dem Augenwinkel sah ich die beiden Streifenwagen abheben. Der erste rutschte unkontrolliert über die freie Fläche des Parkplatzes, der zweite krachte seitlich in den Kofferraum des ersten. Nach dem Zusammenprall kamen beide qualmend zum Stehen. Und dann war der Tempo um die Kurve, und sie waren aus meinem Blickfeld verschwunden. Vor mir lag wieder die Straße. Ich packte das Steuer fester und trat das Gas wieder durch.

Und dann war ich weg – auf Wiedersehen – ich war Stevie, der Uneinholbare. Ich blickte in den Rückspiegel, als meine Reifen feste Bodenhaftung auf dem Boulevard hatten, und sah die Bullen – vier Mann – aus ihren qualmenden Streifenwagen klettern und um ihre zerbeulten Autos stolpern, um mich davonziehen zu sehen.

Und dann biß ich die Zähne aufeinander und konzentrierte mich auf die Straße vor mir.

Den Auspuff verlor ich erst an der Einfahrt in das Villenviertel, einem kleinen Prinzessinenschlößchen, das über die Zufahrt zu Lowensteins Straße wachte. In der Mitte seines dreitürmigen Dachs war eine große Uhr. Ich warf im Vorbeifahren einen Blick hinauf und sah, daß der große Zeiger die letzte Viertelstunde angebrochen hatte. Deshalb bemerkte ich auch die erste Rüttelschwelle nicht, und sie traf mich hart. Das ist eine Eigenheit der Reichen von St. Louis – diese Schwellen, die Zulieferer und andere Rowdies davon abhalten sollen, temporeiche Spazierfahrten vor den stattlicheren Villen der Stadt zu unternehmen. Der Tempo traf auf die erste Schwelle, hob ab und landete mit einem Bauchklatscher direkt auf der zweiten Schwelle. Der Auspuff knirschte laut, und der Tempo machte ein Geräusch wie ein Riese, der an seinem eigenen Schleim erstickt. Als ich den Wagen über die nächste Schwelle prügelte, stob links und rechts von mir ein Funkenregen in die Nacht.

Durch diesen Feuerzauber, Rauchschwaden von verbranntem Öl und die Dunkelheit sah ich die Löwenstein-Villa: ein unvorstellbar riesiger neoklassizistischer Klotz aus rotem Backstein, die Umrisse der Schornsteine zeichneten sich vor dem Dreiviertelmond ab, und ein säulengestützter Vorbau samt Balkon mit schmiedeeiserner Brüstung reckten sich mir abweisend entgegen. Ich steuerte den Tempo an den Straßenrand und trat auf die Bremse, gleichmäßig, aber rasch, ohne das Quietschen der Reifen, das Gurgeln des Auspuffs oder den Funkenregen zu beachten, der auf den Bürgersteig niederging.

Der Tempo blieb stehen, und der Motor ging aus – einfach so, ohne ein Stottern und noch bevor ich den Schlüssel berührt hatte.

«*Gott im Himmel!*» sagte Mrs. Russell.

«Hmp», sagte Mr. Lowenstein erneut.

Er sah mich am Fuß der steinernen Treppe, die neben seinem Vorgarten zur Auffahrt führte. Ich ging mit erkennbar zittrigen Beinen um den Wagen und stützte mich auf dem Dach ab, während Mrs. Russell auf der Beifahrerseite ausstieg und sich unsicher aufrichtete. Er sah, wie ich den Arm der schwarzen Frau nahm und wir in großer Eile die Treppe hinauf und über den Rasen zu seiner Haustür liefen.

Er richtete sich auf, nahm die Lesebrille ab, klappte sie zusammen und steckte sie in die Tasche seines Bademantels.

«Was ist denn los, Liebling?» fragte seine Frau auf dem Stuhl hinter ihm.

«Es ist Steve Everett von der Zeitung.» Er drehte sich mit einem distanzierten Lächeln zu ihr um.

«Oh?» sagte sie. «Einer von deinen Reportern?»

«Mm.» Mr. Lowenstein nickte. «Ein Sauhund durch und durch», erklärte er ihr ruhig. «Aber Autofahren kann er, das muß man ihm lassen.»

3

Mitternacht. Auf den Schlag genau klingelte das braune Telefon im Nebenraum. Arnold nahm ab und hörte die Stimme von Robert Callahan, dem Leiter der Strafvollzugsbehörde.

«Ich habe mit einem rechtmäßig ausgewiesenen Vertreter des Gouverneurs gesprochen», sagte Callahan, der die Formel in einem steifen, gestelzten Tonfall aufsagte, die nicht zum Singsang seines Midwestern-Akzentes paßte. «Es wurde kein Aufschub gewährt. Die Exekution kann wie geplant anlaufen.»

Arnold nickte, sein schwerer Kopf wippte auf und ab. «Verstanden», erwiderte er. Er legte den braunen Hörer wieder auf die Gabel und nickte Reuben Skycock knapp zu, der sich den Henkern Frick und Frack zuwandte. Er legte eine Hand auf ihre Ellenbogen und führte sie zum Kontrollmodul der Injektionsmaschine. Derweil hatte McCardle den Sprechknopf der kleinen Gegensprechanlage auf dem Regal neben den Telefonen gedrückt. Mit fester Stimme sagte er: «Wir haben ein Okay.»

McCardles Stimme kam über Zachary Platts Kopfhörer. Der stellvertretende Anstaltsleiter nickte Luther Plunkitt zu. Mit eisernem Willen hielt Luther seine Hand still, als er in die Innentasche seines Jacketts griff und das zusammengefaltete Todesurteil herausnahm. Zur selben Zeit drehte sich Zachary Platt zu dem Fenster hinter ihm um und zog mit einer Schnur die Jalousien hoch.

Bonnie Beachum sprang sofort zitternd auf, als die Jalousien hochgezogen wurden. Vor ihr lag ein grellweißer Raum. Und dort war ihr Mann, sein Gesicht über dem Laken. Von ihr aus gesehen lag er verkehrt herum, reckte seinen Hals und verdrehte verzweifelt die Augen auf der Suche nach ihrem Gesicht hinter dem Fenster.

Sie lehnte sich gegen die dicke Scheibe, die sie trennte. Ihre Stimme zitterte, als sie flüsterte: «Frank.»

Der Anblick ihres Mannes auf der Liege riß sie für einen Augenblick aus ihrer Gebetshysterie. Sofort war sie vollkommen in dem Bemühen gefangen, ihm ihr Gesicht zu zeigen, ihm ihre Liebe zu übermitteln, seinen einzigen Trost. Tränen strömten über ihre Wangen, als sie ihren Körper vorbeugte, und sie mußte gegen die Bilder ankämpfen, die in ihr aufblitzten, Bilder von ihm, wie er lächelnd in der Küchentür stand, seine klobigen Schritte auf der Treppe, seine Hände auf ihren Schultern. Sie hatte Angst, daß diese Gedanken sie umbringen könnten, bevor sie ihm zeigen konnte, was sie ihm zeigen mußte – daß seine Frau da war. «Frank», sagte sie noch einmal weinend.

Harlan Flowers streckte rasch den Arm aus und ergriff ihre Hand. Bonnie drückte sie und hielt sie, so fest sie konnte.

«Frank Beachum, Sie sind vom Staate Missouri des Mordes für schuldig befunden und zum Tode durch eine letale Injektion verurteilt worden.» Luther zwang seine Augen, sich an die Wörter auf dem Papier zu klammern, eins nach dem anderen, damit seine Stimme beim Lesen nicht brüchig wurde. *Laß es uns einfach hinter uns bringen*, dachte er. Und er fragte: «Haben Sie noch etwas zu sagen?»

Luther schluckte und sah über den Rand des Todesurteils hinweg auf das Gesicht auf der Liege. Franks Kopf war ganz in den Nacken gelegt, weil er versuchte, zu dem Fenster hinter sich zu blicken, um das Gesicht seiner Frau zu sehen. Luther glaubte nicht, daß er etwas sagen würde. Er glaubte nicht, daß er noch zusammenhängend genug dachte, daß noch irgendein Gedanke in ihm übrig war, der sich äußern ließ.

Doch er irrte. «Ich liebe dich, Bonnie!» rief Frank. «Ich habe dich immer geliebt!»

Luther sah, wie Bonnie Beachum die Hand ausstreckte und sie gegen die Scheibe preßte. Mit den Lippen formte auch sie die Worte: «Ich liebe dich.»

Luther schluckte erneut, härter diesmal. Er faltete das Todesurteil zusammen und steckte es wieder in die Tasche. Er sah zur Uhr. Noch zwanzig Sekunden bis 0 Uhr 1.

In diesen zwanzig Sekunden stand Arnold McCardle völlig regungslos, blickte durch den Einwegspiegel und wartete darauf, daß Luther Plunkitt ihm mit einem Kopfnicken das Startzeichen gab. Keiner der in der Todeskammer versammelten Menschen bewegte sich. Arnold kam es vor wie ein Standbild: Luther am Fuß der Liege. Frank den Kopf nach hinten geworfen, mit zuckendem Adamsapfel, der Wärter und Zachary Platt, die steif in ihren Ecken standen. Arnold atmete nicht. Selbst der fette phlegmatische Mann spürte, wie die Spannung ihm jetzt den Hals zuschnürte, und er wünschte, der alte Luther würde es einfach tun, würde einfach nicken, zwanzig Sekunden zu früh oder nicht.

Doch dann hatte der rote Sekundenzeiger den höchsten Punkt des Zifferblatts erreicht, und Arnold pumpte seinen Körper auf, während er darauf wartete, daß Luther sich umdrehte. Eine weitere Sekunde verstrich und noch eine – und das Standbild blieb wie erstarrt: Luther blickte zu Boden, Frank reckte den Kopf nach hinten; Platt, der aus seiner Ecke jetzt nervös zur Uhr sah, der Wärter in der anderen Ecke, der eine Braue runzelte.

«Komm schon, komm schon», murmelte Arnold leise.

Der Sekundenzeiger hatte den ersten Viertelkreis der neuen Minute zurückgelegt. Arnold blickte zu den Henkern. Der stämmige Frack sah ihn an, die Hand fest über dem silbernen Knopf der Maschine; der gebückte, insektenhafte Frick stand näher und hatte ihm halb den Rücken zugewandt; sein Körper schien beinahe auf den Zehen zu wippen, sein Arm in der Luft zu vibrieren, während er den Daumen in Bereitschaft hielt.

Arnold sah wieder durch den Spiegel und war entsetzt festzustellen, daß der Sekundenzeiger der Uhr die Minute vollendet hatte und eine neue Runde begann. Und noch immer drehte sich Luther nicht um, drehte sich einfach nicht um, und alles war wie erstarrt, und niemand wagte zu atmen.

Und dann drehte Luther sich um.

. . . *ein Mensch ist ein Wesen, das nein sagen kann*, dachte er und kam wieder zu sich.

Der leitende Direktor der Osage State Correctional Facility stellte entsetzt fest, daß er mit den Gedanken nicht bei der Sache war. Er kam zu sich, als hätte er im Stehen fest geschlafen und geträumt. Er wußte nicht, wohin seine Gedanken gewandert waren, worüber er nachgedacht hatte. Doch als er jetzt den Kopf hob, sah er, daß der Sekundenzeiger eine volle Minute zurückgelegt hatte und jetzt wieder nach unten, auf 0 Uhr 2 und 30 Sekunden zusteuerte, und dann weiter.

Es war lediglich eine Frage des Stolzes. Diese Dinge wurden nicht so genau genommen: Juristisch gesehen hatten sie den ganzen Tag Zeit, die Hinrichtung zu vollstrecken. Doch bis jetzt war alles glatt gelaufen, alle hatten auf ihn gewartet, und er hatte vorgehabt, genau um 0 Uhr 1 zu nicken, und war – was? – im entscheidenden Augenblick weggedöst, hatte sich in einen Gedankengang oder einer Phantasie verloren – er wußte es nicht, er konnte sich nicht erinnern. Er hatte das Gefühl, daß die ganze Maschine, deren integraler und zentraler Bestandteil er war, das Feuer zurückhielt und stillstand, weil sein Zahnrädchen vergessen hatte, sich zu drehen. Er war regelrecht ärgerlich mit sich.

Es war erst 0 Uhr 2 und 37 Sekunden, als Luther sich daran erinnerte, seinen Job zu tun. Doch so weit es den Direktor des Osage Gefängnisses betraf, war das siebenundneunzig gottverdammte Sekunden zu spät.

Er drehte sich um und nickte dem Spiegel zu.

Und in diesem Moment klingelte das schwarze Telefon.

Noch Ewigkeiten später erzielte Reuben Skycock jedesmal einen guten Lacher, wenn er beschrieb, wie flink und grazil sich der übergewichtige Arnold McCardle bewegen konnte, wenn er wollte. Weil Luther fast im selben Moment genickt hatte, in dem das Telefon klingelte, so daß McCardle nicht nur den Hörer von der Gabel riß, sondern sich durch den ganzen Raum streckte und mit der anderen Hand auch noch den nervösen Frick von der Maschine wegschubste. Frack war schneller. Sobald er das Klingeln gehört hatte, war er zurückgesprungen und hatte die Hände erhoben, als wäre er verhaftet worden.

Arnold McCardle hielt den Hörer des schwarzen Telefons eine Weile ans Ohr, bevor er sagte: «Verstanden.» Dann streckte er, ohne den Hörer vorher aufzulegen, die Hand aus und drückte auf den Knopf der Gegensprechanlage.

«Wir haben einen Aufschub des Gouverneurs«, sagte er ruhig. «Wir brechen ab.»

«Abbruch! Wir brechen ab!» brüllte Zachary Platt und warf die Hände in die Luft, als wollte er sie alle von der Kante eines Kliffs zurückscheuchen.

Einen Moment lang reagierte Luther Plunkitt überhaupt nicht, sondern blieb stehen und lächelte nichtssagend. Dann hob er langsam die Hand und wischte sich mit dem Daumen einen unsichtbaren Tropfen Speichel von den Lippen.

Merkwürdig war, wie er mir später erzählte – eine von vielen Merkwürdigkeiten –, wie lang ihm der Augenblick vorkam. Er hatte das Gefühl, es würde so viel passieren, und er hatte Zeit, alles wahrzunehmen. Er sah, wie ihm Zachary Platt seine erhobenen Hände entgegenstreckte und drängend stammelte: «Ein Vollstreckungsaufschub des Gouverneurs, der Gouverneur, ein Aufschub, wir hub . . . scha . . . haben einen Aufschub . . .» Er sah, wie Frank Beachums Kopf nach vorn schnellte und sein ganzer Körper unter dem Laken heftig zitterte; dann ließ er den Kopf zur Seite fallen, sein Hals wurde schlaff; er schloß die Augen und zuckte. Dann schluchzte er rauh und begann zu weinen. Die Tränen quetschten sich unter seinen Wimpern hervor und kullerten seitwärts über die Nase in seinen Mund.

Und der Moment ging immer noch weiter. Luther blickte zum Fenster des Zeugenraumes. Dort sah er Bonnie. Sie sprang auf und warf sich gegen das Glas. Luther hörte den dumpfen Aufprall. Er sah, wie ihre Handflächen weiß wurden, als sie sie gegen die Scheibe preßte, sah, wie sie ihr Gesicht plattdrückte und die Scheibe von ihrem Atem beschlug, als Luther sie trotz der schalldichten Scheibe schreien hörte: «Frank! Frank!» Dann sah er sie zusammenbrechen. Ihre Knie gaben nach, und sie sank zu Boden, fiel auf die Seite. Der Pastor, der neben ihr gesessen hatte, war jetzt auch aufgesprungen, fing sie auf und zog sie zurück auf die Bank.

Luther wandte den Kopf, bis er direkt in den Spiegel rechts von ihm sah. Sein Blick wanderte zur Uhr, und es war erst 0 Uhr 2 und 38 Sekunden. Dann sah er sein eigenes Spiegelbild, die marmorgrauen Augen in dem faltigen Gesicht, das nichtssagende Lächeln.

Und all das war merkwürdig, erklärte er mir. Doch etwas anderes war noch merkwürdiger.

Was Luther selbst richtiggehend *unheimlich* fand, war dieses Gefühl, das er hatte, dieses ganz klare Gefühl, daß er in diesem Moment nicht allein in seinem Kopf war. Er glaubte nicht an Telepathie oder übersinnliche Wahrnehmung oder ähnlichen Blödsinn. Und doch mußte er zugeben, daß er genau in jenem Moment das Gefühl hatte, als ob jemand mit ihm in seinem eigenen Kopf war. Er hatte das Gefühl, nur per Gedanken mit dieser anderen Person kommunizieren zu können, egal, wie weit sie voneinander entfernt waren.

Also nickte er, lächelte nichtssagend und dachte, ohne wirklich zu wissen warum: *Okay, Everett. Okay.*

Und laut sagte er in seinem entspannten melodischen Tonfall: «Nun, dann brechen wir wohl ab.»

Epilog

Das letzte Mal habe ich Frank Beachum im Dezember desselben Jahres gesehen. Es war kalt, es war arschkalt, das weiß ich noch. Selbst die Erinnerung an die Hitze des Sommers war verflogen. Seit einer Woche hatte es immer wieder geschneit, die Straßen waren ein einziges Chaos, die Rinnsteine von Schneeverwehungen bedeckt, und die Kreuzungen schwammen im Matsch.

Ich war in einer finsteren Stimmung, einer sehr finsteren Stimmung. Ich hatte gerade weitere fünfzehn Runden mit Barbaras Anwältin hinter mir, in denen ich sie nicht dazu bewegen konnte, mir zu erklären, wie ich für alle Sünden der Menschheit bezahlen und gleichzeitig noch genug Geld für meine Miete aufbringen sollte. Der Anwältin schien das scheißegal zu sein, und Barbara, die anfänglich ganz vernünftig gewesen war, schien jetzt, auf dem Strom der Verbitterung ihrer Anwältin, alles mitzumachen, was jene sagte. Es wurde zunehmend klar, daß es keine gütliche Trennung werden würde.

Es muß kurz vor Weihnachten gewesen sein, weil ich mich daran erinnere, daß ich zu der Ladenpassage an der Union Station gefahren war, um ein Geschenk für Davy zu kaufen. Es schneite wieder heftig, und der arme, generalüberholte Tempo ertrank förmlich im Matsch, der von unten hochspritzte.

Die Ladenpassage war gerammelt voll. Ich mußte am äußersten Ende des Parkplatzes parken, was meine Laune auch nicht gerade besserte. Ich zog mir den Regenmantel bis über die Ohren und hüllte mich fest ein, als ich durch die heimtückische Kälte und das Schneegestöber stapfte. Der Bahnhof mit seiner giebelgekrönten pseudoromanischen Fassade und dem schmalen, zweitürmigen Uhrenminarett sollte wohl fröhlich aussehen. Lichterketten, Kränze und bunte Weihnachtsgirlanden zierten das Gebäude. Kinder sprangen um ein Karussell mit pastellfarbenen Pferden, das sich in einer Ecke des Parkplatzes drehte, während die Spielorgel versuchte, mit munteren Weihnachtsliedern das feuchte Zischen des Verkehrs zu übertönen.

Die Hände in den Taschen, den Kopf gesenkt, um Schneeflokken von meiner Brille fernzuhalten, überquerte ich den breiten Parkplatz und ging auf den Eingang zu. Auch dort standen Kinder, ein Chor kleiner Mädchen, die mit gespitzten, runden Mündern Choräle sangen. Und dahinter befand sich ein ziemlich ramponierter Nikolaus – ein Schwarzer in einem farblosen Mantel, mit einer roten Mütze, deren Zipfel ihm ins Gesicht hing.

Als ich näher kam, hörte ich, wie er die Passanten ansprach, eine Blechdose in der ausgestreckten Hand, und ihnen ein paar Schritte folgte, wenn sie an ihm vorbeigingen, ohne ihn zu beachten.

«Gib mir was von deinem Geld», sagte er. «Geld für die Wohlfahrt. Es ist für arme Kinder oder so. Eine offizielle Sammlung. Gib mir was von deinem Geld. Du hast Geld. Du stinkst vor Geld. Gib mir was von deinem Geld für die Wohlfahrt.»

«Hey, Moment mal!» sagte ich.

Als ich durch den Schnee auf ihn zukam, roch ich einen Hauch von Pisse und Wein in der arktischen Luft. Ich spürte, wie meine still vor sich hinköchelnde Wut überschäumte. Ich trat auf den Kerl zu und schlug ihm von hinten auf die Schulter.

«Hey», sagte ich, «was soll das? Du bist nicht der Nikolaus, du bist der Pussy-Man. Was, zum Teufel, machst du hier?»

Überrascht drehte er sich stolpernd um. Sein schlaffes, unrasiertes Gesicht leuchtete auf. «Steve!» sagte er. «Zeitungsmann! *Du* hast Geld. Du stinkst vor Geld. Gib mir was von deinem Geld, Steve!»

«Was ist bloß los mit dir, Scheiße Mann?» sagte ich und wies auf den Chor. «Hier sind kleine Kinder, Weihnachten steht vor der Tür, was ist dein beschissenes Problem, Mann. Von wegen, du sammelst für die Wohlfahrt. Macht hier einen auf Nikolaus. Mein Gott.»

«Komm schon, Steve», sagte er jetzt ein wenig wehleidiger. «Gib mir ein bißchen Geld. Du stinkst vor Geld. Gib mir was von deinem Geld.»

Ich bohrte einen Finger in den verdreckten grauen Stoff seines Mantels. «Paß auf, du Arschloch», sagte ich. «Ich gehe jetzt einkaufen. Wenn du noch immer hier draußen rumhängst, wenn ich wiederkomme, ruf ich die Bullen, hast du mich verstanden?»

«Komm schon, Steve.»

«Ich rufe die Bullen, Arschloch, das ist mein Ernst. Macht hier einen auf Nikolaus. Was ist los mit dir, Mann?»

Ich stapfte davon und murmelte vor mich hin. «Himmel. In dieser Scheißstadt ist wirklich nichts mehr heilig.»

Weitere fröhliche Musik schlug mir entgegen, als ich die Ladenpassage betrat und wütend unter Lametta-behängten Brücken und Metallstreben entlangging. Ich bahnte mir einen Weg durch die Massen der Weihnachtseinkäufer, Menschen mit offenen Mänteln, Tüten in den Händen und Paketen vor der Brust. Ich kam an den kleinen Schmuckständen vorbei und steuerte einen Laden an, der mit Disney-Motiven bedruckten Nippes verkaufte. Davy liebte Disney-Filme. Ich stieß die Glastür auf und trat ein.

Das Mädchen stand direkt hinter der Tür, dieses Streifenhörnchen in seiner hellblauen Disney-Uniform. Wie die antiken griechischen Helden die Söhne von Frauen waren, die sich mit den Göttern gepaart hatten, so war diese Kleine die Tochter irgendeiner Dame, die eine Nacht mit Mickey Mouse verbracht hatte. Sobald ich den Laden betrat, glühte die ganze sommersprossige Gestalt auf wie ein Weihnachtsbaum. Ihre Hasenzähnchen glänzten, und ihre Augen wurden untertassengroß.

«Guten Tag, mein Herr! Wie geht es Ihnen heute!» brüllte sie.

«Was?» sagte ich.

«Haben Sie einen angenehmen Tag!»

«Ich habe einen großartigen Tag», sagte ich. «Es ist der schönste Tag meines Lebens. Wenn Sie mir jetzt bitte einen ausgestopften Dalmatiner geben könnten.»

«Oh, Sie wollen einen der Dalmatiner? Wir haben Pongo und Perdita und Lucky und . . .»

«Den großen. Geben Sie mir den größten. Was macht das, fünfzehnhundert Dollar?»

Sie gluckste gefällig. «O nein, mein Herr. Nicht annähernd so viel.» Sie hüpfte fröhlich zu einer Ansammlung gelber Kartons im hinteren Teil des Ladens. Dort befand sich auch ein riesiger Fernsehschirm – neun Fernseher, die zusammen ein Bild ergaben. Die Sieben Zwerge marschierten über die miteinander verbundenen Monitore und sangen hi-ho, hi-ho.

Das Streifenhörnchen ließ seine munteren Finger über die Schachtel mit der Flunder und die Pinocchio-Schachtel wandern, bis sie die Dalmatiner-Schachteln fand. Sie zog eine große hervor und trug sie fröhlich zu ihrem fröhlichen Ladentresen.

«Und wie würden Sie gerne bezahlen, mein Herr?» flötete sie.

«Blut wäre angemessen», sagte ich. «Aber eine Kreditkarte wird wohl reichen müssen.»

Sie nahm die Karte, legte sie in ihre Maschine und summte dabei tatsächlich das Zwergenlied vor sich hin. «Da wird am Weihnachtsmorgen aber *jemand* große Augen machen», sagte sie.

Ich grinste bösartig. «Am Weihnachtsnachmittag», sagte ich. «Meine Ex-Frau erlaubt nicht, daß ich vor dem Mittagessen komme.»

Ihr Lockenköpfchen schnellte eine Sekunde lang hoch. Ich sah, wie ihre aufgerissenen Augen stumpf wurden.

«Sie hat mich rausgeschmissen, weil ich eine andere Schnalle gebumst hab und sie deswegen noch immer stinkig ist.»

Minnie atmete geräuschvoll durch die Nase ein, senkte den Kopf und füllte rasch meinen Kreditkartenbeleg aus.

«Es hätte schlimmer kommen können», erklärte ich ihr. «Ich hätte auch meinen Job verlieren können, weil es die Frau meines Chefs war, der ich es besorgt habe. Zum Glück habe ich kurz danach noch einen Riesenknaller gelandet, so daß sie mich nicht rausschmeißen konnten. Ich hab sogar einen ganz saftigen Buchvertrag ausgehandelt, und vielleicht gewinne ich den Pulitzerpreis, und dann kaufe ich mir ein One-way-Ticket raus aus diesem Drecksloch in die große weite Welt. Also, was meinen Sie – wollen Sie mit mir schlafen?»

Chirpy stopfte den Dalmatiner demonstrativ keck in eine Einkaufstüte, die sie mir über den Tresen reichte.

«Ich glaube nicht, daß irgend jemand ernsthaft mit Ihnen schlafen möchte, mein Herr», sagte sie.

Ich lachte. «Man sollte es nicht annehmen, Schwester, aber da irren Sie gewaltig. Fröhliche Weihnachten.»

Als ich den Laden verließ, fühlte ich mich ein wenig besser. Ich zündete eine Zigarette an und schlenderte rauchend und lächelnd zum Eingang zurück. Ich lächelte noch immer, als ich aus der Passage in die Kälte trat.

Und da war er noch immer. Der Pussy-Man. Der Kinderchor sang noch immer seine Lieder, die roten Gesichter himmelwärts zu den herabfallenden Schneeflocken gewandt, während sie aus den Augenwinkeln hin und wieder unbehaglich den Bettler musterten, der gleich nebenan Geld für die Wohlfahrt verlangte. Ich war sofort wieder wütend. Ich stürmte auf ihn zu, als er einem Passanten seine Dose nachreckte, und schubste ihn zur Seite.

«Okay», sagte ich, «das reicht. Ich hab die Schnauze voll. Ich rufe die Bullen. Ich hab dir doch gesagt, du blöder –»

Und dann hörte ich hinter mir eine Stimme rufen: «Dadiii! Komm!»

Das Geräusch ließ mich instinktiv herumfahren, und auf der anderen Seite des Parkplatzes sah ich Frank Beachum.

Es war etwa einen Monat her, seit ich ihn das letzte Mal gesehen hatte und wir die Interviews für mein Buch beendet hatten. Wir hatten damit angefangen, als er noch im Gefängnis war, und nach seiner Entlassung noch einige Wochen weitergearbeitet. Im Grunde hatte er mir nicht viel erzählen können, da ich erst sehr spät zu der Geschichte gekommen war und vorhatte, nur über diesen Teil zu schreiben. Er war auch kein besonders mitteilsamer Mensch, und seine Gefühle waren zum Ende hin verständlicherweise völlig durcheinander gewesen. Egal, wie oft ich ihn fragte, er konnte nie wirklich beschreiben, was er vor allem ganz am Ende auf der Liege gedacht oder gefühlt hatte. Er konnte sich kaum noch daran erinnern, erklärte er mir. «Ich habe nur gesehen, was passiert ist, sonst nichts», sagte er. «Und es war echt unheimlich, das können Sie mir glauben.» Das war also etwas, worüber ich nur spekulieren konnte.

Nach einer Weile wurde mir klar, daß ich nichts mehr aus ihm herausholen würde. Trotzdem ging ich noch ein paarmal hin. Einfach so, nehme ich an. Wir setzten uns in irgendeine Bar und tranken ein Bier. Ich fragte ihn nach Bonnie, und er erzählte mir, daß sie die Medikamente schon abgesetzt hatte und daß es ihr besserging, und ich sagte, daß das gut wäre, und dann saßen wir da und nickten uns dümmlich zu. Wir hatten uns einfach nicht viel zu sagen, er und ich. Wir hatten nicht besonders viel gemeinsam. Er reparierte Autos, ich fuhr sie. Klang gut und reichte vermutlich einmal für einen ganz guten Witz, brachte uns aber auch nicht viel weiter.

Er hatte vor, St. Louis in Kürze zu verlassen. Nachdem die Geschichte bekanntgeworden war, hatte er jede Menge Jobangebote bekommen und eine Stellung in einer Werkstatt in Washington State, irgendwo außerhalb von Seattle angenommen. Er wollte noch warten, bis Bonnie aus der psychiatrischen Behandlung entlassen wurde, und hoffte auch, daß der Staat ihm vorher eine Entschädigung gewähren würde. Ich glaubte, daß es noch eine Weile dauern würde, bis der Staat in dieser Sache eine Entscheidung getroffen hätte, doch ich war mir ziemlich sicher, daß es eine schöne stattliche Summe werden würde. Der zuständige Richter war nämlich Evan Walters, ein sehr aufrechter Christ mit einer sehr aufrechten christlichen Gattin und drei sehr aufrechten christlichen Kinderlein. In den letzten zwei Monaten hatte er dieselben Nutten frequentiert wie ich, und ich wußte es, und er wußte, daß ich es wußte, so daß es eine schöne stattliche Entschädigung werden würde, da war ich mir sicher.

Frank muß die Stadt kurz nach dieser Begegnung an der Union Station verlassen haben, weil ich ihn, wie gesagt, seither nicht mehr gesehen habe. Selbst bei diesem letzten Mal gingen wir nicht aufeinander zu oder redeten miteinander oder so. Ich blickte einfach nur auf und sah vom Eingang der Ladenpassage zu ihm rüber. Er stand auf dem Bürgersteig am Parkplatz. Seine kleine Tochter Gail zerrte an seiner Hand und versuchte ihn weiterzuziehen, doch er blieb stehen, weil er mich gesehen hatte. Bonnie stand neben ihm, sie trug ein Kopftuch. Soweit ich es erkennen konnte, sah sie müde aus, doch sie lachte und lächelte breit und machte alles in allem einen gesunden Eindruck.

«Komm, Daddy, komm!» sagte Gail noch einmal.

Sie zerrte weiter an seiner Hand, doch Frank blieb noch einen Moment länger stehen. Ich sah, wie er langsam die Hand hob. Er legte einen Finger an die Strähne in seiner Stirn und zeigte dann in meine Richtung. Ein Salut, könnte man sagen, oder vielleicht ein Abschiedsgruß.

Ich hob die Zigarette, erwiderte seinen Gruß, und er lachte.

Dann zerrte Gail ihn weiter den Bürgersteig entlang. Er legte seinen Arm um die Schulter seiner Frau und drückte sie an sich. Dann gingen alle drei in Richtung Karussell.

Ich sah sie durch die Schneeflocken davongehen, bis sie hinter einer Ecke des Gebäudes verschwunden waren. Dann drehte ich mich um.

Die blutunterlaufenen, rot-gelben Augen des Pussy-Man starrten mich unter dem Pelzrand seiner Pudelmütze an.

«Scheiße», sagte ich.

Ich steckte die Hand in die Tasche und zückte meine Brieftasche. Ich entnahm einen Zehndollarschein und stopfte ihn in seine Blechdose.

«Bevor meine Frau es kriegt, kannst genausogut du es haben», sagte ich. «Und jetzt verschwinde hier und sauf dich zu Tode.»

«Hey», sagte der Pussy-Man. «Ein Zehner? Du hast mehr Geld als das, du stinkst vor . . .»

Ich starrte ihn wütend an.

«Okay, okay», sagte er, zupfte den Schein aus der Dose, zerknüllte ihn in seiner Faust und steckte sie in die Manteltasche. «Danke, Zeitungsmann. Ich bin schon seit zwei Stunden hier draußen. Ich frier mir den Arsch ab.»

Ich schüttelte den Kopf. «Hol's der Teufel», sagte ich. «Wer weiß, vielleicht bist du ja wirklich der Nikolaus.»

Ich warf meine Zigarette in den Rinnstein und ging über den Parkplatz zu meinem Wagen.

Hol's der Teufel, dachte ich. *Vielleicht ist er es wirklich.*

Inhaltsverzeichnis